해몽 · 해몽법

저자 김종일(金鍾壹)

- 경남 밀양 출생, 현재 부산에서 광남서적 운영
- 해몽법 저서로는『해몽법』,『인간은 꿈의 산물이다』가 있고, 역학단편집『멋지게 산다』,
  『나의 종교철학 三般物』(전15권)과 단편집『개는 인간에게 속담을 남기고 죽는다』,
  『자라보고 놀란 가슴 솥뚜껑 보고도 놀란다』,『시락국에 데인 놈 찬물 보고도 분다』,
  『잃어버린 곳에서 찾아라』,『가리산 지리산』 등이 있다.

- **전화 : (051) 503—6937**
  018—558—1397

해몽 · 해몽법

1판 1쇄 발행일 | 2003년 12월 16일
발행처 | 삼한출판사
발행인 | 김충호
지은이 | 김종일

등록일 | 1975년 10월 18일
등록번호 | 제13-47호

서울 · 동대문구 신설동 103-6호
아세아빌딩 201호
대표전화 (02) 2231-4460
팩시밀리 (02) 2231-4461

값 26,000원
ISBN 89-7460-091-9 03180

신비한 동양철학 · 50

해몽 · 해몽법

김종일 지음

　인간은 꿈의 산물이고, 인생살이는 꿈의 실현이다. 따라서 꿈은 인간의 삶을 더욱더 값있게 만든다. 꿈은 공간의 경영주이고, 미래를 현실로 만들어주는 주인공이다. 세월이 꿈과 같다는 말은 꿈은 시간을 함유하고 있다는 뜻이다.

　인생은 꿈이 예지한 시간적 한계에서 점점 소멸되어 가는 현존물이기 때문에 반드시 꿈의 뜻을 따라야 한다. 이것은 꿈을 먹고 살아가는 인간, 즉 태몽의 끝 장면인 죽음을 향해 달려가는 인간이기 때문이다. 꿈은 우리의 삶을 이끌어가는 이정표와도 같기에 똑바로 가도록 노력해야 한다.

　끝으로 이 책에서 특정한 직업이나 사람을 언급한 것은 현실에서도 그것을 지칭하는 것이 아니니 오해 없기를 바란다.

저자 김종일

제 I 부. 해몽법

제Ⅲ부. 실화 해몽

제Ⅰ부. 해몽법

1장. 꿈과 해몽의 이론

1. 유물론(唯物論) · 유심론(唯心論)과 꿈

사람은 누구나 소유하려는 욕망이 있다. 기본적인 자기 인생의 인식이 있는 것이다. 따라서 자신의 것이란 애착 속에서 인간의 기능과 능률이 계속 향상하는 법이다. 이는 얼핏 유물론적으로 물질욕에 국한된 것 같으나 정신적인 것도 소유욕망에 포함시킨다면 문제는 다르다.

유물론이란 자연이나 인생은 물질에 의해 좌우되고 발전한다고 보는 입장이며, 인간의 정신은 무시된다. 반대로 자연이나 인생의 모든 문제는 정신에 의해 좌우된다고 보는 것을 유심론, 즉 관념론이라 하고 이것을 관념론적 입장이라고 한다. 유물론은 신(神)이나 영혼 · 정신 · 결심 · 의지 · 감정 · 의식 등은 물질적 과정의 산물이라고 주장하는 것이다. 모든 사물과 현상을 물체와 그 운동으로 설명하려고 했는데, 이 운동은 순수한 기계적인 운동일 뿐이다. 말하자면 사람도 기계적으로 움직이고 있는 자연의 일부일 뿐이라는 것이다. 세상에는 기계적인 운동 외에는 어떤 힘도 존재할 수 없다. 따라서 신의 존재(정신·사고·의식·감정 등)를 처음부터 부정하게 된다. 물질적인 것을 1차적인 것, 바로 모든 것의 근원으로 보는 것이 유물론이고, 반대로 정신적인 것이나 관념적인 것을 근원으로 보는 것이 유심론, 즉 관념론이라 한다.

원시인들은 자신의 주위에 있는 물건이 자신으로부터 완전 독립되어 별개로 존재한다고 믿었다. 원시인들이 자연과 싸우면서 이용하며 살았는데, 이것은 바로 유물론적인 사고이다. 이러다 언어와 도구를 사용하면서 인간은 만물의 영장으로 다른 동물과는 다르다는 것을 알게 되었다. 따라서 지금까지의 자연현상이나 인간관계와는 다른 것이 생각되고 표현되어 이것들이 고정화되고 신격화되었다.

이리하여 영혼이나 신이 존재한다고 믿고, 영혼이나 신의 보복이나 벌을 피하면서 도움을 받으려고 생각하게 된 것이다. 이것이 바로 유심적 또는 관념적이다. 단지 물질에만 국한된 것의 유물론적 사고가 마음, 즉 정신적 방향의 유심론 즉 관념론적 입장으로 바뀌는 것이다. 이것은 바로 유물론에서 유심론 또는 관념론으로 발전한 것이다.

유물론은 뇌세포 작용 때문에 정신에 지장이 오고, 뇌세포는 물질이므로 정신이 좌우된다고 예를 들고 있다. 뇌세포가 정신작용의 발생장치인지 또는 통과장치인지 구별할 수 없다는 것이다. 소리를 통과시키는 라디오 스피커가 고장이 나면 소리가 들리지 않는다. 방송국의 전파와 다이얼을 맞추지 않으면 소리를 들을 수 없다. 이것으로 따진다면 뇌세포는 정신작용의 통과장치이지 정신작용의 발생장치는 아니라는 것이 분명하다.

지능지수가 낮은 사람의 뇌세포와 천재의 뇌세포를 비교해 보면, 물질적인 구성에는 차이가 없으나 그 배열분포의 면으로는 차이가 있다고 한다. 유물론으로는 전혀 이해가 가지 않는 것이다. 그러므로 정신이 물질에서만 온다고 주장할 수는 없다. 사람은 작용과 활동을 하고 있다. 즉 사람은 생리적인 작용과 인격적인 활동이 있다. 배가 고프면 먹고, 피곤하면 쉬고, 배설 등의 생리작용이 있는가 하면 생리작용을 억제하면서 양심과 인격적인 요구에 의해 활동한다.

꿈은 미신이라고 말하는 사람은 꿈이 무엇인지를 모르거나, 구시대적인 유물론적 사고에 물들었기 때문이다. 따라서 유물론자들은 그들의 이론을 체계화시키기 위해 꿈을 미신으로 취급해야만 했다. 따라서 사상과 사고의 초고속 발전시대에 접한 우리는 유심론적 입장에서 꿈을 미신으로 취급하면 안 된다는 것이 필자의 주장이다. 그 이유는 꿈은 물질적 요소에 의해 꾸는 것이 아니라 정신적인 요소로 꾸는 것이기 때문이다. 유물시대의 사람들은 꿈을 부정할 수밖에 없었음을 강조하면서 해몽이론을 전개한다.

2. 꿈에 대한 사고의 변천

유명한 독일 의사이며 정신분석학자인 지그문트 프로이트(Sigmund Freud 1856-1939)가 1900년에 출간한 『꿈의 해석』이라는 책에 의하면, 그는 꿈의 현상을 과학적으로 연구하려는 최초의 시도자라고 했지만, 동양에서는 이보다 일찍 이에 대한 연구가 있었다. 특히 중국에서는 여러 가지의 시도가 있었다. 프로이트는 꿈을 단순한 유물론적 입장에서 벗어나 과학적인 방법으로 연구를 계속한 학자의 한 사람이다.

프로이트는 '꿈은 인간의 억압된 소망을 위장으로 충족시키는 것'이라고 정의를 내려도 틀린 말이 아니라고 했다. 따라서 꿈은 '갈등의 산물'임을 피할 수 없다고 했다. 그리고 '꿈은 수면의 보호자'라고 덧붙였는데, 꿈의 기능은 잠을 방해하기보다 도움을 준다. 그리고 평소 실생활에서 이룰 수 없는 소원을 이루어 준다고 했다. 이것은 꿈의 평등원칙이 적용된 한 예이다.

프로이트는 개인의 정신활동은 세 가지 수준에 의해 이루어진다고 분류하며, 무의식자아(無意識自我) · 자아(自我) ·

초아(超我)의 단계로 분류했다.

첫 번째 단계인 무의식자아는 원시적 본능과 감정충동의 근원으로 인간의 동물적인 성격, 성적인 성격, 그리고 무의식적이다. 무의식자아는 태어난 상태 그대로이고, 육체와 체질의 조직 속에 내포되어 있는 것으로 '유전되는 모든 것'이라 했다. 그리고 무의식자아는 맹목적이며 사정이 없고, 목표와 이상은 육체의 쾌락을 만족시키는데 있다고 했다. 다시 말하면 오직 자신을 위한 행동의 의사로 타인이나 객관적인 입장은 전혀 무시된다. 체면이나 도덕 등은 도외시한 감정이다.

두 번째 단계인 자아는 주변의 사정과 위치를 고려하면서 현실의 지배를 받는 것이라고 한다. 이는 어린아이가 자라면서 무의식자아에서 자아가 발견된다. 자아는 전적으로 쾌락주의적인 것이며 현실의 지배를 받는다. 자아는 주변을 의식하며 무의식자아의 무법적인 경향은 사회의 제반 규칙과의 갈등을 막기 위해 억제되어야 한다는 것을 인정한다. 프로이트가 말한대로 자아는 무의식자아의 광대, 무모한 바램, 요구, 욕구와 외부세계의 견제 사이의 중재구실을 한다.

세 번째 단계인 초아는 자아에서 발전해 통제, 억제의 고통을 극복하는 힘을 초월해 고통을 조정할 수 있는 것이다. 넓은 의미로는 '인간의 양심'이라고 정의할 수 있다고 했다. 여기서 결론을 내리면 인간의 꿈은 무의식자아, 자아, 초아의 3단계를 두루 포옹하고 있다고 할 수 있다.

3. 인간과 꿈의 관계

꿈은 인간의 미래를 예지하고 있기 때문에 꿈을 전문적으로 연구한다면 미래를 점칠 수 있다고 믿는다. 필자는 인간은 태어나기 전에 누군가의 태몽에 의해 남녀의 성별과 평생의 삶이 결정된다고 믿는다. 그래서 인간은 꿈의 산물이라고 하는 것이다.

태몽은 한 인간의 삶을 그린 작품이라고 할 수 있다. 즉 인간은 태몽으로 창조되고, 태몽을 재현하는 것이다. 이것을 인생이라고 하는 것이다. 이런 의미로 보면 꿈은 참으로 중요하고, 바로 알고 효과적으로 다루어 좋은 결과를 만들어야 한다. 한 사람이 평생 겪어야 하는 사건과 사고의 중요한 대목은 이미 태어날 때 태몽에 의해 정해진 것이고, 누구든 감수해야 하는 것이 숙명이다.

그렇다면 인간이 자신의 인생을 좌우할 수 있는 범위는 어느 정도일까? 태몽에 의해 펼쳐지는 상황 즉 현실내도의 범위 내에서 막간을 이용한 보조적인 배경과 장식 등에 해당되는 것으로 태몽에 예지된 것 외의 것들만이 인간의 몫이다. 이렇게 말하면 태몽에 의해 이미 정해진 팔자라면 발버둥칠 필요가 있겠느냐고 말하겠지만 이것은 인생 자체를 부정하는 자살행위이다.

예를 들어 춘향전을 연출할 때 내용의 줄거리는 원작에 의하지만, 배경과 사건 등을 가미해서 원작을 더 빛나게 하는 것이 연출가의 재량권인 것과도 같은 이치이다. 인생도 각 개인은 자신의 인생살이 연극의 창작자가 아니라 연출자가 되어 때와 장소, 상황에 따른 연기력과 연출력을 더한다면 원작이 훨씬 더 빛날 것이다. 이 연출가가 바로 당신이다. 인생의 행복은 원작자인 조물주의 원작인 태몽이 아니라 연출가에 달려 있다는 것을 깊이 인식해야 한다.

인생에는 세 가지 만남이 있다. 첫 번째 만남은 부모와의 만남이다. 이는 운명이다. 백인이나 흑인으로 분류되는 것 외에도 많은 부분이 부모에 의해서 결정된다. 이것은 유전이나 혈통이다. 그러나 이보다 부모와 혈족이 더 중요한 것은 일생을 좌우하는 원작인 태몽을 꾸어주었기 때문이다.

두 번째 만남은 환경과의 만남이다. 한국이나 다른 나라에 태어나는 것도 환경이지만 다른 곳으로 이동해서 그곳에서의 환경도 중요한 만남이다.

세 번째 만남은 선생과의 만남으로 가르침을 주는 사람과의 만남이다. 예전에는 선생을 만나기 힘들고 배움도 간단한 것이 아니라서 중요한 만남으로 다루었다. 그러나 지금은 그렇게 중요한 부분은 아니라고 하나 주위환경이 모두 선생이고 보면 자기개발에 대한 영향력은 옛날보다 더 많은 비중을 차지한다고 볼 수 있다. 옛날에는 선생을 바꾸는 것을 불가항력으로 다루었지만 지금은 상황이 다르다고 한다. 우선

세 번째 만남은 바로 사회구성원인 친구, 동료, 이웃 사람들의 만남과 이들에게서의 배움이 바로 그것이다. 서로 배우고 가르쳐준다. 다시 말하면 후천적으로는 똑바로 배워야 한다는 말이다.

넓은 의미로 두 번째와 세 번째 만남은 같은 맥락으로 볼 수 있다. 선천적인 유전과 후천적인 환경이라고 한다. 인생은 이 세 가지 만남에 첫 번째인 태몽에 의해 이미 결정된 것으로, 이는 우주의 영구적 존속기간의 영겁 속에 한 순간에 불과한 것이다. 인생은 주간행사표(윤회생사의 주기를 포함한 광범위의 것)와도 같은 것인데, 이 짧은 주간 생활계획표에다 여백을 찾아 값있는 인생을 펼치는 것이 해몽의 목적이다. 태몽의 여백에 인간의 삶의 진정한 의미와 가치가 있기에, 이 여백을 채우는 행위는 참으로 중요하다.

첫 번째의 태몽은 원작이고, 두 번째와 세 번째는 연출가인 당신 몫으로 재산이요 권리로 환경과 선생을 좋게 만나 이를 개발하며 활용해야 올바른 인생을 맞는다. 인간의 노력은 바로 이 환경과 선생의 개발이다. 이렇게 꿈이 중요한데도 꿈은 꾸었는데 이를 해몽하거나 해석하려고 노력한다 해도 현재로서는 일목요연하게 알아볼 이론을 바탕으로 한 책들이 국내에는 없기에 이에 착안해 독자의 궁금증을 푸는데 도움이 되도록 함과 동시에 해몽이론을 체계화시켜 누구든지 해몽 지식을 쉽게 습득할 수 있도록 하고, 나아가서는 해몽에 관심을 가진 사람들의 해몽이론 연구에 도움이 될 수 있도록 함이 이 책의 출간 목적이다. 우리의 현실에 맞는 해몽이론의 체계가 수립될 것을 기원한다.

필자는 40년 이상 꿈에 관심을 갖고 계속 꿈의 일기를 적어 이를 확인하며 연구해 온 것인데, 꿈에 나타나는 현상들은 색깔의 구별과 같이 많다. 간단한 3원색으로 수십만 가지의 색깔이 있듯이 꿈은 천태만상이다. 고래로 대략 3,000,000가지 이상이라 하는데, 지구를 두를 아무리 큰 책이라도 이것들을 일일이 나열할 수 없다. 고로 필자의 주장은 꿈의 각론에 따른 한글사전식의 각 조목마다의 해설에 치중하기보다는 체계화된 이론에 입각한 상태에서의 이해가 중요하다고 본다. 꿈을 펼쳐가며 그것을 감상하고 살아가는 우리에게는 올바른 해몽법을 인식하는 것이 올바른 인생을 경영하는 것이라고 생각한다.

■ 용어의 정의

이것은 이 책을 볼 때 적용하는 것으로, 다른 것의 정의와는 뜻이 다를 수 있다.

■ 악몽·흉몽 : 나쁜 꿈, 꿈자리가 사나운 꿈, 예지의 결과가 나쁜 꿈, 꿈을 꿀 때의 기분과 관계없이 현실에 좋지 못한 꿈.

- 예지 : 미리 알려준다는 뜻으로 예고 또는 예시라고 함.
- 현실내도 : 꿈이 미치는 결과나 영향.
- 심리적 표현 : 꿈을 꾼 후 마음 속을 나타내는 것.
- 영몽 : 영적존재를 배경으로 꾼 꿈이 적중하는 꿈. 예를 들면 종교적인 대상물이나 선조의 경고성 꿈.
- 꿈자리 : 꿈에 나타난 일이나 내용.
- 꿈땜 : 좋지 못함 꿈의 현실내도. 언짢은 일을 당했을 때 꿈자리가 좋지 못함의 현실내도로 남에게 말썽부릴만한 핑계나 터거리가 사라진 것.
- 징조 : 어떤 사건이나 상황 등이 생길 원인.
- 출세 : 이 책에서는 불교적인 해석으로 두 가지 뜻으로만 해석한다. 첫 번째는 출생으로 부처님이 세상의 중생을 구하기 위해 태어난 것과, 두 번째는 죽음으로 고통을 잊고 죽어 부처님 앞으로 가는 것.
- 입신출세 : 건강·인간성·지식·지위 등을 확보해 조상과 사회에 보답하며 남을 도와 존경과 부러움의 대상이 되고, 사고와 행동이 모범이 되는 것.
- 조심(조심해야 한다) : 여기서는 부딪힘을 피해가는 방법이 아니라, 상처를 적게 받기 위해 마음의 각오와 체념의 자세를 가지는 것.
- 예지의사·예지의도 : 일정한 상황에서 현실내도를 발생시킬 목적을 갖고 미리 전해주고자 하는 것. 예지의사의

범위는 주체·객체·목적물·상황·배경 행위의 원인. 행위결과와 영향을 포함한다. 꿈은 앞으로 닥칠 일을 미리 알려주는 것이기 때문에 지난 일은 특별한 경우가 아니면 나타나지 않는다. 그러나 앞으로 또 반복될 사건이거나 진행 중인 경우에는 예지에 포함.

■ 매체 : 꿈의 파장을 생성·보유·전달하는 과정의 실물이나 상상의 물체.

■ 해몽 : 꿈에 나타난 상황의 예지의사를 알아내는 것.

4. 꿈을 대하는 태도

우리는 좋든 나쁘든 원하든 원하지 않든 간에 단군조선을 이어 온 조선(한국)이란 조국의 품안에서 조선사람으로 태어나, 조선사람으로 자라, 조선사람으로 살다, 조선사람으로 죽어서, 조선땅에 뼈를 묻을 것이다. 우리 조상들이 그랬고, 우리도 그럴 것이고, 우리의 후손들도 그럴 것이다. 이것이 바로 우리의 운명이다. 우리는 운명을 사랑해야 한다. 우리는 이 운명을 축복과 영광으로 만들기 위해 저마다 자기와 가족과 이웃과 겨레를 위해 힘써야 한다.

남들은 모두 못 사는데 나혼자 잘 산다고 그것이 잘 사는 것일까? 네가 행복하게 잘 살고, 그도 잘 살고, 우리 모두가 잘 살 때 나도 잘 살게 되는 것이다. 꿈도 이런 원칙을 담고 있다. 보통 우리가 생각하는 꿈은 너무 개인주의에 빠져 있다고 생각하는 사람이 많지만 그렇지도 않다. 신체나 처지에 따른 것이나, 재물의 다소에 따른 것이나, 권력과 지위를 막론하고 부정과 불의가 침투되지 않는 곳이 바로 꿈의 세계이다. 꿈은 인간에게 평등권을 부여한다. 따라서 인간이 의지할 것은 꿈뿐이라고도 할 수 있다. 꿈을 개인의 것이 아닌 인류의 것으로 만들기 위해서는 꿈의 평등주의에 감사해야 한다.

- 꿈은 거짓없이 현실내도에 당하게 된다. 꿈은 진실만을 예지하기 때문이다.
- 꿈은 지시나 억압에 의한 것이 아니라 자유로운 것이다.
- 꿈은 선택할 수 없는 것이고, 꿈의 현실내도는 직위나 신분에 차등을 두지 않는다.
- 꿈속에서 폭력을 행사한다고 해도 그것은 정당방위의 방어적이며 보복적인 것이다. 내심은 고의적으로 싸움과 파괴심리를 갖지 않는다. 설사 꿈속에서 폭력을 행사한다해도 현실은 그 폭력의 사람의 본성과는 관계없다. 꿈속에서는 모든 상황이 평화적으로 끝나기를 기원하는 마음은 생시와 같다. 꿈에서 평화 쪽으로 가지 않는 방법이라고 해도 꿈을 꾸는 사람은 평화를 원하고 있다.

이상과 같이 꿈은 최고의 진실주의, 최고의 자유주의, 최고의 평등주의, 최고의 평화주의를 갖고 있다. 우리는 꿈의 이런 점을 인식하며 꿈을 대해야 한다.

5. 꿈의 정의

1. 사전적인 꿈

한글사전을 찾아보면 '꿈은 잠을 자는 동안 생시와 마찬가지로 여러 가지 현상을 느끼는 감각이나 환각을 말함. 수면 직후에 많으며 신체 내에서 생성한 내부 감각적 자극 내지는 전 날의 흥분이 남아 있는 것에 기인한 것이라고 한다'고 되어 있다. 이렇게 정의를 내린다면 꿈의 기능 즉 미래의 예고의 기능을 무시한 것으로 해몽을 미신적인 것에 입각한 풀이로 해석된다. 이는 유물론적인 정의로 해석된다.

필자는 이것은 옳지 않다고 생각한다. 이것은 태몽에 의하지 않고 잉태해 출산된 사람이다. 여기서 전날의 감각에 남아 있는 부분의 것이 환각상태로 나타나는 것은, 꿈이 아니라 현실의 상상과정의 환상으로 생시의 실제의 행동이다. 이는 마치 우리가 어떤 과정의 명상에 잠기는 것과 같은 것이기 때문에 이런 것은 꿈이 아니다. 이런 것은 사람이 직접 미래와 현재 또는 과거에 대한 것을 상상해보는 것이며, 미래의 예지능력이 없는 것이다.

꿈이란 사람이 잠을 자는 동안에 어떤 영상의 장면을 공간에 새겨 인간살이의 미래의 어떤 상황의 닥침을 예고하는 것이고, 꿈에 대한 미래의 예고적인 기능을 긍정한다면 인간은 꿈에 따라 움직인다는 것으로 '꿈은 인간미래의 행동·계획·배경 등을 정신의 파동을 통해 그 자체를 영상으로 보이는 것'이라고 한다.

'꿈이란 무엇인가?'라는 것에는 우리 인간에게 여러 가지 고통을 준다. 꿈이다, 꿈을 가져라, 꿈을 깨라, 꿈에 볼까 겁난다, 꿈꾼다, 꿈나라, 꿈 같아, 꿈결, 꿈타령, 꿈속, 꿈속을 헤맨다, 남가일몽(南柯一夢)이다(이 책의 후편 부록 해몽단편의 남가일몽 참고), 일장춘몽(一場春夢)이다, 몽환상태, 몽환포영(夢幻泡影)이다.

이상의 단어 하나하나가 모두 꿈의 파생적인 정의를 내포하고 있다. 꿈을 가져라는 희망을 나타내고, 꿈을 깨라는 공상 또는 망상을 나타내고, 꿈꾸나는 엉뚱한 짓을 나타내고, 꿈이다는 실현불가능을 나타내고, 꿈나라는 거리가 먼 것을 나타내고, 남가일몽은 지난일이나 잊으라는 뜻을 나타내고, 일장춘몽은 공상의 포기를 나타내고, 몽환상태는 중독의 환시로 의식이 흐려진다는 뜻을 나타내고, 몽환포영은 꿈·환상·거품·그림자의 뜻으로 인생의 헛되고 덧없음을 나타낸다. 이것은 bust like a bubbule이다. 이 중에서 꿈은 실현불가능을 표현하는 것이 가장 옳을 표현인지도 모른다.

2. 일상대화 속에서의 꿈

꿈을 깨라, 너에게는 그것이 꿈이다라는 말은 분수에 맞지 않게 과다한 목표를 설정했을 때 실행과 실현이 불가능하다는 것을 나타낸다. 그러나 이것은 옳은 풀이가 아니다. 이것은 꿈에 나타난 상황을 당하지 않도록 피하라거나 그런 종류의 꿈을 꾸지 말라는 의미도 있지만, 이미 꿈에 의해 정해진 인생의 불변경을 뜻하는 것으로, 너의 인생은 벌써 정해져 있다는 뜻을 내포한다.

이는 꿈에서 나타난 불행한 징조의 현실의 닥침을 피해보려는 욕구에서 나온 말이다. 결론적으로 일상대화 속에서의 꿈의 정의는 일단 꿈을 꾸었으면 그 현실의 닥침을 방지·변경·연기하는 것은 불가능하다는 뜻이다. 따라서 꿈은 앞에서 언급했듯이 실현불가능을 말하는 경우가 대부분이다.

3. 의학적·생물학적인 꿈

잠을 자는 동안 시각·청각·후각·촉각 등의 체험으로 나타나는 것으로 두 가지 원인이 있다고 한다.

첫 번째는 수면 중에 신체의 내외에서 나타나는 자극의 원인으로 감각적이거나 말초적인 꿈이다. 예를 들면 침구의 위치와 중량, 신체의 위치와 실내의 조건, 신체 외부의 자극, 수면 중에 위장과 호흡기의 근육감각·심장고통·피의 순환·귀울림 소리 등이 신체내부의 일어나는 자극 등이라고 한다.

두 번째로는 뇌리에 잠재되어 있는 과거의 경험과 기억 등이 수면 중에 자발적인 활동을 일으켜 꿈을 유발시키는 정신적인 꿈 또는 중추적인 꿈이다. 예를 들면 장기나 바둑·화투·재미있는 노래를 부른다든지, 걱정할 일이 있을 때 나타난다고 한다. 이런 정신적인 꿈도 대부분 최초의 감각적인 꿈이 있는 후에 그로부터 방향을 바꾸어 이행유발되는 일이 많다고 한다.

이상의 설명과 같이 꿈의 발단은 대부분 감각적이기 때문에 꿈을 인위적으로 만들어 낼 수 있다고 한다. 꿈 연구에 유명한 프랑스의 모리는 신체에 여러 가지 자극을 줘 인위적인 꿈을 만들었다고 한다. 그러나 이 책에서는 이런 상황의 것은 꿈으로 보지 않고 현실의 행위로 다룬다. 희미한 의식 속에서 신체에 자극을 주어 반응하게 하는 것은 현실 행동으로 봐야 한다. 이것은 예지능력이 없기 때문이다.

프로이트는 정신병자를 희미한 불과 환상적인 배경을 만든 방에 눕혀 놓고, 현실을 인식하지 말고 의식의 흐름에 따라 자유롭게 이야기하도록 하면서 계속 환상적인 상황을 만들어주면 과거의 고통·소망·갈등 등을 표현하며 이것들을 해결하는 방법으로까지 진행된다고 했다.

다시 말해 꿈과 같은 환상으로 고통을 벗고 소원을 이루며 갈등을 해소하게 된다는 것이다. 예를 들어 누군가에서 얻어 맞은 경험의 갈등은 환상적인 상황에서 직접 감정이 있는 사람을 앞에 앉히고는 뺨을 치는 행위 등으로 갈등을 해소할 수 있다는 것이다. 프로이트는 꿈은 갈등의 산물이라고 했으며, 꿈은 억압된 소망을 위장으로 충족시켜 주는 것이라 했다.

한 가지 예를 더 들면 과거에 여러 번 낙방한 선비는 시험에 붙는 것이 소원이며, 이에 대한 갈등이 있을 것이다. 이를 환상적으로 말하자면 꿈에 붙으면 이 환상 속에서나마 소원을 이루고 갈등을 해소시키는 것이지만 실제로는 시험에 낙방된 것이다. 꿈은 청각·미각·후각·촉각보다는 시각적인 성질을 갖고 있다. 이 외에 날아다니는 꿈과 걷는 꿈도 있다. 꿈의 내용은 항상 과거의 경험이나 기억, 일상의 사념·원망·상상 등에 의해 결정된다. 경험하지 않은 일이나 한 번도 생각해보지 않은 일은 잘 나타나지 않는다고 한다. 그러나 필자는 그렇게 생각하지 않는다. 우리는 경험하지 않았거나 한 번도 상상해보지 않을 것에 대한 꿈을 꿀 수도 있다. 직경 1mm도 안 되는 전선 속을 자유롭게 드나드는 등의 꿈이 있다. 인간이란 생명체는 무한한 공간과 시간을 장악하며 영역으로 삼고 있다.

4. 고전적인 꿈

중국의 몽서(夢書)와 인도의 몽경(夢經)이 대표적인 것이나 꿈에 관한 고전은 어느 나라에나 있다. 꿈에 대한 학설은 이미 심리학·생리학과 결부되어 과학적으로 발전되고 있고, 몽환극(夢幻劇)은 현실보다 꿈속에 인생의 진실이 있다는 신념을 갖고 꿈속의 생활을 그린 회곡이다. 이것은 꿈을 빙자해 인간의 감정이나 행동을 솔직하게 표현해 보려고 하는 의도로, 꿈을 중요하게 생각하는 것은 나의 생각과 같다. 그러나 해몽상으로는 부족함이 많아 아직도 앞길이 요원하다.

5. 이 책에서의 꿈

꿈은 우주의 파동과 인간의 뇌파의 합류이다. 현재 과학은 동물의 두뇌에 두 개의 전류를 연결시켜 컴퓨터와 연결시킨 후, 인간의 뇌파로 동물을 경유해 컴퓨터를 조종하는데 성공했다고 한다. 인간의 뇌파로 원숭이를 조종할 수 있는 것인가? 우주의 파동이 인간의 뇌파와 합쳐지는 것이 바로 꿈이고, 감각적인 파장이 미치는 면이 육제가 잠들 때 나타나는 것이다.

예를 들어 낮에 일을 할 때는 아픈 줄 모르다 잠잘 때 아픔을 느낄 때가 있다. 이처럼 꿈은 육체가 잠들지 않으면 불가능하다. 뇌파도 파동인 것이다. 물질의 존재나 생명체의 삶이란 물질의 충돌이나 어떤 사건이 일어날 때만 인식되는 문제일까? 충돌과 충돌 사이, 즉 파동과 파동 사이의 반응, 그 반응의 결과가 사람이 잠잘 때 영상으로 나타나는 것이 바로 꿈이다. 나중에 다시 설명하겠지만 인간은 신(神)적인 영감이 있어 예지할 수 있다. 이것을 꿈이라고 하는 것이다.

6. 시간 · 공간 · 우주와 꿈

1. 시간 · 공간과 꿈

한 생각이 머리 속에 잠간 머문다고 해도 시간과 함께 결국은 과거로 사라지게 된다. 꿈도 이와 같다. 모든 것이 머무는 자리가 마련될 것이라고 생각하면 오산이다. 꿈도 마찬가지이다. 생명을 잃은 달도 생명이 남아 있는 태양도 아직 시간 속에 머물고 있다. 달이나 태양도 실체는 존재하지만 꿈에서는 공간에 포함시켜 나타난다.

행복이 사라지는 것처럼 꿈도 현실내도로 사라진다. 이것이 바로 시간이다. 시간은 자연의 변화과정을 나타내는 척도로 공간과 함께 인간 인식의 기본적 형식이다. 유물론에서는 물질의 근본적인 존재 형식이라 했고, 칸트는 시간을 본체와 현상을 구별하는 처지에서 현상을 구성하는 주관의 '직관의 형식'이라고 했다.

그렇다면 이 책에서의 시간은 무엇일까? 꿈의 형성 원인과 동기·상황·발생의 순서와 꿈의 현실내도에 따른 영향과 효력면에서 인간인식의 기본형식이다. 시간은 과거·현재·미래식의 간단한 문제가 아니다. 어떤 사물을 감각적으로 따질 때 변화를 느낄 수 있는 것은 '변하는 것'으로 안다. '변한다'는 것은 시간이 흐르면 형태나 질이 달라진다는 것이다. 변화의 속도는 모두 다르다. 이것은 변화의 양상, 즉 모양이다. 변하는 것은 그 사물의 형태와 시간이 결정한다. 따라서 변하는 사물은 시간 속에서 존재한다고 할 수 있다. 꿈의 현실내도는 반드시 시간 속에서 존재한다. 그러므로 꿈도 시간 속에 존재한다고 볼 수 있다.

담배씨가 들어가도 한 알 이상 들어박힐 수 없는 그러한 공간이 바로 우리의 세상인데 꿈도 여기에 존재한다. 이런 공간은 우리에게 어떤 교훈을 주는 것일까? 우리가 살고 있는 지구는 걸어서는 돌아볼 수 없는 대단히 넓다. 그러나 지구가 속해 있는 태양계의 크기에 비하면 보잘것없다. 태양계도 역시 그가 속해 있는 은하계에 비하면 그 크기가 무시될 정도이다.

과학자들의 말에 따르면 우주에서는 태양계가 속해 있는 은하계 외에도 수많은 은하계가 있다고 한다. 이 은하계들은 계속 초속 300,000Km의 속도로 우주 속으로 팽창하고 있고, 지금 이 순간에도 팽창한다. 얼마나 넓어질 것인가? 이 우주 속에서는 그 확장된 공간은 공간으로 있는 게 아니고 그 자리에 또 다른 은하계가 태어난다고 한다. 이런 것으로 볼 때 우주의 공간은 차 있다가 또 비어 있기도 한다.

이것이 차거나 비거나 꿈은 그 속에 끼임이 가능하다. 그러나 변하지 않는 것은 시간이 지나도 변하는 것을 알 수 없으니, 세월이 지나도 역시 같은 모양이다. 즉 영원히 변하지 않는다는 것이다. 그러니 변하는 속에서 살고 있는 인간은 바로 시간 속에서 살고 있다고 말할 수 있다.

그러나 우주는 예나 지금이나 변하지 않고 있으니 바로 공간 그 자체이다. 직접적 경험에 의한 상식적인 개념으로는 상하와 전후와 좌우의 세 방향의 넓이를 갖는 곳을 공간이라고 한다. 이 개념은 바로 의미의 경험적 대상이라 말할 수 있다.

심리적으로 말하면 시각이나 촉각 등의 작용에 의한 공간 지각에 기인하는 공간 표상이고, 철학적으로는 이 공간 표상에서 출발한 경험적 공간을 특수한 요소에 의해 규정짓는 경험에 앞선 공간과 구별한다. 기하학적 공간의 개념은 역사의 흐름과 동시에 변한다. 처음에는 2차원, 3차원의 유우크릿트 공간이 바로 그 대상이었다.

예를 들어 꽃이 한창인 한 그루의 감나무가 있다고 하자. 감나무에 감이 보인다. 이것이 시간이 지났다는 것이다. 그런데 밤하늘에 별들을 쳐다보자. 일정한 곳을 바라보면 여백이 있다. 구름이 겹겹이 덮여있어도 그 위는 맑은 하늘이다. 이 여백에는 아무것도 없다. 공기가 있다면 지구 주위 뿐이지 지구로부터 먼 공중에는 공기도 없을 것이다. 언제 보아도 같다. 이것이 광활한 공간이다. 변하지 않는 것이다. 이것으로 변하는 것과 변하지 않은 것은 서로 반대이다. 그래서 변하는 것은 시간이 지나면 그 변화과정을 알 수 있다. 이 공중은 아무것도 변하지 않는 것이다. 이것은 바로 공간이다. 그래서 시간과 공간은 바로 반대이다. 꿈의 영역은 공간을 포함한다.

2. 시간 · 공간 · 우주와 꿈

천문학적인 의미의 우주 정의가 가장 옳은 것이라고 믿는 사람이 많겠지만 경우에 따라서는 그렇지도 않다. 천문학적으로는 모든 천체나 물질, 에너지가 존재할 수 있는 공간을 우주라고 한다. 우주의 우(宇)는 천지사방의 넓이나 하늘을 말하는 것이고, 주(宙)는 과거부터 미래까지의 시간적 연결을 말하는 것으로, 우주는 시간과 공간을 모두 포함한다. 꿈은 우주 속에 존재하기 때문에 시간과 공간을 영역으로 이를 함유한다.

해몽에서의 우주는 꿈의 영역이다. 인간의 꿈은 파동의 에너지로 파장을 타고 쉴새 없이 움직인다. 그러므로 파동의 크기와 위치는 시간이 결정한다. 꿈의 파동은 공간에 머물거나 이동하면서 우리의 뇌에 전달되는 것으로, 우주 속에 존재하며 발생지로부터 뇌에 전달되고, 전달된 에너지가 현실 내도로 사라져 시간 속에 존재한다. 결론적으로 꿈은 시간 속에 존재하며 공간을 함유한다.

7. 파동과 파장

우리의 인간에게 전달되는 꿈의 매체는 무엇일까? 이것은 오랫동안 인류가 연구해온 과제이다. 꿈의 매체는 파동인데, 파동은 음파·광파·전자파·물질파·뇌파 등 상상 가능의 것의 파동을 포함한다. 물리학적으로의 전류파나 광속은 초당 300,000Km로 되어 있고, 꿈의 매개체인 파동은 광속보다 더 빠른 것도 있다고 하나, 현실의 운동 속도보다 더 느린 것도 있고, 상황에 따라 변할 것이라는 가설을 세우고 이론을 전개해 이를 입증시켜야 한다고 생각한다.

본론에서의 매체의 파동은 종파와 횡파의 양질의 것이라고 한다. 꿈의 파장이란 파의 산과 산간의 거리나 골과 골과의 거리를 말한다. 그리고 전달파의 거리와 위치에 따라 파장의 변동은 없다고 하는데, 꿈도 소멸되는 원리에 입각해 파장이 달라진다는 결론을 내릴 수 있다. 꿈의 파장의 발생은 인간의 영적인 감각과 합류된다.

1. 인간의 뇌파와 꿈

지구의 생명체는 외계에서 왔다. 인간의 원초적인 생명은 기나긴 세월 동안 지구가 아닌 외계에서부터 정신적인 활동의 유전성으로 성장하며 발달한 것이 지구에 와서도 계속 유전성으로 오늘날까지 발달해오면서 파동이나 진동에 익숙해 뇌파는 이 영적인 감각을 받아들이는 것이다. 지구의 생명체와 인간은 외계시대부터 모든 경험적 유전체의 것으로 영험감각을 갖고 있기에 미래의 일들을 예측하는 신통적·신적·영적인 감각을 갖게 된 것이다. 지진이 일어나기 전에 지구 중심의 진동 에너지에 의해 파동을 느낀 벌레와 짐승들은 이미 지진이 일어날 것을 알고 며칠 전부터 그곳을 나와 지진을 피해 화를 입지 않는다고 한다. 이것은 벌레나 짐승이 인간보다 파동이나 진동에 더 민감한 반응을 갖고 있는 것이다. 이 파동과 진동의 운동 에너지가 뇌를 자극해 뇌파를 발생시키는 것인데, 뇌파는 뇌의 신경세포운동 등 활동에 수반해 발생하는 미약한 전지변동을 말한다.

8. 꿈을 꾸는 이유

지구의 생명체는 지구 자체 내에서 생긴 것이 아니라 외계의 생명체에서 왔다고 하는데, 이것은 근거가 확실하다. 말하자면 인간은 외객으로 지구의 주인은 아니다. 지구에서 귀금속으로 백금과 같이 취급하는 일리디움은 분포가 고정되어 있고, 다른 광석처럼 토출되는 것이 아니라고 한다.

지금 지구에서는 지구가 아닌 다른 우주를 개발하기 위해 노력하고 있다. 달이나 화성·목성 등에 인조물을 보내고 있다. 지구의 오염과 지구의 멸망으로 인류가 살아갈 수 없을 때 연구는 더욱 빠르게 발달한다. 이것은 지구의 생명체를 외계로 옮기려는 전략이다. 우주의 어느 천체에서도 생물이 존재할 수 없게 되면 생명체를 보존하기 위해 다른 우주로 보낼 것이다. 보내는 방법이 변질의 속도가 느린 일리디움 속에 생명체의 미생물을 넣고 우주에 보낸 것이 지구에 정착했고 이 일리디움이 오랜 세월을 지나 그 속에 든 미생물이 나타난 것이 바로 이 지구의 생명체의 원초라는 것이다. 이것이 진화해서 현재에 이른 것이 지구의 생명체라고 한다.

이상의 것으로 인간 뇌파의 유전자의 원초는 지구가 아닌 외계에도 있다는 것으로, 인간은 혈통적으로 우주의 파동에 익숙하고 모체적인 관련이 있다. 이런 면으로 지금도 우리는 하늘로 가는 길이 열리는 꿈을 꾸거나, 태양이 밝게 보이거나, 은하수가 보이거나, 혜성의 천체가 보이기도 하고, 그곳에 가보기도 한다. 이런 유형의 꿈들은 길몽으로 다룬다.

인간의 목표는 살아서는 물론이고 죽어서도 하늘나라로 가는 것이다. 그곳이 인간 생명체의 원초이며 고향이기 때문이다. 미국에 있는 아들과 서울에 있는 어머니와의 거리는 몇만 리가 넘는다. 그러나 만유인력의 법칙에 따라 미세하나마 아들과 어머니 사이에는 서로 끌어당기는 힘이 존재하고 있다. 이것이 바로 만유인력의 법칙임을 아무도 부인하지 못한다. 그러나 우리는 느끼지 못하지만 영적인 감각으로는 어머니의 뇌파가 우주의 파장을 매개로 아들의 뇌파와 충돌한다.

인간은 신(神)과 신성(神性)의 일부를 지니고 있다. 인간의 신체나 의식이 점점 진화하고 있음은 그것이 바로 사람이 진화하는 것을 바라는 소망이다. 따라서 필요한 방향으로 변하는 과정을 진화라고 한다. 이것은 바로 소망을 이루는 것이고, 목적을 이루는 것이다. 한 치 앞을 내다보지 못하는 인간의 불행을 벗어나고자 인류는 얼마나 많은 노력을 기울였던가? 인간의 미래를 알기 위해 노력하고, 뜻을 이루는 것이 큰 소망으로 지금까지 생활해오고 있다.

미래를 알 수 있는 방법은 없을까? 이것이 인간의 간절한 소망이다. 이 소망을 실현하는 방법으로 꿈을 개발한 것이다. 그래서 꿈이 생긴 것이다. 꿈을 꾸는 이유는 바로 인간의 소망이기 때문이다. 그러므로 꿈도 점점 시대에 따라 진화한다는 논리가 성립된다. 옛날 사람들이 꾸는 꿈보다 현대인의 꿈이 더 복잡하며 다양하지만, 예지하는 의사의 전달이 확실할 것이다.

꿈은 앞에서 설명한 것과 같은 조건하에 우주의 파동과 인간의 뇌파 합류로 생겨나는 것이다. 이는 잠들지 않으면 육체가 움직이고 있어 잠재의식으로 뇌파가 억압되다가, 육체가 잠들면 해방되어 파동의 합류를 의식하는 것이다. 의식작용, 이것이 바로 꿈으로 나타난다. 이것이 꿈 생성의 경로요 예지의식의 표현이다.

우리는 외계 생물체와 미확인 비행물체(U.F.O)에 대한 관심이 많다. 공상이나 오인 또는 헛소문으로 생각하고 있는 사람이 있는가 하면 관심을 두는 사람도 많다. 100만년 전 은하계의 갑이란 한 천체에서 200광년 거리에 있는 태양계의 지구를 식민지로 만들기 위해서 노력했다고 보면 오늘과 같은 현상이 일어날 수 있다는 가설을 세운 학자도 있었다. 현실이 전술의 미확인 비행물체인지도 모른다는 것이다. 인간이 현재와 같은 상황에서 200광년 떨어진 은하계의 다른 천체로 생·무생물체를 보낸다고 가정하면 지금으로 부터 100만년 후에 그곳에 도달한다.

현재는 우주의 어느 천체에선 고도로 과학이 발달해 생물이 죽지 않고 영원히 사는 방법을 개발했을지도 모른다. 어리석은 생각인지 모르지만 생물체가 100만년 전에 지구에 도착했을 때의 모습과 지금의 모습은 어떻게 다른가? 너무나 많이 발달했다. 100만년 전에 지구에 생명체를 보낼 정도의 그 당시의 외계천체의 그 지능 기술의 두뇌라면 그로부터

100만 년이 지난 지금은 그들의 생명공학은 얼마나 발전했을까? 죽지 않는 생명을 개발했을 것이라고 믿어도 좋을 것이다. 고로 미확인 비행물체에서 죽음을 초월한 영원한 존재를 만나게 될지도 모르고, 인간이 언젠가는 그들의 덕을 볼 수 있을 것이란 기대의 도를 넘친 망상도 가능하다.

우리는 그들의 후손이니 그곳에서는 인간이 죽지 않고 영원히 살고 있을 것이니 빨리 가보자. 우리 세대에서는 불가능한 공상임이 거의 확실하다. 그러나 절대로 아니라고 부정하는 것도 옳지는 않다.

지금 이 시간에도 미확인 비행물체와도 인간뇌파의 파동은 계속 연결되고 있을 것이다. 지구에서 수없이 일어나는 지진의 파동이나 우주의 어느 천체의 폭발적인 파동이 지금도 파장을 타고 흐른다. 이것에 비해 규모는 작지만 교류전기의 발전소와 소비처인 충돌장과 초간 60회 왕복의 파동이나 전구가 초간 120번 꺼졌다 켜졌다 하는 것이 이어진 것으로 보이는 파동도 있다.

9. 꿈의 횟수 · 길이 · 기억력

1. 꿈을 많이 꾸는 사람과 적게 꾸는 사람

아무리 꿈을 꾸려고 해도 꾸지 않는다는 사람이 있는가 하면, 누웠다 하면 꿈을 꾼다는 사람도 있다. 꿈을 꾸는 목적과 이유는 어떤 변화를 대상에 예지시키려는 것으로, 변화를 전달해주기 위한 방편이며 수단이다. 횟수나 시간은 다르나 사람은 누구나 꿈을 꾼다. 꿈을 전혀 꾸지 않는 사람은 없다. 만약 어떤 사람이 꿈을 전혀 꾸지 않는다면 그 사람의 생의 모든 부분이 이미 태몽에서 예지되었다고 하는데, 그 짧은 태몽에서 인생의 모두를 예지한다는 것은 불가하다고 봐야 한다.

생활이 안정되고, 공상이 적고, 욕심이 없는 사람은 꿈을 적게 꾼다고 한다. 직업이 안정된 사람은 일 년에 10회 정도 꿈을 꾸는 경우도 있다고 한다. 일 년에 10회 정도의 꿈을 꾸면서 잠에서 깨어나 내용을 기억하지 못한다면 거의 꿈을 꾸지 않는 것으로 생각할 수도 있다. 그리고 인생을 체념하고 주어진 운명대로 살아가는 사람도 꿈을 잘 꾸지 않는다고 한다.

2. 꿈꾸는 시간과 기억력

꿈을 꾸는 시간은 모두 다르다. 잠시 나타났다가 사라지는가 하면 오래 계속되는 꿈도 있다. 신통력을 지닌 영몽의 경우에는 비교적 짧다고 한다. 그리고 잡념이 많을 때는 꿈도 지저분하며 오래 계속된다고 한다. 그리고 잠이 들자마자 꾸는 경우, 잠이 한참 진행 중일 때 꾸는 경우, 잠에서 깰 시간에 꾸는 경우, 깨었다가 다시 잠들었을 때 꾸는 경우가 있다.
 꿈의 내용을 잊어버리는 경우와 생생하게 기억하는 경우가
있다. 잠을 깰 때 몸의 움직임 없이 깬 경우에는 기억하는
경우가 많고, 의식을 찾기 전인 수면 중에 몸의 움직임으로
뇌가 흔들렸을 경우에는 꿈을 기억하지 못한다.

2장. 꿈으로 다루지 않는 것

1. 약물복용 · 탈진 등의 환상

나는 어릴 때 대마잎을 먹어본 일이 있다. 지금은 대마잎을
마약으로 취급하나 그 당시에는 구충약으로 먹기도 했다. 밀
가루와 반죽해 떡을 만들어 두 잎 정도 먹었다. 그러면 꿈인
지 생시인지 분간할 수 없는 상태에 빠져 꿈을 꾸는 것 같은
상황이 된다. 이처럼 약물을 복용하거나 음식에 의한 환상은
꿈으로 보지 않는다. 이것은 꿈이 아니라 환상이기 때문이다.

2. 탈진 등의 환상과 해몽의 관계

옛말에 봄 꿈은 개꿈이라는 말이 있다. 이것은 봄에 꾸는

꿈은 현실내도가 맞지 않아 해몽할 가치가 없다는 뜻이다. 요즘 사람들은 굶주림의 고통을 잘 모른다. 필자는 어릴 때 굶어본 경험이 많았다. 학창시절에 자취를 하면서 양식이 없어 굶는 것이다. 이틀씩이나 밥톨하나 입에 넣지 않고 학교에 다닌 적이 한 두 번이 아니었다. 어떤 때는 4일이 가기도 한다. 이상한 것은 자주 굶다보니 점점 저항력이 생기더라는 것이다. 4일 정도를 굶으면 나중에는 밥이 있어도 한 번에 많이 먹을 수 없고, 기운을 회복하기 어렵다. 하루 종일 굶으면 그 다음 날은 평소보다 더 많이 먹을 수 있다.

그런데 배가 많이 고프면 잠이 오지 않는다. 실제로 굶어보지 않은 사람은 모른다. 4일 정도 굶으면 의식이 몽롱해 음식을 먹겠다는 의욕조차 잃는다. 이런 상황이면 잠은 오지 않는데 꿈 같은 환상이 계속된다. 이런 환상은 꿈이 아니다. 옛날 보릿고개인 춘곤기에는 굶는 사람이 많았고, 굶어죽는 사람도 많았다. 그래서 봄 꿈은 개꿈이라는 말이 생긴 것이다. 이와 같이 탈진과 같은 비정상적인 조건에서는 꿈이 아니라 환상이기 때문에 해몽법을 적용시키지 않는다.

우리 선조들의 해몽지식의 전래유산이다. 그 이유는 전술과 같은 것은 신체의 고통이 육체의 감각기능을 자극시키는 결과의 반응으로 분류해야 한다. 그리고 연탄가스에 중독되었다가 죽을 고비를 넘기고서 깨어난 사람들이 많다. 여기 경험이 있는 몇 사람들의 이야기를 들어 보면 공통점이 고통을 당하고 있을 때, 꿈과 같은 환상이 떠오르는데 대단히 고통이 심했다고 한다. 참으로 지옥에 가는 것 같은 환상이라고 했다. 이런 것은 꿈으로 분류해서는 안 된다.

잠을 자다 몽유병환자처럼 환각상태에 빠지는 경우가 있다. 헛소리를 하는 것이다. 이때는 자신은 잠들었다고 하지만 잠든 것이 아니라 환각상태에서 불안·초조·흥분·자극 등의 감각상태에 동조되어 생시와 같이 소리를 지르는 것이다.

이 장면에서의 환각은 꿈으로 분류해서는 안 된다. 꿈은 잠을 자야 하는데 이것은 잠든 상태가 아니다. 잠든 상태에서 소리를 지른다는 것은 틀린 것이다. 이때는 잠든 것이 아니다. 꿈이 아닌 환각상태에서 놀라거나 감정이 치우쳐 고함을 지른다. 이런 경우도 앞에서 설명한 것과 같이 신체의 고통이 육체의 감각기능을 자극시키는 결과의 반응으로 분류해야 한다.

3. 병과 해몽

1. 몽마(夢魔)

낮에는 잘 지내던 사람이 잠을 자는 동안에 신음하거나 손이나 발을 내젓거나 온몸을 떨거나 온몸에 땀을 흘릴 때 흔들어 깨우면, 공포가 계속되는 경우도 있으나 대개는 안정된다. 옛날 사람들은 이 몽마를 악귀가 역습한 것으로 생각해 굿을 하거나 주술적인 처방을 했다. 수면 중에 손을 가슴 위에 얹거나 이불 등의 무거운 것에 눌려 일시적으로 가슴 내에 고민이 생긴 까닭이라고 하나 때로는 동맥경화증 등의 만성질환으로 인해 몽마가 발생하는 경우도 있다고 한다.

우울증·공포증·신경성·히스테리·강박관념 등이 있는 사람은 정신적인 감동·고뇌·심통·불평불만 등의 원인이 계속되는 경우에 잠재적인 의식 작용으로 수면 중에 돌연 몽마성의 고민을 일으키는 경우가 있다. 이것은 일종의 공포에 의한 환상이요 반항적인 행동으로 꿈으로 보지 않는다.

예를 들어 생시에 무서운 개가 공격해오면 도망을 가거나 반격한다. 그러나 꿈속에서는 이를 행할 수 없다. 육체가 정지상태이기 때문이다. 또 누워 있는데 선반 위에 놓인 물건이 떨어지면 피한다. 그러나 꿈속에서는 육체가 정지상태에 있기 때문에 불가능하다. 몽마를 치료할 수 있는 방법은 무엇일까? 오랫동안 많은 연구를 했을 것이다. 전공자 한 분의 말씀으로는 수면을 방해하는 조건들을 제거하고 수면상태에서의 신체의 비정상적인 환경요건의 발생을 방지해야 한다고 한다.

2. 몽설(夢泄)·몽정(夢精)

수면 중의 무의식 상태에서 정액이 흐르는 것을 말한다. 욕정적인 꿈을 꾸면서 쾌감을 느껴 사정하는 것을 몽설이라고 하며, 보통 몽정이라고도 한다. 성교나 자위행위와는 관계없이 정액이 흘러 나오는 것을 유정(遺精)이라고 한다. 몽설은 성욕이 따른 실제 행동으로 꿈이 아니기 때문에 해몽하지 않는다. 단지 성욕의 불만에서 오는 것으로 습성적인 경우가 많다고 본다. 보통 자위행위로 성욕을 해결하는 경우에는 자위행위가 중지되면 몽설을 한다고 한다. 이것은 꿈속에서 성상대가 나타나면 실제처럼 애무를 하거나 사정한다.

어떤 사람은 몽정 중에 잠을 깨면 실제의 사정 직전의 흥분상태가 계속된다고 한다. 꿈에서의 영상이 실제보다는 앞선다는 것이다. 또 어떤 사람은 성기 주위에 오물이 끼어 있거나 머리칼이나 음모가 끼어 있어 이에 대한 촉감의 반응으로 흥분상태에 돌입한다는 이야기도 있다. 그 사람의 말로는 몽정 후에 성기를 살펴보면 반드시 음모가 성기 주위에 붙어 있었다고 한다.

몽정은 일반적으로 성 배출욕을 느끼는 성적으로의 갈등과 성욕의 왕성함을 말해주는 것이다. 그러나 이것은 생시의 성욕에 대한 의식작용이 계속 유지되어 주위의 자극에 의한 생리적인 반응으로 실제행위이지 꿈은 아니다. 따라서 몽정은 꿈으로 취급하지 않는다.

3. 몽유병(夢遊病)

꿈을 꾸다가 일어나 돌아다니는 병으로, 수면 중에 자동적으로 생기는 활동을 말한다. 꿈에서 유도된 일종의 의식분열 상태이다. 꿈속에 일어난 일이나 행동을 자신은 모른다. 어린 아이들이 잠꼬대를 하거나 잠을 자면서 걸어다니거나 실제 행동을 하는 것도 몽유병으로 보아야 한다고 한다. 몽유병환자의 행동은 완전히 잠을 깬 사람처럼 보이기도 한다.

어떤 사람은 일어나 전등을 켜거나 끄기도 하고, 책을 읽거나 대문을 잠그기도 한다. 또 어떤 사람은 거름을 지고 농장으로 나가는 경우도 있고, 심지어는 낚시를 하러 간다고도 한다. 그러고도 그런 사실을 전혀 모른다고 한다.

몽유병을 가진 병졸이 있었다고 한다. 군마를 끌어내 군사 훈련을 하고 돌아오는 군인이 있었다는 이야기는 빈번했다고 하며, 생시에는 이길 수 없었던 병력과 지형상황 속에서도 이기고 포로를 잡아 온 경우까지도 있었다고 한다. 생시에는 도저히 할 수 없는 위험하고 용감한 행위를 한다고 한다. 벼랑이나 계곡·지붕·옥상·높은 나무 등에 오르고, 절벽에서 뛰어내리기도 하고, 실제로 높은 바위에 올라 다이빙을 하기도 한다고 한다. 생시보다 사고확률이 적다는 이야기도 있다. 타고가던 차가 사고가 났을 때 잠을 자던 사람이 정신을 차리고 있는 사람보다 다치는 경우가 적다는 이야기도 있다. 권총을 발사해 그 총성에 찬물 속에 뛰어들어 자신이 깨어나는 경우도 있다고 한다. 이런 사람의 경우는 주위의 사정을 종합적으로 판단하는 배경요소의 것을 무시하고 전면에 보이는 것만으로 상황판단을 한다고 한다.

낮에 잠을 자지 않다가 몽유행동을 하는 경우를 각성몽유(覺醒夢遊)라 한다. 옛날에는 몽유병 환자가 더 많았던 것 같다. 밤에 자다 귀신이 나타났는데 자기를 따라가자고 하기에 날이 밝도록 끌려다녔다는 이야기를 듣기도 했다. 몽유병 환자의 이런 상태는 꿈으로 분류 해몽해서는 안 된다. 이에 이해를 돕기 위해 몽유병으로 시달렸던 사람의 이야기를 소개한다.

4. 문학작품과 해몽

1. 몽환극(夢幻劇)

꿈속의 인간의 생활을 묘사한 희극이다. 현실적인 인생보다 꿈속에서 경험하는 인생이 더 진실하다고 주장하며 즐겨 이 방법을 택했다. 이의 대표작은 스트린베리(A.Strinberg)의 『다마스쿠스』,『꿈의 희곡』등이 있다. 그는 육체를 갖고 체험한 인간생활을 꿈의 세계 또는 상상의 세계라고 생각하고 형이상학적 세계에 실제의 세계나 본질의 세계가 있다고 주장하는 것이다.

꿈은 기본적인 인간성을 지니고 있고 범인간주의적인 면이 있으며 추상적인 것 같지만 그 범위가 넓어 현실의 협착(峽着)을 벗어날 수 있는 길을 모색해낼 수 있고, 인간 상상력의 개발에 도움이 될 수 있을 것이다. 인간의 비도덕성의 면을 꿈의 행위처럼 가장함으로 양심의 가책을 면하려고 하는 데 도움이나 위로가 된다.

꿈을 무대로 한 작품은 일종의 자위책으로 받아들이는 경우가 많다고 한다. 도둑질은 인간이 하고 그 죄를 인간이 아닌 꿈으로 돌리는 데서 무엇을 찾아보려는 욕구일 것이다. 몽화록에 나타난 꿈의 내용에 대한 현실내도와 전개는 해몽법상의 것과 다른 부분도 있음을 알아야 한다.

3장. 꿈의 가치와 영역

1. 꿈의 가치

꿈은 절대로 미신이 아니다. 따라서 꿈의 결과를 예측해 보는 것은 절대로 미신이 아니다. 아무리 큰소리를 치고 권력을 가진 사람이라도 인간이라면 누군가가 꾼 태몽에 의해 태어난 것이다. 인간은 태몽의 장면들을 잘라먹으며 하루 하루 살아가는 꿈의 의한 소산이다.

인생의 미래를 예고하는 꿈이 어찌 미신이라고 생각하는가? 이는 단지 꿈에 대한 의문을 풀어나가지 못한 인간의 능력 한계를 표현한 것에 불과하다. 꿈은 미신으로 취급당하도록 영원무궁한 비밀을 갖고 영원히 인류의 가슴 속에 깊이 존재한다. 인간이 초능력적인 창조의 길에 도착해도 인간의 미래를 알게하는 것은 꿈, 바로 이것 뿐이다.

만약에 꿈이 미신이라고 한다면 불행한 꿈을 꾸고서 불행한 일들을 방지할 수 있어야 하는데, 꿈에 나타난 불길한 일을 사전에 예방하는 것은 아직 한 번도 찾아낸 적은 없다. 만일 꿈이 미신이란 생각을 갖고 있다면 꿈을 꾸고서 그 현실의 닥침을 피할 수 있어야 한다.

한 가지 예를 들면 회사운영이 여의치 않아 사채가 많고 출고물품의 출고가 인하로 여러 거래처와 송사가 겹쳐 골치를 앓는데 지난밤 꿈에 아이가 편지를 전해주었다면, 이것은 송사문제의 발생으로 사건에 접하게 되는데 이를 방지할 수 있을 것인가? 여러 거래처 중에 어디인지 명확하지도 못하고 불안하다. 설사 자기가 생각한 것을 해결해 놓으면 해결한 그 건이 아닌 것이 나타난다.

환자가 저승사자의 부름을 받고 죽음을 피할 수 있다면 그 어느 누가 죽음을 당할 것인가? 그 꿈은 대개 자신에게 관한 것이지만 때로는 꿈을 꾼 본인이 아닌 가족이나 자기와 관련된 다른 사람에 관한 것도 있기에 누구의 것인가? 그것을 알기도 힘든다. 또 이 꿈이 오늘 당장 적용되는 것인지, 며칠 후나 미래에 닥칠 것인지를 해몽하는 것도 중요하다.

꿈의 현실내도는 반드시 존재한다. 꿈이 자신의 것이고 오늘에 현실내도라면 그는 어떤 경우라도 틀림없이 송사를 당하게 되고 죽음을 피하지 못하게 될 것이다. 그리고 이 꿈은 대략 자신의 것이고, 또 오늘에 관한 것이 많기 때문에 거의 적중하는 것이다. 우리는 가끔 예상 외의 이익이 생기면 '지난밤 꿈에 돼지를 보았는데 꿈이 맞네!' 라고 한다.

꿈은 인간의 미래에 생길 사건을 미리 알려주는 예지의 수단이며 일기예보와 같다. 이는 자꾸만 중복되는 이야기가 된다. 이는 꿈의 평등원칙에 입각해서 우리 인생에게 비를 내리게 하는 것과도 같은 이치이다. 비가 오는 것은 조물주의 마련이고, 이것이 우리 인생의 태몽과 같은 것이다. 이 조물주의 비의 점지에 대해 비를 꼭 만나야 하기에 여기에 우산을 준비하는 것은 우리의 몫이요 권한이다.

이와 마찬가지로 우리는 태몽의 현실의 내도를 맞을 준비를 하는 것이다. 비가 오면 즐겁고 비가 오지 않아도 즐겁도록 우리 인생을 그 태몽의 계획에 맞추는 것이 현명하다. 지금과 같이 인류의 문명이 발달해 지능이 높아진다고 해도 꿈의 영역만은 인간이 출입을 통제당한다는 것으로 조물주가 인간 상위에 있다는 증거로 남을 것이다. 그러므로 인간은 영원히 꿈에 대한 신비를 벗기지 못하고 이 우주의 땅 속으로 아니면 영혼과 함께 우주의 공간 속으로 사라지게 될 것이다. 이는 그 증명이 너무나도 간단함에 놀랄 것이다.

30만년 전에 동굴 속에서 살았던 우리 조상들이 가졌던 꿈에 대한 식견이나 초첨단의 과학시대에 살고 있는 현재의 우리들이라고 해도 꿈에 대한 식견은 차이가 없다는 것이 증거이다. 꿈은 우리에게 중대한 것을 예지하는 것으로 무시하거나 도외시할 수 없는 가치가 있다는 것을 명심해야 한다. 꿈은 인간의 원초이기 때문에 지불의 도구로는 그 값을 매길 수 없는 무한한 것이다.

2. 꿈의 예지

앞에서 설명한 것처럼 인생은 단 10분 정도의 짧은 시간에 나타난 태몽의 영상에 의해 성별과 일생 동안 겪을 중요한 일들이 결정되는 것으로 참으로 신기하고 묘하다. 서두에서 논한 바와 같이 인생이란 태어날 때 조물주가 정해주는 태몽이란 각본에 따라 연기를 행하는 무대 위의 배우 또는 광대와도 같은 것이다.

이런 면으로 이론을 전개한다면 인간의 삶은 수동적이며 피동적으로 살아가는 것이 된다. 자동과 능동이란 단어의 한계는 영적인 존재의 사고를 포함한 것이 아니라고 볼 때, 이는 태몽의 재현과 연출 내에서 동작이라고 할 수 있다. 다시 말하면 인간은 자신의 의지대로 행동하는 것이 아니라 태몽의 각본에 따라 행동하는 배우라고 한다. '인간이 자신의 힘으로 되는 것이 뭐가 있나?' 이렇게 된다면 우리의 생활의 질서유지는 어려울 것이다.

인간은 대자연의 환경과 섭리에 맞게 살아가는 것이기에 근본적으로는 거대한 자연의 섭리에 맞겨져 피동적으로 살아가는 것은 사실이지만 인생 그 자체가 산다는 것은 바로 죽음을 향해 계속 행진하고 있다는 것을 알게 된다면 그 뜻을 충분히 알게 될 것이다. 이를 재현하는 과정의 전반을 두고 우리는 일생이라고 한다.

생활 속에서의 꿈은 태몽에서 짜여진 것을 다시 강조하는 의미에서 재현되는 꿈이 있는가 하면, 태몽에서 밝히지 못한 것을 예지하는 절차로 꿈을 꾸는 것이다. 따라서 인간의 미래를 상세하게 알고 있는 것이 꿈이고, 미래를 알 수 있는 것은 오직 꿈뿐이다.

인간은 꿈을 먹고 살아간다는 말은 태몽의 장면들을 모두 먹어 치우는 것이 인생의 일평생이라는 뜻이다. 태몽의 장면이 다 펼쳐지는 때가 끝인 죽음이다. 꿈은 역시 두뇌의 작용으로 뇌의 활동이 멈춰지면 인간의 정신과 육체 모든 것은 완전소멸된다는 것이다.

현대의학에서 죽음을 뇌사로 단정하는 것은 어떤 의미에서는 한 인간의 죽음은 그가 꿈을 꿀 수 없을 때를 말한다는 것과 같은 뜻을 내포한다고 역으로 말해도 좋을 것이다. 꿈을 먹고 사는 인간!' 꿈은 인간의 생사를 분별하는 표준이 되는 것이다.

앞에서 인간은 한 치 앞을 내다 보지 못한다고 한 것은, 불과 1초 후에 어떤 일이 생기는지도 모르고 미지의 미래의 향해 계속 가고 있기 때문이다. 옛말에 사람이 길을 가다보면 소도 보고 중도 본다는 말이 있다. 우리도 살다보면 각양각색의 것들을 보게 된다. 이것이 인간의 미래이다. 한 치 앞이 저승이라고 인간의 앞날을 점치는 것은 어떤 상황과 조건을 판단해서 그것을 예상해보는 것에 지나지 않는다.

인간의 두뇌가 최첨단으로 발달하며 사고의 범위가 넓어진다고 해도, 컴퓨터 등의 것으로 미래를 예지할 수 있도록 입력해 놓는다고 해도, 인간의 미래는 전혀 알 수 없을 것이다. 알 수 있다면 누가 교통사고를 당하며, 사고가 날 비행기를 탈 것인가?

그러나 꿈은 미래를 확실하게 알고 있다. 그런데 인간의 해몽술이 미흡하다. 또 꿈을 꾸는 방법의 연구가 진행되어야 한다. 그리고 꿈을 기억하는 방법 등의 미급으로 미래의 계획을 세우지 못하고 있다. 이런 문제로 길흉을 판단하는 길이 열리지 못하고 있는 것이다. 그러나 일부는 자신의 꿈 해몽결과에 따라 하루의 생활계획을 세우는가 하면, 해몽에 따라 전쟁의 작전을 세워 승리했다는 기록을 우리는 역사 속에서 볼 수 있다.

'지난밤 꿈자리가 시끄럽더니 그런 사고를 당했구나!' 이 말을 검토해보자. 첫째, 누구라도 꿈을 꾸고 있다는 것을 알 수 있다. 둘째, 꿈이 어떤 사고를 미리 경고한다는 것을 알수 있다. 셋째, 꿈의 내용을 확실하게 기억하지 못한다는 것을 알 수 있다. 넷째, 꿈을 꾸었으나 해몽술이 부족하다는 것을 알 수 있다. 다섯째로는 일단 꿈을 꾸었으면 결과를 피할수 없다는 것을 알 수 있다. 이는 꿈과 해몽을 무시한 우리의 공통상이다.

어떤 사건을 당하고 나서야 꿈의 의도를 깨닫는 인간은 참으로 측은하기 짝이 없다. '꿈을 쫓는 인간!', '꿈속을 방황하는 인간!', '인생은 무상한 꿈이다!' 인생은 꿈이며 무상함은 막을 길이 없다. 그러나 어쩔 수 없다. 운명이니까.

태어나면 죽는 사실 앞에 시답잖은 일에 시간을 보내는 것은 인생의 존귀함에 정면으로 도전하는 행위라고 말하는 사람이 있다. 이는 꿈의 기능을 무시하는 언어로 남게 된다는 해석도 되겠지만 어떤 면의 의미로는 이를 수긍하는 자세를 취한다는 뜻이다.

일단 꾼 꿈을 피하는 길은 절대로 없다는 논리라면 인간은 흉몽의 현실내도를 막을 수 없다. 이는 마치 태몽을 외면한 인생은 없는 것과 같은 이치이다. 설사 산부인과에서 방금 태어난 신생아가 바뀐다 해도 그 아이의 태몽은 따라 온다.

태몽은 어떤 사람을 결정한 것이기에 그것이 다른 사람의 것으로 전환될 수 없듯이, 한 번 꾼 꿈의 현실내도는 피할수 없다. 이렇다면 태몽을 꾼 사람에게 열람시켜 결정하고,

그것이 결정된다면 인간의 미래를 일부라도 알게 되는 부분이 있고, 하루하루 꾸는 그의 꿈을 쫓아 앞으로의 일을 예측할 수 있다. 태몽의 작품은 일정 영상을 노출시켜 이미 법정화시켰고, 꿈에 일정한 수단과 방법의 형식을 취해 그것의 효력을 공시했고, 해몽이론도 체계화 되었고, 인간은 계속 꿈을 꾸고 있으니까 인간 미래를 예측할 수 있다는 것이다.

3. 꿈의 영역

꿈을 꾸는 인간의 연령적 한계는? 이제 막 태어난 아기들도 꿈을 꾼다고 하나 확인할 수는 없다. 필자도 이에 대해서는 알지 못한다.

그리고 원숭이도 꿈을 꾼다는 이야기가 있다. 병들어 병석에 누운 사람이 자신이 죽을 날을 정확히 알고 있는 경우가 많다고 한다. 이렇기 때문에 병석에 누운 사람이 꿈의 예지의 사를 수긍하고 행동하는 자는 태연한 마음으로 집으로 가서 최후를 장식하자는 것이다. 그러나 어떤 사람은 꿈을 꾸고도 현실의 닥침을 막아보려는 의도로 발악으로 버텨 주위 사람들에게 슬픔과 고통을 안긴다.

전자는 태몽에 의해 만들어진 자신의 숙명을 받아들여 최후를 장식한다. 그러나 후자는 원초적 숙명인 태몽을 망각하고, 진정한 생명의 정의와 인생의 정의를 무시한 것으로, 태몽이 정해준 것들을 부정한 물질적 소유의 허욕인데, 인생이란 물질의 생산이나 획득을 위해 보내진 것은 아니다.

이런 사람은 최후가 불행한 사람으로 취급되겠지만 필자를 포함한 누구라도 대개 이런 경우에 속한다. '인간은 만사무(萬事無)로 돌아간다!' 의식을 회복하지 못하는 환자들도 인생의 마지막을 장식하기 위해 유언을 할 정도의 마지막 기회가 이미 꿈에 의해서 주어지는 것이다. 이것이 꿈의 평등성을 입증하는 것이다. 고로 인생의 마지막 순간까지도 꿈의 원칙은 적용된다. 이렇게 결론을 내릴 때 꿈은 인간이 뇌사 판정을 받을 때까지 인간의 수명내지는 생명과 함께 그의 육체 속에 영적으로 존재하는 것이다.

그러므로 꿈은 공간적인 감각을 갖고 시간적 위치에서 인간을 장식하는 것이다. 붙잡으려고 해도 눈에 보이지도 않고, 또 어디에 있는지 조차도 모르는 것인데도 기어이 연출되는 태몽의 다시 펼침! 이 순간에도 태몽의 필림은 계속 돌아간다. 돌다가 남은 필림을 생각해보자. 아니다! 그렇다! 쉬지않고 계속 돌아가고 있는 태몽의 필림이다. 아니다! 돌아가는 것이 아니라 풀려나간다. 그래서 필림이 끝나면 인생은 종말이 오는 것이고, 원초의 고향인 하늘나라로 가는 것이다.

사람이 괴롭거나 외로울 때는 집 생각을 하고, 객지에서 외롭거나 피로하면 고향을 그리워한다. 더구나 사람이 늙어 죽을 때가 되면 고향은 더욱더 그리워지게 마련이다. 이는 자기 존재에 대한 인식일 것이다. 인간은 외계로부터 진입한 생명체이기 때문에 원초의 고향인 우주가 그리운 것이다.

나는 앞으로 어떻게 될 것인가? 미래를 생각하는 꿈은 자신의 존재에 대한 발견과 진로에 대한 길등에서 오는 심리적 표현이다. 따라서 과거에 대한 꿈도 역시 자기존재의 인식으로 꿈의 원생을 생각하는 은혜와 반성의 표현이다. 인생의 폭이 넓어지면 우주를 보는 범위와 거리도 멀다.

우주에 대한 동경이나 갈등은 어린아이들이나 사고의 폭이 좁은 사람에게는 나타나지 않는 꿈이라고 한다. 상상에서 우주가 보이거나 은하수 등 넓은 우주로의 탈출도 자유를 찾아 현재의 고독을 탈피하려는 상상과 꿈속의 행동도 목적은 현실로는 불가능한 완전한 자유의 확보일 것이다. 완전한 자유의 확보, 이것이 성취된다면 그 주위에는 아무도 없어야 할 것이다. 고로 그는 혼자가 될 것이다. 바로 독존이다. 독존은 바로 고독이다. 결국 더 큰 고독은 자유와 통하는 것이기에 현재의 구속도 역시 자유를 원하는 것이다.

가령 고독한 분위기에 처한 사람의 신분의 반대의 의미로는 외롭지 않은 화목한 분위기에 처한 사람이라고 한다면, 화목이 자신의 의사를 존중하고 자유가 보장된 것이기에 결국은 자유와 관련되어 귀착되는 것이다. 꿈속의 고독탈출의

목적은 자유를 얻기 위한 것이고, 자유는 바로 폭넓은 우주
일 것이다. 고로 꿈에 등장한 우주는 고독의 표현이며 자유
의 표현이다. 이 우주 속에 지구생명체의 원초적인 고향이
있다. 고로 우주는 꿈의 본산이며 영역이다.

4장. 꿈의 원칙

- 꿈은 유전적인 것으로 자유자재로 꿀 수 없다.
- 꿈의 세계는 절대적인 원칙과 엄연한 질서가 있다.
- 해몽도 이 유전법칙을 따른다.

1. 인생행로의 유전성과 꿈

꿈에 의해 이미 정해진 코스를 가는 인간이 다른 방도를 찾는다는 것은 태몽에 의해 결정된 운명을 역행해, 정해진 코스로 가지 않고 앞질러 먼저 가겠다는 결과를 맞게 될 것이다. 그 결과란 뻔한 것으로 생을 단축하는 자살행위가 될 것이다.

봄이 오면 누가 가르쳐 주지 않아도 개나리나 살구꽃이 피는가 했더니, 여름이 다가와 보리타작을 할 때면 살구가 잘 영글어 입맛을 돋구게 한다. 그러나 살구의 종류가 여러 가지 있다. 개살구와 참살구 등 여러 가지의 나무와 열매들. 개살구는 개살구의 유전자를 갖고 태어날 것이다. 온몸이 곰보 딱지처럼 단장한 참살구는 다른 어떤 품종보다 더욱 일품이다. 그러나 개살구는 겉은 번지르하나 맛은 실망스럽다. 이것은 그 살구 자체는 아무 상관없는 일이지만 인간의 입맛에는 관계가 있다. 이름은 인간의 위주로 지었다. 이는 인간의 입장에서 살구를 생각한 인간 위주의 사고이며 바램이다. 이는 바로 '빛좋은 개살구!' 누구나 겉모양이 좋으면서 맛있는 참살구로 되었으면 하는 바램을 갖고 있다.

그러나 간혹 겉은 중요하지 않고 맛이 중요하다고 하는 경우도 있다. 같은 값이면 겉모양이 좋아야만 손을 댈 때 기분이 좋고 떼어 먹는 부분에서 과일의 허실이 적을 게 아닌가? 속의 것을 먹을 때 양은 적어도 참살구의 제맛이라면 좋다! 여기에 한 개의 살구가 있다. 겉이 곰보에다 벌레가 먹은 듯 흠집이 있다. 이것을 먹을 때는 떼내는 부분이 많으니 입에 들어가는 것이 적다. 그래도 참살구라면 참살구에 대해 이미 알고 있기에 갈등은 없을 것이다. 참살구라 맛이 좋으니 양은 적어도 좋다.

만약 이것이 개살구라면 꼴에 양까지 적다고 불만이 터져 나올 것은 뻔하다. 물질의 풍요를 만끽하는 부자들은 참살구의 진가를 알겠지만 질보다는 양을 따지는 사람들의 경우에는 참살구의 진가를 모르는 개살구로 남게 될 것이다.

자신의 몸치장에만 열중하는 개살구! 그러나 개살구도 그들의 유전성과 조상들의 유품을 간직하며 개살구의 교훈을 지닌다. 천대 속에서도 뚜렷한 위치로 존재하는 것이 우주의 섭리일 것이다. 개살구를 심지 않으려고 의식하는 사람, 개살구를 없애려고 하는 사람, 개살구와는 아무런 이해관계가 없는 것처럼 무관심 속에서 그들의 유전성은 계속된다.

사람으로 친다면 살구의 종류는 종족의 종류와 같고, 살구나무는 가정과 같고, 살구 하나하나는 개개인과도 같다. 살구나무의 몸통은 우리가 살고 있는 지구와 비교하면 어떨까? 사람들은 이 지구 속에서 계속 태어나며 죽는다. 생로병사의 윤회를 계속하고 있는 것이다. 그리고 개살구의 윤회생사의 바탕은 나무이고, 더 큰 바탕은 인간의 윤회생사의 바탕인 지구와 같다. 이 개살구와 사람의 원초적인 조상은 원래 같은 것으로, 외계에 살다가 지구로 옮겨온 것이다.

그렇다면 개살구와 인간과는 어떤 유전성이 있을까? 런던에 있는 어머니와 뉴욕에 있는 아들 사이의 인력처럼 미약한가? 아니면 그보다 더 미약한가? 꿈에 어떤 인물을 등장시킬 때 개살구를 분신으로 삼는 경우가 있다.

개살구나무가 한 그루 보였다. 믿음직한 개살구나무였다. 그 나무에는 잘 익은 개살구가 한창이다. 그 개살구를 하나 따 먹었는데 태몽이었다. 이때 개살구나무를 사람으로 해석하는 것이 틀린 논리일까? 개살구와 개살구나무는 생활의 시간과 공간을 같이 하는 유전성이다. 그렇다면 인간과 개살구나무도 같은 맥락으로 해석할 수 있다.

아니면 인간과 개살구나무의 과일과 같은 맥락인가? 인간이라면 사물에 대해 어느 정도의 유전성을 갖고 있다고 생각해야 한다. 개살구의 유전성을 없앨 수 있을까? 개살구의 유전성 말살은 개살구를 심지 않으면 언젠가는 없어지겠지. 말하자면 자연적으로나 인위적인 입장에서는 무의식적으로 돋아 살아나는 개살구를 없앨 필요가 없다는 생각이나, 꼭 직접적인 행동으로 없애야 한다는 것과는 관계없이 개살구의 유전성은 계속된다. 단지 개살구를 심지 않는다는 것은 태만하기에 몸을 아끼는 방법으로 수고를 하지 않겠다는 의도일 뿐이지 살구의 유전성과는 아무 관계가 없다.

여기서 개살구의 버팀은 개살구 자체의 태몽처럼 어떤 숙명을 지녔는가를 중요하게 따지는 것보다 인간이 개살구의 말살에 대한 행위와 배려가 인생행로즉 예지의 꿈, 다시 말하면 본 계획이 들어 있지 않기 때문에 개살구가 계속 존재하는 이유 중의 하나라고 보면, 인간의 노력으로 개살구를 없앨 수 있다는 역의 논리가 성립되지만 유전성은 말살시키지 못한다.

고로 인간의 태몽을 재현하는 연출은 다른 생물이나 무생물에게도 영향을 끼친다. 우리는 유추적인 해석에다 사물을 남의 일처럼 관심 밖으로 밀어버리면서 자의든 타의든 우리 조상들의 유전성을 간직하고자 하는 것이다. 그러나 우리 현실은 어떤 경우에는 인간이 이에 대한 존재에 영향을 끼치게 된다는 것을 전혀 모르고 지낸다.

고란초나 호랑이가 우리나라에서 사라져 가는 것과 같은 이치일 것이다. 이와 마찬가지로 인간도 개살구의 운명과 같이 천대와 무관심 속에 유전성의 덕으로만 계속 존재해 나갈 것인가? 인간이 개살구를 싫어한다고 해도 개살구의 씨앗들은 또 다시 조상의 것을 쓰고 날 것이다. 개살구의 조상은 '참살구는 인간들이 마구 잡아가지만, 우리는 그대로 버려두니 참으로 좋은 조상을 만난거야!' 한다. 인간도 조상의 유전자를 갖고 있기도 하고 또 태몽의 소산지를 그리워하는 영적인 심리적 잠재의식에 따라 조상이 드나들었던 포구로 찾아들게 되는 것이다. 고로 어쩔 수 없다고 수긍하는 속에서의 인생의 유전인자는 전달된다는 묘미를 찾아야만 한다.

갈등 속에서도 저변의 틈바구니 속에 꿈의 현실내도를 거부하지 않고 헤픈 웃음을 지으면서 사는 사람들! 꼭두새벽부터 웃음 헤픈 하루를 시작함은 꿈의 현실의 접근을 수긍하게 되겠지만 허욕으로 속을 채운 사람들은 부정적인 감각으로 편하게 꿈을 실현시키지 못한다. 웃음을 참고 있는 사람들은 길을 적게 걷기에 걷는 도중에 소와 중들을 적게 보았기에 꿈을 포함한 모든 것을 쓸데없는 것으로 생각하고 있기 때문이다. 배경장식의 꿈! 이것 한 번만 잘못 꾼다 해도 모두가 수포로 돌아갈 것이다! 이것은 명심보감과 같으니 반드시 명심해야 한다.

꿈속의 바램처럼 인생살이를 부정하며 발버둥을 쳐보았지만 꿈에서 깨면 물거품이 되어 사라질 것이다. 고로 깨고나니 꿈이 너무 허무하다면 인생도 역시 허무하다. 허무! 그래! 그것은 공간을 내포한 우리의 유전성일 것이다.

우리가 무시하며 천대하는 개살구나무들! 그러나 개살구나무는 땅 속에 뿌리를 박고 있기에 지구의 파동을 인간보다 예민한 감각으로 느끼고 있을 것이다. 그러나 공중에 뜬 인간은 거의 무감각 상태이다. 개살구는 우리의 뇌파보다는 수신감각이 더 빠를 것이다. 그렇다면 인간은 온갖 이기주의에 젖어 개살구나무보다 조상의 유전자를 덜 보관하고 있는 불경스런 존재가 아닐까?

우리는 조상의 꿈길을 되풀이 한다. 왜냐하면 인간은 조상의 유전자를 지니고 있기에 이 논리는 적용되기 때문이다. 이것이 바로 꿈을 따라 사는 우리 인간이다. 조상이 꿈을 꾸었기에 우리도 꿈을 꾼다. 꿈을 꾸는 방식과 배경과 장면도 유전적이다. 차차로 환경에 따라 달라지다가 다소의 차이가 있지만 나중에는 조상의 생활습관처럼 당장에 바꾸지는 못한다. 어쩌면 인간의 고향, 영원한 고향, 죽지 않고 영원한 존재의 생명지, 마치 미확인 비행물체의 유전자처럼 말이다.

2 꿈의 평등성

1. 꿈은 범인간주의이며 평등주의이다

인간은 재물의 많고 적음, 남녀노소의 구별, 사회적인 지위와 신분에 따라 꿈의 내용이 달라지지 않는다. 또 어떤 조건이나 사람에 따라 해몽이 달라지거나 예지의 범위나 방법 등이 달라지는 것도 아니다. 어느 인생에나 꽃이 피는 청춘의 봄이 오고, 봄비는 골고루 내린다. 누구라도 인간을 초월하면 꿈을 꿀 수 없다. 이는 누구에게나 반드시 기회는 주어진다는 논리이다. 다시 말하면 누구의 태몽이든 인생의 기회를 준 것으로 해석할 수 있다.

같은 종류의 꿈을 꾸었다면 같은 해몽으로 같은 현실내도를 겪을 것이다. 또 누구라도 꿈을 꿀 수 있다는 것은 역시 꿈의 평등권으로 다루어야 한다. 꿈을 꾸지 않는 사람은 없다. 단지 기억하지 못할 뿐이다. 어떤 사람은 꿈을 꾸는데 어떤 사람은 아무리 발버둥쳐도 꿈을 꿀 수 없다면 어떨까?

꿈의 세계는 우리의 현실과는 전혀 달라 부조리의 판국은 절대로 있을 수 없다. 우선은 이런 것이 꿈이라고 가르쳐 주어야 한다. 그러나 보지 못하고 당해보지 못했기에 이해하는 것은 각자가 모두 다를 것이다. 어떤 것이 꿈이냐고 질문을 당한 사람도 없다. 이는 몇 마디의 이야기로 어린아이들도 이해하는 것은 꿈이 어린아이도 꾸는 평등성이 있기 때문이다. 누구라도 꿈을 꿀 수 있다는 것은 누구라도 살 수 있다는 생존권과도 같을 것이다. 꿈이 끝나면 인생도 끝나는 것이니 바로 생존권이다.

꿈은 다른 동물도 꾼다는 논리가 성립되는 것은 앞에서 설명한 유전성이다. 누구든 꿈을 꾸면 꿈을 자기에게 유리하도록 전개하려고 노력한다. 설사 힘이 약하고, 시간이 모자라고, 장소가 협소하고, 가진 돈이 없다는 등의 이유로 전개시키지는 못했지만, 설사 이것이 뜻대로 진행되었다고 해도 해몽하거나 현실내도에는 그것이 모두 자기에 관한 것이 아니고 가족이나 아웃·사회·국가·국제적 규모의 인류의 평화에 관한 것도 있고, 심지어는 집에서 기르는 가축의 꿈을 꾸기도 한다.

말하자면 범인간주의라서 인간을 벗어나 생·무생물을 초월한 것이다. 말하자면 꿈은 어느 누구에게도 밉다거나 곱다거나 해서 얄궂은 감정에 치우쳐 장난치지 못하도록 해놓았기에 결론적으로 말한다면 꿈만이 인간을 골고루 포옹하고 있다는 이야기가 될 것이다. 인간의 평등권, 즉 천부인권 이것은 바로 이 해몽의 지혜를 수용한 결과일 것이다. 이것이 꿈의 범인간주의이다.

2. 꿈의 생산과 소멸의 법칙

앞에서 설명한 것과 같이 한 번 꾼 꿈의 현실내도의 겪음은 어떤 경우에도 피할 수 없다. 이것은 일단 잉태되면 어떤 방법으로라도 태어나고, 태어나면 어떤 방법으로라도 죽게 된다. 이것은 우주만물이 겪는 법칙이며 섭리이다. 길한 꿈이든 불길한 꿈이든 현실내도를 피할 수 없는 것이 인간의 숙명이라고 했다. 이것은 태어난 생물이 죽음을 피하지 못하는 이치이다. 꿈도 이와 같은 원리로 해석한다면 어떤 법칙을 발견하게 될 것이다.

이상을 종합하면 생산된 꿈은 어떤 방법으로든 소모되어 현실내도 후에 그 실험을 소멸시키는 것이다. 필름을 다시 돌릴 수도 없고 볼 수도 없다. 조물주의 냉정함은 바로 여기에 있는 것일까? 한 가지 꿈을 한 번 꾸었는데 같은 현실내도가 중복되는 경우는 없다.

따라서 꿈은 생산과 소멸의 양이 같다. 소멸시기는 생산될 당시의 현실내도로 소멸되나 대개는 다음날이다. 며칠 후, 일주일 후, 한 달 후, 몇 년 후, 몇 십년 후, 아니면 꿈을 꾼 사람이 죽고난 후의 수세기를 요하는 장기의 것도 있다. 세상이치에 만들어진 것은 반드시 없어진다. 꿈은 만들진 것이기 때문에 언젠가는 반드시 소멸된다.

3. 꿈의 4원칙

1. 꿈의 진실주의

꿈은 절대로 거짓예지를 하지 않는다. 그러나 인간은 꿈을 빌려 거짓말을 한다. 정신착란증까지 동원해 꿈을 꾸려고 하지만 꿈을 만들어 내지 못하고 환상적인 착각만 한다. 꿈에 많은 돈을 주으면 다음날 횡재수가 생긴다. 이 경우에 돈을 줍는 황재수도 있지만 대부분 꿈의 영상과는 다른 어떤 방법의 횡재수이다. 이는 꿈이 거짓예지를 하는 것이 아니라, 이 사람에게 횡재수 예지의 표현의사가 그 방법이란 것으로 거짓이 아니다.

꿈의 횡재수 예지의 의도를 표현하는 방법이 실제로 돈을 줍도록 하는 의도가 아닌 경우가 많다. 이는 꿈의 의도는 영상이 떠오르면 꼭 돈을 줍게 되는 것이 아니다. 그러나 돈을 주었던 영상에 해당되는 예지의사의 현실내도는 반드시 일어나니 거짓이 없다. 현실내도가 없는 꿈은 없다. 해몽의 잘못으로 자신의 기대와는 다른 방향으로 일이 전개되거나, 관심을 갖고 있지 않기 때문에 현실내도를 모르기 때문이다.

2. 꿈의 자유주의

꿈을 꾸는 행위 자체는 누구의 지시를 받거나 제한된 것이 아니다. 표상의 크기나 색깔 등 무대를 선택하는 것도 자유이고, 예지의사 표현도 자유이다. 누구에게 댓가를 받거나 신분으로 인해 의사를 구속받지 않는다. 꿈의 활동무대는 제한되는 것이 아니라 우주의 어느 공간까지도 가능하다. 물 속이나 땅 속, 심지어는 동물의 내장 속까지도 여행이 가능하도록 선택은 자유이다. 시간적으로는 밤과 낮이나 시각에 관계없이 잠만 들면 꿈을 꿀 수 있다. 예지의사의 표현도 자유이다.

3. 꿈의 평등주의

꿈을 꾸는 것은 남녀노소나 사회적인 신분에 제한을 두지 않고, 권력이 있다 해서 좋은 꿈만을 꾸는 것이 아니다. 꿈 종류의 선택이나 꿈꾼 것의 현실내도는 지위나 신분이 달라도 차등을 두지 않는다. 유전적으로 일정의 예지방법의 표상방법하에 이루어진다. 한 달 전의 꿈의 영상과 표상이 어제 저녁에 또 있었다면 한 달 전의 현실내도와 같은 종류의 것을 겪는다.

세상만사가 부조리 속에서 이루어지는데 오직 꿈만은 오염되지 않는다. 유머 한 토막은 꿈을 만들어내는 조물주도 결국에는 재물과 인정에 눈이 멀어 보복주의로 변해갈 것이라

한다. 엄밀한 의미로는 조물주가 태몽을 마련했는데 그 태몽에 의해서 불운한 사람들이 너무 많다. 이런 점에서 볼 때 꿈의 점지도 결국은 평등성을 잃은게 아닌가 하는 생각을 하기도 하겠지만 불운을 태몽과는 관계없다.

4. 꿈의 평화주의

불안한 상황에서도 꿈속의 행위는 평화를 원한다. 평소의 복수심으로 원한관계가 있어 실제의 행동자체는 폭력이 있다 해도 내심은 고의적으로 싸움과 파괴의 심리를 갖지 않고 정당방위이며 마음은 평화를 원하고 있다. 예지의 결과가 실제로는 나쁜 방향으로 가더라도 꿈속에서는 평화를 택한다. 설사 꿈속에서 폭력을 행사한다 해도 현실은 그 폭력의 사람의 본성과는 관계없다.

꿈속에서는 모든 상황이 평화적으로 끝나기를 기원하는 마음은 생시와 같다. 꿈에 혐오물에 맞으면 생시와 같이 혐오감을 갖고 몸을 움추린다. 움추림의 정도는 실제와는 다를 수 있으나 기본은 같다. 이것 역시 평화와 안정을 원함이다.

배설물을 버리는 것은 결국 손재수지만 꿈속에서 배설물을 버리면 속은 시원하다. 꿈속에서 누구에게 얻어맞는다면 생시와 같이 격분한 감정을 갖게 되고, 가급적이면 맞지 않으려고 한다. 그러나 맞는 것이 때리는 쪽보다는 현실내도는 이익이다. 꿈속에서 싸울 때 가급적이면 평화가 왔으면 좋겠다는 바램과 의사를 갖고 있는 것이다.

이 진실주의·자유주의·평등주의·평화주의가 꿈의 4대 원칙이고, 그 외에도 예지의사의 범사회주의가 있다.

4. 꿈 원리의 결론

우주만물의 법칙에서 영원히 존재하려면 어떤 조건을 갖추어야 할까? 인간의 사회에서 어떤 법칙이 영원히 존재하려면 첫 번째 조건으로 불변의 원리를 적용시킬 수 있어야 하나 엄밀한 의미에서 불변은 존재할 수 없다.

만일 억지로 끌어다 붙이면 그것이 계속 유지해 나갈 수 있는 불변적인 유전성이 있어야 한다. 이것은 바로 진실성의 진리일 것이다. 거짓은 상대를 기만하기에 한시적으로 가능하나, 진실이 아닌 것은 영원히 존재할 수 없다. 꿈은 이런 유전적의 진실적인 면을 갖는다.

두 번째로는 이것이 계속 존재하기 위해서는 누구에게라도 자유로운 상태로 존립이 가능하나 간섭을 받거나 의사에 반하는 것은 오래 존재할 수 없다. 꿈은 표현예지 의사의 자유로운 면을 갖고 있다.

세 번째는 적용되는 효력의 범위가 균등해야 하는데 어떤 사람에게는 이익이 되고, 어떤 사람에게는 피해가 되는 일은 존립할 수 없기에 범인간적이고 평등해야 한다. 꿈의 예지의 사 표현은 평등한 면을 갖고 있다.

 네 번째는 인간을 기준으로 할 때 존립하기 위해서는 평화를 지향하는 안정의 평화이다. 가정의 안일과 인류의 평화이다. 싸움이란 누구에게나 고통으로 인간은 평화를 원하며 그 방향으로 가려한다. 꿈은 이런 평화적인 면을 갖고 있다.

 다섯 번째는 인간은 결국 누구든 영원히 기억되지 못할 망각으로 소멸되고 말 것이다. 인간은 기억보다는 망각을 사랑한다는 결론을 당한다. 어떤 사건이 일어나면 그것이 소멸되고 영원히 존재하지 않아야 한다. 생산되어 없어지지 않으면 누적되는 것이다. 누적은 배타적으로 불평이 생기고 균형이 깨지기 때문에 존재할 수 없다. 인간은 결국 이 우주의 섭리에서 소비의 목적물이다. 꿈은 생산되면 현실내도로 소멸된다는 진리를 갖고 있다.

 이상의 것으로 결론을 내린다면 꿈과 해몽의 일반적인 원칙이 유전성의 진실성을 갖고, 자유적이며 범인간적이며 평등주의이며 싸움을 피하고 평화적이고 생산되면 소멸된다는 법칙이 존립하기에 꿈은 우리의 인생살이 가슴에 영원히 존속될 것이다. 고로 해몽도 영원히 존재하게 된다.

5장. 해몽

1. 해몽의 정의

꿈의 내용으로 어떤 일이 생길 것인가를 예측하며 추정하는 일을 해몽이라고 한다. 그러나 엄밀한 의미의 해몽은 꿈에 의해 미리 짜여진 인생의 행위와 당해야 할 일을 꿈의 내용을 기초로 해서 그 내용을 알아내는 것이다.

고대 희랍시대에는 꿈에 대한 관심이 많았고, 해몽에 따라 국정을 운영한 경우가 있었다. 그리고 전쟁시에는 해몽을 작전정보의 최우선으로 했다. 중국에서도 점성술로 많은 희비극을 연출했으나, 그 당시는 지금에 비해 해몽술이 정도(正道)에 미급했기에 효과적으로 사용하지는 못했다.

현실내도와 관계없는 꿈은 하나도 없다. 다시 말하면 꿈에 나타난 것은 모두 예지의 기능을 갖고 있기 때문에 인간에게 실제로 손해나 이익에 관계되는 것만을 꾸고, 현실과 관계없는 것은 꾸지 않는다. 모든 꿈은 인생살이에 모두 필요한 것이다.

해몽이란 꿈에 등장한 상황의 예지의사를 알아내는 것이다. 언제? 어디서? 누가? 누구에게? 왜? 어떻게? 직접? 또는 간접으로? 손해? 이익을 볼 것인가를 몰라 그렇지 반드시 영향을 끼친다. 그래서 그 결과는? 주위환경을 종합해 적어도 10가지 이상의 각도로 깊이 생각해 보아야 한다.

그러나 꿈을 믿는 것은 옳지 못한 판단이다. 이것은 전술의 (?) 부분을 정확히 알 수 없는 것이 현재의 인간이기 때문이다. 그러므로 꿈을 믿고 함부로 행동하지 말라! 그것은 해몽을 정확게 한 것이 아니기에.

2. 해몽의 목적

해몽의 목적은 꿈을 꾸고 앞으로 당해야 할 상황에 순응하기 위한 것이다. 이는 귀중한 인생의 항로에 무리한 여행을 하지 않기 위한 방법으로 일종의 행복추구와 관련된다. 해몽을 하고 자신의 운명에 순응하는 자세를 갖는 것이 중요하다. 이유는 인생을 풍요롭고 값지게 살아가야 하기 때문이다. 이미 꾼 꿈의 현실내도를 피할 길이 없다 해도 미리 알고 당하는 것은 피해가 적다.

다 같은 금액의 피해를 입는다고 해도 미리 알고 있으면 태연할 수 있을 것이다. 기쁨을 맞을 때도 그 기쁨을 더 값지게 장식하게 될 것이다. 인생살이의 값진 운영은 바로 주어진 숙명의 환경에 맞게 육체와 정신을 대기시키는 것이다.

따라서 해몽의 목적은 인생살이의 값진 운영을 위한 재료수집이나 연구에 있다. 일기예보에서 오늘 호우와 태풍이 역습한다고 하면 어떻게 할 것인가? 당신은 일기예보를 믿지 않는가? 아니면 호우를 힘으로 막을 것인가? 오는 태풍을 당신 힘으로 막을 것인가? 태풍을 다른 방향으로 돌릴 것인가?

3. 해몽은 이론이 체계화 된 연구분야이다

해몽은 경험적 철학이다. 그 이유는 옛날에는 폭넓게 통할 수 있는 종류의 언어가 없었고, 통신수단이 미약하며 문자가 없었기에 구전 외에는 전달할 수 없었기에 꿈을 등장시킨 것이다. 고로 여러 가지 방법으로 예지를 전달하려고 했는데 이에는 인위적 집단의 특성과 사정, 주위환경 등에 적합하게 예지의사의 전달 신호체계가 있었는데, 이것이 계속 이어온 오늘의 꿈이다. 여기에는 일정의 상속적 전통과 유래성이 있기에 이 전통과 유래성의 내역을 연구하는 것이 바로 해몽의 연구분야이다.

예를 들면 음주와 유흥하는 꿈은 나쁘다. 죽을 예지로 해몽한다. 음주 후 추태를 부리는 꿈은 추태를 부린 사람의 죽음을 암시한다. 왜 이렇게 해몽하는지? 그 원인과 유래에 대해 살펴본다.

예1. 술은 인간에게 많은 사연을 남긴다.

술은 원숭이가 발견한 것이다. 옛날에 원숭이가 포도 등 과일을 나중에 먹기 위해 이를 따다가 저장한 것이다. 그릇이 없어 홈이 파인 암석 구덩이나 고목의 몸통 구멍에다 저장했다. 이것이 발효되어 포도주나 과일주가 된 것이다.

원숭이가 이것을 먹으면 취한다. 술에 취한 원숭이가 발광하는 모습을 이상하게 생각한 사람들이다. 원숭이가 술을 마시게 된 것과 술을 만드는 비법과 술이 취하면 원숭이가 사람이나 짐승들에게 붙잡혀 죽게 된다는 사실을 알았고, 결국은 인간이 이 술을 마시고 시험해본 후 술에 취해 정신을 잃는다는 것을 알게 된 것이다.

나아가서는 인간이 이 술을 전쟁의 무기로 사용하게 된 것이다. 술은 원래 전쟁의 군수물자이다. 적군과 싸우다가 보면 때로는 육박전에 돌입해야 한다. 맨정신으로는 육박전이 불가하기에 군사들에게 술을 먹여 일부정신의 마비로 대담성이 생겨 전과를 올릴 수 있다. 그러므로 술을 마신다는 것은 육박전에 돌입한다는 것으로, 육박전에 참전하게 되면 십중 팔구는 죽는다.

그래서 육박전에 참여하지 않으려고 술을 마시지 않는다면 전우를 배반하는 결과가 되고, 술을 마시지 않는 병사는 집단에서 따돌림을 받고 비굴하게 되는 것이다. 가족들은 술을 마시고 육박전에 참전하는 남편이나 가족을 싫어하고 경고하게 됨의 유래이다.

그래서 우리는 꿈에 술을 마시면 죽음으로 해몽하고, 권하는 술을 거부하면 반드시 비굴함에 빠지고, 원숭이는 죽음의 술을 만든 주인공이기 때문에 원숭이를 보면 재수가 없다고 해몽한다. 따라서 해몽은 미신이 아니라 경험철학이다. 이 책의 후편 해몽단편 「꿈과 술」에서 상세하게 설명할 것이다.

예2. 다른 사람이 씨앗을 뿌리는 꿈은 길몽이나 자신이 뿌리는 꿈은 좋지 않다.

예전에 농사는 하인이나 평민이 짓던 것이다. 양반은 농사를 직접 짓지 않았기 때문에 양반의 입장에서는 농사를 직접 지으면 지위와 신분이 하락됨의 사고에서 왔다고 한다. 이유는 여태까지 농사를 직접 짓지 않던 양반이 신분이 낮아지거나 가세가 몰락해 하인들이나 노예 등이 다른 사람의 소유로 넘어가게 되면 농사를 직접 지어야 한다.

이는 자존심에 관한 문제로 농사를 직접 짓는 걸 남들이 보고 비웃을 것 같은 생각이 들고, 나아가서는 이 농사마저도 짓지 못하게 가세가 몰락하면 결국 이곳을 떠날 수밖에 없다.따라서 씨앗을 직접 뿌리거나 벼를 베거나 수확하는 행위는 고향을 떠나거나 외출이나 잠적의 암시로 본다.

1. 앞의 예에서 꿈을 꾸는 이유를 확실하게 증명했다.
2. 꿈의 예지의 방법이 일정해 예지의도를 알 수 있음을 증명했다.
3. 같은 장면의 꿈을 꾸었다면 같은 현실내도임이 확인했다.
4. 꿈을 꾸는 데도 유전성이 인정된다.
5. 꿈의 4대원칙과 생산소멸의 법칙은 앞에서 설명했다.

위의 1·2·3·4·5의 논리로 해몽은 이론이 체계화된 것이다. 여기서 살펴보면 꿈의 예지의 표현방법이 일정함이 증명되었음은 이것이 바로 (1)해몽의 필요성과 (2)해몽법칙의 개발가능성이고, 같은 꿈의 장면의 현실내도는 같다는 것에서 해몽분야가 장래에 확실성과 신빙성을 갖게 될 것이다.

그러나 꿈을 꾸고 나서 임의로 현실내도의 예측한 바대로 행동할 수 없다. 현실로는 꿈을 믿고 행동함을 피해야 하는 것이다. 그 이유는 무엇일까? 아직 해몽의 지식과 기술이 완전하지 못하기 때문이다. 그러나 해몽이 정확하다면 그 해몽을 따라 행동할 수 있음을 믿는 것도 현명하다. 그러나 같은 종류의 산짐승이라도 여우가 아무 경험과 재주가 없으면서도 옆에 있는 범의 위세를 빌리거나 그를 모방해서 세도를 부리는 호가호위(狐假虎威)의 어리석음은 우리에게는 절대로 없어야 할 인류의 교훈인 것이다. 지금도 자신의 꿈을 믿고 꿈의 일기를 만들고 이를 보관해서 가끔 검토해보고 꿈에 따라 행동하는 사람은 적지 않다.

인간의 정신은 유전적이며 신성의 일부를 지니고 있기에 영감의 작용 하에 예감에 의한 행동을 할 수 있는 동물로 보는데, 여기에는 해몽술의 연구가 있어야 한다. 따라서 인간이 완전히 영적인 동물로 살아가기 위해서는 해몽에 대한 연구가 계속되어야 한다. 만물의 영장이란 바로 영적감각인 영감을 더 개발할 수 있는 능력이 있다는 뜻으로 해석된다고 할 수 있다.

4. 꿈의 현실내도 시간

꿈에는 신성(神聖)이 나타난다. 인간은 때로는 신성 이상으로 지혜로울 때가 있다. 따라서 인간은 신성(神聖)의 일부를 갖고 있기는 하나 운명의 길 위에 짜여진 여정은 초인간적인 존재라 해도 꿈을 조종하거나 지배하기는 불가능하다. 꿈이 예지한 현실내도 시기는 불분명하게 표현하는 것이기에 예측은 가능하나 정확한 판단은 현실은 불가하다. 해몽의 지식은 꿈을 꾼 사람으로 하여금 그 일이 달성될 때까지 노력하도록 만드는데 있다.

꿈속에는 시간을 명시해주는 경우는 극히 적고, 기간을 표현해주는 경우도 많지 않다. 꿈속에서 연월일을 분명히 명시하는 경우가 있는데 이것은 신기할 정도로 사실인 경우가 많고, 어떤 때는 상징적인 의미로 표현되는 경우도 있다. 꿈의 현실내도의 적중시기는 꿈의 의도성, 즉 꿈의 예지의사 여하에 따라 결정되므로 조종은 불가하다.

이것이 바로 인간의 운명이다. 꿈의 현실내도는 그 내용의 꿈을 꾸는 동안에 일어나는 경우가 있는가 하면, 몇 시간 후나 며칠 후나 수개월 후나 수십년 후 또는 수세기가 되는 경우도 있는가 하면 어떤 경우에는 그의 사후에 일어날 사건과 일들도 예지한다고 한다.

5. 해몽의 시대성 고찰

꿈은 예나 지금이나 같은 방법으로 해몽한다. 이것이 바로 해몽의 일정법칙이다. 인간의 유전성이 존재함은 그것이 곧 꿈의 유전성이 존재하고, 해몽도 유전성이 있음이 확인된다.

자동차나 비행기·무선전화기·컴퓨터 등은 현실의 것이기

에 이들이 나타나면 새로운 해몽이 생기게 되는 것은 부정할 수 없다. 이런 새로운 종류에 대해서는 문서상의 기록으로 해몽하도록 누가 전달해주는 것이 아니라, 이런 물건들 속에서 생활하는 우리의 체험에 의해서 개발된다. 경험이나 견문으로 해몽을 개발해 나가는 것이다. 물품의 용도가 옛날과 달라진 경우는 해몽이 달라질 수 있지만 이 경우 그 기본적인 배경이 같지는 않다.

예를 들면 옛날의 인형과 지금의 인형은 모양의 차이가 있어, 인형의 출현은 그 인형의 모양과 제작목적이 정확해야 한다. 그래야 현실내도가 다른 것을 합당하게 해몽할 수 있다. 이 책에서는 예지의사 표현의 이유를 기회가 있을 때마다 기술해 해몽기술을 터득하도록 한다. 인형에 대해서는 3회에 걸쳐 기술했으니 참고하면 알 수 있을 것이다.

꿈에 조개를 보면 재수가 있다고 해몽한다. 꿈에 돈을 주으면 재수가 있다. 이는 조개의 꿈이 임신의 욕망으로 나타나는 경우도 있으나 바로 재물인 것이다. 당시에는 화폐가 없었기에 조개를 돈으로 사용한 때가 있었다. 그렇기 때문에 우선 조개의 획득은 안에 들어 있는 고기는 먹이 몫을 차지하지만 그 껍질은 화폐로 사용하게 되니 조개의 발견이나 얻음은 굉장한 횡재수가 된다. 그런데 화폐를 사용하면서 꿈에 돈으로 등장한다.

사람이 병들어 죽을 때 저승사자가 나타난다고 한다. 죽음을 앞둔 환자들을 조사해보니 꿈에 나타난 저승사자는 반드시 2인 1조로 아픈 사람을 데리고 간다. 저승사자에게 끌려가 죽을 때는 주로 걸어서 다닐 때이다. 당시도 왕이나 신분이 높은 사람은 수레를 탔을 것이다. 문명의 발달로 교통수단이 발달해 보행에서 수레·인력거·마차·자전거·배·자동차·비행기 앞으로는 우주선·인공위성 등 하다못해 미확인 비행물체로까지 계속 발달할 것이다.

그렇다면 지금은 분수에 넘치도록 치장한 배나 버스, 승용차를 가져와서 타라고 하는 사람이 바로 저승사자이다. 지금도 먼나라로 관광을 떠나자면서 비행기를 동원시키는 저승사자도 있다고 한다.

앞으로는 우주선을 타고 우주여행을 떠날 것이다. 이렇게 되면 인간의 원초는 외계의 다른 우주에서 왔다고 하는 그곳으로 가게 될 것인가? 고향을 찾아가려는 인류의 소망은 이루어질 것이다. 그런데 여기서 저승사자의 신분은 그 예지의사가 보행시의 저승사자에서부터 일부는 수레를 끄는 사람에서 배의 선장이나 자동차의 차주나 운전사 종업원과 비행기의 조종사로 변해가고 있다.

앞으로는 우주선 비행사가 저승사자로 등장할 것이다. 꿈의 시대성은 출현되는 배경 등은 달라진다 해도 같은 목적의 상징으로 등장했을 때는 같은 해석으로 인형과 같이 그 제작목적이 달라졌을 경우 달리 해석한다.

꿈에 쌀을 보면 좋다. 쌀은 지불의 도구로 바로 시주의 도구가 되는 것이다. 그래서 쌀은 길몽으로 다룬다. 쌀을 저축의 수단이나 먹거리로만 해석한다면 올바른 해몽이 될 수 없다. 이는 현재나 옛날이나 같은 뜻으로 같은 내용의 현실이 내도한다. 따라서 세월이 흐른다고 해도 해몽원리는 변하지 않는다.

6. 꿈의 표현과 예지의사

꿈에 등장한 인물과 배경은 무엇을 가리키며 무엇을 상징하는지, 또 무슨 뜻으로 표현된 것인가를 판단하는 것이 중요하다. 다시 말해 무슨 내용을 전달하고자 하는 예지의사를 알아내는 판단이다. 영적인 존재의 귀신은 현실내도에서 무슨 역할을 할까?

1. 꿈에 부처님이 나에게 책을 주었다. 꿈에 부처님은 현실내도에서 누가 부처의 역할을 하는 배우로 등장할 것인가? 책은 현실내도시에 우리가 읽는 책과 같은 것일까?
2. 자신이 탄 차의 타이어가 펑크났다. 이때 차는 현실내도시에 지금과 같은 차로 등장하고, 지금의 차를 의미하는 것일까? 타이어는 지금과 같은 형태의 타이어를 의미하는

것일까?

3. 아이가 편지를 가져왔다. 앞에서 설명한 1은 꿈을 꾼 사람이 앞으로 입신출세할 예지의 꿈이다. 부처님은 가상적인 것으로 한 인물을 등장시켜 입신출세하기까지의 모두를 표현하지 못하기 때문에 부처를 등장시켜 여러 가지의 목적한 바의 예시 또는 예지의 임무를 완성시킨 것이다.

2는 자신의 남편이나 아내나 애인이 다른 사람과 간통할 예지로 해석한다. 이때 차는 자신의 배우자이고, 타이어는 배우자 육체의 어느 부분을 상징한다.

3은 아이가 편지를 가져온다면 소송의 피고로 소장이나 변론기일장을 받을 꿈으로 해석된다. 편지는 소장 등 송사의 서류이고, 아이는 아직 완전히 성장하지 않은 미완성이라는 의미로 판결문이 아닌 송사에 관한 것이다. 확정판결문을 받으려면 어른이 가져와야 한다. 우편물이 도달하는 꿈은 반드시 이런 사건과 관계있는 것으로 나타난 결과에 필자는 꿈의 신기함과 꿈이 미신이 아니라는 것을 실감할 수 있었다.

우편물 접수의 꿈은 현실내도가 이런 각도의 것이 완벽의 가깝도록 들어맞는 데는 모두가 놀랄 것이다. 이상과 같이 꿈에 등장하는 인물과 배경은 꿈의 현실내도시에 첫째 등장인물은 현실에 누구를 지칭하기 위한 분장이고, 둘째 그 배경은 어떤 조건과 상황을 설명하려 함인지? 셋째 주체성 등장인물의 행동이 예지하려는 내용은 무엇이며, 기타 등장인물이 역할한 행위의 분장은 주체성 등장인물과 어떤 관계일까? 그 기능과 목적은 무엇이며, 예지의사의 내용은 무엇일까? 넷째, 현실내도로 어떤 결과가 나타나며, 누구에게 어떤 영향을 끼칠 것인가? 이것을 검토해 예지의사를 찾아내는 과정의 전반을 두고 예지의사의 해석이라고 한다.

7. 꿈의 대리행위

꿈을 대신 꾸는가? 태몽을 보면 할아버지나 할머니나 아버지 또는 어머니가 꾸는 경우도 있고, 가족 구성원 중에 대신 꾸는 경우가 있다. 어떤 의미로 따져 어머니가 꾸는 것으로 본다면 그의 할머니가 꾼다면 이는 대신해서 꾸는 것이다. 꿈을 대신 꿔주는 것은 혈연적·지연적인 관계가 있기 때문에 대신 꾸는 것인데, 꿈을 꾼 사람이 직간접으로 관계된다는 것이 옳은 판단이다. 자녀는 부모에 대한 꿈을 꾸기도 하고, 부모는 자녀의 신상에 대한 꿈을 꾸기도 한다.

옛날에는 가족관계에 대해서는 서로 꿈을 꿔주지 않는다고 생각했기에, 가족이 꿈을 꾼 이야기를 할 때 그것이 자기에게 맞으면 가족끼리 꿈을 서로 팔고 샀던 것이다. 현실은 가족관계에는 서로 꿈을 꿔주니 그런 일은 없다.

8. 꿈의 공동예지

공동으로 같은 장면의 꿈은? 가족끼리 또는 같은 조직 속에 있는 사람들이 같은 시간이나 시간의 차이는 있더라도 같은 꿈을 꾸는 경우가 종종 있다. 꿈이 미신이 아니라는 증거는 이것으로도 충분하다. 꿈이 인간에게 어떤 예지의 기능을 갖고 있지 않다면 왜 공동으로 꿈을 꾸는 것인가? 이를 우연의 일치로 볼 것인가? 이것은 어떤 사건의 공적인 운명을 갖고 있기에 공동예지의 꿈인 것이다.

들은 이야기를 해본다. 어느날 저녁, 학생들의 공부방에서 불이 났다. 미처 피하지 못한 학생 여럿이 화상을 입고 병원에서 치료를 받게 되었다. 부모들이 모인 자리에서 한 학부형이 지난밤 꿈에 흰말이 2층 계단으로 올라오는 꿈을 꾸었다는 것이다. 그런데 옆에서 듣던 한 학부형이 자기도 지난밤에 흰말이 자기네 안방으로 들어오더라는 것이다. 알아보니 같거나 비슷한 꿈을 꾼 사람이 4명이나 되었다. 우연의 일치로만 보기에는 어렵다.

계단으로 올라오거나 방에 들어오는 것은 흰말의 평소 행동이 아니다. 따라서 이것은 비정상적인 일이 생길 예지이다.

다시 말해 이런 사고가 나지 않았거나 이런 자리가 마련되지 않았더라면 지난밤 꿈속에 나타난 말을 염두하거나 똑똑하게 상상해보지도 않았을 것이다. 말하자면 달리는 말 위에서 다른 생각을 하면 지나가는 배경에 관심이 없다. 주마간산격이다. 이런 경우와 같이 여러 사람에게 같은 현실내도를 당함의 꿈을 예지받는 경우를 두고 꿈의 공동예지라고 한다.

9. 꿈의 반복성

같은 꿈을 반복해서 꾸는 이유는 무엇인가?
1. 어떤 상황이 중복되거나 계속 나타난다는 뜻이다.
2. 현실내도시 상황의 중요성을 강조한다는 의미이다. 예를 들면 지난밤에 꾼 꿈을 다시 꾸는 것은 중요한 사건이니 명심하라는 뜻이다.
3. 지난밤의 꿈으로 다른 예지의사를 유도하려는 것이다. 말하자면 계속성의 것과 반복적인 것을 나타낸다고 하지만 경고성의 의미가 더 짙다.

이런 경우는 대개 그 영상이 조상이나 영적존재에 의해 전달된다. 그러나 우리는 올바른 충고를 거슬려 한다. 이것이 곧 충언역이(忠言逆耳) 양약고구(良藥苦口)인데, 멀고 먼 시간이 아닌 눈뜨고 나면 당장 길잡이가 될 꿈의 영상은 눈에 피로가 오는 법이라, 경고성의 영상은 싫다는 것인가? 이것이 바로 충영역목(忠影逆目)이라 할까? 어쨌든 같은 꿈의 반복은 사건의 계속이나 중복성과 예지의 사건 중요성의 강조면과 중대사건의 설명을 위한 유도작전으로 해몽해야 한다.

10. 해몽의 유의사항

1. 배경과 상황파악의 중요성

지금은 환경의 중요성을 알고 모두 환경보존운동에 동참하고 있다. 환경보존의 목적과 이유는 너무 간단하다. 만약에 이 이유를 모른다고 해도 좋은 환경에서 사는 사람의 얼굴과 그렇지 못한 곳에서 사는 사람의 얼굴의 차이는 어떨까? 라고 한다면 이에 대답은 할 수 있을 것이다.

이것을 역으로 설명한다면 여타는 같은 조건하에 얼굴의 건강상태가 양호한 갑과 좋지 못한 을 두 사람이 있는데, 여기 이 두 사람 중에서 자연환경이 좋은 곳에 살고 있는 사람과 환경이 매우 오염된 곳에 살고 있는 사람을 구별하라고 한다면 누구라도 갑이 환경이 좋은 곳에 살고 있는 사람이라고 대답할 것이다. 이것이 정답이다.

여기에 한 발 앞서 갑과 을 두 사람이 등장하는데, 얼굴로 보고 이 두 사람이 각자 살고 있었던 주위환경을 상상 또는 추척할 수 있고, 더 나아가서는 미래에 갑과 을의 건강상태나 생사에 관한 문제를 추척 또는 예지할 수 있을 것이다. 이것이 바로 꿈에 나타나는 배경과 등장인물을 기준으로 해몽해서 꿈의 예지의사를 찾아내는 것이다. 그래서 배경과 상황을 파악하는 것이 중요하다. 꿈에 나타난 장면이라면 사소한 것들도 해몽자료에 포함시켜야 한다.

꿈에 동전을 주으면 근심으로 해몽한다. 이것은 많은 돈을 욕심내는 사람에게는 한두 개 줍는 것은 기대에 미치지 못하는 것이기 때문에 근심이 된다. 그러나 많은 동전을 줍는 꿈은 횡재수이다. 만일 한두 개의 동전을 줍더라도 동전이 유난히 빛이 나거나 장소가 부처님이나 영적존재가 알려주는 신선한 장소라면 다르게 해몽한다.

꿈에 나타나는 장면은 현실보다 광범위하기 때문에 같은 장면이 없다고 봐야 한다. 얼핏보기에는 같아도 어느 한 부분은 다르다는 것이다. 그래서 배경의 강조성을 빨리 포착해야 한다.

가령 꿈에 원숭이를 보면 송사가 생긴다. 남과 다툴 것이다. 그러나 원숭이의 색깔에 따라 다르다. 흰 원숭이를 보면 길몽이다. 이때 흰 원숭이는 원숭이의 예지의사가 아니다. 원숭이 자체는 말이 많다고 해도 흰색은 때묻지 않음을 나타내기 때문에 길몽으로 다룬다. 순수한 흰색의 원숭이는 희귀성으로 길몽이다. 꿈에 희귀한 것을 보면 길몽으로 해석한다.

만일 사업이 부진해 부도직전에 있는 사람이 꿈에 좋은 경치와 환경이 등장하고, 거기에 누군가가 당당한 자세로 나타났다. 자세히 보니 십여 년 전에 헤어진 친한 친구였다. 꿈속에서 친구에게 인사하고 싶은 생각은 있었으나 자신의 모습이 초라해 뜻대로 하지 않았다. 겨우 인사를 하니 친구가 알아보고 반갑게 맞았다. 그리고 잠에서 깼다.

이것을 어떻게 해몽할 것인가? 여기서 그 친구가 있었던 환경으로 보아 재력이나 지위가 높은 사람이 된 것으로 해석하고, 친구에게 선뜻 인사를 하지 못한 것은 자신의 처지가 민망해서 인사를 피했다고 생각된다. 이때 꿈속에 등장한 친구는 실제의 친구일 수도 있지만 일반적인 해몽으로는 잘 아는 사람이다. 따라서 이 꿈은 재력이 있거나 지위가 높은 아는 사람에게 도움을 받을 길몽으로 해몽할 수 있다. 여기서도 배경이 해몽에 중요한 요소가 되었다.

2. 주체의 변동과 대화상대의 해몽

인간은 원래 모든 것을 자신에게 유리한 방향으로 끌고가려고 한다. 꿈도 역시 자신에게 유리하게 하려는 의도를 갖고 있는데, 이것을 아신인몽(我身引夢)이라 한다. 그러나 뜻대로 되지 않는 경우가 많다.

꿈속의 나는 여러 형태로 등장할 수 있다. 자신의 시체를 바라본 꿈도 있고, 자신이 자신을 죽이는 꿈도 있고, 미래의 자신을 상상하는 꿈도 있고, 자신이 짐승으로 변하는 꿈도 있고, 가족이나 사회를 자신의 것으로 다루는 꿈도 있고, 심지어는 문중이나 시·군·국가 등이 자신으로 등장하는 경우도 있다. 이것은 모두 주인공인 자신과 관계된 것이다. 가족의 꿈을 대신 꿔준다고 해도 자신과 관련된 것이니 자기와 관련시켜야 한다. 꿈속에서의 대화의 주체와 대상을 살펴보면 다음과 같다.

1. 꿈속에서는 자신은 물론 생명이 모든 동식물과 인조물에 이르기까지 대화의 대상이 된다. 그리고 신령이나 혼령 등 영적인 존재도 대화상대가 된다.
2. 대화가 없는 경우라도 장면과 배경은 반드시 나타난다.
3. 위의 1·2항의 대화의 상대는 시간과 공간을 초월해 존재할 수 있다. 예를 들어 개가 전선 속에서 산다거나, 사람이 물고기처럼 물 속에서 사는 장면도 있다. 이것은 생물의 원초인 미생물을 기초로한 배경으로 해석한다. 말소리는 들리나 보이지 않는 것은 실제 소리의 주체가 배경에서는 숨어 존재하지만 인간은 원초적인 미생물시대를 지났기에 꿈을 꾸는 우리 눈에는 보이지 않는 것인지도 모른다.
4. 이들은 원형의 상태로 대화를 하는가 하면, 동물이 사람으로 변해서 대화를 하는 경우도 있다. 이때 동물은 인격을

갖고 등장하는 것으로 해몽요소가 된다. 다시 말해 꿈에 등장한 것은 사소한 것이라도 반드시 의미가 있기 때문에 무시하면 올바른 해몽을 할 수 없다.

신고다니는 신발을 잃어버린 꿈은 나쁘다. 이것은 자신의 여자가 다른 남자와 간통한다는 예지이다. 자신이 신고다니는 신발의 예지의사는 아내의 정조이다. 이때 등장하는 신발은 그대로 일정한 모양을 갖추고 있다. 신발을 훔친 도둑이 있다는 것으로 보고 주체가 도둑이다. 신발을 잃어버리면 재수없다고 말하고 신발이 바뀌는 것을 조심하는 것이다.

그러나 행위의 주체가 도둑이 아니라 신발 주인이라면? 신발을 스스로 벗어버리는 꿈은 병이 나을 예지와, 근심 걱정을 벗어버릴 꿈으로 풀이한다. 이때 신발은 고뇌나 액운을 나타내는 예지의사이다. 벗어버린 신발은 그대로의 일정의 모양을 갖추고 있다. 이것은 신발의 모양과 주체의 피동과 능동의 이중으로 고찰해야 한다. 모두 신발에 대한 꿈이나 누가 주체가 되느냐에 따라 해몽은 달라진다. 이와 같이 천태만상의 꿈은 나름대로 예지의사를 갖고 있고, 주체의 변동에 따라 일정성을 지니고 있다.

꿈속에 자신의 의사로 원숭이를 보거나, 타의로 원숭이를 보거나, 신발을 벗어버리거나, 잃어버린 것 등 능동적인 경우와 피동적인 경우가 있다. 그러나 이것을 잘 구분하지 않는 경우가 있다. 주체변동의 해몽에도 예지의사 해석에 일정한 기준이 있다.

앞에서 설명했지만 필자의 생각으로는 우리나라의 경우는 불교사상에 기초한 것이 많아 불교적인 입장으로 해몽해야 할 경우가 많다. 지금 이 순간도 주체와 객체와 배경과 장식 등이 모두 불교와 다른 양상으로 전환하고 있다. 따라서 현재의 해몽은 주체의 변동과 상황의 파악이라는 큰 문제를 안고 있다. 그렇다고 불교를 편드는 것은 아니다. 지금까지는 부처님의 입장에서 해몽이 잘 맞았다.

이런 면으로 볼 때 꿈도 그 예지의 의도를 불교의 입장에서 표현하기 때문에 불교적으로 해몽해야 할 경우가 많다. 이것은 우리 민족이 오래도록 불교를 믿어 왔기에 꿈의 유전성의 일면이기도 하다. 물론 기독교인은 그에 맞는 꿈을 꾸고, 천주교인은 그의 신앙에 맞는 꿈을 꾼다. 이 부분에 대해서는 나중에 종교와의 관계에서 설명할 것이다. 어쨌든 꿈의 종류와 배경이 다양해지고, 따라서 주체의 변동도 복잡해져 가고 있으니 해몽의 연구도 넓어져야 한다.

우리나라의 직업의 종류는 십여 년 전보다 열 배를 넘어 직업에 관계된 꿈의 종류는 수십만 가지가 될 것이다. 따라서 해몽도 전문적인 지식과 기술이 필요하다. 태몽은 꿈을 꾼 사람이 주인공이 아니라 태어날 아기이다.

3. 기타 참고사항

1. 미풍양속에 어긋나거나 비인간적인 행위의 꿈은, 꿈을 꾼 사람의 본심과는 관계가 없다.

2. 꿈에 등장한 인물의 신체구조나 직업의 경우는, 그런 인물이나 그런 직업이 아님을 염두해 두어야 한다. 꿈속에서 동일시하는 인물은 과거에 알던 사람이나 앞으로 알게 될 사람을 특성에 맞게 상징적으로 등장시키는 것이다.

3. 꿈의 범위가 너무 과장되는 것은, 현실내도의 범위가 큰 것이다.

4. 숫자가 또렷하게 나타나는 꿈은 현실과 상관 있어도 표상 방법과는 관계가 없다.

5. 꿈은 어떤 일의 주인공을 다른 사람으로 등장시켜 표상되는 경우가 있으니, 현실내도의 장본인을 찾아내는 노력이 필요하다.

6장. 태몽

1. 태몽의 정의

태몽은 임신과 출산에 관한 꿈을 통틀어 말한다. 형법상 생명의 정의는 모체에 잉태된 때부터 시작된다. 낙태를 죄로 보는 것은 태아를 생명으로 보기 때문이다. 임신하기 전에 태몽을 꾸는 경우도 있다. 어떤 사람은 혼인날을 받아놓은 상태에서도 태몽을 꾼다고 한다. 태몽은 성별, 모체 내에서의 성장·출산·출산 후의 성장·운세·공로 등을 포함한다.

2 태몽을 꾸는 이유

태몽은 출산을 바라는 사람이나 관심이 있는 사람이 꾼다고 한다. 태몽을 꾸는 이유는 학자마다 다르게 해석하고 있고, 선사시대부터 영원한 비밀로 되어 왔다. 그러나 우주의 파동과 임산부의 뇌파와 태어날 아기의 유전적인 파동이 합류해 나타난 것이 태몽이다.

불교의 윤회생사의 법칙에 따라 사람이 죽어 소로 태어나거나 다른 가축으로 태어난다고 한다. 사람이 죽으면 시체가 썩어 식물의 영양분이 되고, 이 식물을 먹은 토끼는 다시 사람이 잡아 먹는다. 이렇게 모든 생물은 윤회한다고 한다. 사람이 죽어 육체가 썩으면 풀이나 나무의 영양분이 된다. 일부는 냇물로 스며들어 수초나 프랑크톤의 영양분이 되기도 한다. 이 프랑크톤을 먹은 물고기와 풀을 뜯어 먹고 자란 동물을 다시 사람이 잡아 먹는다.

이렇게 되면 사람의 마음을 담는 그릇인 육체의 구성은 잉태가 그 시초가 된다. 이 시초의 잉태를 그 구성의 원인적인 것을 따진다면 물고기·잣·토끼 등 다양한 것으로 등장한다. 더 깊게는 해와 달·별 등이 태몽에 나타나는 것은 태양이 식물을 자라게 하는 탄소동화작용에 대한 것과 우주생성의 것으로 모종의 영적인 의미를 지니고 있다.

다시 말하면 모든 유전인자의 파동의 합류가 이루어진다. 에너지 형태의 차원을 넘은 미지의 다차원의 영적인 유전인자의 파동의 합류가 이루어지는 것이다. 원초를 닮는다는 것은 인간의 생물적인 유전인자의 전래의 욕구일 것이다. 이

욕구는 바로 그 전달수단을 우주파동의 파장이다. 이것은 생명체가 우주의 어느 외계에서 온 것이니 이유는 당연한 것이다. 말하자면 인간이 유전인자에 대한 어떤 영적전달이 바로 태몽이며, 태몽이 생성되는 사유가 된다. 태몽은 원초를 닮으려는 생물의 유전적인 욕구의 영적감각의 작용이 우주파동의 합류로 나타나는 영상이다.

임산부가 누군가를 미워하면 그 사람을 닮은 아이를 낳는 말은, 인간의 신성(神性)이 그 유전인자의 본뜻을 어긴 것에 대한 영적심리의 반발로 해석할 수 있다. 이런 것으로 보면 꿈이 미신이 아니라는 것을 다시 한 번 설명할 수 있다.

한 아이에 대한 태몽은 가족들에게는 공동예지의 것으로 친다면, 같은 장면의 것이 나타나야 하는 것이 아닌가 하는데 공동예지로 나타나는 확률은 극히 드물다. 정확하게는 생명의 정의는 태아의 태동부터라고 생각된다. 이것은 객관적으로 그 한계를 명확하게 할 수 없기에 형법상의 생명은 잉태를 기준으로 한 것이다.

3. 태몽은 누가 꾸는가

태몽은 아기를 갖고 싶은 소원으로 인하여 꾸는 것이 대부분이다. 그러나 아기를 바라지 않더라도, 또 임신한 것을 모르고 꾸기도 한다. 태몽은 부모가 될 사람이 꾸는 것이 보통이지만 할머니나 할아버지·형제자매 등 가족이 대신 꾸기도 한다. 태몽은 가족의 공동 관심사로 친다면 앞에서 설명한 것과 같이 공동예지로 나타나야 되는 것이 아닌가? 그러나 그렇지 않은 경우도 있다. 태몽은 잉태한 생명이나 가족 등과 관계가 있어야 꾸는 것이다.

4. 태몽은 반드시 꾸는가

인간의 일생을 결정짓는 태몽은 반드시 꾸는 것인가? 다시 말하면 태몽을 꾸지 않고도 임신이 가능한 것인가? 불가능하다. 이 이론이 부정된다면 인간은 꿈의 산물이란 논리가 적용되지 않는다. 말하자면 미태몽불잉태(未胎夢不孕胎)다. 태몽을 꾸고도 관심이 없어 잊었거나 태몽인지 모르는 것이지 태몽을 꾸지 않는 경우는 없다.

인간의 미래를 구속시키는 것이 바로 태몽인 것이다. 현실에서 인간을 구속할 때도 구속집행의 예지를 한 다음에 가족에게 구속통지서를 보내는데, 어찌 그 가족들에게 태몽으로 예지하지 않겠는가.

5. 태몽은 인생의 일대기

앞에서 설명한 것과 같이 태몽은 태어날 아기의 성별부터 죽을 때까지의 겪어야 할 모든 것을 미리 알려주는 것이다. 마치 컴퓨터에 한 인간의 행로를 입력시켜 놓고 하나하나 출력시키면서 사는 것이다. 누가 뭐라 해도 인간은 태몽의 순서를 벗어나 살 수 없다. 여명(餘命)·운명(運命)·숙명(宿命)이란 단어와 함께 우리가 존재하는 것은 이 태몽에서 좌우된다.

앞에서 인생은 태몽을 재현하는 과정이라고 했다. 태몽을 정확하게 기억하고 바르게 해몽할 수만 있다면 인생일대기를 계획해 놓은 인생의 여정표가 될 것이고, 이력서가 될 것이다. 그리고 태몽에 나타나지 않은 부분을 장식하는 것이 꿈이다.

태몽은 태어날 아기와 관계있는 가족들이 꾸는 것이지만 잉태되는 순간에 뇌가 생긴다면 어떤 영적인 감각을 갖고 자기가 자신의 태몽을 꿀 것인가? 잉태 이전에 또는 잉태와 동시에 영적인 존재의 생성으로 잉태와 동시에 꿈을 꿀 것이란 추측도 가능하다. 그러나 이것은 부정됨이 당연하다.

그런데 필자의 생각은 누군가가 꾸어준 태몽을 재현하는 것이 인생살이라면 태아는 꿈을 꾸고 있을까? 창작품과도 같이 이를 창작자가 연출할 수도 있다는 것으로 친다면 가능하다는 것이다. 그렇게 된다면 잉태 이전에 가족이 태몽을 꾸고, 또 태아 자신이 태몽을 꾸고, 그후 잉태된 후 가족이나 자신이 꾸는 태몽이 있으니, 이것은 태몽의 중복성 또는 계속성이다. 태몽의 경우 잉태에 대한 꿈을 꾸고 난 후에 다음은 또 출산에 대한 꿈, 며칠 후에는 성장과 행동에 대한 꿈을 꿀 수도 있다는 것이다.

옛날에는 태몽이 길게 전개되었는데 지금은 간단해진 것 같다는 이야기가 있다. 일부의 경우는 지금의 태몽은 잉태에 대한 것을 꾸고 나서 아이의 성장과정의 꿈이 나타나는데 이를 잉태의 태몽과는 직접적인 관계가 없으니 신경을 기울이지 않기 때문이라고 한다.

예를 들어 꿈에 봉황새 한 쌍을 보았는데 황새처럼 목이 길었다. 봉황새는 새 중에서 지위가 가장 높으로 입신출세할 꿈으로 해몽한다. 그러나 이 꿈의 상황만으로는 딸인지 아들인지 구분하기 어렵다. 황새나 봉황의 목이 길게 보이고, 의좋게 있었다면 출세를 예지하는 의미는 더 크다. 성장과정의 일부가 포함된 태몽으로 보아야 한다. 그러나 누군가에게 소박하게 숟가락과 젓가락을 선물받았다면 딸의 태몽으로 출세와는 관계없다고 봐야 할 것인가? 여기서 뒤의 경우에는 성장과정의 꿈을 별도로 꾼다고 해몽해야 한다. 일단 태몽은 태어날 아기의 일대기이다.

6. 태몽의 시기

태몽은 아기의 출산을 의식적이나 무의식적으로 바라는 시기에 꾼다고 한다. 대개는 잉태하는 동시에 꾼다고 하는데, 필자의 조사에 의하면 혼인날을 받아놓고 꾸는 경우도 있었다. 여기서 혼인이란 혼례식이나 혼인신고와는 관계없는 현실의 접촉을 기준으로 한다. 아기가 태어난 후에도 꾸는 경우가 있는데, 태몽으로 다루지 않는다는 사람도 있다.

그러나 이것은 태어나기 이전에 꾼 태몽의 계속으로 보면 된다. 이런 경우는 아기의 장래에 관한 것이다. 예를 들면 출산은 생명을 얻는 것이다. 낚시를 하는 사람은 생명인 고기를 잡기 위한 행위인 것이다. 낚시에 대한 꿈은 낚시의 목적과 낚시 도구에서 낚시하는 장소, 낚아지는 고기의 수와 종류, 또는 낚은 후에는 고기에 대한 처리문제 등을 생각해보는 것과 같은 이치로 다룬다. 낚은 고기를 자신이 먹는 것은 출산한 자식을 기르는 것과 같다.

7. 태몽의 주체

태몽의 판단과 해석은 참으로 중요하다. 태몽은 어머니에 관한 것이 아니라 앞으로 태어날 아기의 것으로, 그 현실내도는 태어날 아기가 몫이므로 일반 꿈과는 다르다. 이 태몽의 외계를 보행할 수 없는 것이 우리의 인생이다. 일반적인 꿈은 자기가 겪을 것을 자신이 주인공이 되어 꾸는데 비해, 태몽은 장차 태어날 아기가 평생 겪을 일을 가족이 꾼다는 점에서 다르다. 따라서 태몽에 나타난 무대는 앞으로 태어날 아기가 생활할 무대로 해몽해야 한다.

8. 아들태몽

■ 아들을 낳는 꿈.

■ 산모가 남자옷을 입고 활보하는 꿈.

■ 해를 보거나 해가 입 속으로 들어가거나 가슴에 안긴 꿈.

■ 두 개의 해가 입 속으로 들어가면 아들 쌍둥이를 낳는다.

■ 푸른 하늘이나 넓은 세상을 본 꿈.

■ 우박이나 천둥이 친 꿈.

■ 용을 보거나 개천에 용이 나타난 꿈.

■ 큰 뱀을 본 꿈(길다는 것에 유념).

■ 황소를 본 꿈.

■ 말을 보거나 탄 꿈.

■ 표범을 본 꿈.

■ 뿔달린 사슴을 본 꿈.

- 기린의 뿔을 본 꿈.

- 잉어나 큰 물고기를 얻은 꿈.

- 대추를 먹거나 얻은 꿈.

- 붉은 고추를 본 꿈.

- 붉은 앵두를 본 꿈.

- 고구마를 본 꿈. 그러나 작은 고구마는 딸인 경우도 있다.

- 참외 종류를 본 꿈.

- 오이 씨앗을 본 꿈(씨앗은 길다는 것에 유념).

- 연꽃이나 연을 얻은 꿈(연의 뿌리가 길다는 것에 유념).

- 과일·채소·씨앗 등 농사일에 관한 꿈.

- 농장에서 많은 과일을 따는 꿈.

- 과일의 꼭지를 보거나 과일이 길어보인 꿈. 만일 꼭지가 보이지 않으면 딸로 본다.

- 송이버섯·금은수저를 얻은 꿈. 일반 수저는 딸이다.

- 신령이나 영적인 존재에게 금이나 어떤 물건을 받은 꿈.

- 조상이나 영적인 존재에게 도장을 받은 꿈.

- 양쪽에 묘가 있는 곳을 걸어가거나, 그 무덤에 절을 한 꿈은 가업을 이어받을 아들을 낳는다.

9. 딸태몽

- 딸을 낳는 꿈.
- 은장도를 받은 꿈.
- 달을 본 꿈. 만일 두 개의 달을 보면 딸 쌍둥이다.
- 학·비둘기를 보거나 학을 얻은 꿈.
- 작은 물고기·조개류를 보거나 잡는 꿈.
- 뱀을 본 꿈. 그러나 큰 뱀은 아들이다.
- 수저를 얻거나 가진 꿈. 은이나 금제품은 아들태몽이다.
- 풋고추·호박·딸기·밤·감·포도·예쁜 꽃을 본 꿈.
- 집 안에 있는 우물을 본 꿈. 그러나 큰 우물이거나 우물 물이 철철 넘쳐흐르면 아들이다.

7장. 악몽

1. 악몽의 제거

앞에서 한 번 꾼 꿈은 반드시 실행내도하므로 예방하거나 조정할 수 없다고 설명했다. 아무리 과학이 발달했다고 해도 불가능한 일이다. 초첨단의 과학도 태몽 아래 진행되는 것이다. 여기에 차례가 있다.

예를 들어 태몽을 소설에 비유하면 제목에 해당하고, 살아가면서 꾸는 꿈은 소설의 한 대목에 해당한다. 악몽의 제거는 순리적으로 사물과 현실을 이해하는데 중요한 비중을 차지한다. 꿈에 원숭이를 보면 나쁘다는 생각을 가졌다면 원숭이에 대한 공포를 느끼지 않는 것이 중요하고, 원숭이에 대해 궁금증이 없도록 깊이 알아야 한다.

만일 무서운 것을 본다면 아주 확실하게 봐야 꿈에 나타나지 않는다는 말이 있다. 꿈에 엿을 먹으면 과거에 낙방한다는 것은 엿을 먹고 싶어하는 소망을 갖지 않는 것이 엿에 대한 꿈을 방지하는 것이다.

수험생에게 엿을 선물하는 이유는 무엇일까? 이것은 맛과 피로를 회복하는데 최선의 방법으로 당분이 영양섭취의 속도가 가장 빠르기 때문이다. 엿을 갈망하거나 동경하면 엿에 대한 꿈을 꿀 확률이 높은 것이다. 그런데 엿을 먹는 꿈은 예로부터 시험에 낙방한다. 갈등과 갈망을 피해가려면 미리 엿을 먹어 엿에 대한 갈등과 갈망을 해소시키는 것이다.

옛날에 과거를 볼 때 낙방한 사람들에게 쓸쓸하게 고향으로 돌아가는 것이 안타까워 국가에서 위로책으로 달콤한 엿으로 달랬던 것이다. 우리의 일상생활 속에는 모욕적인 말들이 많다. 엿 먹어라, 엿이나 먹고 마음 돌려라 등 이것은 매우 불가능한 것을 기대하고 있다는 뜻으로 다루는 것이다.

인간의 모든 실패는 불가능한 것을 기대하는 과욕에서 비롯된다. 엄마가 보고 싶어 계속 울고 있다면 언젠가는 쓰러져 잠들게 될 것이다. 그는 짧은 순간 잠 속에서 어머니를 보게 될 것이다. 악몽의 제거는 스스로가 원인을 찾아 그것을 지워버려 예방하는 것은 가능하겠지만, 이것도 태몽의 숙명 앞에서는 속수무책일 것이다. 말하자면 모든 일에 대한 방지는 태몽에서 예지되지 않은 분야의 것이어야 가능하다는 결론이다. 원작자의 작품을 연출자가 줄거리의 뼈대를 마음대로 고칠 수 없는 것과 같은 이치이다.

2. 악몽을 대하는 자세

계속 반복되는 이야기이지만 인생의 중요한 대목은 모두 태몽에서 결정된 것이기 때문에 운명에 복종하는 자세가 중요하다. 예를 들어 춘향전이라는 소설이 있다. 춘향전의 줄거리는 이미 원작에 못박혀 있다. 누가 연출한다고 해도 줄거리는 같을 것이다. 그런데 연출가가 배경을 달리하거나 흥미를 돋구는 장면을 가미할 수는 있다.

이와 마찬가지로 인간도 태몽의 줄거리를 벗어나지 않는다면 무대의 내용의 의미를 뜻깊게 하는 치장쯤은 가능하다. 이것이 바로 인간의 권리인 것이다. 종말을 향해서 쉴새 없이 행군을 강행하는 인간! 어떻게 하면 고통을 덜 당하고 바라는 목적지에 도착할 것인가? 누가 태워다 주거나 업어다 주면 편하겠지만 억지로 끌려가게 맡기는 방법 외에는 없다. 같은 길을 걸어도 조심하면 넘어지지 않고 갈 수 있는 것이다. 가다가 친구를 잘 사귀어 힘을 합해 가는 방법이 있을 것이고, 악한 친구를 피하는 방법이 있는가 하면, 순화하며 감동시켜 자신의 편으로 만드는 방법도 있다. 무심코 가다가는 신발이 다 닳아 맨발이 되면 고통은 더욱더 심할 것이다.

목적지에 도착해서 무거운 신발을 벗어버려야 한다. 그래서 신발을 벗어버리는 꿈은 고통과 근심을 벗어버리는 것으로 해몽한다. 이젠 다 왔으니 신발을 벗고 영겁의 안락처인 방으로 들자는 뜻이다.

8장. 꿈의 시대성과 종교의 관계

1. 꿈의 시대성

1. 시대가 변해도 해몽은 변하지 않는다

꿈의 해몽은 30만 년 전 동굴 속에서 우리 조상들이 꾸는 꿈이나 지금 우리가 꾸는 꿈의 내용이 일치한다면 그에 따른 해몽도 역시 같은 방법으로 현실내도가 같았을 것이다. 한 가지 예를 들면 그 당시는 먹을 것을 구하는 방법으로 벌꿀을 갈망했을 것이다. 이에 벌꿀을 따는 그림이 새겨진 석각(石刻)을 우리가 익히 알고 있는 것이다.

그래서 벌꿀이 들어 있는 벌집을 발견하는 것은 당시는 물론 지금도 대단한 횡재에 해당한다. 이런 것으로 보아 꿈에 벌집을 보면 현재의 꿈도 횡재로 해몽한다. 그 당시는 전깃줄이나 기차·비행기 등의 꿈은 있을 수 없다. 그런데 꿈에 전깃줄이나 전화선 등을 보면 불길한 소식이 오거나 남의 부정한 행동으로 피해를 입는 등의 대단한 손재수가 생기는 것으로 해석한다.

그 이유는 무엇일까? 이것은 극소수 특권층을 뺀 대다수 국민이 전화에 대해 불만이 많았던 시대의 표현이다. 꿈도 인간의 심리를 기본으로 발생한다. 전화에 대한 소망은 대단했을 것이다. 백색전화라 하여 높은 값으로 매매되었고, 청색전화는 추첨에 의해 배당되는데 부조리가 따르고 있었고 3~5년 간이나 적채현상이 있었다. 그래서 전화에 대한 해몽이 불길한 것으로 나타난 것이다.

꿈에 인형을 보면 자신이 죽는다고 해몽한다. 여기서 실화를 하나 소개한다. 몇 년 전에 남편을 잃은 한 여성의 이야기이다. 병석에 누운 남편이 꿈에 인형을 보았다고 한다. 그런데 그날을 넘기지 못하고 죽었다. 꿈에 인형을 보고 인형 이야기를 하던 사람들은 죽었다는 이야기는 장의사에게도 들은 적이 있다. 주술에서 인간을 형상화해 칼로 찔러 불에 태우던 인형과 지금의 장난감 인형과는 다르다. 원시인들은 사람이 죽으면 언젠가는 다시 살아난다는 사고에서 그 시체를 인형화하는 데서 생긴 것으로 뜻은 같다.

또한 권력이 있는 사람이 죽으면 그에게 속해 있던 하인들도 함께 순장시킨다. 산사람을 묻는 것이다. 참으로 억울한 일이다. 그런데 언젠가는 이것이 논란이 되어 순장법은 차차로 없어지게 된 것이다. 우리나라에서도 신라시대에 순장법을 폐지한 것이다. 참으로 큰 발전이다. 그러나 그 당시의 사고로는 순장제도를 없애기 힘들어 연구한 것이 산사람 대신 산사람과 같은 인형을 만들어 죽은 사람과 같이 묻은 것이다. '당시에는 죽은 귀신이 뭘 알겠나? 인형인지 사람인지'했을 것이다. 그래서 인형을 제작하는 순장용이기 때문에 죽는 것으로 해몽하는 것이다.

2. 꿈의 등장인물과 배경은 시대에 따라 변한다

꿈에 등장하는 인물은 천태만상이라 모두 해몽하려면 너무 광범위하다. 꿈에 등장하는 인물의 종류는 세월이 갈수록 인간의 지혜와 함께 차차로 증가한다.

전화가 없었던 시대에는 전화기에 대한 꿈은 꾸지 않았을 것이고, 더구나 전화선에 관한 꿈이나 전화에 관한 일을 하는 사람도 등장하지 않을 것이다. 항공기가 없던 시대에 비행사가 등장하지 않는 것도 같은 이치이다. 전화와 관련된 꿈은 대개가 흉몽이나 비행기를 본 꿈은 길몽으로 다룬다. 비행기는 소망의 대상이었기 때문이다.

비행기를 타고 하늘 높이 오르거나 시원하게 나는 꿈은 출세와 관련이 있다. 이런 꿈으로 복권에 1등으로 당첨되었다고 한다. 왕이 하사하는 물건을 받는 꿈은, 벼슬을 한다는 믿음을 지닌 사람들은 꿈에 왕을 만나기를 갈망할 것이다. 그

러나 왕이 없어진 지금은 대통령이 대신하고 있다. 꿈에 대
통령에게 명함을 받은 사람이 고시에 합격했다고 한다. 또
꿈에 대통령에게 명함을 받은 사람이 복권에 당첨되었다는
이야기도 있다. 이때 대통령은 권세와 재물의 양면을 겸하고
있다. 그러나 일부는 지금도 왕에 대한 꿈을 꾸기도 한다. 앞
으로는 컴퓨터에 관한 꿈도 성행할 것이다. 요즘 아이들은
컴퓨터에 관한 꿈을 많이 꾸는 것처럼 꿈의 인물과 배경은
시대에 따라 변한다.

2. 해몽과 종교의 관계

꿈에 등장하는 인물과 배경은 동서양이 다르고 종교에 따
라 다르다. 환경과 습관·유전성·생활양식·관념 등이 다르
기 때문이다. 물론 종교가 형성되기 이전에도 사람들은 꿈을
꾸었고 예지의 기능을 했다. 불교신자는 불교 입장으로 꿈을
꾸며 예측하고, 기독교인은 기독교 입장으로 꿈을 꾸며 예측
할 것이다.

사람이 죽는 것을 본 꿈이나, 누군가 죽어서 슬퍼하며 우는
꿈이나, 시체가 썩어 냄새를 풍긴 꿈이나, 장례식에 대한 꿈
은 모두 길몽으로 해석한다. 이유는 무엇일까? 출세란 무엇
인가? 이것은 불교에서 유래한 말이다. 꿈에 황금을 보면 길

몽이다. 이것은 부처를 황금으로 치장하는 것으로 생각할 수도 있지만, 부처는 그 자체로 광명의 존재로 생각했던 조상들의 유전성을 지닌 우리의 현실이다.

필자가 알아본 바에 의하면 불교와 관련된 꿈을 꾸고 시험에 합격했다는 사람이 많았다. 그러나 불교에 관한 꿈을 꾸고 복권에 당첨되었다는 이야기는 아직 듣지 못했다. 이것은 부처님은 재물에 대한 배려는 하지 않는다고 해석해야 하는가? 이것은 각자가 판단할 일이지만 필자는 다소 거부감을 느낀다. 재물에 대한 탐욕은 부처의 뜻이 아님이 분명하다.

꿈에 불탑을 세우는데 거들어준 꿈을 꾸었는데 학계에 제출한 논문이 인정받았다는 이야기를 들었다. 그 주변 사람의 이야기로는 꿈에 보살이 주는 약을 받아먹었는데 병이 나았다는 이야기도 있다. 그는 암진단을 받은 사람이다. 꿈에 시주하는 장면을 보았는데 해수욕을 간 아들이 익사 직전에 구조대에 의해 목숨을 건졌다고 한다. 결론을 내리면 부처와 관계있는 꿈이 부처를 배반하지 않는 범위라면 무조건 길몽으로 해석한다. 다른 종교도 마찬가지이다.

살아가는 꿈을 꾸는 경우도 있고, 가족이 죽는 꿈을 꾸는 경우도 있다. 이 두 가지는 옆이나 멀리서 신앙의 상징이나 영적존재나 상상의 사물이 존재하는 경우가 많다. 이런 꿈은 길몽으로 해몽하지만 자신의 처지나 자세 그리고 가정, 사업 등을 살펴볼 필요가 있다. 이때의 것은 교훈성을 가진다.

9장. 입신출세·횡재·합격에 관한 꿈

1. 출세와 입신출세의 정의

출세란 무엇을 의미하는가? 출세는 불교에서 유래한 단어
이다. 출세와 입신출세에 대한 정의는 이 책의 31쪽 용어의
정의에서 상세하게 설명했으니 참고하기 바란다. 입신출세에
대해서는 이 책에서만 적용되는 것으로 앞에서 설명한 것을
다시 적는다.

입신출세는 건강과 인간성과 지식과 지위를 확보해, 조상과
사회의 은혜에 보답하기 위해 남을 도와 중생으로부터 존경
과 부러움의 대상으로 사고와 행동이 타의 모범이 되는 것
이다. 해몽할 때는 이 출세와 관련된 사고를 배제하고는 신
통한 해몽을 기대할 수 없다. 그리고 벼락출세라는 말이 있
는데 이 책에서는 사용하지 않는다.

2. 꿈을 소화시킬 수 있는 자신을 가져라!

꿈은 마음대로 조정할 수 없다. 꾸고 싶지 않아도 꾸게 되고, 꾸고 싶어도 마음대로 꾸지 못한다. 왜냐하면 인생은 태몽에 의해 이미 길이 정해져 있기 때문에 꿈을 마음대로 조정한다는 것은 태몽을 마음대로 바꿀 수 있다는 뜻이니 맞지 않는다.

꿈을 인위적으로 만들어 꾸려면 반드시 태몽으로 예지하지 않은 부분이어야 한다. 인생의 중요한 대목은 이미 태몽에 의해 정해진 작품이지만, 그 줄거리의 배경하에 예지되지 않은 사소한 것들은 연출가의 재량이 있다는 주장이 옳다고 본다. 따라서 꿈을 마음대로 조정한다는 것은 불가능하다.

우리의 삶을 한마디로 표현하면 꿈속에서 헤매는 것이라고 하는 것이 옳을 것이다. 일단 꾼 꿈은 다시 변동시킬 수 없고, 현실내도는 절대로 피할 수 없는 것이 숙명이다. 태몽에서 예지하지 않은 범위에서 최대한 활용하는 것이 자신의 인생을 빛내는 길이다.

해몽의 목적은 운명에 순응하기 위해서이다. 다시 말해 해몽의 목적은 미래를 예방하는 것이 아니라, 요령있게 맞을 방법을 찾는 것이다. 꿈의 예지에 따라 마음을 단단히 해서 당장에 닥치는 변동상황에 순응하는 자세를 취해 충격을 피해나가야 한다.

운명의 신이 있다고 가정하면 운명의 신이 때리는 매는 피하지 말고 바로 그 자리에서 맞겠다는 자세를 가지는 것이 중요하다. 각오를 단단히 하고 매를 맞으면 상처나지 않고 아프지도 않을 것이다. 만약 상처가 났다면 약을 미리 준비했기에 대처할 수 있을 뿐 아니라 빨리 아물 것이다. 매를 맞을 때 다 헤진 걸레나 깨끗한 솜으로 매받이를 대는 수도 생길 것이다. 이것이 꿈을 맞는 자세이다.

꿈속을 헤매는 인간은 언제나 꿈땜을 피할 수 없다는 믿음을 가져야 한다. 그리고 꿈을 종교처럼 믿거나 꿈을 속단해서는 안 된다는 것이 우리가 꿈 앞에 서는 자세이다. 어쨌든 꿈을 소화시킬 수 있는 자신을 갖는 것이 가장 중요하다.

5. 입신출세의 꿈

입신출세에 대해서는 이 책의 31쪽 용어의 정의를 참조하기 바란다. 입신출세에 대한 꿈은 가장 관심있는 것으로, 인간에게 많은 희비애락의 사연을 싣고 있다. 자신이 입신출세하는 꿈은 대단한 흉몽이다. 우리는 이것을 인간의 욕심을 통제하기 위한 조물주의 조화라고 말하기도 한다. 꿈에서의 입신출세가 현실의 입신출세가 된다면 꿈의 4대원칙은 무너진다. 꿈에 입신출세한 사람을 시기해서 죽이거나 괴롭혀야 자신의 뜻이 있다. 시기는 인간의 본산이기 때문이다. 그리고 높은 곳에 오르거나 높은 지위에 있는 사람을 만난 꿈은 길몽으로 입신출세의 길이 열리나, 반대로 간절하게 만나기를 원하나 만나지 못한 꿈은 흉몽으로 풀이한다.

이것은 옛날에 홍수로 인해 들판에 있으면 액운을 당하기 때문에 항상 높은 곳에 대한 갈망이 있다. 옛날에 높은 산에 성을 쌓고 적을 막은 것은 바로 이 때문이다. 높은 사람은 산 위에서 통치한다. 산의 정상을 기준으로 산 주위의 아래에 서민이 산다.

고로 옛날에는 강이나 하천, 냇물 등이 경계가 되었지만 산이나 골짜기는 지역이나 통치의 경계가 될 수 없다. 싸움도 높은 산을 정복하기 위한 것이다. 사람들은 항상 높은 산을 정복하기 위해 노력하지만 서민들은 불가능했기에 갈망했던 것이다. 그래서 이런 꿈이 입신출세로 등장하는 것이다.

생시에 영적인 존재를 만나는 것이 불가능하기 때문에 영적인 존재를 만나기 위해 노력하는 꿈을 입신출세의 길몽으로 풀이하는 것이다. 부처를 만나기 위해 노력하는 꿈은 길몽으로 다룬다.

이것은 불가능하기 때문에 갈망의 대상으로 한 것이다. 인간이 생시에 가능한 것을 꿈에 등장시켜 그것을 입신출세로 만들었다면 모두 입신출세할 것이다. 이렇게 되면 세상은 불화가 생길 것이다. 꿈에 대통령을 만났다고 해서 모두 입신출세하는 것은 아니다. 그리고 대통령을 만나기 위해 노력했으나 이루지 못했다면 흉몽으로 다룬다. 이것은 생시에서 대통령을 만나는 것은 가능하기 때문이다.

우리는 용꿈을 꾸었다는 말을 듣는다. 이 말은 출세의 파생 단어의 정의를 잘 표현한 것으로 풍속에 남아 있다. 이것은 용이 실존하는 동물이 아니기 때문에 만나는 것이 불가능하기 때문이다. 입신출세한다는 것은 흔한 일이 아니기 때문에 이를 택한 것이다.

용을 소나 말처럼 언제든지 만날 수 있고 조종할 수 있다면 갈망요소가 아닐 것이다. 미꾸라지가 용되었다는 표현도 불가능한 일이기 때문에 용의 경우와 같다. 실제로 그렇게 된다면 미꾸라지를 키우지 않을 사람이 있겠는가. 세상의 조화를 이루기 위한 조물주의 배려로 입신출세의 꿈이 정해진 것이 아니라, 인간의 바램에서 나온 것이다.

■ 입신출세하는 꿈의 유형

1. 용(龍)은 입신출세할 꿈의 상징이다. 용을 타고 하늘로 오르거나, 용이 나타나 어떤 행위의 영향을 받는 꿈은 장차 입신출세할 꿈이다.

2. 새로운 좋은 직장을 얻는 것은 이직에 따른 입신출세의 꿈으로 분류한다. 이직의 경우에는 배경에 따라 어떤 면에서는 앞길이 열린다는 예지 외에, 잉태의 면으로는 아들을

낳을 예지라 한다. 이때 자신의 예전 직장은 아내를 나타내고, 새로운 직장은 새로 맞이할 여성을 나타낸다. 이것은 옛날에 흔히 있었던 사례로 자식이 없을 경우 외박에서 얻은 아들의 표현이다.

3. 일반적으로 관직의 상징인 모자·혁띠·관(冠) 등에 관한 꿈은 입신출세와 관계있다. 관을 쓰면 반드시 입신출세한다. 이를 빼앗기는 꿈은 관직을 박탈당할 예지로 해석된다.

4. 남자가 특별한 옷으로 치장하는 것은 입신출세와 관련있는 것으로 해석한다. 유난히 색이 빛나면 더욱 좋다. 그러나 여자가 화려한 옷을 입고 유흥하는 꿈은 흉몽으로 다룬다.

5. 왕에게 쌀을 대접하는 꿈은 입신출세할 길몽이다.

6. 책은 일반적으로 입신출세와 관련있다. 귀한 사람에게 책을 받으면 입신출세의 꿈이다. 지금도 책을 선물받는 꿈은 좋다. 그런데 책을 선물받을 때 서명을 받으면 더욱더 길하다. 서예가나 화가에게 선물을 받는 것은 모두 좋고, 서예가나 화가로 명성을 날릴 꿈이다.

7. 꿈에 높은 지위에 있는 사람에게 쌀을 주거나 쌀밥을 대접하는 꿈은 입신출세한다. 부처님께 시주하는 꿈도 마찬가지이다. 꿈에 높은 사람에게 보리나 잡곡류를 대접하는 것은 흉몽이다.

8. 꿈에 콩류를 보면 나쁘다. 팥죽 그 자체는 흉몽이나 팥죽

으로 잡귀를 쫓는 꿈은 좋다. 콩밥은 영양가가 있어 죄수에게는 좋으나, 콩밥을 먹는 꿈은 병을 얻거나 오랫동안 병석에서 고생한다.

9. 위의 잡곡에 관한 것은 부처나 보살에게도 적용된다. 부처나 보살에게 시주할 때 쌀이어야 길몽이지 잡곡은 흉몽이다. 보리나 콩 등 잡곡류를 시주하면 평소 부처님께 경멸하는 마음이 있다는 뜻이 되어 불길한 꿈으로 수험생은 낙방한다. 이때 쌀은 쌀 자체의 값어치로 해석하지 말고 흰쌀의 흰색을 강조하는 것이다.

10. 물고기 중에서는 잉어가 최고의 길몽이다. 용과 더불어 입신출세할 최고의 길몽이다. 잉어와 매기는 수염이 있는 물고기이다. 연못이나 우물 등에 잉어를 넣어 기르는 꿈은 입신출세할 예지이다. 그리고 방생과 관계있는 꿈은 모두 길몽으로 다룬다.

11. 집을 상량(上樑)하는 꿈은 길몽으로 입신출세의 길이 열린다.

12. 작은 불씨나 작은 불씨로 불을 일으킨 꿈은 입신출세의 꿈이다.

13. 자신이 문둥이나 거지가 된 꿈은 입신출세의 꿈이다.

14. 쥐에게 물린 꿈은 입신출세의 꿈이다.

15. 멋진 기린을 본 꿈은 입신출세의 꿈이다. 남자에게는 최고의 길몽으로 다룬다는 설도 있다.

16. 높은 산에 오르는 꿈은 좋고, 정상에 올라 크게 외쳐 산 울림이 크면 입신출세한다.

17. 높은 곳에 올라가 나팔을 크게 분 꿈은 입신출세한다.

18. 사람을 많이 모아놓고 연설을 하는데, 연단이 산으로 높이 올라간 꿈은 입신출세의 길몽이다.

19. 수목이 우거진 산을 높은 위치에서 바라보니, 시원하게 보이면서 저쪽 자신의 논밭에서 농부들이 열심히 농사를 짓는 꿈을 꾼 후, 며칠 후 실시된 지방자치단체장에 당선했다는 이야기가 있다.

6. 횡재수의 꿈

앞에서 설명한 입신출세는 태몽에서 정해진 것으로 간단한 것이 아니다. 꿈에 하늘을 날아오른다거나, 자신이 용이 된다거나, 죽은 사람과 대화를 한다거나, 신적·영적 존재와 접하는 일 등은 불가능한 것을 바라는 인간의 욕망이다. 그리고 이런 불가능한 것을 실현하는 과정이 꿈이다. 일상생활 속에서 대면·상대·접촉 등을 피하려는 것이 꿈에 나타나면 길몽으로 다룬다.

자신이 크게 입신출세한 꿈은 흉몽으로 입신출세할 수 없다고 한다. 평소에 보기 싫은 것이 꿈에 나타나면 또 한 번

괴로움을 당하는 것의 심정을 알아 조물주가 이 경우는 동정해주고 조물주의 권능을 무시하고 자신의 임의로 건방지게 입신출세해 보임은 미워서 이렇게 만든 것인가? 묘하기도 하다.

1. 혐오감을 느낀 꿈

혐오감을 느낀 꿈은 이득이 생기는 길몽으로 해몽한다. 해골은 혐오스럽지만 길몽이다.

1. 문둥이나 걸인 등 싫어하는 인물을 본 꿈은 길몽으로 다룬다.
2. 가난은 불행이다, 가난은 나라도 못 막는다, 가난한 사람들은 불행하다는 사고는 동서고금이 같다. 그러나 꿈에 가난한 사람을 보거나 자신이 가난하면 입신출세와 부귀가 따르는 길몽이다. 부처님이 가난한 사람을 발견했을 때는 지혜의 대상이 되고, 남을 돕는 사람에게 가난한 사람을 만나는 것은 도울 수 있는 기쁨이 있기에 가난의 현실내도는 좋게 나타난다.
3. 똥·오줌은 평소에는 혐오스런 것이나 꿈에 나타나면 횡재의 길몽이다. 그러나 몸이나 옷에 묻으면 반드시 구설수가 생긴다. 혐오감의 길몽은 순간으로 이득이 끝나기 때문에 꿈으로 이루려면 노력을 많이 해야 하고, 혐오대상 자

체를 환상으로 그리며 상상하는 것이 좋은 방법인데 쉬운 일은 아니다.

혐오감의 길몽은 단지 재물상의 횡재수로만 해몽하고, 꿈 중에서도 결과가 가장 빠르다. 대개 꿈을 꾼 후부터 다음 잠이 들 사이에 일어난다. 생산과 소멸의 기간이 짧다. 이런 종류의 꿈을 꾸려면 혐오물을 동경하고 상상해야 하는데, 거부감이 있어 쉬운 일이 아니다. 조물주가 횡재수의 꿈을 꽃이나 미인으로 예지하지 않는 의도를 알았다는 사람도 있을 만큼 어렵다. 조물주는 확실히 고단의 지혜를 가졌다.

2. 쉽게 접할 수 없는 사람이나 귀중품에 관한 꿈

1. 황금을 본 꿈은 길몽이다. 이것은 황금은 서민이 쉽게 접할 수 없는 것이기 때문에 길몽이다. 서민이 많은 금은보화를 갖는다는 것은 불가능한 일이다.
2. 왕이나 귀족 · 저명인 등을 대하는 것은 어려운 일로 이들을 본 꿈은 길몽이다.
3. 부처님 등 영적인 존재를 실제 접하기는 불가능한 것이기 때문에 길몽이다.
4. 비행접시를 타고 우주를 여행하는 등의 꿈은 길몽이다. 이것이 '그것이 꿈이다!'의 실행인 것이다. 조물주가 쉽게 접할 수 있는 사물을 입신출세나 횡재수로 하지 않은 지

혜를 알게 될 것이다.

 이상의 것으로 횡재하는 꿈은 문둥이·걸인·가난·똥오줌 등 혐오스런 것이나, 금은보화·비행접시·부처·왕 등 쉽게 접할 수 없는 것의 출현 이라는 것을 알았을 것이다.

5. 시험에 합격한 꿈

1. 대략 1개월 전부터 꾸는 꿈

- 넓은 벌판이나 바다 위를 힘차게 걷는 꿈.
- 손톱을 깎거나 단장하는 꿈.
- 얼굴과 복장을 단정히 하는 것을 부모가 본 꿈.
- 운동을 하면서 껑충껑충 높이 뛰며 즐거워하는 꿈.
- 영화필름이 멋지게 돌아가는 것을 본 꿈.
- 부모의 산소를 찾아 절을 한 꿈.
- 물고기의 뱃속에 관심을 가진 꿈.
- 익은 과일만을 골라 먹은 꿈.
- 불경을 받거나 본 꿈.
- 영적인 존재에게 책을 받은 꿈.
- 본인이나 부모가 부처나 보살을 만나 대화한 꿈.
- 학생이 경전을 읽거나 경전을 공부한 꿈이나 가족이나

부모가 이것을 본 꿈.

- 학생 자신이 물고기 내부를 자세히 들여다 본 꿈이나 학부형이 이 행위를 본 꿈.
- 본인이나 가족이 학교에 가 교실에 앉아본 꿈.
- 교회로 향한 꿈.
- 학생이나 가족이 부처의 설법을 듣거나 법회에 참가한 꿈.
- 기도한 꿈.
- 부처님·예수님에 관한 꿈.
- 목욕을 하거나 얼굴을 깨끗이 씻고 단장한 꿈.
- 신전에 들어간 꿈.
- 책을 열심히 읽은 꿈.
- 높은 산 위에 올라간 꿈.
- 비행기를 타고 하늘로 날아오른 꿈.
- 태양을 향해 절을 한 꿈.
- 북두칠성을 향해 절을 한 꿈.
- 우주를 비행한 꿈.
- 대통령이나 고관대작들과 대화를 나눈 꿈.
- 학교를 바라본 꿈.
- 호랑이를 잡겠다고 벼른 꿈.
- 용을 만난다고 높은 곳을 오른 꿈.
- 거북이·자라 등을 방생한 꿈.

2. 시험 전날 꾸는 꿈

■ 나팔을 들고 크게 분 꿈.

■ 높은 산 위에 올라 노래를 부른 꿈.

■ 운동경기에서 우승한 꿈.

■ 싸우다 얻어맞아 얼굴에 피가 낭자한 꿈.

■ 익은 과일만 골라 먹은 꿈.

■ 하수구 등에서 보물을 주운 꿈.

■ 하늘로 오른 꿈.

■ 머리를 빗은 꿈.

■ 부싯돌로 불을 일으킨 꿈.

■ 책을 보거나 책을 선물받은 꿈.

■ 부처님을 만나기 위한 방법을 연구하거나 노력한 꿈.

■ 스님에게 책을 받은 꿈.

■ 자신이 절로 들어가거나 들어가 시주한 꿈.

■ 논밭에 곡식을 심거나 산에 나무를 심은 꿈.

■ 가축에게 먹이를 준 꿈.

■ 교회에서 기도한 꿈.

■ 예수님에게 영세를 받은 꿈.

■ 성모마리아를 만난 꿈.

■ 신적인 존재에게 인사한 꿈.

■ 새가 공중으로 높이 오른 꿈.

■ 깃발을 들고 높은 산으로 오른 꿈.

3. 발표 전날 꾸는 꿈

■ 관공서나 학교 등의 공공장소에서 의자를 차지한 꿈.

■ 나팔을 크게 불었더니 사람들이 모인 꿈.

■ 보물찾기를 하는데 성공한 꿈.

■ 공을 시원하게 넣은 꿈.

■ 운동경기에서 우승한 꿈.

■ 죄를 짓고 판사에게 사형선고를 받은 꿈.

■ 독수리를 탄 꿈.

■ 공작새를 본 꿈.

■ 오리알을 주운 꿈.

■ 미꾸라지 · 뱀장어를 잡은 꿈.

■ 신령에게 꽃다발을 받은 꿈.

■ 봉황 · 학 · 독수리를 본 꿈.

■ 높은 나무에 올라 나무가지를 꺾어 내려온 꿈. 그러나 집
  으로 갖고 오면 안 된다.

■ 밭에서 무를 뽑은 꿈.

■ 볼펜이나 싸인펜으로 자신의 이름을 크게 쓴 꿈.

■ 흑판에 자신의 이름을 쓴 꿈.

■ 시험에 떨어져 울면서 집으로 들어온 꿈.

■ 우승기 · 메달 등을 받은 꿈.

■ 물고기를 잡는 꿈.

■ 부처님께 시주하거나 불법에 관계된 선행을 한 꿈.

- 교회·성당에 감사한 꿈.
- 벽을 뚫고 들어간 꿈.
- 집을 짓거나 상량하거나 이런 광경을 바라본 꿈.
- 비행기나 새를 타고 공중으로 높이 오른 꿈.
- 공중을 나는 잉어를 본 꿈.
- 잉어를 잡은 꿈.
- 물고기를 잡는 꿈.
- 총이나 활로 명중시킨 꿈.
- 곡식을 수확한 꿈.
- 뺨을 얻어맞은 꿈.
- 석공이 자신의 이름을 돌에 새긴 꿈.
- 지망한 학교의 교실 의자를 차지한 꿈.
- 높은 산에 올라가 크게 소리친 꿈.

6. 좋은 꿈을 꾸는 방법

1. 태몽에서 예지한 꿈이 아니어야 한다.
2. 인물이나 배경 등에 대한 소망이 있어야 한다.
3. 원하는 인물과 배경이 등장하는데 방해되는 요소가 없도록 미리 갈등을 해소시켜야 한다.
   - 영적이거나 신적인 존재를 섬기는 마음을 가져야 한다.

이상의 것은 접촉의 원칙이다.

- 영적이거나 신적인 존재를 비방하는 사람을 피해 갈등 요소를 없애야 한다. 이것은 피함의 원칙이다.

4. 실제 행동에 옮기기 위해서 공부 외에는 잡념을 버려야 한다. 예를 들어 '신령님! 신령님! 나의 신령님!' 하면서 노래나 염불하듯 지껄이면서 생활한다. 그러면 신령의 존재가 눈 앞 있는 것 같이 느껴지다 언젠가 꿈에 보일 것이다. 그리고 잠재의식이나 환상적인 감정을 억제하고 편안하게 잠드는 습관을 갖는다.

제II부. 해몽

1장. 사람에 관한 꿈

가족에 관한 꿈

가족은 직장·직원·동료를 암시한다. 가족에 관한 꿈은 대부분 현실에서도 그대로 나타난다.

- 가족이 모두 모인 꿈은 불길한 일이 생길 암시이다.
- 가족이 모두 모여 잔치를 벌이며 음식을 먹은 꿈은 길몽으로 좋은 일이 생긴다. 만일 잔치가 아니라 이상한 장면이라면 집안에 초상이 난다.
- 가족이 모두 모였는데 표정이 어두운 꿈은 흉몽으로 집안에 초상이 날 암시이다.
- 가족이 모두 모인 장소에서 개가 운 꿈은 흉몽으로 집안의 비밀이 드러나 문제가 생긴다.
- 가족이 구덩이를 판 꿈은 그 사람의 죽음을 암시한다.

조상에 관한 꿈

- 조상이 나타난 꿈은 순조로움을 암시한다.
- 조상이 갑자기 나타난 꿈은 길몽으로 재물이 들어온다.
- 보지 못한 조상이 나타난 꿈은 흉몽으로 근심이 생긴다.
- 조상이 나타나 운 꿈은 흉몽으로 불길한 일이 생긴다.
- 조상이 나타나 웃은 꿈은 길몽으로 좋은 일이 생긴다.
- 조상이 자신에게 절을 한 꿈은 길몽으로 경사가 생긴다.
- 조상이 자신의 집에 나타나 몸치장을 한 꿈은 집을 수리하거나 단장할 암시이다.
- 조상이 나타나 꿈자리가 시끄러웠는데 다음날 꿈을 기억하지 못하면 고향에 계신 부모가 고향집이나 현재 거주하는 집을 예고없이 꾸미거나 수리하는 경우가 많다.
- 조상의 젖을 빨아먹은 꿈은 길몽으로 재물이 들어온다.
- 조상이 사용하던 그릇을 얻거나 만진 꿈은 재물이 들어온다.
- 조상이 천당에 간 꿈은 길몽으로 좋은 일이 생긴다.
- 조상이 지옥에 간 꿈은 흉몽으로 불길한 일이 생긴다.
- 조상이 지옥에서 빠져나온 꿈은 가정이 번창한다.
- 조상의 목에 뱀이 감긴 꿈은 흉몽으로 유혹에 빠져 손재수를 당한다.
- 조상을 창고에서 만난 꿈은 길몽으로 재물이 늘어난다.

- 조상이라면서 큰 창고로 들어간 꿈은 길몽으로 재물이 늘어난다.
- 조상이 곡식이 많이 쌓인 창고에서 나온 꿈은 재물이 줄어든다.
- 조상이 부엌으로 들어간 꿈은 생활이 풍요로워진다.
- 조상이 부엌에서 나온 꿈은 생활이 어려워진다.
- 조상이 높은 벼슬에 오른 꿈은 저명인사를 만난다.
- 조상이 자동차나 비행기를 탄 꿈은 먼 곳으로 여행할 암시이다.
- 조상이 비행기나 자동차, 배 등을 타고 하늘로 올라간 꿈은 가정이나 사업 등이 번창한다.
- 조상이 용을 타고 하늘로 올라간 꿈은 길몽으로 승진이나 지위가 상승한다.
- 조상이 하늘이나 높은 곳에서 내려온 꿈은 가정이나 사업이 부진해지거나 지위가 떨어진다.
- 조상이 말이나 소를 타고 집으로 들어온 꿈은 길몽으로 좋은 일이 생긴다.
- 조상이 말이나 소를 타고 집에서 나간 꿈은 흉몽으로 불길한 일이 생긴다.
- 조상이 말이나 소를 타다가 떨어진 꿈은 흉몽으로 가정이 몰락한다.
- 조상이 개에게 물린 꿈은 비밀이 탄로나 망신을 당할 암

시이다.

- 조상이 물에 빠진 꿈은 흉몽으로 불길한 일이 생긴다.
- 조상에게 심상찮은 경고를 들은 꿈은 흉몽으로 사고를 암시한다.
- 조상을 바라보거나 동경한 꿈은 도움을 청할 일이 생길 암시이다.
- 조상이 자신의 몸을 만지거나 머리를 쓰다듬어준 꿈은 길몽으로 좋은 일이 생긴다.
- 조상이 자손의 머리나 몸을 쓰다듬어준 꿈은 흉몽으로 질병에 걸릴 암시이다.
- 조상이 가족을 데리고 간 꿈은 따라간 사람의 죽음을 암시한다. 이런 경우에는 대개 환자인 경우가 많다.
- 조상이 불러서 따라간 꿈은 길몽으로 문제가 해결될 암시이다.
- 조상을 따라 강이나 바다를 건너간 꿈은 흉몽으로 죽음을 암시한다.
- 조상이 자신에게 오다가 물에 빠진 꿈은 흉몽으로 재물을 잃거나 사업이 몰락할 암시이다.
- 조상이 나체로 수영한 꿈은 비밀이 탄로난다.
- 죽은 조상이 또 죽은 꿈은 길몽으로 재물이 늘어난다.
- 조상이 칼이나 총이나 활에 맞아 죽은 꿈은 흉몽으로 소송에 휘말려 손재수를 당한다.

■ 조상이 칼이나 무기를 갖고 나타난 꿈은 좋지 못한 법정 문제가 생길 암시이다.

■ 조상이 칼이나 무기 등을 만지며 격분한 꿈은 흉몽으로 위험한 일이 생길 암시이다.

■ 조상의 산소를 찾아가거나 찾아가 절을 한 꿈은 길몽으로 좋은 일이 생긴다.

■ 조상의 산소를 찾아갔으나 찾지 못한 꿈은 흉몽으로 시험에 떨어지거나 승진의 기회를 잃거나 직장을 구하지 못한다.

■ 조상이 무덤에 나타난 꿈은 어려운 일이 잘 풀린다.

■ 조상의 무덤이 깨끗하게 단장된 꿈은 조상의 무덤에 가게 된다.

■ 조상의 무덤에 물이 들어간 꿈은 흉몽으로 가정파탄을 암시한다.

■ 조상의 무덤에 풀이 무성한 꿈은 가정이 번창한다.

■ 즐비하게 있는 조상의 무덤 앞에서 절을 한 꿈은 태몽으로 아들을 낳을 암시이다.

부모에 관한 꿈

꿈에서의 아버지는 현실의 아버지를 나타내고, 때로는 친구

아버지나 회사 사장 등 자신을 이끄는 사람을 암시하기도
한다.

- 부모를 본 꿈은 길몽으로 집안에 좋은 일이 생긴다.
- 어머니를 본 꿈은 길몽으로 반가운 소식을 듣는다.
- 어머니의 젖을 빤 꿈은 어머니의 재산을 상속받을 암시
  이다.
- 어머니의 젖을 빨았으나 젖이 나오지 않아 답답했던 꿈
  은 물려받을 유산이 없고, 하는 일이 막힐 암시이다.
- 어머니의 젖을 누군가와 둘이 빤 꿈은 길몽으로 어머니
  의 재산을 상속받는다.
- 고향에 찾아가 부모를 만난 꿈은 고향을 찾아간다.
- 부모를 공경하며 효도한 꿈은 길몽으로 횡재·승진·취
  업 등이 따른다.
- 부모의 머리가 백발로 보인 꿈은 흉몽으로 부모님께 고
  통이 따른다.
- 부모가 사는 집이나 전답을 판 꿈은 흉몽으로 가운이 기
  울 암시이다.
- 부모가 결혼한 꿈은 흉몽으로 가정이 기울 암시이다.
- 부모와 대화를 하는데 말이 나오지 않아 답답했던 꿈은
  흉몽으로 억울한 일이 당하거나 소망하는 일을 이루지
  못한다.

- 부모를 목청껏 불렀으나 반응이 없는 꿈은 뇌물을 주거나 부탁한 일이 성사되지 않는다.
- 부모가 입원하거나 병석에 누운 꿈은 흉몽으로 어려움에 처한다.
- 부모가 퇴원하거나 병석에서 일어난 꿈은 길몽으로 하는 일이 잘 풀릴 암시이다.
- 부모와 다툰 꿈은 흉몽으로 불길하다.
- 부모와 웃으며 즐겁게 보낸 꿈은 길몽으로 좋은 일이 생길 암시이다.
- 부모가 비행기나 구름이나 무지개를 타고 하늘로 올라간 꿈은 집안에 좋은 일이 생긴다.
- 부모가 하늘에서 땅으로 내려온 꿈은 흉몽으로 직장에서 강등되거나 나쁜 일이 생긴다.
- 부모가 물건이나 집을 산 꿈은 길몽으로 횡재수가 따를 암시이다.
- 부모가 물건이나 집을 판 꿈은 재산이 줄어들 암시이다.
- 부모가 가축을 사거나 얻은 꿈은 재물이 늘어날 길몽으로 좋은 일이 생긴다.
- 부모가 가축을 잡은 꿈은 흉몽으로 가정이 기운다.
- 부모가 가축을 잡아 먹은 꿈은 질병에 걸리거나 손재수가 따른다.
- 부모가 가축을 팔거나 때리거나 학대한 꿈은 흉몽으로

손재수가 따를 암시이다.

■ 부모가 집에서 도둑을 지키는 개를 잡아 먹은 꿈은 흉몽으로 도둑을 맞을 암시이다.

■ 부모가 개를 잡거나 때리거나 학대한 꿈은 흉몽으로 집안에 손재수가 따른다.

■ 아버지가 돌아가셨다는 연락을 받은 꿈은 길몽으로 하는 일이 순조롭고 반가운 소식이 온다.

■ 부모의 임종을 지켜본 꿈은 길몽으로 재물이 들어온다.

■ 부모가 돌아가신 꿈은 집안에 나쁜 일이 생기거나 가족 중에 누군가가 객지로 떠난다.

■ 부모가 돌아가셔서 대성통곡한 꿈은 길몽으로 하는 일이 성사될 암시이다.

■ 시부모와 싸운 꿈은 시댁의 미움을 받고 있다는 뜻이다.

■ 부모의 산소를 찾아가거나 찾아가 절을 한 꿈은 길몽으로 좋은 일이 생긴다.

■ 부모의 산소를 찾아갔으나 산소를 찾지 못한 꿈은 흉몽으로 시험에 떨어지거나 승진할 기회를 잃거나 직장을 구하지 못한다.

■ 돌아가신 부모를 본 꿈은 불의의 사고를 당할 암시이다.

■ 돌아가신 어머니를 본 꿈은 흉몽으로 집안에 우환이 생길 암시이다.

■ 돌아가신 아버지를 반갑게 만난 꿈은 좋은 소식이 온다.

- 돌아가신 부모가 빙그레 웃은 꿈은 좋은 일이 생긴다.
- 돌아가신 부모가 밝은 표정으로 나타난 꿈은 길몽으로 반가운 소식을 듣거나 어려운 일이 풀린다.
- 돌아가신 부모가 어두운 표정으로 나타난 꿈은 흉몽으로 좋지 않은 일을 당할 암시이다.
- 돌아가신 부모가 시키는 대로 한 꿈은 길몽으로 횡재수가 생긴다.
- 돌아가신 부모가 시키는 대로 하지 않은 꿈은 도덕이나 윤리·정의 등을 지키지 않아 피해를 당한다.
- 돌아가신 부모가 자신이나 가족을 데리고 강을 건너간 꿈은 따라간 사람의 죽음을 암시한다.
- 돌아가신 부모가 자신이나 가족을 데리고 강을 건너가려는데 따라가지 않은 꿈은 그 사람의 문제가 해결되고, 만일 환자라면 병석에서 일어난다.
- 돌아가신 부모가 자식의 일을 근심한 꿈은 흉몽으로 사고를 당할 암시이다.

형제·자매에 관한 꿈

- 형제·자매를 본 꿈은 길몽으로 좋은 소식을 듣는다.
- 형제·자매가 모두 모인 꿈은 흉몽으로 불길한 일이 생

긴다.

- 형제·자매가 모두 모였는데 표정이 밝지 않은 꿈은 흉몽으로 집안에 초상이 날 암시이다.
- 형제·자매가 모두 모였는데 표정이 악의에 차 있는 꿈은 흉몽으로 부모의 유산문제로 다툼이 벌어진다.
- 형제·자매가 모두 모여 잔치를 벌이거나 즐겁게 노래를 부르거나 웃은 꿈은 길몽으로 좋은 일이 생긴다.
- 형제·자매 간에 결혼한 꿈은 흉몽으로 질병에 걸릴 암시이다.
- 형제·자매가 이사한 꿈은 이사한 사람은 직장을 잃는다.
- 형제·자매가 어려운 처지에 놓인 꿈은 그 사람에게 어려운 일이 생긴다.
- 형제·자매가 중병으로 죽은 꿈은 길몽으로 서로 만나면서 의좋게 살아간다.
- 형제·자매가 싸우다 화해한 꿈은 길몽으로 가정이 화목해진다.
- 형제·자매가 사고를 당한 꿈은 흉몽으로 그 사람이 꿈에서 당한 사고를 당한다.
- 형제·자매와 함께 용을 탄 꿈은 길몽으로 가정이 번창한다.
- 형제·자매와 함께 무지개를 보거나 탄 꿈은 길몽으로 가정이 번창한다.

■ 오빠나 동생을 본 꿈은 결혼한 여성은 친정의 형제·자매 간에 유산싸움이 벌어진다.

부부에 관한 꿈

■ 남편은 왕이 되고 자신은 왕비가 된 꿈은 단체나 모임에서 두 번째 자리에 앉는다.
■ 부부가 함께 술을 마시거나 유흥을 벌인 꿈은 부부간에 이별수가 따르거나 사업이 곤경에 빠지거나 가정에 우환이 생긴다.
■ 부부가 사이좋게 거닌 꿈은 부부가 싸울 암시이다.
■ 부부가 손을 잡고 정답게 지낸 꿈은 싸움이 벌어질 암시이다.
■ 부부가 성교한 꿈은 애정문제로 갈등이 생길 암시이다.
■ 부부가 함께 목욕이나 수영을 한 꿈은 애정의 갈등이 생긴다.
■ 부부가 함께 길을 가다 두 갈래 길에서 각자 다른 곳으로 간 꿈은 흉몽으로 부부간에 이별수가 따른다.
■ 부부가 함께 죽었다고 야단이 났는데 두 사람 모두 다시 살아난 꿈은 애정문제가 회복된다.
■ 부부가 함께 행동한 꿈은 흉몽으로 재물손실이 따른다.

- 부부가 함께 있었던 꿈은 흉몽으로 부부가 이혼할 암시이다.
- 부부가 함께 밤을 먹은 꿈은 흉몽으로 이혼할 암시이다.
- 부부가 함께 대추를 먹은 꿈은 금실이 좋을 암시이다.
- 부부가 싸운 꿈은 흉몽으로 질병에 걸리거나 구설수가 따른다.
- 배우자가 남의 사람이 된 꿈은 배우자가 중병에 걸릴 암시이다.
- 배우자가 구름이나 무지개를 타고 하늘로 올라간 꿈은 길몽으로 승진하거나 영전한다.
- 배우자가 배를 타고 강이나 물을 건너간 꿈은 흉몽으로 배우자의 죽음을 암시한다.
- 배우자가 다른 이성과 함께 걸어간 꿈은 흉몽으로 부부간에 애정문제로 다툰다.
- 배우자가 다른 사람과 결혼한 꿈은 흉몽으로 배우자가 질병에 걸릴 암시이다.
- 배우자가 죽은 꿈은 길몽으로 횡재수가 따른다.
- 배우자가 죽어 상복을 입고 장례를 치룬 꿈은 길몽으로 재물이 늘어나며 명예를 얻는다.
- 배우자가 개에게 물린 꿈은 배우자의 비밀이 탄로난다.
- 배우자가 뱀에게 물린 꿈은 사기를 당할 암시이다.
- 아내를 사랑한다고 포옹하거나 업은 꿈은 가정이 화목해

진다.

- 아내를 학대하거나 때린 꿈은 가운이 막히고 사업이 부진해진다.
- 아내를 칼로 찔러 죽인 꿈은 길몽으로 사업이 성공한다.
- 아내가 자동차나 배를 타고 떠나간 꿈은 가정에 불화가 생긴다.
- 아내가 남편을 안아준 꿈은 좋은 일이 생긴다.
- 아내가 아기를 안아준 꿈은 흉몽으로 아내가 질병에 걸리거나 가정에 액운이 따른다.
- 아내가 남의 자식을 안아준 꿈은 흉몽으로 질병이나 손재수 등 액운이 따른다.
- 아내의 유방이 여러 개로 보인 꿈은 흉몽으로 정조에 문제가 생길 암시이다.
- 아내가 다른 남자와 결혼한 꿈은 아내가 죽거나 중병에 걸릴 암시이다.
- 아내가 흑인과 결혼한 꿈은 흉몽으로 아내가 병석에 누울 암시이다.
- 아내가 낯선 남자와 잠을 잔 꿈은 아내에게 이성문제가 발생할 암시이다.
- 아내가 다른 남자와 성교한 꿈은 질병에 걸릴 암시이다.
- 아내와 싸운 꿈은 다른 여자와 이성문제로 싸운다.
- 아내가 집을 떠난 꿈은 아내와 싸울 암시이다.

- 이혼한 경력이 없는 아내의 전남편이 나타난 꿈은 아내와 이혼하거나 구설수가 생긴다.
- 남편이 말을 탄 꿈은 남편이 간통할 암시이다.
- 남편이 말을 타고 신나게 달린 꿈은 입신출세할 길몽으로 승진하거나 사업이 성공한다.
- 남편이 달리지 않는 말을 탄 꿈은 흉몽으로 남편이 간통할 암시이다.
- 남편이 다른 여자와 결혼한 꿈은 흉몽으로 남편이 난치병에 걸린다.
- 남편이 낯선 여자와 누워 있는 꿈은 남편에게 이성문제가 생길 암시이다.
- 남편에게 매를 맞은 꿈은 남편의 사랑을 받고 있다는 뜻이다.
- 남편을 구박하거나 물어뜯은 꿈은 가정이 기울 암시이다.
- 남편이 물에 빠진 꿈은 흉몽으로 하는 일이 어려움에 처할 암시이다.
- 남편이 죽은 꿈은 길몽으로 가정이 번창할 암시이다.
- 남편이 죽어 상복을 입은 꿈은 길몽으로 재물이 늘어날 암시이다.
- 남편이 뱀에게 물린 꿈은 다른 여자가 남편을 유혹할 암시로 이 여자로 인하여 재물을 잃는다.
- 남편이 다른 여자가 운전하는 승용차를 탄 꿈은 남편이

간통할 암시이다.
- 남편이 유색인종 여자와 결혼한 꿈은 흉몽으로 남편이 중병에 걸릴 암시이다.

자식에 관한 꿈

- 임신한 꿈은 길몽으로 만사가 순조롭다.
- 자식이 태어난 꿈은 길몽으로 좋은 일이 생긴다.
- 아들을 임신하거나 낳은 꿈은 길몽으로 좋은 일이 생길 암시이다.
- 딸은 낳은 꿈은 흉몽으로 불길한 일이 생긴다.
- 아들 쌍둥이를 낳은 꿈은 최고의 길몽으로 만사가 순조롭다.
- 자식이 태어나자마자 용으로 변한 꿈은 태몽으로 태어날 아기가 훌륭한 사람이 된다.
- 어린자식을 안거나 안고돈 꿈은 질병을 얻거나 액운이 따른다.
- 어린자식이 죽은 꿈은 길몽으로 질병이 낫거나 액운이 사라진다.
- 자식이 질병에 걸린 꿈은 흉몽으로 질병에 걸린다.
- 자식이 죽은 꿈은 길몽으로 우환이 사라진다.

■ 자식이 걸음마를 배운 꿈은 길몽으로 어려움에 처한 가족이 자립한다.

친척에 관한 꿈

친척집은 관공서·관계공무원·자신의 변호인·배경 등을 암시한다.

■ 친척들이 모인 꿈은 상속문제가 생긴다.
■ 친척을 만난 꿈은 길몽으로 즐거운 일이 생긴다.
■ 친척이 웃은 꿈은 길몽으로 하는 일이 순조롭다.
■ 친척의 표정이 밝지 않은 꿈은 흉몽으로 불리해질 암시이다.
■ 친척들이 모여 운 꿈은 흉몽으로 집안에 초상이 날 암시이다.
■ 친척집에 갔는데 반갑게 맞아준 꿈은 관청에 부탁한 일이 성사된다.
■ 친척집에 갔는데 아무도 없는 꿈은 관청에 부탁한 일이 성사되지 않는다.
■ 죽은 친척이 살아나 나타난 꿈은 길몽으로 하는 일이나 가정이 순조로울 암시이다.

- 죽은 친척이 망자의 옷을 입고 나타난 꿈은 하는 일이 순조로울 암시이다.
- 사촌이 죽은 꿈은 동료가 회사를 그만두거나 다른 곳으로 떠나갈 암시이다.
- 친척이나 사촌과 성교한 꿈은 흉몽으로 집안에 불행한 일이 생긴다.

애인에 관한 꿈

애인에 관한 꿈은 환상적인 면이 많아 해몽할 가치가 없는 경우가 있다. 따라서 꿈을 꾼 후에는 연정이나 욕정의 상상인지를 잘 구분해야 한다. 그리고 애인에 관한 꿈은 평소의 갈등이 반영되기 때문에 현실과 반대인 경우가 많다.

- 애인과 즐겁게 지낸 꿈은 애인과 이별할 암시이다.
- 애인과 성공적인 데이트를 한 꿈은 하는 일이 성사된다.
- 애인과 노래방에서 즐겁게 노래를 부르거나 고급식당에서 식사를 한 꿈은 애인과 멀어질 암시이다.
- 애인과 공원에서 즐겁게 보낸 꿈은 애정문제가 생긴다.
- 애인과 술을 많이 마시거나 아이스크림을 먹은 꿈은 흉몽으로 이별할 암시이다.

- 애인과의 성교에서 호르몬을 많이 배출한 꿈은 흉몽으로 재물을 잃을 암시이다.
- 애인과 구름이나 무지개를 타고 하늘이나 높은 곳으로 올라간 꿈은 길몽으로 결혼하게 된다.
- 함께 즐겁게 보내던 애인의 얼굴이 추하게 변한 꿈은 애인이 변심할 암시이다.
- 애인이 보기싫은 색으로 화장한 꿈은 애인이 변심할 암시이다.
- 애인을 다른 사람에게 빼앗긴 꿈은 그 사람과 결혼하기 어렵다는 암시이다. 이런 경우에는 대개 이별할 때는 슬프지만 나중에는 잘된 일이 된다.
- 애인이 다른 사람이 운전하는 차를 탄 꿈은 애인이 간통할 암시이다.
- 애인이 아이를 낳은 꿈은 길몽으로 새로운 사업을 하거나 일자리가 생긴다.
- 애인과 친구 결혼식에 참석한 꿈은 애인과 결혼한다.
- 애인과 이별한 꿈은 사랑이 더욱더 깊어진다.
- 옛애인이 나타나거나 다시 만난 꿈은 구설수나 손재수가 따른다.
- 옛애인을 배척하거나 죽인 꿈은 길몽으로 좋은 일이 생긴다.
- 옛애인을 칼로 찔러 죽인 꿈은 직장이나 사업에서 성공

한다.
- 옛애인이 죽어 슬퍼운 꿈은 쓸데없는 생각이나 헛일을
하고 있다는 뜻이다.

친구에 관한 꿈

친구는 협조자나 동업자를 암시하고, 친구에 관한 꿈은 현
실에서도 같은 상황으로 나타는 경우가 많다.

- 친구가 자신에게 득이 되는 행동을 한 꿈은 득을 본다.
- 자신이 친구에게 득이 되는 행동을 한 꿈은 득을 본다.
- 친구가 손해보거나 친구로 인하여 손해본 꿈은 손해를
본다.
- 친구를 위해 죽은 꿈은 흉몽으로 불길한 일이 생긴다.
- 자신을 위해 친구가 죽은 꿈은 길몽으로 좋은 일이 생길
암시이다.
- 친구와 술에 취해 즐겁게 논 꿈은 흉몽으로 불길한 일이
생긴다. 여기서는 친구보다 술에 중점을 두고 해석한 것
이다.

아기 · 어린아이에 관한 꿈

아기와 어린아이와는 해몽이 다르니 잘 판단해야 한다.

■ 아기가 태어난 꿈은 길몽으로 반가운 사람을 만난다.
■ 쌍둥이를 낳는 것을 본 꿈은 길몽으로 하는 일이 순조로울 암시이다.
■ 아기가 태어나자마자 용으로 변한 꿈은 태몽으로 태어난 아기가 훌륭한 사람이 된다.
■ 아기를 본 꿈은 길몽으로 좋은 일이 생긴다.
■ 젖을 먹는 아기를 본 꿈은 길몽으로 좋은 일이 생긴다.
■ 벌거벗은 아기를 본 꿈은 길몽으로 좋은 일이 생긴다.
■ 벌거벗은 아기를 어루만진 꿈은 이성문제가 발생한다.
■ 웃는 아기를 본 꿈은 길몽으로 좋은 일이 생긴다.
■ 웃고 있는 아기를 죽인 꿈은 흉몽으로 사업이 망하거나 비도덕적인 행동으로 지탄받는다.
■ 아기를 죽인 꿈은 길몽으로 문제나 사건이 해결된다.
■ 아기가 사고로 죽은 꿈은 길몽으로 좋은 일이 생긴다.
■ 우는 아기를 본 꿈은 흉몽으로 불길한 일이 생긴다.
■ 울고 있는 아기를 달랬더니 웃은 꿈은 길몽으로 어려운 일이 풀릴 암시이다.
■ 웃는 아기를 건드려 울린 꿈은 흉몽으로 불길한 일이 생

긴다.

■ 칭얼대는 아기를 본 꿈은 흉몽으로 짜증나는 일이 생길 암시이다.

■ 아기가 치마폭이나 품으로 들어온 꿈은 태몽이다.

■ 아기를 업고 집으로 온 꿈은 흉몽으로 질병에 걸릴 암시이다.

■ 아기를 업고 오는 여자를 만난 꿈은 흉몽으로 질병에 걸린다.

■ 아기를 업은 여자가 따라온 꿈은 흉몽으로 싸움이 벌어진다.

■ 자신의 집에 있는 아기를 누군가가 업고 사라진 꿈은 길몽으로 집안에 액운이 사라질 암시이다.

■ 낯선 사람이 자신의 집에서 아기를 낳은 꿈은 길몽으로 좋은 일이 생긴다.

■ 아기나 어린아이의 대변을 본 꿈은 길몽으로 횡재수가 따른다.

■ 아기나 어린아이의 대소변이 몸이나 옷에 묻은 꿈은 흉몽으로 망신을 당할 암시이다.

■ 어린아이를 보거나 나타난 꿈은 흉몽으로 불길한 일이 생긴다.

■ 우는 어린아이를 본 꿈은 흉몽으로 불길한 일이 생긴다.

■ 우는 어린아이를 달랜 꿈은 흉몽으로 불길한 일이 생길

암시이다.

- 어린아이가 죽은 꿈은 길몽으로 질병이 낫거나 액운이 사라진다.

- 어린아이를 데리고 대문 밖으로 나간 꿈은 액운이 사라진다.

- 어린아이가 많이 모인 꿈은 액운의 집합체로 흉몽으로 불길한 일이 생긴다.

- 어린아이와 놀거나 함께 있는 꿈은 흉몽으로 불길한 일이 생긴다.

- 어린아이가 가져온 편지를 받은 꿈은 흉몽으로 피고가 되어 출석요구서를 받을 암시이다.

- 어린아이가 가져온 예쁘고 아름다운 편지를 받은 꿈은 연애편지를 받을 암시이다.

- 어린아이에게 우유를 주거나 마시게 한 꿈은 길몽으로 새롭게 투자할 곳이 생긴다.

- 여자아이를 본 꿈은 부부싸움이나 시비가 벌어진다.

왕 · 왕비 · 왕자 · 공주 · 궁녀에 관한 꿈

- 왕에게 상을 받은 꿈은 길몽으로 신분의 영광이나 횡재수가 따를 암시이다.

- 왕에게 절을 한 꿈은 최고의 길몽으로 입신출세한다.
- 왕이 자신을 방문한 꿈은 길몽으로 귀인에게 도움을 받고 하는 일이 순조롭게 이루어진다.
- 왕에게 보물을 받은 꿈은 길몽으로 입신출세한다.
- 왕에게 충성한 꿈은 길몽으로 하는 일이 잘 풀린다.
- 왕에게 반역한 꿈은 흉몽으로 불길한 일이 생긴다.
- 왕이 자신을 잘 대해준 꿈은 길몽으로 하는 일이 순조로울 암시이다.
- 왕이 자신을 학대한 꿈은 흉몽으로 불길한 일이 생긴다.
- 자신이 왕을 죽인 꿈은 길몽으로 직장에서 권세를 얻거나 사업에서 실세를 장악한다.
- 왕에게 약을 받은 꿈은 길몽으로 좋은 일이 생긴다.
- 왕에게 사약을 받은 꿈은 흉몽으로 불길한 일이 생긴다.
- 왕이 내린 사약을 먹고 죽은 꿈은 길몽으로 입신출세할 암시이다.
- 왕이 베푼 잔치나 식사에 초대받아 참석한 꿈은 길몽으로 좋은 직장을 얻는다.
- 왕과 술을 마신 꿈은 흉몽으로 질병에 걸릴 암시이다. 이런 꿈을 꾼 후 어떤 모임에 초대받으면 이 일로 인해 신분상의 불이익을 받거나 손재수가 따른다.
- 왕과 함께 식사를 한 꿈은 관청에 제출한 서류가 성사되거나 청탁한 일이 순조롭게 풀린다.

- 왕이 식사하는 것을 본 꿈을 모임에 초대를 받아 참석할 암시이다.
- 왕·여왕·왕비 등의 대소변을 본 꿈은 좋은 일이 생길 암시이다.
- 왕·여왕·왕비 등의 대소변이 피부에 묻거나 닿은 꿈은 흉몽으로 망신을 당한다.
- 왕이 걸인이 된 꿈은 흉몽으로 좌천·강등·재물손실·사업의 몰락 등이 따른다.
- 왕이 평민이나 노예가 된 꿈은 흉몽으로 신분이 갑자기 하락할 암시이다.
- 왕이 부상당한 꿈은 흉몽으로 사업이 부진해진다.
- 왕이나 여왕이 폐위된 꿈은 흉몽으로 관직을 잃거나 사업이 몰락한다.
- 용왕을 만난 꿈은 길몽으로 입신출세한다.
- 여왕을 만나거나 악수를 한 꿈은 이로운 사람을 만난다.
- 여왕과 연애·성교·입맞춤 등을 한 꿈은 길몽으로 사랑을 이루고 부귀가 따른다.
- 여왕이나 왕비가 안아준 꿈은 남자는 여성을 만난다.
- 여왕이나 왕비가 옷을 벗고 목욕한 꿈은 흉몽으로 정조에 문제가 발생할 암시이다.
- 자신이 왕이나 왕비가 된 꿈은 직장에서 우두머리가 되고, 학생은 회장이 된다.

- 자신이 왕자나 공주가 된 꿈은 재산상속 등과 관계있는 꿈으로 횡재수가 따른다.
- 궁녀와 성교를 한 꿈은 흉몽으로 질병에 걸린다.
- 궁녀의 엉덩이를 보거나 만진 꿈은 망신을 당하거나 여자관계로 시비가 생긴다.
- 궁녀가 자신을 보고 운 꿈은 교제 중인 여자와 헤어질 암시이다.
- 궁녀가 죽은 꿈은 교제 중인 여자와 헤어질 암시이다.

성인 · 대통령 · 고급관료 · 정치인 · 장군 등 지위가 높은 사람에 관한 꿈

지위가 높은 사람은 강한 의지력과 밝은 전망을 암시한다.

- 공자나 맹자 등 성인을 만난 꿈은 길몽으로 좋은 일이 생긴다.
- 공자나 맹자 등 성인과 대화를 나눈 꿈은 길몽으로 만사가 이루어진다.
- 공자나 맹자 등 성인에게 존경의 예를 표현한 꿈은 길몽으로 만사형통한다.
- 공자나 맹자 등 성인에게 물건이나 서류나 약을 받은 꿈

은 길몽으로 만사형통한다.

- 지위가 높은 사람에게 절을 한 꿈은 최고의 길몽으로 입신출세한다.
- 지위가 높은 사람이나 위인이 하늘에서 내려오는 것을 보거나, 구름이나 무지개를 타고 하늘로 올라가는 것을 본 꿈은 길몽으로 사업이 번창하고 지위가 올라간다.
- 지위가 높은 사람을 모아놓고 음식을 대접한 꿈은 길몽으로 사업이 성공할 암시이다.
- 위인을 만나거나 본 꿈은 길몽으로 가정이나 사업이 번창해진다.
- 지위가 높거나 저명인사를 보거나 만난 꿈은 희망을 표현하는 꿈으로 노력하면 성공할 수 있다.
- 권력자를 죽인 꿈은 길몽으로 직장에서 권세를 얻거나 사업에서 실세를 장악한다.
- 대통령에게 상을 받은 꿈은 길몽으로 신분의 영광이나 횡재수가 생긴다.
- 대통령이 자신을 방문한 꿈은 길몽으로 귀인에게 도움을 받고 하는 일이 순조롭게 이루어진다.
- 대통령에게 보물을 받은 꿈은 길몽으로 입신출세한다.
- 대통령에게 충성한 꿈은 길몽으로 하는 일이 잘 풀린다.
- 대통령에게 반역한 꿈은 흉몽으로 불길한 일이 생긴다.
- 대통령이 잘 대해준 꿈은 길몽으로 하는 일이 잘 풀린다.

- 대통령이 자신을 학대한 꿈은 흉몽으로 불길한 일이 생긴다.
- 대통령이 베푼 연회에 참석한 꿈은 유명한 연설회나 학술발표회에 참가할 암시이다.
- 대통령과 술을 마신 꿈은 흉몽으로 질병에 걸릴 암시이다. 이런 꿈을 꾼 후 어떤 모임에 초대받으면 이 일로 인해 신분상의 불이익을 받거나 손재수가 따른다.
- 대통령과 식사를 한 꿈은 길몽으로 관청에 제출한 서류가 성사되거나 청탁한 일이 순조롭게 풀린다.
- 대통령이 식사하는 것을 본 꿈을 모임에 초대를 받아 참석한다.
- 대통령의 대소변을 본 꿈은 길몽으로 좋은 일이 생긴다.
- 대통령의 대소변이 피부에 묻거나 닿은 꿈은 흉몽으로 망신을 당한다.
- 고위관료와 음식을 먹은 꿈은 길몽으로 관청에 부탁한 일이 성사되거나 사업이 순조로울 암시이다.
- 고위관료에게 대접을 받은 꿈은 길몽으로 표창장이나 감사장을 받거나 승진한다.
- 고위관료의 방명록에 올려지거나 쪽지, 촌지, 명함, 사인 등을 받은 꿈은 길몽으로 횡재수가 따른다.
- 고위관료가 자신의 집을 찾아온 꿈은 재물이 늘어난다.
- 고위관료를 죽인 꿈은 길몽으로 사업이 성공한다.

- 자신이 장관이 된 꿈은 하는 일이 성사된다.
- 장관에게 명함을 받은 꿈은 공무원은 승진할 기회가 오고, 사업자는 관청의 주문을 받는다.
- 장관이 준 명함을 장관이 다시 가져간 꿈은 흉몽으로 직장을 잃거나 옮길 암시이다.
- 자신이 국회의원에 당선된 꿈은 단체의 장이나 우두머리가 된다.
- 국회의원 등 피선거권자에게 명함을 받은 꿈은 자신이 다른 사람에게 소개된다.
- 장군이 되거나 장군과 함께 지낸 꿈은 길몽으로 승진하거나 명예를 얻는다.
- 장군이 되어 어깨의 별이 빛난 꿈은 입신출세할 길몽으로 지위가 계속 올라가 가정이 번창한다.
- 장군복의 계급장이 떨어지거나 보이지 않은 꿈은 흉몽으로 직위를 박탈당하거나 회사나 공직에서 물러난다.
- 장군복의 계급장에 오물이 묻은 꿈은 흉몽으로 강등되거나 면직될 암시이다.

연예인에 관한 꿈

연예인은 명예와 인기를 암시한다.

- 연예인을 만난 꿈은 길몽으로 인기가 높아진다.
- 연예인에게 사인을 받으려고 한 꿈은 길몽으로 도움을 요청한다.
- 연예인을 죽인 꿈은 길몽으로 명예와 권위가 오른다.
- 연예인이 자살한 꿈은 길몽으로 사업이 순조롭고, 자살한 그 사람은 인기가 올라간다.
- 연예인에게 축하꽃을 받거나 전달한 꿈은 길몽으로 좋은 일이 생긴다.
- 연예인이나 인기인과 연애한 꿈은 애인과 헤어진다.
- 연예인이 되거나 연예인과 텔레비전이나 영화에 출연한 꿈은 인기인이나 저명인사를 만난다.
- 가수가 노래를 하거나 가수와 함께 노래를 부른 꿈은 길몽으로 경사가 따른다.

판사·변호사·경찰·군인에 관한 꿈

- 자신이 판사가 된 꿈은 경고성으로 다룬다.
- 판사에게 형벌을 받거나 꾸지람을 들은 꿈은 좋은 일이 생긴다.
- 판사가 된 꿈은 흉몽으로 불길한 일이 생긴다. 생명은 염라대왕의 권한으로 해석하여 탈권으로 본 것이다.

- 판사가 되어 죄수에게 사형선고를 내린 꿈은 흉몽으로 불길한 일이 생긴다. 이때 사형선고를 받은 사람은 입신출세한다.
- 변호사를 만난 꿈은 흉몽으로 송사에 휘말릴 암시이다.
- 변호사를 칼로 찔러 죽인 꿈은 소송에서 이길 암시이다.
- 경찰을 만난 꿈은 흉몽으로 불길한 일이 생긴다.
- 자신이 경찰이 된 꿈은 남에게 해로운 일을 한다.
- 경찰관을 죽인 꿈은 길몽으로 사건을 순조롭게 해결한다.
- 중병에 걸린 사람이 경찰에게 연행되어 간 꿈은 흉몽으로 그의 죽음을 암시한다.
- 경찰관에게 밥이나 돈이나 물건을 얻거나 도움을 받은 꿈은 흉몽으로 큰 병에 걸릴 암시이다.
- 경찰관이 거리에 서 있는 것을 본 꿈은 운전업에 종사하는 사람은 그 다음날 교통사고가 날 확률이 많다.
- 경찰관에게 출석요구서를 받은 꿈은 좋은 소식을 들을 길몽으로 수험생은 합격통지서를 받는다.
- 경찰서나 검찰로부터 영장을 받은 꿈은 흉몽으로 신체가 자유롭지 못하거나 관직을 잃을 암시이다.
- 입영영장을 받은 꿈은 영장을 받거나 관직에 들어갈 암시이다.
- 군인이 된 꿈은 현재의 처지가 당당하다는 뜻이다.
- 장교로 임명된 꿈은 길몽으로 선거나 투표에서 당선된다.

- 군사훈련을 받은 꿈은 길몽으로 직장이나 일자리를 구할 암시이다.
- 군인 모자나 계급장을 잃어버린 꿈은 흉몽으로 직장을 잃는다.
- 군복이나 군모를 벗은 꿈은 흉몽으로 관직에서 물러날 암시이다.
- 완전무장한 군인을 본 꿈은 길몽으로 현재의 상황이 좋고 사업이 순조로울 암시이다.
- 군인과 술을 마시거나 술을 마시는 군인을 본 꿈은 흉몽으로 사건에 휘말려 죄를 짓는다.
- 군인과 다툰 꿈은 법을 위반할 암시이다.
- 군인에게 얻어맞은 꿈은 행동의 제한을 받는다.

교육자 · 기자에 관한 꿈

- 선생님을 만난 꿈은 길몽으로 협조자를 만난다.
- 선생님과 싸운 꿈은 윗사람과 마음이 상할 일이 생긴다.
- 이성의 선생님이 나타난 꿈은 소망하는 일이 이루어지고, 이성을 동경하는 마음을 나타기도 한다.
- 선생님께 꾸지람을 듣거나 매를 맞은 꿈은 길몽으로 하는 일이 잘 되고, 뜻밖의 좋은 일이 생긴다.

- 신문기자가 나타나 글을 실어주겠다고 한 꿈은 자신을 남에게 알릴 기회가 온다.
- 기자에게 자기를 소개한 꿈은 자신을 알릴 기회가 오고 일이 잘 풀린다.

의사 · 간호사 · 한의사 · 수의사에 관한 꿈

- 의사를 만난 꿈은 흉몽으로 병원에 입원할 암시이다.
- 의사에게 진료를 받은 꿈은 길몽으로 좋은 일이 생긴다.
- 의사에게 지시에 따르지 않았다고 꾸중들은 꿈은 집안어른에게 잘못이 있다는 뜻이다.
- 의사를 죽인 꿈은 질병이 완쾌될 암시이다.
- 의사가 집으로 왕진온 꿈은 그 의사가 자기를 도와줄 사람이라는 뜻이며, 사업적인 지원을 받는다.
- 의사가 수술하는 것을 본 꿈은 사업의 운영방법을 조정하라는 암시이다.
- 의사나 간호사가 시체를 만진 꿈은 길몽으로 가정이나 사업이 번창한다.
- 간호사를 본 꿈은 흉몽으로 자신을 해칠 사람이 생길 암시이다.
- 간호사를 죽이거나 간호사와 성교를 맺은 꿈은 길몽으로

질병이 완쾌된다.

■ 한의사를 본 꿈은 건강함과 오래 살겠다는 의지를 나타
내며, 보약이나 건강식에 대한 갈망을 나타낸 것이다.

■ 한의사가 인삼이나 산삼 등을 넣어 지어준 약을 집으로
갖고와 다려먹은 꿈은 건강이 회복될 길몽이고, 젊은 여
성에게는 태몽으로 아들을 낳을 암시이다.

■ 수의사를 본 꿈은 가축이나 애완동물이 질병에 걸릴 암
시이다.

■ 장의사를 만난 꿈은 길몽으로 하는 일이 순조롭다.

■ 장의사가 시체를 만진 꿈은 길몽으로 가정이나 사업이
번창한다.

운전기사 · 항해사 · 선원 · 뱃사공에 관한 꿈

■ 운전기사를 본 꿈은 자신의 일을 마음대로 처리할 수 없
음을 나타낸 것이다.

■ 운전기사가 기분 좋게 운전한 꿈은 누군가의 도움으로
일이 잘 되고 있다는 뜻이다.

■ 운전기사가 난폭하게 운전한 꿈은 현실에서 벗어날 암시
이다.

■ 운전하다 사고가 난 꿈은 흉몽으로 하는 일이 중단되거

나 손해볼 암시이다.

- 관광버스나 택시 기사와 함께 지낸 꿈은 여행을 떠난다.
- 항해사를 만난 꿈은 큰 포부를 펼칠 수 있는 길몽으로 사업의 진로가 밝다는 뜻이다.
- 항해사가 누군가를 태우고 멀리 떠난 꿈은 흉몽으로 배에 탄 그 사람의 죽음을 암시한다.
- 선원을 만난 꿈은 협조자를 만나거나 배를 타고 여행을 떠난다.
- 선원과 싸운 꿈은 흉몽으로 불리해질 암시이다.
- 항해하다 선원과 싸운 꿈은 물에 빠질 암시이다.
- 뱃사공을 만난 꿈은 길몽으로 협조자를 만난다.

이발사 · 미용사 · 면도사 · 안마사에 관한 꿈

- 이발사나 미용사를 만난 꿈은 길몽으로 좋은 모임에서 좋은 친구를 만난다.
- 이발사가 머리를 깎는 모습을 본 꿈은 길몽이나 머리를 깎인 사람은 좋지 않다.
- 여자 미용사를 본 꿈은 흉몽으로 이성문제에 시달릴 암시이다.
- 여자 미용사를 강간한 꿈은 길몽으로 사업을 이룬다.

- 면도사를 만난 꿈은 하는 일이 실수할 확률이 높으니 조심하라는 경고이다.
- 여자 면도사를 강간한 꿈은 난관에 부딪히나 과감하게 해결한다.
- 면도사의 권유로 수음한 꿈은 이성을 동경하고 있다는 뜻이다.
- 안마사를 만난 꿈은 길몽으로 사업적인 도움을 받는다.
- 안마를 받은 꿈은 길몽으로 하는 일이 더욱더 순조로워진다.

걸인 · 도둑 · 강도 · 깡패 · 괴한 등에 관한 꿈

- 문전걸식을 한 꿈은 길몽으로 좋은 일이 생긴다.
- 문전걸식하는 사람을 보거나 도와준 꿈은 길몽으로 좋은 일이 생긴다.
- 걸인을 본 꿈은 길몽으로 좋은 일이 생기고 수험생은 합격한다.
- 걸인을 도와준 꿈은 길몽으로 좋은 일이 생긴다.
- 걸인이 된 꿈은 길몽으로 만사형통한다.
- 걸인과 살거나 같이 행동한 꿈은 흉몽으로 불길한 일이 생긴다.

- 걸인에게 많은 돈을 보여준 꿈은 길몽으로 좋은 일이 생긴다.
- 걸인이 많은 돈을 갖고 있는 것을 본 꿈은 길몽으로 좋은 일이 생긴다.
- 걸인에게 동전을 준 꿈은 길몽으로 근심과 고통에서 벗어난다.
- 걸인이나 가난한 사람을 만난 꿈은 길몽으로 앞길이 열린다.
- 거지의 옷을 빼앗아 입은 꿈은 길몽으로 재물이 들어올 암시이다.
- 걸인을 죽인 꿈은 길몽으로 가정이 번창한다.
- 걸인의 깡통을 빼앗은 꿈은 길몽으로 뜻밖의 재물이 들어온다.
- 걸인을 쫓아버린 꿈은 흉몽으로 재물이 나갈 암시이다.
- 걸인으로 분장을 한 꿈은 흉몽으로 직장을 잃거나 좋지 않은 일이 생긴다.
- 도둑을 본 꿈은 길몽으로 이로운 일이 생긴다.
- 자신이 도둑이 된 꿈은 흉몽으로 질병에 걸릴 암시이다.
- 도둑질하는 것을 본 꿈은 흉몽으로 도둑맞을 암시이다.
- 도둑이 집으로 들어오려고 애쓴 꿈은 길몽으로 재물이 들어온다.
- 도둑이 집 안으로 들어온 꿈은 길몽으로 횡재수가 따르

고, 임산부는 아들을 낳을 암시이다.

■ 도둑이 집에 들어와 살핀 꿈은 길몽으로 재물이 들어올 암시이다.

■ 도둑이 집에 들어와 옷을 훔쳐간 꿈은 길몽으로 집안의 환자가 완쾌될 암시이다. 이때 도둑은 선행자, 옷은 질병으로 해석하고, 도둑이 가져간 물건은 액운을 나타낸다. 따라서 액운을 가져가는 것이니 길몽으로 해석한다.

■ 도둑에게 맞아 얼굴 등에 피가 많이 흐른 꿈은 길몽으로 횡재수가 따른다.

■ 도둑맞은 물건을 다시 찾은 꿈은 액운을 다시 가져오는 것이니 흉몽으로 불길한 일이 생긴다.

■ 도둑에게 물건이나 돈을 얻은 꿈은 흉몽으로 불의에 빠진다.

■ 도둑을 칼로 찔러 죽인 꿈은 길몽으로 액운이 사라진다.

■ 자신이 강도가 된 꿈은 흉몽으로 불길한 일이 생긴다.

■ 강도가 나타난 꿈은 길몽으로 하는 일이 순조로워진다.

■ 강도를 죽인 꿈은 길몽으로 사업이 성공한다.

■ 강도를 잡으려다 얻어맞은 꿈은 길몽으로 좋은 일이 생긴다.

■ 강도에게 쫓긴 꿈은 흉몽으로 사업의 부진을 면하기 어렵다.

■ 강도에게 빼앗긴 물건을 다시 돌려받은 꿈은 액운을 당

한다.

■ 강도가 강간하는 것을 본 꿈은 연애 중인 사람과 헤어질
암시이다.

■ 강도에게 찔려 죽거나 부상을 입은 꿈은 좋은 일이 생길
암시이다.

■ 강도에게 목을 졸린 꿈은 목에 건 패물을 도둑맞을 암시
이다.

■ 깡패나 불량아를 본 꿈은 마음이 불안하다는 뜻이다.

■ 깡패나 불량아를 죽인 꿈은 조직의 우두머리로 이름을
날린다.

■ 깡패나 불량아와 사귄 꿈은 길몽으로 명예를 얻는다.

■ 깡패나 불량아에게 얻어맞은 꿈은 길몽으로 재물이 들어
온다.

■ 깡패나 불량아에게 얻어맞아 얼굴에 피가 난 꿈은 길몽
으로 좋은 일이 생긴다.

■ 괴한을 죽이거나 쫓은 꿈은 길몽으로 액운이 사라진다.

그 외의 직업에 관한 꿈

■ 탐험가를 만난 꿈은 새로운 일에 대한 관심이나 투자가
이루어질 암시이다.

- 외교관을 만난 꿈은 소식을 들을 암시이다. 외교관은 소식을 상징한다.
- 구세군을 본 꿈은 당당함과 하는 일의 전망이 밝음을 나타낸다.
- 외판원을 만난 꿈은 물건을 사거나 쇼핑을 한다.
- 어부를 만난 꿈은 길몽으로 재물이 들어온다.
- 노동자를 만난 꿈은 길몽으로 신분이 높아진다
- 노동자가 열심히 일을 한 꿈은 안정되어 있다는 뜻이다.
- 목수가 나무를 깎은 꿈은 좋지 않다.
- 비서를 본 꿈은 길몽으로 명예가 올라간다.
- 탐정을 본 꿈은 사업의 전망이나 운영방법을 찾거나 자신의 처지나 위치가 개선된다.
- 탐정에게 미행당한 꿈은 비도덕적인 행위나 불륜관계를 조심하라는 경고이다.
- 간첩을 본 꿈은 중개역할로 돈이 생긴다.
- 스파이나 간첩을 잡은 꿈은 길몽으로 좋은 일이 생긴다.
- 스파이나 간첩이 된 꿈은 흉몽으로 불길한 일이 생긴다.
- 지관을 만난 꿈은 가정이 번창한다.
- 유흥계 여자와 술을 마신 꿈은 흉몽으로 가정이 몰락할 암시이다.
- 창녀가 나타난 꿈은 흉몽으로 질병에 걸릴 암시이다.
- 창녀와 성교를 맺은 꿈은 질병에 걸릴 암시이다.

- 창녀가 혐오스런 사람과 성교를 맺는 것을 본 꿈은 흉몽으로 손재수가 생긴다.
- 뱀장수나 땅꾼을 만난 꿈은 흉몽으로 구설수에 오를 암시이다.
- 땅꾼을 본 꿈은 흉몽으로 구설수가 생긴다.
- 땅꾼과 싸워 이긴 꿈은 길몽으로 구설수에서 벗어난다.
- 땅꾼이 뱀을 몸에 붙이고 있는 꿈은 여자가 생긴다.
- 땅꾼이 뱀을 목에 감고 있는 꿈은 간사한 여자를 만나 불길한 일이 생긴다.

그 외의 사람에 관한 꿈

- 쌍둥이를 보거나 만난 꿈은 흉몽으로 좋지 않은 일이 생긴다.
- 쌍둥이에게 얻어맞은 꿈은 큰 재물이 들어온다.
- 양자로 간 꿈은 흉몽으로 고통이 따른다.
- 양자로 갔다가 돌아온 꿈은 침체에 빠진 사업이 활로를 찾거나 어려운 상황에서 벗어나 새로운 길을 간다.
- 데릴사위가 된 꿈은 흉몽으로 고통이 따른다.
- 데릴사위가 되었다가 돌아온 꿈은 실패의 원인을 알아 바로 잡는다.
- 며느리로 간 꿈은 시집간 그 집으로 인해 이익이 생긴다.

- 올케가 시누이에게 싸움을 건 꿈은 올케의 죽음을 암시한다.
- 통장이나 반장을 만난 꿈은 관공서 등에서 좋은 소식을 듣는다.
- 중매쟁이가 된 꿈은 구설수가 생긴다.
- 외국인을 만난 꿈은 외국여행을 떠난다.
- 가난한 사람을 만난 꿈은 길몽으로 앞길이 열린다.
- 백발노인을 본 꿈은 길몽으로 좋은 일이 생긴다.
- 백발노인이 길을 안내한 꿈은 사업이나 학업의 진로가 밝다.
- 백발노인이 안내하는대로 따른 꿈은 길몽으로 입신출세한다.
- 장애인을 본 꿈은 좋지 않다.
- 장애인을 도와준 꿈은 길몽으로 하는 일이 순조롭게 풀린다.
- 바보를 만난 꿈은 상대를 이용하거나 자신의 뜻을 펼칠 암시이다.
- 장님을 본 꿈은 흉몽으로 불길한 일이 생긴다. 꿈에서의 장님은 실제의 시각장애인이 아니라 무지와 고집 · 부도덕 등을 나타낸다. 그리고 애꾸눈은 일의 균형이 맞지 않음을 암시한다.
- 장님을 만난 꿈은 흉몽으로 하는 일이 잘 풀리지 않을 암

시이다.

- 장님이 눈을 뜬 꿈은 길몽으로 새로운 것을 얻거나 기회가 온다.

- 장님이 되었다가 눈을 뜬 꿈은 최고의 길몽으로 만사형통한다.

- 장님이던 사람이 눈을 뜬 것을 본 꿈은 흉몽으로 불길한 일이 생긴다.

- 장님이 물에 빠진 꿈은 정보와 사리에 밝지 못해 곤경에 처할 암시이다.

- 장님이 길을 가다 물에 빠진 꿈은 흉몽으로 사업이 부진해진다.

- 장님을 때리거나 죽인 꿈은 길몽으로 사업이 성공한다.

- 애꾸눈을 만난 꿈은 지나친 편견으로 사업과 가정에 어려움이 생길 암시이다.

- 언챙이를 본 꿈은 흉몽으로 구설수가 따른다.

- 거인을 만난 꿈은 길몽으로 목표를 이룬다. 거인은 과분함을 암시하며, 뚱뚱한 사람과는 다르니 주의해서 구분해야 한다.

- 거인을 죽인 꿈은 길몽으로 사업이 성공한다.

- 거인과 싸운 꿈은 감당하기 어려운 사업을 시작했다는 뜻이다.

- 거인과 싸워 이긴 꿈은 고난을 극복하고 사업을 이룬다.

- 난장이를 본 꿈은 능력에 맞는 일을 시작해 순조롭게 진행된다.
- 난장이와 싸운 꿈은 흉몽으로 망신을 당할 암시이다.
- 곱추를 본 꿈은 길몽으로 믿을 수 있는 부하를 만난다.
- 곱추가 된 꿈은 길몽으로 사랑을 받을 암시이다.
- 문둥이를 본 꿈은 길몽으로 이로운 일이 생길 암시이다.
- 곰보가 된 꿈은 길몽으로 사랑을 받을 암시이다.
- 곰보를 본 꿈은 길몽으로 고향친구나 반가운 사람을 만난다.
- 미친사람이나 정신병자를 본 꿈은 흉몽으로 해롭게 할 사람을 만날 암시이다.
- 미친사람의 병을 고쳐주거나 입원시킨 꿈은 길몽으로 손재수가 사라질 암시이다.

2장. 인체에 관한 꿈

몸에 관한 꿈

- 몸에 상처가 생긴 꿈은 흉몽으로 불길한 일이 생긴다.

- 몸에 사마귀가 생긴 꿈은 흉몽으로 불길한 일이 생긴다.

- 몸에 검은 사마귀가 난 꿈은 신임을 잃고 망신을 당한다.

- 몸에 혹·여드름·부스럼·주근깨 등이 있는 꿈은 신체적인 갈등을 나타낸 것이다.

- 몸에 종기가 생긴 꿈은 첩이나 애인에 대한 구설수가 생긴다.

- 몸에 붉은 종기가 생긴 꿈은 흉몽이나 곪아터지면 운이 트인다.

- 몸에 있는 종기가 곪아터진 꿈은 길몽으로 좋은 일이 생긴다.

- 몸에 있는 종기가 혹처럼 보인 꿈은 길몽으로 사업이 번창한다.
- 몸에 혹이 생긴 꿈은 길몽으로 좋은 일이 생긴다.
- 부끄럽게 몸을 숨긴 꿈은 불리한 상황을 피해보려는 마음을 나타낸 것이다.
- 손이나 옷으로 알몸을 가린 꿈은 불리한 상황을 나타낸 것이다.
- 벌거벗은 꿈은 길몽으로 재물이 들어오고, 환자는 병이 낫고, 모든 근심 걱정을 털어버린다.
- 자신의 나체를 본 꿈은 길몽으로 재물이 들어오고, 환자는 병이 낫고, 모든 근심 걱정을 털어버린다.
- 몸에 날개가 나서 마음대로 날아다닌 꿈은 길몽으로 앞길이 열린다. 그러나 마음의 갈등을 표현하기도 한다.
- 뚱뚱한 사람을 본 꿈은 그 사람에게 불길한 일이 생긴다.

머리에 관한 꿈

머리는 우두머리와 주체를 암시한다.

- 머리가 없는 사람을 본 꿈은 흉몽으로 죽음을 암시한다.
- 자신의 머리가 없어 놀란 꿈은 흉몽으로 지위가 하락할

암시이다.

- 머리에 혹이나 뿔이 난 꿈은 길몽으로 입신출세한다.
- 자신의 머리에 불이 붙은 꿈은 길몽으로 벼락출세한다.
- 머리가 불에 탄 꿈은 길몽으로 입신출세한다.
- 머리에 두 개의 뿔이 난 꿈은 세력다툼이 벌어진다.
- 머리를 얻어맞은 꿈은 흉몽으로 난관에 부딪힐 암시이다.
- 머리를 다쳐 피가 많이 흐른 꿈은 길몽으로 재물이 들어온다.
- 자신의 머리가 용이나 사자·범 등의 머리로 변한 꿈은 길몽으로 회사나 단체에서 우두머리가 된다.
- 서로 머리를 맞대고 있는 꿈은 협조할 일이 생긴다.
- 누군가에게 자신의 뒤통수를 보인 꿈은 그에게 종속될 암시이다. 이것은 원시시대 직립원인이 세력을 다투다 지거나 자기보다 힘센 원숭이를 만났을 때, 뒤통수를 내밀면 항복의사로 받아들여 승리한 원숭이가 항복한 원숭이의 뒤통수를 어루만지며 위로한 데서 유래되었다고 생각한다.
- 다른 사람의 뒤통수를 본 꿈은 그가 자신을 따른다.
- 다른 사람의 뒤통수를 때린 꿈은 길몽으로 권력과 지위가 올라간다.
- 다른 사람의 뒤통수를 어루만진 꿈은 그 사람에게 복종한다.

- 머리에 비듬이 많은 꿈은 길몽으로 하는 일이 잘 풀리며 재물이 들어온다.
- 머리를 빗는데 비듬이 떨어져 추하게 느낀 꿈은 길몽으로 하는 일이 잘 풀리며 재물이 들어온다.

얼굴에 관한 꿈

- 얼굴을 곱게 단장한 꿈은 길몽으로 취직이나 승진·합격 등의 경사가 생긴다.
- 얼굴이 검은 여자를 만난 꿈은 흉몽으로 악한 사람을 만난다.
- 얼굴을 숨기거나 복면을 쓴 사람을 본 꿈은 흉몽으로 손재수를 당한다. 복면한 사람은 사기꾼을 의미한다.
- 얼굴에 종기가 난 꿈은 흉몽으로 불길한 일이 생긴다. 종기는 액을 의미한다.
- 얼굴에 사마귀나 검은점·반점 등이 있는 사람을 만난 꿈은 흉몽으로 그 사람으로 인하여 망신을 당하거나 말썽이 생긴다.
- 얼굴에 피가 많이 흐른 꿈은 길몽으로 좋은 일이 생긴다.
- 얼굴을 심하게 맞았는데도 피가 흐르지 않은 꿈은 흉몽으로 손재수나 액운이 따른다.

눈에 관한 꿈

■ 눈에 상처를 입은 꿈은 흉몽으로 가정이나 사업이 타격을 받을 암시이다.

■ 눈에 먼지나 티끌이 들어간 꿈은 흉몽으로 가족이 질병에 걸릴 암시이다.

■ 한쪽 눈이 빠지거나 실명한 꿈은 흉몽으로 가정이나 사업의 동반자를 잃는다.

■ 눈병에 걸린 꿈은 가족이 질병이나 부상을 당하고 사업이 몰락한다. 눈병은 가정이나 사업의 액운으로 해석한다.

■ 속눈썹을 본 꿈은 길몽으로 재물을 얻는다.

■ 눈썹이 빠진 꿈은 흉몽으로 질병에 걸릴 암시이다.

■ 눈썹이 너무 길어 보는데 장애가 된 꿈은 흉몽으로 방해자가 따를 암시이다.

코에 관한 꿈

코는 자존심을 암시한다. 코에 관한 꿈은 좋은 경우가 거의 없고, 정상이어야 자신의 위치를 유지할 수 있다.

■ 코가 상하거나 낮아지거나 사라진 꿈은 흉몽으로 명예가

떨어지거나 자신의 주장이나 계획이 중단된다.

- 코가 비틀어졌거나 잡아당긴 꿈은 자존심을 상하게 할 사람이 나타난다.

- 코가 두 개인 꿈은 흉몽으로 싸움을 하거나 망신을 당할 암시이다.

- 코가 막힌 꿈은 흉몽으로 가정이나 사업이 막히나 시원하게 뚫리면 운이 트인다.

- 코 안에 털이 가득한 꿈은 흉몽으로 사업이 막힌다.

- 코 안의 털을 제거하거나 말끔하게 청소한 꿈은 길몽으로 새로운 기회가 온다.

- 콧물이 나온 꿈은 가정이나 신상에 어려움이 따른다.

- 코피가 난 꿈은 길몽으로 사업이 성공한다.

- 코에 상처를 입어 피가 많이 흐른 꿈은 길몽으로 재물이 생긴다.

귀에 관한 꿈

- 귀에 관한 꿈은 정상적인 모습이라면 대개 길몽으로 좋은 일이 생긴다.

- 귀를 본 꿈은 길몽으로 좋은 소식을 듣는다.

- 몸에 귀가 여러 개 달린 꿈은 정보가 밝다는 뜻이다.

- 귀에 곡식이 들어간 꿈은 길몽으로 좋은 일이 생긴다.
- 귀를 다친 꿈은 흉몽으로 믿었던 부하에게 배신당할 암시이다.
- 귀가 먹은 꿈은 흉몽으로 다른 사람의 의사나 충고를 무시해 손해를 본다.
- 자신의 귀를 만진 꿈은 길몽으로 사업에서 이득을 본다.
- 귓밥을 만진 꿈은 사건의 추이를 지켜보라는 뜻이다.
- 크고 아름다운 귀를 본 꿈은 길몽으로 부귀가 따른다.
- 작은 귀를 본 꿈은 흉몽으로 지위가 하락한다. 만일 군인이라면 강등할 암시이다.
- 사람이 동물의 귀를 한 꿈은 흉몽으로 정보가 어두워 손해를 볼 암시이다.
- 사람이 맹수의 귀를 한 꿈은 흉몽으로 모략에 빠진다.

입에 관한 꿈

- 입이나 혓바닥에 털이 난 꿈은 길몽으로 좋은 일이 생길 암시이다.
- 입 안에 있는 털이 빠진 꿈은 흉몽으로 불길한 일이 생길 암시이다.
- 입이 열려 마음대로 말을 한 꿈은 길몽으로 좋은 일이 생

긴다.

- 입을 다친 꿈은 흉몽으로 구설수가 따른다.
- 입이 막히거나 상처를 입은 꿈은 흉몽으로 불길한 일이 생긴다.
- 입이 크거나 단단하게 생긴 사람을 만난 꿈은 길몽으로 권세가나 부자에게 도움을 받는다.
- 입이 작은 사람을 만난 꿈은 흉몽으로 불리해진다.
- 입에서 병균이나 벌레가 나온 꿈은 길몽으로 좋은 일이 생긴다.
- 입 안에 가시가 돋친 꿈은 자신을 괴롭힐 사람을 만난다.
- 입이 꿰매져 있는 꿈은 흉몽으로 억울한 일을 당한다.
- 혀가 잘린 꿈은 흉몽으로 구설수에 휘말리거나 억울한 일을 당할 암시이다.
- 혓바늘이 돋은 꿈은 흉몽으로 나쁜 일에 빠진다.

치아에 관한 꿈

윗니는 아버지와 손윗사람과 남자, 아랫니는 어머니와 아랫사람과 여자를 암시한다.

- 이가 새로 난 꿈은 길몽으로 사업이 순조로울 암시이다.

- 이가 흔들리거나 아픈 꿈은 흉몽으로 사업이 부진해진다.
- 이가 빠진 꿈은 가족이나 친척의 죽음을 암시한다. 이것은 거의 100% 적중한다.
- 이가 부러지거나 다친 꿈은 흉몽으로 본인이나 가족이 질병에 걸리거나 액운을 당한다.
- 빠진 이를 아까워한 꿈은 흉몽으로 초상이 날 암시이다.
- 이가 빠졌는데 시간과 상태가 강조된 꿈은 초상이 날 암시이다.
- 이가 아파 고생하던 중에 이가 빠져 시원함을 느낀 꿈은 싫어하던 사람이 떠난다.
- 이를 치료받거나 새로 해넣은 꿈은 길몽으로 집안에 좋은 일이 생긴다.
- 의치를 해넣은 꿈은 길몽으로 동거자나 동업자를 만난다.
- 의치를 뺀 꿈은 집안에 시집온 사람이 이혼으로 집을 나간다.
- 사랑니가 빠진 꿈은 애인과 이별할 암시이다.
- 어금니가 빠진 꿈은 흉몽으로 부모 상을 당할 암시이다.
- 어금니가 빠졌는데 피가 나지 않은 꿈은 흉몽으로 부모의 상을 당한다.

목·어깨에 관한 꿈

어깨는 책임과 능력을 암시한다.

- 목이 막힌 꿈은 흉몽으로 사업이 부진해진다.
- 막힌 목구멍이 트인 꿈은 길몽으로 사업이 번창한다.
- 목에 사마귀가 생긴 꿈은 흉몽으로 망신을 당한다.
- 목에 심한 상처를 입어 피가 많이 흐른 꿈은 길몽으로 사업이 순로워진다. 이때는 목보다 피를 중심으로 해석한다.
- 목의 때를 닦은 꿈은 길몽으로 누명을 벗는다.
- 목구멍의 때를 닦은 꿈은 길몽으로 풍부함을 암시한다.
- 목을 잡힌 꿈은 흉몽으로 자신의 비밀이나 비행이 탄로난다.
- 멱살을 잡힌 꿈은 흉몽으로 망신을 당한다.
- 어깨가 튼튼해 보인 꿈은 길몽으로 자랑스런 일이 생길 암시이다.
- 어깨에서 무거운 짐을 짊어진 꿈은 책임질 일이 생기거나 조직이나 단체에서 책임을 맡는다.
- 어깨의 무거운 짐을 내려놓은 꿈은 길몽으로 책임이나 고통에서 벗어난다.
- 어깨에 서류를 얹은 꿈은 보증을 선다.
- 어깨에 붙은 별이 크게 반짝인 꿈은 길몽으로 승진한다.

■ 어깨에 붙은 별이 떨어진 꿈은 흉몽으로 파면되거나 면직된다.

가슴 · 유방에 관한 꿈

가슴은 신분과 도덕을 암시하고, 유방은 이성과 어머니에게 물려받은 유산을 암시한다.

■ 다른 사람에게 가슴을 내민 꿈은 길몽으로 명예를 얻을 암시이다.
■ 가슴에 문신을 새긴 꿈은 흉몽으로 망신을 당한다.
■ 가슴에 문신을 새긴 사람을 본 꿈은 흉몽으로 사기꾼이나 방해자를 만난다.
■ 가슴에 오물이 묻은 꿈은 흉몽으로 망신을 당한다.
■ 상대방의 가슴을 찌른 꿈은 길몽으로 사업의 경쟁에서 이긴다.
■ 가슴을 칼에 찔려 피가 많이 흐른 꿈은 막혔던 일이 잘 풀린다.
■ 가슴이 칼에 찔렸으나 피가 나지 않은 꿈은 흉몽으로 몰락과 난치병을 암시한다.
■ 가슴에 꽃을 단 꿈은 중요한 행사에 참석하거나 주례를

맡는다.

- 여성의 유방을 만진 꿈은 애인을 만난다.
- 유난히 큰 유방을 본 꿈은 길몽으로 사업이 번창한다.
- 유방이 여러 개 달린 꿈은 길몽으로 많은 재산을 상속받는다.
- 여러 개의 유방을 만진 꿈은 여자문제로 말썽이 생긴다. 여자에게는 남성을 동경하거나 임신을 원하는 것으로 해석하기도 한다.
- 유방에 흙이나 오물 등이 묻은 꿈은 흉몽으로 유산된다.
- 정상이 아닌 유방을 본 꿈은 흉몽으로 사업이 몰락하거나 재물을 잃을 암시이다.
- 유방이 잘리거나 피가 나거나 상처를 입은 꿈은 흉몽으로 유산에 문제가 생긴다.

배 · 등 · 허리에 관한 꿈

배는 배반 · 재물 · 욕심 · 저장 등을 암시하고, 등은 배신이나 복종을 암시한다.

- 상대방이 배를 내민 꿈은 흉몽으로 배신을 당하거나 받은 어음 등이 부도나거나 빌려준 돈을 받기 힘들다.

- 자신의 배가 부풀어 오른 꿈은 길몽으로 재물이 늘어날 암시이다.
- 심하게 부풀어 오른 배를 다른 사람에게 보인 꿈은 길몽으로 재산이 늘어나고 부러움을 받는다.
- 배가 부풀어 터진 꿈은 흉몽으로 과욕 때문에 재물을 잃는다.
- 배에 혹이 생긴 꿈은 길몽으로 재물이 늘어난다.
- 배에 종기가 생긴 꿈은 흉몽으로 손재수가 따른다.
- 배에 있는 종기가 곪아터진 꿈은 길몽으로 복잡한 일이 정리되고 만사가 순조로워진다.
- 상대방의 뱃속을 들여다본 꿈은 의심하던 문제가 밝혀질 암시이다.
- 누군가의 배를 만진 꿈은 이성문제로 부부싸움을 한다.
- 아내의 부른 배를 만진 꿈은 태몽이다.
- 자신의 배를 찔러 내장을 모두 들어낸 꿈은 비밀이 탄로난다.
- 자신의 배에 물건을 저장한 꿈은 지나친 욕심으로 손해를 본다.
- 다른 사람의 등을 본 꿈은 흉몽으로 배신을 당한다.
- 누군가에게 등을 보인 꿈은 흉몽으로 그 사람에게 굴복할 암시이다.
- 누군가를 등에 업은 꿈은 그 사람을 돕게 된다.

- 누군가의 등에 업힌 꿈은 그 사람이 자신의 사업을 도와 준다.
- 누군가를 업어준 꿈은 그 사람을 돕게 된다.
- 등에 짐을 진 꿈은 책임이 무겁다는 뜻이다.
- 등에 혹이 생긴 꿈은 길몽으로 협조자를 만난다.
- 등에 종기나 검은 점이 있는 꿈은 흉몽으로 방해자가 생긴다.
- 허리가 구부러진 할머니를 본 꿈은 건강에 이상이 있거나 임신 등으로 오는 불안감을 나타낸 것이니 건강진단을 받아볼 필요가 있다.

손 · 팔에 관한 꿈

손과 팔은 친척 · 동업자 · 협조자 등을 암시한다.
- 손을 씻은 꿈은 어떤 일을 정리한다는 뜻이다. 여기서는 손을 씻어 깨끗하다는 것보다 씻는 행동을 중심으로 해석한 것이다.
- 유난히 큰 손을 본 꿈은 길몽으로 유명한 사람의 도움을 받는다.
- 손이 여러 개 달린 사람을 본 꿈은 길몽으로 유명한 사람의 도움을 받는다.

- 누군가에게 지저분한 손을 보인 꿈은 도움을 청할 일이 생긴다.
- 손이 썩거나 피고름이 난 꿈은 입신출세할 길몽으로 사업이 번창하거나 농산물을 많이 수확한다.
- 손이 묶인 꿈은 흉몽으로 사업이 중단된다.
- 의수에 의존한 꿈은 흉몽으로 사고를 당할 암시이다.
- 손가락을 잃은 꿈은 흉몽으로 형제를 잃는다. 손가락은 동업자나 친구를 의미한다.
- 손가락이 잘린 꿈은 흉몽으로 동업자와 이별하거나 친구의 죽음을 암시한다.
- 손가락으로 턱을 받치고 앉아 골똘히 생각한 꿈은 새로운 사업을 시작한다.
- 엄지손가락이 상하거나 빠진 꿈은 흉몽으로 지위를 잃을 암시이다.
- 엄지손가락이 작아지거나 아픈 꿈은 흉몽으로 지위가 하락한다.
- 손톱이 잘 자란 꿈은 가정이 번창하고 형제의 재산이 늘어난다.
- 손톱이 길어진 꿈은 길몽으로 재물이 늘어난다.
- 손톱이 길게 자란 꿈은 가정과 사업이 번창한다.
- 손톱이 짧아진 꿈은 흉몽으로 자금부족으로 난관에 부딪힌다.

- 손톱이 잘려나간 꿈은 흉몽으로 손재수가 따른다.
- 손톱이 없는 손을 본 꿈은 흉몽으로 불길한 일이 생긴다.
- 손톱을 단장한 꿈은 길몽으로 시험에 합격하거나 승진할 암시이다.
- 팔이 날개로 변한 꿈은 길몽으로 사업을 이룬다.
- 팔이 부러진 꿈은 흉몽으로 협조자가 배신할 암시이다.
- 팔이 떨어지거나 잘린 꿈은 흉몽으로 친척이 죽거나 동업자나 협조자가 배신한다.
- 팔짱을 낀 꿈은 어떤 일에 개입하지 않겠다는 뜻이다.
- 팔짱을 낀 사람을 본 꿈은 그 사람이 두려워한다는 뜻을 나타낸 꿈이다.
- 팔이나 손목이 커지거나 왕성해 보인 꿈은 추종하는 세력이 늘어난다.
- 팔에 혹이 생긴 꿈은 길몽으로 사업이 번창하며 만사형통한다.
- 팔에 종기나 상처가 생긴 꿈은 흉몽으로 방해자로 인하여 몰락한다.
- 팔에 문신이 있는 사람을 본 꿈은 흉몽으로 사기꾼이나 방해자를 만난다.
- 팔씨름을 한 꿈은 이기면 사업에 성공하고 지면 몰락할 암시이다.

발 · 다리에 관한 꿈

발과 다리는 협조자를 암시한다.

■ 발을 씻은 꿈은 길몽으로 좋은 일이 생긴다. 그러나 더러운 물에 씻은 꿈은 좋지 않다.
■ 발을 흔들거나 까분 꿈은 흉몽으로 복이 나간다.
■ 발이 묶여 움직이지 못한 꿈은 흉몽으로 사업이 막힌다.
■ 수렁에 빠진 발을 꺼낸 꿈은 길몽으로 누명을 벗거나 어려웠던 사업이 순조로워진다.
■ 발에 때가 묻은 꿈은 흉몽으로 난관에 처할 암시이다.
■ 발을 물에 넣고 손으로 깨끗하게 씻은 꿈은 길몽으로 사업이 성공하거나 하는 일이 순조롭다.
■ 누군가가 발을 깨끗하게 씻어준 꿈은 길몽으로 협조자를 만난다.
■ 발이 부러지거나 병이 생긴 꿈은 흉몽으로 하는 일이 중단된다.
■ 발이 묶인 꿈은 흉몽으로 사업이 중단된다.
■ 발이 썩거나 피고름이 난 꿈은 입신출세할 길몽으로 사업이 번창하거나 농산물을 많이 수확한다.
■ 의족에 의존한 꿈은 흉몽으로 사고를 당할 암시이다.
■ 다리를 다친 꿈은 길몽으로 좋은 일이 생긴다. 피가 낭자

하면 더욱더 길하다.

- 다리가 부러진 꿈은 흉몽으로 협조자가 재력이나 힘을 잃는다.
- 다리가 잘린 꿈은 흉몽으로 협조자가 떠날 암시이다.
- 다리가 아파 걷지 못한 꿈은 하는 일이 부진해진다.
- 다리에 종기가 생긴 꿈은 부하직원이 해롭게 한다.
- 다리에 질병이 생긴 꿈은 흉몽으로 하는 일이 중단될 암시이다.
- 무릎을 다친 꿈은 흉몽으로 불길한 일이 생긴다.
- 무릎 부상이 나은 꿈은 길몽으로 운수대통한다.
- 무릎에 혹이 생긴 꿈은 길몽으로 평생 편안하게 살아갈 암시이다.
- 무릎에 종기가 생긴 꿈은 흉몽으로 질병에 걸린다.
- 누군가에게 무릎을 꿇은 꿈은 남에게 복종할 암시이다.
- 누군가가 자신에게 무릎을 꿇은 꿈은 자기를 따르는 사람이 생긴다.

엉덩이 · 항문에 관한 꿈

엉덩이는 배신과 신임 두 가지를 모두 암시하고, 항문은 비밀을 암시한다.

- 엉덩이를 본 꿈은 흉몽으로 불길한 일이 생긴다.
- 맨 엉덩이를 본 꿈은 길몽으로 화합과 동조를 암시한다.
- 맨 엉덩이를 만진 꿈은 길몽으로 상대방을 신임한다는 뜻이다.
- 여자의 엉덩이를 본 꿈은 배신을 당하거나 재물을 잃을 암시이다.
- 옷을 입은 채 엉덩이를 내민 꿈은 배신을 암시한다.
- 옷을 입은 엉덩이를 만진 꿈은 같이 일하는 사람의 속을 모르고 있다는 뜻이다.
- 엉덩이를 채인 꿈은 흉몽으로 배신을 당할 암시이다.
- 여자의 엉덩이를 발로 찬 꿈은 여자의 마음이 변할 암시이다.
- 항문을 본 꿈은 흉몽으로 비밀이 탄로난다.
- 항문에서 피가 흐른 꿈은 흉몽으로 질병에 걸린다.
- 자신의 항문이 크게 벌어진 꿈은 길몽으로 횡재수가 따른다.
- 다른 사람의 항문이 벌어진 꿈은 흉몽으로 재물손실이 따른다.
- 항문에 보물을 숨긴 꿈은 흉몽으로 뜻을 이루지 못한다.
- 항문에 똥이 가득찬 꿈은 길몽으로 횡재수가 따른다.

성기에 관한 꿈

성기는 자존심 · 작품 · 수치심 등을 암시한다.

- 여자가 남성의 성기를 가진 꿈은 길몽으로 좋은 일이 생긴다.
- 남성이 여성의 성기를 가진 꿈은 뜻밖의 손실을 보거나 대가 끊길 암시이다.
- 누군가가 자신의 성기를 칭찬한 꿈은 길몽으로 작품이 빛을 볼 암시이다.
- 유난히 큰 남성기를 본 꿈은 길몽으로 사업이나 가정이 번창할 암시이다.
- 남성의 성기가 작아진 꿈은 흉몽으로 위축될 암시이다.
- 손으로 성기를 가린 꿈은 흉몽으로 망신당할 일이 생길 암시이다.
- 성기를 과감하게 노출한 꿈은 강한 의욕을 나타낸다.
- 자신의 성기를 들어낸 꿈은 불리한 상황을 피해보려는 마음을 나타낸 것이다.
- 이성이 서로 성기를 보여준 꿈은 상품이나 작품을 비교한다.
- 대중 앞에서 자신의 성기를 보여준 꿈은 예술작품을 인정받는다.

- 여성의 성기가 좋아보인 꿈은 길몽으로 재물이 들어온다.
- 여성의 성기에서 금은보화가 나온 꿈은 길몽으로 재물이 생긴다.
- 성기의 발육이 좋지 못한 꿈은 흉몽으로 사업이 위축될 암시이다.
- 남자의 성기를 계속 만져도 발기되지 않은 꿈은 흉몽으로 남편의 사업이나 가정이 몰락할 암시이다.
- 여자에게 성기를 잘린 꿈은 흉몽으로 손재수가 따른다.
- 성기가 잘리거나 상처가 생긴 꿈은 흉몽으로 직장을 잃거나 사업이 실패하거나 체면이 손상되거나 자식이 실패한다.
- 자신의 성기가 용의 머리로 변한 꿈은 최고의 길몽으로 입신출세한다.

머리카락 · 털에 관한 꿈

털은 재물을 암시한다.

- 긴 머리를 본 꿈은 길몽으로 좋은 일이 생긴다.
- 머리를 깎은 꿈은 길몽으로 좋은 일이 생긴다.
- 머리를 강제로 깎인 꿈은 흉몽으로 가정에 불길한 일이

생기고 구설수가 따른다.

- 머리카락이 검게 변한 꿈은 길몽으로 부귀가 따른다.
- 머리카락이 빠진 꿈은 흉몽으로 가정에 불행한 일이 생긴다.
- 빠진 머리카락이 다시 검게 난 꿈은 길몽으로 사업이 번창한다.
- 머리를 단단하게 땋거나 단정하게 빗은 꿈은 길몽으로 만사가 순조롭다.
- 머리를 염색하거나 곱게 손질한 꿈은 귀인이나 연인을 만난다.
- 머리카락이 엉킨 꿈은 흉몽으로 송사에 휘말린다.
- 엉킨 머리카락이 잘 풀린 꿈은 길몽으로 좋은 일이 생길 암시이다.
- 머리카락이 눈 앞을 가린 꿈은 흉몽으로 하는 일이 막히고, 재판에 질 암시이다.
- 자기집에 온 사람이 머리를 빗은 꿈은 흉몽으로 불리해지나, 그가 집에서 떠나면 새로운 사람의 도움을 받을 수 있다.
- 대머리를 감추려고 조심스럽게 머리를 손질한 꿈은 길몽으로 근심 걱정이 사라지고 집안이 편안해진다.
- 대머리를 본 꿈은 길몽으로 좋은 일이 생긴다. 그러나 대머리를 보인 사람은 좋지 않다.

- 털을 뽑히거나 수염을 깎인 꿈은 흉몽으로 손재수가 따른다.
- 몸에 털이 난 꿈은 남자는 길몽이나 여자는 흉몽으로 손재수가 따른다.
- 몸에 털이 많은 사람을 본 꿈은 그 사람이 사기꾼이라는 뜻이다.
- 긴 수염을 보거나 수염을 기른 꿈은 길몽으로 좋은 일이 생긴다.
- 수염이 난 여자를 본 꿈은 흉몽으로 손재수가 따른다.

3장. 배설물·분비물에 관한 꿈

대소변에 관한 꿈

대변과 소변은 금은보화 등 재물을 암시한다.

- 배설물을 본 꿈은 길몽으로 좋은 일이 생긴다.
- 대소변을 뒤집어 쓴 꿈은 길몽으로 만사가 순조롭다.
- 자신의 대소변에 벼락맞은 꿈은 길몽으로 횡재수가 생길 암시이다.
- 옷에 대소변이 묻은 꿈은 길몽으로 만사가 순조롭다.
- 옷이나 피부에 대소변이 약간 묻은 꿈은 흉몽으로 망신을 당할 암시이다.
- 대변을 눈 꿈은 길몽으로 하는 일이 순조롭다.
- 변소나 대소변통에 빠진 꿈은 길몽으로 큰 이득이 생길

암시이다.

■ 변소에 빠졌다가 오물이 묻어 나온 꿈은 좋은 일이 생긴다. 이런 꿈은 당일에 효과가 나타나며, 계속성이나 중복성은 없다.

■ 대소변을 도둑맞은 꿈은 흉몽으로 재물이 나간다.

■ 대소변을 밖으로 내다버린 꿈은 흉몽으로 큰 손재수가 생긴다.

■ 대소변을 밭이나 논에 뿌린 꿈은 길몽으로 부자가 될 암시이다.

■ 대소변을 집으로 가져온 꿈은 길몽으로 부자가 될 암시이다.

■ 대소변이 태산 같이 쌓인 꿈은 길몽으로 부자가 될 암시이다.

■ 변기에 대소변이 가득차 있는 꿈은 길몽으로 많은 재물이 들어올 암시이다.

■ 대소변을 보고 싶은데 장소를 곳을 찾지 못한 꿈은 흉몽으로 불길한 일이 생긴다.

■ 식기에 대소변을 누운 꿈은 흉몽으로 구설수가 생긴다.

■ 그릇에 대소변이 묻은 꿈은 흉몽으로 구설수가 생긴다.

■ 그릇에 대소변을 담은 꿈은 흉몽으로 망신을 당할 암시이다.

■ 대변을 말려서 보관한 꿈은 길몽으로 자랑거리가 생긴다.

- 대소변의 악취에 몸을 비튼 꿈은 길몽으로 자신의 일이 좋은 평가를 받는다.
- 대변에 피가 섞여나온 꿈은 흉몽으로 방해자가 나타날 암시이다.
- 어린아이의 배설물이 몸에 묻어 불평한 꿈은 망신을 당할 암시이다. 이때는 배설물보다는 어린아이를 중점으로 해석해야 한다.
- 분뇨차를 본 꿈은 길몽으로 좋은 일이 생긴다.
- 자기집 분뇨를 수거해 간 꿈은 흉몽으로 재물이 줄어들 암시이다.
- 분뇨차가 냄새를 풍긴 꿈은 나쁜 소문으로 입장이 불리해진다.

피 · 땀 · 고름 · 침 · 가래에 관한 꿈

- 붉은피를 마신 꿈은 길몽으로 좋은 일이 생긴다.
- 몸에 피가 난 꿈은 길몽으로 좋은 일이 생긴다. 얻어맞아 피가 많이 흐르면 더욱 좋다.
- 몸에 상처가 나서 피가 흐른 꿈은 길몽으로 좋은 일이 생긴다.
- 몸이 썩어 피고름이 난 꿈은 길몽으로 좋은 일이 생긴다.

- 옷에 피가 묻은 꿈은 흉몽으로 궁지에 빠진다.
- 침상에 피가 묻은 꿈은 배우자나 애인이 다른 사람과 간통한다.
- 몸 속에 많은 피가 고인 꿈은 길몽으로 재물이 들어온다.
- 죽은 사람의 몸에서 피가 많이 흐른 꿈은 길몽으로 좋은 일이 생긴다.
- 땀에 대한 꿈은 좋지 않다.
- 땀에 피가 섞였거나 맑지 않은 꿈은 흉몽으로 병석에 눕는다.
- 땀을 씻거나 닦은 꿈은 길몽으로 위기에서 벗어난다.
- 고름을 본 꿈은 길몽으로 좋은 일이 생긴다. 고름은 대소변과 같은 혐오물로 출세를 상징한다.
- 침에 대한 꿈은 재물이 들어오는 길몽으로 좋은 일이 생긴다.
- 가래에 대한 꿈은 흉하다. 가래는 배설물이나 혐오물로 취급하지 않는다.
- 다른 사람의 가래가 묻은 꿈은 흉몽으로 시비가 벌어질 암시이다.
- 큰기침을 하며 가래를 뱉은 꿈은 길몽으로 가정과 사업이 번창한다.

정액 · 월경에 관한 꿈

■ 남자의 정액에 대한 꿈은 길몽으로 좋은 일이 생긴다.

■ 남자의 정액에 피나 이물질이 섞여나온 꿈은 흉몽으로 질병에 걸릴 암시이다.

■ 여자의 월경에 대한 꿈은 대개 길몽으로 좋은 일이 생길 암시이다.

■ 맑은 월경이 많이 나온 꿈은 길몽으로 뜻밖의 재물이 생긴다.

■ 월경이 탁한 꿈은 흉몽으로 질병에 걸릴 암시이다.

4장. 동물에 관한 꿈

동물에 관한 꿈

동물은 각각의 특징을 반영하므로 해당하는 동물의 성격을 고려하고 행동을 파악해서 해석한다.

- 짐승에 대한 꿈은 특별한 경우 외에는 살아 있는 짐승이 어야 길하다. 죽은 짐승은 불길하다.
- 가축에 관한 꿈은 대개 길몽으로 좋은 일이 생긴다.
- 가축이 모두 모인 꿈은 길몽으로 좋은 일이 생긴다.
- 가축 앞에서 책이나 경전을 읽은 꿈은 노력을 해도 성공하지 못할 암시이다.
- 가축의 먹이로 건초가 많이 재여 있는 꿈은 재물이 늘어난다.

- 맹수를 본 꿈은 길몽으로 입신출세는 물론 재물이익이 생긴다.
- 자신이 애완동물이 된 꿈은 고독하다는 것을 나타낸 것이다.
- 애완동물과 성교를 하거나 애무한 꿈은 성적인 불만을 나타낸 것이다.

쥐에 관한 꿈

쥐는 도둑, 꾀가 많은 사람, 약고 빠른 사람, 근면 등을 암시한다.

- 쥐를 잡은 꿈은 길몽으로 좋은 일이 생긴다.
- 쥐가 옷을 물어뜯은 꿈은 길몽으로 좋은 일이 생긴다.
- 쥐에게 물린 꿈은 흉몽으로 재물손실·사기·낭패 등이 따른다.
- 쥐가 가마니에 들어가 곡식을 먹은 꿈은 재물손실이 따른다.
- 쥐가 구멍에서 나온 꿈은 길몽으로 좋은 일이 생긴다.
- 쥐가 구멍으로 들어간 꿈은 흉몽으로 좋지 않은 일이 생긴다.

- 흰쥐를 본 꿈은 애인이나 마음에 드는 사람을 만난다.
- 쥐가 집 안에서 가축들과 잘 놀고 있는 꿈은 길몽으로 가정이 평화로워진다.

소에 관한 꿈

소는 노동과 조상을 암시한다. 꿈에 소가 나타나면 우선은 가정과 신상을 검토해보고, 자주 나타나면 조상의 은덕과 뜻을 생각해볼 필요가 있다. 그리고 소에 대한 꿈은 현실내도가 늦게 나타난다.

- 소를 기른 꿈은 길몽으로 가운이 번창한다.
- 소를 산 꿈은 길몽으로 좋은 일이 생긴다.
- 소를 판 꿈은 다른 일을 계획하고 있다는 뜻이다.
- 소를 팔고 다른 소를 산 꿈은 사업체나 직업을 바꾼다.
- 소가 송아지를 낳은 꿈은 길몽으로 재물이 들어온다.
- 소를 붙잡은 꿈은 길몽으로 좋은 일이 생긴다.
- 소를 훔친 꿈은 길몽으로 배우자를 만난다.
- 소가 논밭을 간 꿈은 길몽으로 다른 사람의 도움을 받을 암시이다.
- 소가 집으로 들어온 꿈은 길몽으로 재물이 늘어난다.

- 소를 몰고 높은 곳이나 산으로 올라간 꿈은 부귀영화를 누릴 길몽으로 가정이 번창하고 사업이 성공한다.
- 병석에 누운 환자가 소를 끌고 높은 산으로 올라간 꿈은 그 환자의 죽음을 암시한다.
- 소를 탄 꿈은 길몽으로 직장을 구하거나 승진한다.
- 여러 사람과 함께 소를 탄 꿈은 동업을 암시한다.
- 타고가던 소가 넘어진 꿈은 흉몽으로 곤경에 빠질 암시이다.
- 소를 타고가던 사람이 떨어진 꿈은 흉몽으로 지위가 하락하거나 재물을 잃는다.
- 소가 함정에 빠지거나 비정상적인 상태에서 고통을 받은 꿈은 흉몽으로 가족이 질병에 걸리거나 빚에 시달릴 암시이다. 만일 소를 구해주면 곤경에서 벗어난다.
- 소가 집을 나간 꿈은 흉몽으로 가운이 기울 암시이다.
- 정성들여 기른 소가 도망간 꿈은 흉몽으로 가까운 사람에게 배신을 당한다.
- 소가 방으로 들어온 꿈은 흉몽으로 불길한 일이 생긴다.
- 소가 집으로 들어온 꿈은 길몽으로 재물이 들어오거나 결혼이 성사된다.
- 소를 기둥에 매놓은 꿈은 길몽으로 결혼을 하거나 머슴을 들이거나 부하직원 등을 고용한다.
- 소를 몰고와 기둥에 매놓은 꿈은 길몽으로 재물이 들어

온다.

- 소가 짐을 가득 싣고 집으로 들어온 꿈은 길몽으로 재물이 늘어날 암시이다.
- 소가 짐을 싣고 집 밖으로 나간 꿈은 흉몽으로 믿었던 사람으로 인하여 재물이 나간다.
- 소가 소금을 싣고 들어온 꿈은 길몽으로 갑자기 재물이 늘어날 암시이다.
- 소가 수레를 끌고 집 안으로 들어온 꿈은 길몽으로 좋은 일이 생긴다.
- 소가 수레를 끌고 집 밖으로 나간 꿈은 흉몽으로 손재수가 생길 암시이다.
- 크고 잘 생긴 황소를 본 꿈은 길몽으로 좋은 사람을 만나거나 재물이 생긴다.
- 털이 매끄럽고 탐스럽게 생긴 암소를 본 꿈은 길몽으로 좋은 사람을 만나거나 재물이 늘어난다.
- 검은소나 흠이 있는 소를 본 꿈은 흉몽으로 반갑지 않은 사람을 만나거나 손재수를 당한다.
- 목장에 소가 많이 있는 꿈은 길몽으로 재물이 번창한다.
- 소를 방목한 꿈은 흉몽으로 가족으로 인하여 재물을 잃는다.
- 소가 낭떠러지에서 떨어져 죽은 꿈은 흉몽으로 횡재수가 따른다.

- 소가 사람에게 말을 붙인 꿈은 숨긴 마음을 털어놓고 인정을 받을 암시이다.
- 소가 똥오줌을 눈 꿈은 길몽으로 재물이 들어온다.
- 소가 피를 흘린 꿈은 길몽으로 좋은 일이 생긴다.
- 소가 사람에게 덤빈 꿈은 흉몽으로 배신자가 생긴다.
- 소의 발에 채이거나 소의 뿔에 받힌 꿈은 흉몽으로 배신, 교통사고 등 액운이 닥친다.
- 소를 잡아 여러 사람이 나눈 꿈은 이익을 분배한다.
- 소를 죽이는 것을 본 꿈은 흉몽으로 손재수가 따른다.
- 자기 소를 자기가 죽인 꿈은 길몽으로 가정이 번창하고 사업이 성공한다.
- 죽은 소를 땅에 묻은 꿈은 흉몽으로 손재수가 따른다.
- 뿔이 큰 소를 본 꿈은 길몽으로 지위가 올라가고 사업이 번창할 암시이다.
- 뿔이 상하거나 잘린 소를 본 꿈은 흉몽으로 사업이 위축되거나 실패한다.
- 소의 뿔을 손으로 뽑은 꿈은 길몽으로 지위와 권세가 올라간다.
- 소의 뿔에서 피가 쏟아져 나온 꿈은 길몽으로 재물이 늘어난다.

호랑이에 관한 꿈

호랑이는 명예·사업·지위 등을 암시하고, 사자는 귀인을 암시하며 호랑이와 해석이 비슷하다.

- 호랑이를 본 꿈은 태몽이다.
- 호랑이 머리를 본 꿈은 자신이 남보다 상위에 위치할 암시로 벼슬이 높아지거나 많은 돈을 벌어 존경받는다.
- 호랑를 때려잡은 꿈은 길몽으로 사업이 성공하고, 태몽이면 반드시 아들을 낳는다.
- 호랑이를 타고다닌 꿈은 길몽으로 입신출세한다.
- 호랑이가 집에서 기르는 가축을 물어간 꿈은 흉몽으로 재물손실이 따른다. 이때는 가축에 중점을 두고 해석한 것이다.
- 호랑이가 고양이로 변한 꿈은 흉몽으로 사업이나 권위가 축소될 암시이다. 그러나 호랑이와 고양이는 모두 고양이과 동물이기 때문에 큰 차이가 나지는 않는다.
- 호랑이와 싸워 이긴 꿈은 길몽으로 경쟁자를 물리치고 성공한다.
- 호랑이를 잡은 꿈은 길몽으로 좋은 일이 생긴다.
- 호랑이를 잡아 먹은 꿈은 길몽으로 좋은 일이 생긴다.
- 호랑이에게 쫓기거나 물린 꿈은 흉몽으로 사업에 타격을

받는다.

■ 호랑이가 큰 소리로 울어 산울림이 들린 꿈은 길몽으로 입신출세한다.

토끼에 관한 꿈

■ 토끼를 본 꿈은 길몽으로 좋은 일이 생긴다.
■ 토끼를 얻은 꿈은 길몽으로 재물이 들어오고, 때로는 이성과의 만남을 의미하기도 한다.
■ 토끼가 높은 산이나 하늘로 올라간 꿈은 태몽이다.
■ 토끼가 자신의 뱃속으로 들어온 꿈은 태몽으로 자식을 얻는다.
■ 토끼가 다른 짐승에게 잡혀먹힌 꿈은 흉몽으로 사업이 궁지에 빠질 암시이다.
■ 토끼가 덫에 걸린 꿈은 흉몽으로 사업이 궁지에 빠질 암시이다.
■ 토끼가 새끼를 낳은 꿈은 길몽으로 재물이 들어올 암시이다.
■ 토끼를 죽인 꿈은 흉몽으로 하는 일이 막힌다.
■ 토끼를 방생한 꿈은 길몽으로 입신출세한다. 짐승의 방생은 방어력이 약한 토끼가 가장 좋다고 한다.

- 산토끼를 본 꿈은 길몽으로 좋은 일이 생긴다.
- 다른 사람이 잡은 산토끼를 산으로 돌려보낸 꿈은 최고의 길몽으로 만사형통한다.

용에 관한 꿈

우리나라에서는 예부터 용·기린·봉황·거북을 사상서(四祥瑞)라 해서 숭앙해왔다. 용은 불법(佛法)을 수호하는 신으로 최고의 길몽으로 여긴다. 그리고 용꿈은 아들태몽에 관한 것이 많고, 그 아이는 장차 입신출세한다. 용꿈은 대개 실천력이 강한 사람이 잘 꾼다.

- 용을 본 꿈은 최고의 길몽으로 만사가 순조롭다.
- 용이 하늘로 올라간 꿈은 최고의 길몽으로 만사형통한다.
- 용이 집으로 들어온 꿈은 길몽으로 좋은 일이 생긴다.
- 사람이 용으로 변한 꿈은 길몽으로 그 사람이 크게 성공한다.
- 용이 사람을 죽인 꿈은 흉몽으로 불법을 저지른다.
- 용을 칼로 베어버린 꿈은 길몽으로 용감함을 표현한 것이다.
- 용을 활이나 총으로 잡은 꿈은 길몽으로 목적을 이룬다.

- 용이 물 속에서 잠자고 있는 꿈은 흉몽으로 능력을 발휘하지 못한다는 뜻이다.
- 용이 자유롭게 활동하지 못한 꿈은 흉몽으로 신분이 하락한다.

뱀에 관한 꿈

뱀에 관한 꿈은 태몽인 경우가 많다.

- 뱀에게 물린 꿈은 길몽으로 횡재수가 따른다.
- 독사에 물린 꿈은 길몽으로 경쟁이나 싸움에서 이긴다.
- 뱀에게 쫓긴 꿈은 여자에게 배신당할 암시이다.
- 뱀에게 쫓기는 사람을 본 꿈은 그 사람이 여자에게 배신당한다.
- 뱀에게 휘감긴 꿈은 길몽으로 재물이 늘어나고, 태몽과 관계가 있다.
- 뱀이 사람을 죽인 꿈은 흉몽으로 불법을 저지른다.
- 뱀이 새알을 먹은 꿈은 흉몽으로 손재수를 당한다.
- 뱀이 자신이 갖고 있는 칼을 삼킨 꿈은 길몽으로 입신출세한다.
- 뱀이 쥐구멍으로 들어간 꿈은 흉몽으로 누군가가 죽을

암시이고, 태몽이면 낙태하거나 기형아를 낳을 암시이다.

■ 도마뱀을 본 꿈은 길몽으로 양심적인 행동이 인정받아 하는 일이 순조롭다.

■ 도마뱀이 뱀에게 다리를 잡혀 다리가 잘라진 뒤 **빠져나** 간 꿈은 궁지에서 벗어날 암시이다.

■ 도마뱀이 뱀에게 쫓겨 달아난 꿈은 직장이나 사업의 진로를 검점해볼 필요가 있다.

■ 도롱뇽을 본 꿈은 길몽으로 가정이나 사업이 안정된다.

말에 관한 꿈

말은 이성과 권력을 암시하고, 현실도피를 나타내기도 한다.

■ 말을 본 꿈은 길몽으로 좋은 일이 생긴다.

■ 깨끗한 말을 본 꿈은 길몽으로 좋은 일이 생긴다.

■ 말에게 먹이를 주거나 물을 먹인 꿈은 길몽으로 좋은 일이 생길 암시이다.

■ 말이 싸우거나 집단으로 도망간 꿈은 흉몽으로 경쟁에서 진다.

■ 말이 집을 나간 꿈은 흉몽으로 아내가 가출하거나 믿는 사람이 떠나간다.

- 말에게 돈이나 짐을 실은 꿈은 현직에서 물러난다.
- 말이 앞발을 높이 들고 소리친 꿈은 길몽으로 반가운 손님이 오거나 기쁜 소식을 듣는다.
- 말이 뒷발을 쳐든 꿈은 여행이나 장거리 외출을 한다.
- 말을 타고 장가를 든 꿈은 길몽으로 경사스런 일이 생길 암시이다.
- 말을 타고 시원하게 달린 꿈은 길몽으로 좋은 일이 생길 암시이다.
- 죄인이 말을 타고 달린 꿈은 흉몽으로 불길한 일이 생길 암시이다.
- 달리는 말을 타고 빨리 지나가는 주위를 본 꿈은 최근에 일어난 일에 대한 미련을 표현한 것이다.
- 말을 타고가다 떨어진 꿈은 흉몽으로 직위를 잃거나 물러난다.
- 달리는 말에서 떨어진 꿈은 흉몽으로 사업이 실패한다.
- 말이 나타나 위험한 상황을 벗어난 꿈은 길몽으로 아내 덕으로 일이 잘 풀린다.
- 말이 놀라 도망간 꿈은 흉몽으로 재물이 줄어들거나 지위와 사업이 위축된다.
- 모여 있던 말이 흩어진 꿈은 흉몽으로 재물이 줄거나 지위와 사업이 위축된다.
- 말에게 물린 꿈은 길몽으로 어떤 일이 명중하거나 추첨

등에 당첨된다.
- 말과 성교한 꿈은 성적인 불만을 나타낸 것이다.
- 말이 성교하는 것을 본 꿈은 애인과 다투거나 하는 일이 성사될 암시이다.
- 말과 마차가 반대로 있는 꿈은 흉몽으로 하는 일이 잘 풀리지 않을 암시이다.
- 백마를 본 꿈은 길몽으로 좋은 아내를 얻을 암시이다.
- 백마가 높은 곳으로 올라가거나 하늘로 날아올라간 꿈은 길몽으로 권력을 얻고 하는 일이 성공한다.
- 백마가 병든 꿈은 흉몽으로 상대방에게 인정받지 못하고 공무원은 징계나 감사를 받는다.
- 화려하게 장식한 백마를 탄 꿈은 그 사람의 죽음을 암시한다.
- 검정말을 본 꿈은 흉몽으로 초상을 당할 암시이다.
- 검정말을 탄 꿈은 그 사람이 음탕한 아내를 얻는다.
- 얼룩말이나 반점이 있는 말을 본 꿈은 흉몽으로 질병에 걸리거나 어려운 일을 당한다.
- 미친말을 본 꿈은 흉몽으로 직원들이 우왕좌왕한다는 뜻이다.
- 말 안장이 잘 정돈된 꿈은 길몽으로 좋은 일이 생긴다.

염소 · 양에 관한 꿈

염소와 양은 모두 재물과 착한 사람을 암시한다.

- 염소를 잡은 꿈은 흉몽으로 손재수가 따른다.
- 염소가 집을 나간 꿈은 흉몽으로 재물이 나갈 암시이다.
- 염소를 학대한 꿈은 흉몽으로 비난받을 일을 저지른다.
- 염소가 언덕 위로 올라간 꿈은 길몽으로 사업과 가정이 번창할 암시이다.
- 염소가 저습지나 낭떠러지로 내려간 꿈은 흉몽으로 사업이 몰락할 암시이다.
- 염소의 젖을 짠 꿈은 길몽으로 재물이 늘어난다.
- 양털을 깎거나 만진 꿈은 이성을 만날 암시이다.
- 양이 집으로 들어온 꿈은 길몽으로 재물이 늘어난다.
- 양이 염소를 몰고간 꿈은 동업자를 조심하라는 경고이다.

원숭이에 관한 꿈

원숭이는 재주 · 교활 · 사기 · 기만 등을 암시한다.

- 원숭이를 본 꿈은 흉몽이나 흰원숭이를 본 꿈은 어려운

처지에서 벗어날 길몽이다.

- 원숭이가 큰 나무를 타고 높이 올라간 꿈은 길몽으로 좋은 일이 생긴다.
- 원숭이끼리 서로 싸운 꿈은 누군가와 싸울 암시이다.
- 원숭이 손을 잡은 꿈은 유혹에 **빠져** 사기당할 암시이다.
- 원숭이게 물린 꿈은 흉몽으로 사기를 당한다.
- 원숭이가 집 안으로 들어온 꿈은 흉몽으로 불길한 일이 생긴다.
- 애완용 원숭이를 본 꿈은 연애상대를 만난다.
- 애완용 원숭이가 집 안을 몰래 들여다본 꿈은 헤어진 애인을 만난다.

개에 관한 꿈

개에 대한 꿈은 대체적으로 불길하며 비밀탄로·부정한 행동·재물·애인·질병 등을 암시한다.

- 개를 얻은 꿈은 식구가 늘어날 암시이다.
- 마음에 드는 개를 얻은 꿈은 이성을 만날 암시이다.
- 개가 요란하게 짖은 꿈은 흉몽으로 집안에 질병이 생길 암시이다.

- 개를 죽인 꿈은 길몽으로 좋은 일이 생긴다.
- 개싸움을 본 꿈은 화를 당하고, 이성간에 싸움이 벌어질 암시이다.
- 개에게 물려 큰 상처가 생긴 꿈은 진급할 암시이다.
- 개가 옷을 물어 찢어진 꿈은 비밀이 탄로나거나 손재수가 생기거나 배신을 당하거나 배우자가 간통할 암시이다.
- 개와 대화를 나눈 꿈은 흉몽으로 하는 일이 막힌다.
- 개와 싸워 이긴 꿈은 길몽으로 하는 일이 잘 풀린다.
- 개와 싸워 진 꿈은 흉몽으로 사업이 실패하거나 질병에 걸릴 암시이다.
- 자기집 개가 다른집 개와 싸워 이긴 꿈은 길몽으로 하는 일이 잘 풀린다.
- 자기집 개가 다른집 개와 싸워 진 꿈은 흉몽으로 사업이 실패하거나 소송에서 진다.
- 개의 성기를 보거나 교미하는 것을 본 꿈은 불길한 일이 생긴다.
- 개를 잡아 먹은 꿈은 흉몽으로 재물을 잃을 암시이다.
- 개를 때린 꿈은 흉몽으로 부정이나 불법을 저지를 암시이다.

돼지에 관한 꿈

돼지는 재물과 횡재를 암시한다.

■ 돼지를 본 꿈은 길몽으로 횡재수가 따른다.

■ 돼지를 얻거나 산 꿈은 길몽으로 재물이 늘어난다.

■ 죽은 돼지를 얻은 꿈은 흉몽으로 질병에 걸린다.

■ 여러 마리의 돼지가 집으로 들어온 꿈은 길몽으로 뜻밖의 횡재가 따른다.

■ 돼지가 새끼를 낳은 꿈은 최고의 길몽으로 좋은 일이 생긴다.

■ 돼지새끼를 산 꿈은 길몽으로 큰 재물이 들어온다.

■ 돼지머리를 놓고 제사를 지낸 꿈은 최고의 길몽으로 자신의 제품이나 상품이 인기가 있고, 다른 사람의 도움을 받는다.

■ 돼지가 집 밖으로 나가거나 다른 사람 소유가 된 꿈은 흉몽으로 손해를 볼 암시이다.

■ 돼지를 잡아 다른 사람에게 판 꿈은 흉몽으로 재물을 잃는다.

■ 돼지가 교미하는 것을 본 꿈은 길몽으로 사업이 번창할 암시이다.

■ 돼지가 장마에 떠내려간 꿈은 흉몽으로 사업이 불황에

빠지거나 천재지변 등으로 재물을 잃는다.

■ 돼지에게 물린 꿈은 길몽으로 횡재수가 따른다.

■ 돼지가 불에 탄 꿈은 길몽으로 사업이 번창하고 소원을 이룬다.

■ 돼지고기를 먹은 꿈은 길몽으로 좋은 일이 생긴다.

■ 산돼지를 본 꿈은 길몽으로 좋은 일이 생긴다.

■ 산돼지의 잘린 목을 얻은 꿈은 경쟁에서 이길 암시로 소송 중인 사람은 승소한다.

고양이에 관한 꿈

고양이는 도둑과 비밀을 암시한다.

■ 고양이를 본 꿈은 흉몽으로 첩이나 애인에게 사기를 당한다.

■ 도둑고양이를 본 꿈은 흉몽으로 손재수가 따른다.

■ 고양이에게 물린 꿈은 흉몽으로 그 사람이 질병에 걸릴 암시이다.

■ 고양이를 잃어버린 꿈은 잃어버린 물건을 찾는다.

■ 고양이를 얻거나 사거나 훔쳐온 꿈은 흉몽으로 사업정보가 누설되어 손해를 본다.

■ 고양이와 말을 주고받은 꿈은 흉몽으로 사기를 당할 암

시이다.

■ 고양이가 쥐를 잡은 꿈은 길몽으로 좋은 일이 생긴다.

■ 고양이와 개가 잘 지낸 꿈은 길몽으로 가정에 평화가 올 암시이다.

■ 고양이와 개가 싸운 꿈은 흉몽으로 가정에 시끄러운 일이 생길 암시이다.

■ 고양이가 호랑이로 변한 꿈은 사업이나 권위가 확대될 암시이다. 호랑이와 고양이는 모두 고양이과 동물이기 때문에 큰 차이가 나지는 않는다.

■ 고양이에게 생선가게를 맡긴 꿈은 손재수가 따른다.

곰에 관한 꿈

곰은 느림·권력·능력·재물 등을 암시한다.

■ 곰을 본 꿈은 태몽으로 아들을 낳을 암시이다.

■ 곰이 집 안으로 달려들어온 꿈은 흉몽으로 그 집의 권력과 권세가 침해당할 암시이다.

■ 곰을 타고 신나게 달린 꿈은 길몽으로 입신출세의 길이 열리고, 태몽이면 입신출세할 아이를 낳는다.

■ 곰이 죽은 꿈은 흉몽으로 지위와 명예가 몰락한다.

- 곰을 죽인 꿈은 흉몽으로 지위와 명예가 몰락한다.
- 웅담을 본 꿈은 강한 복수의지를 나타내고, 건강에 대한 관심으로도 해석한다.
- 웅담을 얻은 꿈은 길몽으로 재물에 이로운 일이 생긴다.
- 웅담을 먹은 꿈은 멸시의 서러움에서 벗어날 암시이다. 이때 쓸개의 맛이 쓸수록 좋다.

코끼리에 관한 꿈

코끼리는 재물과 명예를 암시한다.

- 코끼리를 본 꿈은 길몽으로 좋은 일이 생긴다.
- 들코끼리를 본 꿈은 길몽으로 좋은 일이 생긴다.
- 코끼리를 얻은 꿈은 길몽으로 좋은 일이 생긴다.
- 코끼리를 여러 마리 얻은 꿈은 길몽으로 재물이 늘어날 암시이다.
- 코끼리를 탄 꿈은 길몽으로 부자가 될 암시이다.
- 코끼리를 만난 꿈은 길몽으로 귀인을 만나 후원을 받을 암시이다.
- 코끼리와 함께 행동한 꿈은 길몽으로 좋은 일이 생긴다.
- 코끼리가 하늘로 올라간 꿈은 좋은 일이 생긴다.

- 코끼리를 타고가는 사람을 본 꿈은 길몽으로 만사형통할 암시이다.
- 코끼리가 죽은 꿈은 흉몽으로 사업이 실패하고 재물이 줄어든다.
- 코끼리를 죽인 꿈은 흉몽으로 사업이 실패하고 재물이 줄어든다.
- 남녀가 코끼리를 탄 꿈은 그 사람이 결혼할 암시이다.
- 코끼리를 팔거나 잃어버린 꿈은 흉몽으로 재물이 나간다.
- 코끼리가 자신의 영역을 벗어나거나 집 밖으로 나간 꿈은 흉몽으로 재물을 잃는다.
- 코끼리가 다치거나 살점이 빠진 꿈은 흉몽으로 재물이 나간다.
- 상아를 얻은 꿈은 길몽으로 재물이 들어온다.
- 상아를 내보내거나 남에게 주거나 잃어버린 꿈은 흉몽으로 재물을 잃을 암시이다.

사슴 · 노루에 관한 꿈

- 사슴을 본 꿈은 길몽으로 좋은 일이 생긴다. 특히 벼슬하는 사람에게 좋은 꿈이다.
- 사슴을 탄 꿈은 길몽으로 출세를 암시하고, 수험생은 합

격한다.

- 사슴뿔을 본 꿈은 길몽으로 싸움에 이길 암시이다.
- 사슴피를 먹은 꿈은 흉몽으로 살생이 따른다.
- 녹용을 본 꿈은 자신의 처지와 정력이 약하다는 심리적인 욕구를 나타낸 것이다.
- 노루를 본 꿈은 길몽으로 재물이 들어올 암시이다.
- 노루피를 먹은 꿈은 흉몽으로 불길한 일이 생긴다.
- 노루를 죽인 꿈은 길몽으로 사업이 잘 풀린다.

낙타 · 기린에 관한 꿈

낙타는 가축으로 기르는 나라에서는 우리나라의 소나 말과 같기 때문에 재물로 해석하고, 기린에 관한 꿈은 태몽 · 출세 · 미남자 등을 암시한다.

- 낙타를 산 꿈은 길몽으로 재물이 늘어난다.
- 낙타를 집으로 몰고온 꿈은 길몽으로 협조자나 귀인을 만난다.
- 낙타가 많이 있는 것을 본 꿈은 길몽으로 재물이 늘어날 암시이다.
- 낙타를 잡은 꿈은 흉몽으로 손재수가 따른다.

- 낙타가 집을 나간 꿈은 흉몽으로 손재수가 따른다.
- 낙타를 타고 끝없이 사막을 간 꿈은 앞길이 열리지 않을 암시이다.
- 낙타를 타고가다 떨어진 꿈은 흉몽으로 사업이 곤경에 처한다.
- 기린을 본 꿈은 길몽으로 입신출세한다. 미혼자는 좋은 배우자를 만나고, 기혼자는 임신하고, 입시생은 합격하고, 관직에 있는 사람은 승진한다.

여우 · 이리 · 늑대에 관한 꿈

여우는 간사함 · 사건 · 사고 · 재물 등을 암시한다.

- 여우를 본 꿈은 의심받을 일이 생긴다.
- 여우를 얻거나 붙잡은 꿈은 간부를 만날 암시이다.
- 여우를 집에서 기른 꿈은 이성문제로 싸울 암시이다.
- 여우와 싸운 꿈은 이성문제로 싸울 암시이다.
- 여우를 죽인 꿈은 길몽으로 사건이나 사고를 무사히 처리한다.
- 이리를 본 꿈은 불길한 암시로 도둑 등이 따른다. 낭패(狼狽)라는 단어를 살펴보면 이리낭(狼) 자와 이리패(狽)

자이다.

- 고립된 이리새끼가 귀여워 집으로 데려온 꿈은 흉몽으로 큰 손해를 본다.
- 늑대를 본 꿈은 흉몽으로 불길한 일이 생긴다.
- 늑대가 집으로 들어온 꿈은 흉몽으로 우환이 생긴다.
- 늑대가 집에서 나간 꿈은 길몽으로 근심이 사라진다.
- 늑대를 죽이거나 쫓아낸 꿈은 길몽으로 집안의 우환이 사라진다.

사자 · 표범 · 당나귀에 관한 꿈

사자는 귀인을 암시하며 호랑이와 해석이 비슷하고, 당나귀는 이성을 암시한다.

- 사자를 본 꿈은 길몽으로 좋은 일이 생긴다.
- 사자고기를 먹은 꿈은 길몽으로 모든 경쟁에서 이긴다.
- 사자와 싸워서 이긴 꿈은 길몽으로 입신출세한다.
- 사자를 때려잡은 꿈은 길몽으로 사업이 성공하고, 태몽이면 반드시 아들을 낳는다.
- 표범을 본 꿈은 태몽으로 아들을 낳을 암시이다.
- 표범을 타고다닌 꿈은 길몽으로 입신출세한다.

- 당나귀를 본 꿈은 애인을 만날 암시이다.
- 당나귀가 집으로 들어온 꿈은 길몽으로 재물이 늘어난다.
- 당나귀가 집을 나간 꿈은 재물이 줄어들 암시이다.

공룡 · 고래 · 하마 · 물소 · 물개에 관한 꿈

　공룡은 원초를 암시하고, 물개는 재물 · 재주 · 이성 등을 암시하며 태몽과 관계가 있고, 고래는 태몽과 관계있고, 물소는 동작 등이 소와 비슷한 점이 많아 소와 같이 해석한다.

- 공룡을 본 꿈은 원초적인 감정을 나타낸 꿈으로 집이나 고향을 그리워한다는 표현이다.
- 거대한 공룡을 본 꿈은 강한 탐구의지를 표현한 것이다.
- 고래를 본 꿈은 길몽으로 입신출세한다.
- 고래를 얻은 꿈은 길몽으로 큰 회사를 인수하는 등 재물이 들어올 암시이다.
- 고래가 하늘높이 물을 뿜어올린 꿈은 최고의 길몽으로 만사가 대길하다.
- 고래가 바다에서 잘 놀고 있는 꿈은 길몽으로 사업과 가정이 번창할 암시이다.
- 고래가 죽은 꿈은 흉몽으로 몰락할 암시이다.

- 하마를 본 꿈은 고집과 미련 때문에 손해볼 암시이다.
- 물소를 보거나 집으로 들어온 꿈은 길몽으로 재물이 들어온다.
- 물소가 집을 나간 꿈은 흉몽으로 손재수가 생긴다.
- 물개를 본 꿈은 태몽이다.
- 물개를 얻은 꿈은 길몽으로 횡재수가 따른다.
- 물개를 만진 꿈은 이성과 접촉할 암시이다.
- 물개가 죽은 꿈은 흉몽으로 가운이 기울 암시이다.

다람쥐 · 캥거루 · 너구리 · 족제비 · 오소리 · 고슴도치 · 박쥐 · 두더지에 관한 꿈

- 다람쥐를 본 꿈은 길몽으로 좋은 일이 생긴다.
- 다람쥐가 나무 위로 자유롭게 뛰어다닌 꿈은 길몽으로 만사가 순조롭다.
- 캥거루를 본 꿈은 동물원에 갈 암시이다.
- 캥거루가 다가온 꿈은 친구와 애인을 만날 암시이다.
- 너구리를 잡거나 얻은 꿈은 길몽으로 재물이 들어온다. 너구리는 재물을 상징한다.
- 족제비를 본 꿈은 흉몽으로 만사가 잘 풀리지 않고, 질병에 걸릴 암시이다.

- 오소리를 본 꿈은 길몽으로 횡재수가 따른다.
- 고슴도치를 본 꿈은 흉몽으로 불길한 일이 생긴다.
- 가시가 큰 고슴도치를 본 꿈은 흉몽으로 집안에 우환이 생긴다.
- 박쥐를 본 꿈은 흉몽으로 비밀이 탄로나 피해를 입는 등 불행한 일이 생긴다. 박쥐는 거짓을 암시한다.
- 박쥐가 집으로 날아온 꿈은 주변에 비밀을 탄로나게 할 첩자가 있다는 암시이다.
- 두더지를 본 꿈은 길몽으로 특허권이나 허가권 등으로 재물이 들어온다.

거북이 · 자라 · 악어 · 펭귄에 관한 꿈

- 거북이를 본 꿈은 길몽으로 천수를 누리며 부자가 된다.
- 거북이가 집으로 들어온 꿈은 길몽으로 재물이 들어온다.
- 거북이가 물 속으로 들어간 꿈은 길몽으로 좋은 일이 생긴다.
- 거북이를 방생한 꿈은 최고의 길몽으로 좋은 일이 생길 암시이다.
- 거북이를 잡아 죽인 꿈은 흉몽으로 집안에 초상이 날 암시이다.

- 자라를 본 꿈은 길몽으로 좋은 일자리를 얻고, 태몽과 관계있는 경우도 있다.
- 자라를 잡아 죽인 꿈은 흉몽으로 가족의 죽음이 따른다.
- 자라를 방생한 꿈은 최고의 길몽으로 만사가 대길하다.
- 악어에게 당한 꿈은 흉몽으로 불길한 일이 생긴다.
- 악어를 잡은 꿈은 길몽으로 횡재수가 따른다.
- 펭귄을 본 꿈은 길몽으로 좋은 일이 생긴다.
- 펭귄이 많이 모여 있는 꿈은 길몽으로 가정이 번창한다.
- 펭귄이 많이 있는데 옆에 한 마리의 펭귄이 외롭게 있는 꿈은 외로움을 표현한 것이다.
- 펭귄이 재주를 부린 꿈은 어리석음을 후회한다는 뜻이다.

개구리 · 두꺼비에 관한 꿈

- 개구리를 본 꿈은 길몽으로 좋은 일이 생긴다.
- 개구리가 멀리 뛰거나 높이 뛴 꿈은 길몽으로 하는 일이 순조로울 암시이다.
- 개구리를 산 채로 잡은 꿈은 길몽으로 재물이 들어온다.
- 개구리를 죽인 꿈은 흉몽으로 불길한 일이 생긴다.
- 개구리가 파리 등 먹이를 잡은 꿈은 길몽으로 좋은 일이 생긴다.

- 논에서 개구리가 울고 있는 꿈은 흉몽으로 집안에 불길한 일이 생긴다.
- 개구리가 개구리를 등에 업고 있는 꿈은 길몽으로 자식에게 소망하던 일이 이루어진다.
- 두꺼비가 나타난 꿈은 길몽으로 대단한 횡재수가 따른다. 그러나 살아 있어야 좋다.
- 두꺼비를 잡은 꿈은 길몽으로 재물이 들어온다.
- 두꺼비가 집으로 들어온 꿈은 길몽으로 재물이 들어온다.
- 두꺼비를 얻은 꿈은 길몽으로 재물이 들어온다.
- 두꺼비가 맑고 깊은 물에서 놀고 있는 꿈은 길몽으로 그날 횡재수가 따른다.
- 두꺼비를 죽인 꿈은 대단한 흉몽으로 재물이 나간다.

5장. 조류에 관한 꿈

새에 관한 꿈

새는 가벼움·이중적·이간 등을 암시하고 태몽인 경우가 많다. 그리고 몇 종류를 제외하고는 현실내도가 늦은 편이다.

- 사람이 새로 변한 꿈은 길몽으로 좋은 일이 생긴다.
- 새가 사람의 몸 안으로 들어온 꿈은 태몽이다.
- 새를 타고 높이 올라간 꿈은 길몽으로 입신출세한다.
- 잡은 새를 방생한 꿈은 최고의 길몽으로 부귀가 따른다.
- 새알을 보거나 얻거나 주운 꿈은 재물이 늘어나며 만사대통한다.
- 처마밑이나 깊은 숲에서 알을 찾은 꿈은 길몽으로 전망이 밝은 직업을 갖는다. 특히 학자는 새로운 분야에서 실

적을 올린다.

- 새알을 그릇에 가득 담아놓은 꿈은 길몽으로 재물이 늘어난다.
- 새알을 실수로 깨트린 꿈은 흉몽으로 손재수를 당한다.

닭에 관한 꿈

- 닭은 본 꿈은 길몽으로 좋은 일이 생긴다. 닭의 영상이 선명하며 우는 소리가 클수록 좋다.
- 닭이 새벽에 큰 소리로 운 꿈은 길몽으로 가정이 화목하며 사업이 번창하고, 미혼여성은 배우자를 만난다.
- 닭이 새벽이 아닌데 운 꿈은 흉몽으로 손재수가 따른다.
- 닭에게 모이를 주거나 닭이 모이를 먹은 꿈은 길몽으로 사업이 순조로울 암시이다.
- 닭에게 모이를 주려고 해도 닭이 모이지 않은 꿈은 흉몽으로 인심과 신용을 잃어 사업이 궁지에 빠진다.
- 여러 마리의 닭이 모이를 찾아먹은 꿈은 길몽으로 가정이 번창한다.
- 닭이 높은 나무에 올라간 꿈은 길몽이나 지붕에 올라가는 것은 좋지 않다.
- 닭이 물에 몸을 씻은 꿈은 직업이 생기거나 바꾼다.

- 여러 마리의 닭 중에 유난히 우뚝솟아 있는 닭을 본 꿈은 길몽으로 입신출세한다.
- 닭이 싸운 꿈은 송사가 계속되며 집안에 싸움이 벌어지는 등 불안이 끊이지 않는다.
- 닭의 날개가 부러진 꿈은 흉몽으로 가까운 사람이 죽을 암시이다.
- 닭의 부리나 머리가 부러지거나 몸이 상한 꿈은 흉몽으로 사업이나 학업이 중단될 암시이다.
- 닭의 목을 비틀어 죽인 꿈은 흉몽으로 신임하는 부하를 잃는다.
- 닭이 계란을 깬 꿈은 집안에서 숨긴 일이 드러나 시끄러워진다.
- 암탉이 알을 낳은 꿈은 길몽으로 재물이 들어오거나 새로운 일을 시작하고, 여자는 태몽일 수도 있다.
- 암탉이 알을 품은 꿈은 길몽으로 사업이 번창하고, 여자는 태몽일 수도 있다.
- 수탉이 알을 품은 꿈은 흉몽으로 부부싸움으로 여자가 가출한다.
- 수탉이 병아리를 보호한 꿈은 흉몽으로 집안에 불길한 일이 생긴다.
- 수탉이 울지 못한 꿈은 흉몽으로 하는 일이 막힌다.
- 병아리를 안은 꿈은 태몽이다.

- 계란은 재물을 암시한다.
- 계란을 부화시키는 것을 본 꿈은 길몽으로 사업을 확장하고, 태몽이면 딸을 낳을 암시이다.
- 계란을 보거나 얻은 꿈은 길몽으로 재물이 들어온다.
- 계란을 깬 꿈은 흉몽으로 재물손실이 따른다.
- 계란을 깨트리는 것을 본 꿈은 흉몽으로 재물손실이 따를 암시이다.
- 계란이 저절로 깨진 꿈은 소식을 듣는다.
- 계란이 떨어졌는데도 깨지지 않은 꿈은 진행하는 일이 다소 실수가 있었으나 아직은 이상이 없으니 신중하라는 경고이다.
- 계란세례를 받은 꿈은 흉몽으로 망신당할 일이 생긴다.
- 계란 속에서 병아리가 나온 꿈은 집 밖의 소식을 들을 암시이다.
- 계란을 삶은 꿈은 일을 신중하게 처리해 뒷탈이 없다는 뜻이다.
- 생계란을 먹은 꿈은 흉몽으로 하는 일에 문제가 생겨 손해볼 암시이다.
- 통닭을 본 꿈은 잔치에 참석해 음식을 먹는다.
- 닭고기의 날개를 먹은 꿈은 부부간에 이성문제로 다툰다.

참새 · 제비에 관한 꿈

새에 관한 꿈은 현실내도가 늦으나 참새는 예외이고, 태몽이면 딸을 낳는다. 제비는 소식을 암시하며 임신이나 출산과 관계가 깊다.

- 조용히 있는 참새를 본 꿈은 길몽으로 좋은 일이 생긴다.
- 참새떼를 본 꿈은 길몽으로 좋은 일이 생기고 떼가 클수록 좋다.
- 참새가 자신의 곡식을 먹은 꿈은 길몽으로 식구가 늘어나거나 이로운 사람이 찾아온다.
- 참새가 싸운 꿈은 흉몽으로 송사가 따른다.
- 참새를 총이나 활로 잡은 꿈은 길몽으로 하는 일이 잘 풀린다.
- 제비를 본 꿈은 길몽으로 좋은 일이 생긴다.
- 제비가 집으로 들어온 꿈은 길몽으로 좋은 일이 생긴다.
- 제비가 집 밖으로 나간 꿈은 흉몽으로 불길한 일이 생길 암시이다.
- 제비가 품 안이나 뱃속으로 날아들어온 꿈은 태몽으로 자식을 얻을 암시이다.
- 제비가 처마에 둥지를 튼 꿈은 길몽으로 가정에 평화가 온다.

- 제비가 물에 빠진 꿈은 흉몽으로 사업이 곤경에 처할 암시이다.
- 제비가 땅으로 떨어진 꿈은 흉몽으로 가정파탄을 암시하는 꿈이다.
- 제비둥지가 무너진 꿈은 흉몽으로 가정파탄을 암시한다.

까치 · 까마귀 · 앵무새 · 꾀꼬리에 관한 꿈

까치나 까마귀는 음식을 암시한다. 그러나 지금은 음식이 그리 귀한 것이 아니니 모여서 음식을 먹으면서 어울리는 것으로 해석하는 것이 좋다. 앵무새와 부엉이는 이간을 암시하고, 앵무새는 태몽과 관계있다.

- 까치를 잡은 꿈은 길몽으로 재물이 들어올 암시이다.
- 까치가 나무 위에서 내려다보며 운 꿈은 길몽으로 반가운 손님이 오거나 기쁜 소식을 듣는다.
- 까마귀가 울어댄 꿈은 흉몽으로 집안에 초상이 나거나, 자신이 한 일로 인하여 원성과 비방을 받는다.
- 까마귀가 크게 울어댄 꿈은 길몽으로 음식이 생긴다.
- 까마귀가 시체를 파먹은 꿈은 길몽으로 좋은 일이 생길 암시이다.

- 앵무새를 본 꿈은 흉몽으로 구설수에 말려든다.
- 꾀꼬리를 본 꿈은 현실에서 벗어나고 싶어하는 마음의 표현이다.
- 꾀꼬리가 크게 운 꿈은 그리운 사람을 만난다.

비둘기에 관한 꿈

비둘기는 평화·행복·부부애 등을 암시한다.

- 비둘기를 본 꿈은 길몽으로 가정이 화목해진다.
- 비둘기를 안고 쓰다듬어 준 꿈은 길몽으로 남에게 도움을 받거나 도움을 준다.
- 비둘기에게 모이를 준 꿈은 길몽으로 남에게 도움을 받거나 도움을 준다.
- 공원에서 비둘기가 손 위에 앉은 꿈은 길몽으로 남자는 귀인을 만나고, 여자는 태몽이다.
- 비둘기가 자유롭게 날아다닌 꿈은 입신출세할 길몽으로 만사가 대길하다.
- 비둘기가 떨어진 꿈은 흉몽으로 불안한 일이 생길 암시이다.
- 비둘기가 집 안으로 모여든 꿈은 길몽으로 가정이 번창

하며 편안해진다.

- 비둘기가 집에서 나간 꿈은 흉몽으로 가세가 기울 암시이다.
- 비둘기를 집에서 내쫓은 꿈은 흉몽으로 가운이 기울고, 지위와 명예가 하락할 암시이다.
- 비둘기를 죽인 꿈은 흉몽으로 가운이 기울고, 지위와 명예가 하락할 암시이다.
- 비둘기를 잡아 먹은 꿈은 흉몽으로 귀인이 떠나갈 암시이다.
- 비둘기가 죽은 꿈은 흉몽으로 손재수를 당할 암시이다.

기러기 · 원앙새 · 카나리아에 관한 꿈

기러기는 가정의 편안함을 암시하고, 원앙은 남녀간의 사랑을 암시하고, 카나리아는 애인을 암시한다.

- 기러기를 본 꿈은 길몽으로 기쁜 소식을 듣는다.
- 기러기가 혼자 외롭게 날아간 꿈은 이성과의 이별을 암시한다.
- 기러기 두 마리가 짝을 지어 날아간 꿈은 길몽으로 결혼할 상대를 만난다.

- 기러기가 떼를 지어 멀리 날아간 꿈은 길몽으로 명예와 지위가 올라가고, 가정과 사업이 번창한다.
- 기러기가 떼를 지어 가는데 선두그룹이 무리를 이끈 꿈은 길몽으로 지위가 올라가거나 단체에서 조직책을 맡을 암시이다.
- 기러기가 연못이나 호수 등에 많이 모여 있는 꿈은 길몽으로 부자가 되고 가정이 번창한다.
- 원앙이 짝을 지어 평화롭게 날아간 꿈은 길몽으로 애인을 만나 결혼한다.
- 원앙새 한 마리가 멀리 날아간 꿈은 애인과 이별할 암시이다.
- 원앙새가 방으로 날아들어 온 길몽으로 아름다운 신부를 만난다.
- 원앙새가 슬퍼운 꿈은 흉몽으로 부부나 애인과 이별할 암시이다.
- 원앙그림이 있는 침구를 본 꿈은 길몽으로 가정이 번창한다.
- 카나리아를 본 꿈은 아름다운 여성을 만난다.
- 카나리아를 만지거나 대화를 나눈 꿈은 이성문제로 싸울 암시이다.
- 카나리아가 슬퍼운 꿈은 애인 때문에 실망과 슬픔에 빠진다.

꿩 · 공작에 관한 꿈

공작은 사치 · 허영 · 교만과 실속없는 사람, 이성간의 만남을 암시한다. 만일 태몽이면 예쁜 딸을 낳을 암시이다.

- 꿩을 본 꿈은 길몽으로 재물이 들어온다.
- 꿩이 품 안으로 들어온 꿈은 이성친구를 만날 암시이다.
- 꿩을 활이나 총으로 잡은 꿈은 길몽으로 횡재수가 따를 암시이다.
- 포수가 꿩을 잡은 꿈은 길몽으로 재물이 늘어난다.
- 포수가 꿩을 잡아 허리에 차고다닌 꿈은 길몽으로 재물이 늘어난다.
- 꿩알을 주운 꿈은 길몽으로 재물이 들어온다.
- 보리밭에서 꿩알을 주운 꿈은 길몽으로 재물이 들어오거나 태몽이다.
- 꿩알을 먹은 꿈은 길몽으로 하는 일이 순조롭고 재물이 들어올 암시이다.
- 공작을 본 꿈은 만사형통할 길몽으로 수험생은 합격하고, 벼슬길이 열리고, 가정과 사업이 번창한다.
- 공작이 봐달라는 듯 날개를 편 꿈은 허영심과 자만심이 강한 공상가를 만난다.
- 공작새가 날개를 펴 위세를 보인 꿈은 가정과 사업이 번

창한다.

- 공작을 붙잡은 꿈은 이성을 만날 암시이다.
- 날아가는 공작을 붙잡아 가슴에 안은 꿈은 길몽으로 마음에 드는 이성을 만나거나 태몽이다.
- 공작을 타고 날아다닌 꿈은 길몽으로 입신출세한다.
- 공작과 같이 살고 있는 꿈은 길몽으로 아름다운 여자를 만나 행복하게 산다.

백조 · 오리 · 거위에 관한 꿈

백조는 신성함, 봉황은 명예와 지위를 암시한다.

- 백조가 울고 있는 꿈은 흉몽으로 불길한 일이 생긴다.
- 백조를 탄 꿈은 길몽으로 벼슬에 오를 암시이다.
- 백조를 타고 하늘을 날아다닌 꿈은 길몽으로 입신출세와 부귀가 한꺼번에 따른다.
- 오리가 마당으로 모여든 꿈은 길몽으로 재물이 늘어나고 가정이 화목해진다.
- 오리알을 본 꿈은 길몽으로 좋은 일이 생긴다.
- 오리알을 주운 꿈은 길몽으로 수험생은 시험에 합격한다.
- 거위를 본 꿈은 길몽으로 좋은 일이 생긴다.

■ 거위가 사라진 꿈은 흉몽으로 손재수가 생기거나 사고를
당한다.

학 · 황새 · 백로 · 봉황에 관한 꿈

학은 고귀한 인품, 황새는 액운과 외로움, 백로는 신성함, 봉
황은 명예와 지위를 암시한다.

■ 학을 타고 하늘을 날아다닌 꿈은 길몽으로 입신출세한다.
■ 학이 많이 모여 있거나, 높이 날며 울거나, 사람을 따라
다니거나, 물건을 가져다 주거나, 알을 낳거나, 알을 품고
있는 꿈은 모두 길몽으로 좋은 일이 생긴다.
■ 학과 함께 있거나 학이 모여든 꿈은 길몽으로 신분이 고
귀한 사람을 만나거나 어울린다.
■ 학이 죽은 꿈은 흉몽으로 지위와 신분이 몰락한다.
■ 잡은 학을 놓아준 꿈은 최고의 길몽으로 만사형통한다.
■ 황새를 본 꿈은 흉몽으로 이별수가 따른다.
■ 황새가 날아다닌 꿈은 흉몽으로 송사에 휘말릴 암시이다.
■ 황새가 고동이나 조개 등을 잡아 먹은 꿈은 흉몽으로 손
재수를 당하거나 질병에 걸릴 암시이다.
■ 백로를 본 꿈은 입신출세의 길몽으로 높은 자리에 오르

며 학문으로 이름을 떨친다.

■ 백로가 집으로 들어온 꿈은 길몽으로 가정이 번창하고 평안하여 부러움의 대상이 된다.

■ 백로와 생활한 꿈은 최고의 길몽으로 청렴하며 존경받는 사람으로 명예와 부귀를 모두 누린다.

■ 백로가 까마귀와 어울린 꿈은 주위에 해로운 사람이 있다는 경고이다.

■ 봉황을 본 꿈은 길몽으로 귀인을 만난다.

■ 봉황을 타고 하늘높이 날아다닌 꿈은 길몽으로 입신출세한다.

두견새 · 뻐꾸기에 관한 꿈

■ 두견새를 본 꿈은 새로운 소식을 듣는다.

■ 두견새가 슬피운 꿈은 애인과 이별하거나 나쁜 소식을 듣는다.

■ 두견새 알을 얻은 꿈은 길몽으로 재물이 들어온다.

■ 뻐꾸기를 본 꿈은 길몽으로 반가운 사람을 만나거나 오랫동안 소식을 듣지 못한 친척이나 친구에게서 반가운 소식을 온다.

■ 뻐꾸기가 집으로 들어온 꿈은 길몽으로 재물이 들어온다.

- 뻐꾸기를 잡은 꿈은 길몽으로 재물이 들어온다.
- 뻐꾸기가 운 꿈은 흉몽으로 가정에 우환이나 질병이 생긴다.
- 뻐꾸기알을 얻은 꿈은 길몽으로 재물이 들어온다.

매 · 독수리 · 부엉이 · 올빼미에 관한 꿈

매와 독수리는 권세와 명예를 암시한다.

- 매를 본 꿈은 길몽으로 좋은 일이 생긴다.
- 매를 사냥한 꿈은 길몽으로 용맹을 떨치거나 지위가 올라가고, 경쟁에서 이긴다.
- 매를 훈련시킨 꿈은 길몽으로 필요한 사람을 만난다.
- 매가 새를 잡은 꿈은 길몽으로 좋은 일이 생긴다.
- 매가 하늘높이 날아오른 꿈은 길몽으로 승진한다.
- 매가 총이나 화살에 맞아 떨어진 꿈은 흉몽으로 명예와 지위, 재물 등이 갑자기 몰락한다.
- 매가 가축이나 이로운 짐승을 잡은 꿈은 흉몽으로 손재수가 생긴다.
- 매가 혐오스럽거나 해로운 짐승을 잡은 꿈은 길몽으로 재물이 들어오거나 경쟁에서 이긴다.

- 독수리를 본 꿈은 길몽으로 입신출세하며 우두머리가 된다.
- 독수리가 먹이를 가져온 꿈은 길몽으로 재물이 늘어난다.
- 독수리를 타고 하늘로 올라간 꿈은 길몽으로 입신출세·승진·고시합격 등이 따른다.
- 독수리가 시체를 뜯어먹은 꿈은 길몽으로 만사형통한다.
- 독수리가 물고기를 잡은 꿈은 길몽으로 만사형통한다.
- 독수리가 공중에서 날개를 펴며 자랑한 꿈은 작품전시나 발표회 등을 갖는다.
- 독수리에게 물린 꿈은 길몽으로 좋은 일이 생긴다.
- 부엉이를 본 꿈은 이간질로 인하여 친구간에 마음이 상한다.
- 부엉이가 집으로 날아든 꿈은 부정한 사람이 찾아올 암시이다.
- 부엉이가 멀리 날아간 꿈은 액운이 사라질 암시이다.
- 부엉이를 죽인 꿈은 집안에 액운이 사라질 암시이다.
- 올빼미를 본 꿈은 흉몽으로 질병에 걸리거나 재물이 나간다.

6장. 어패류에 관한 꿈

물고기에 관한 꿈

물고기는 재물 · 입신출세 · 기쁨 · 소식 등을 암시하고 태몽과 관계가 깊다.

- 물고기를 잡은 꿈은 길몽으로 물고기의 크기와 비례한다. 젊은 여자에게는 태몽이다.
- 어부가 물고기를 잡은 꿈은 길몽으로 재물이 들어온다.
- 잡은 물고기를 놓아준 꿈은 길몽으로 좋은 일이 생긴다. 이것은 방생의 의미로 해석한 것이다.
- 여러 가지 황홀한 물고기를 앞치마나 주머니로 받은 꿈은 태몽으로 예쁜 딸을 낳을 암시이다.
- 그물로 물고기를 잡은 꿈은 횡재수가 따르며 태몽이다.

- 그물로 고기를 잡겠다고 생각한 꿈은 재물을 모으고 싶은 마음을 나타낸 것이다.
- 물고기가 모여 있는 꿈은 길몽으로 재물이 늘어난다.
- 물고기를 먹은 꿈은 길몽으로 좋은 일이 생긴다.
- 물고기가 입이나 뱃속으로 들어온 꿈은 재물이 늘어날 암시이며 태몽이다.
- 물고기 보따리나 물고기가 든 그릇 등을 받은 꿈은 태몽으로 장차 입신출세할 자식을 낳을 암시이고, 태몽이 아니라면 대단한 횡재가 따른다.
- 사람이 물고기 뱃속으로 들어간 꿈은 그 사람에게 입신출세나 합격 등이 따른다.
- 물고기 뱃속을 훤히 들여다본 꿈은 길몽으로 시험에 합격한다.
- 물고기를 얻은 꿈은 길몽으로 좋은 소식이 온다.
- 몸에서 물고기가 나온 꿈은 길몽으로 병이 낫는다.
- 물을 퍼내고 물고기를 잡은 꿈은 길몽으로 재물이 들어온다.
- 물고기가 새끼를 낳은 꿈은 길몽으로 좋은 일이 생긴다.
- 고인 물에 물고기가 있는 꿈은 그곳에 안착했으면 좋겠다는 심정을 나타낸 꿈으로, 일자리를 다른 곳으로 옮길 암시이다.
- 물고기가 새끼를 낳은 꿈은 길몽으로 임신한 여자는 홀

룽하게 될 아이를 낳는다.

- 물고기가 배나 그릇 등으로 뛰어든 꿈은 길몽으로 횡재 수가 따른다.
- 물고기가 물 위로 날아다닌 꿈은 흉몽으로 하는 일이 막힌다.
- 물고기 비늘을 본 꿈은 피부병에 걸리거나 얼굴 등에 상처를 입는다.
- 그물로 물고기 한 마리를 잡은 꿈은 애인을 만난다.
- 많은 고기를 그물로 한꺼번에 잡은 꿈은 길몽으로 재물이 급속히 늘어난다.
- 많은 고기가 그물에 걸린 꿈은 길몽으로 횡재수가 따를 암시이다.
- 비가 온 후 붉은 황톳물 속에 물고기가 놀고 있는 꿈은 재산을 늘릴 방법을 찾는다.
- 황토물 속에 뛰어들어 고기를 잡으려고 한 꿈은 죄를 짓거나 손재수가 따른다.
- 물고기가 알을 낳은 꿈은 길몽으로 재물이 들어온다.
- 물고기가 물 위로 높이 뛰어오른 꿈은 길몽으로 인기와 지위가 오르며 명예로운 일이 생긴다. 학자는 논문발표 등으로 명성을 떨친다.
- 윗사람이 준 물고기를 치마로 받은 꿈은 태몽이다.
- 어항에 넣어둔 물고기가 사라진 꿈은 사귀던 여자가 변

심할 암시이다.

- 큰 물고기가 죽어 물 위에 둥둥 떠 있는 꿈은 흉몽으로 불길한 일이 생긴다.
- 자신의 논이나 못에 죽은 물고기가 떠 있는 꿈은 흉몽으로 집안에 액운이 닥친다.
- 공동장소에 죽은 물고기가 떠 있는 꿈은 지진·풍수·가뭄 등 자연재해가 발생한다.
- 상어를 잡은 꿈은 권력가를 만날 암시이다.
- 상어떼를 본 꿈은 사업의 경쟁자가 나타날 암시이다.
- 상어에게 물린 꿈은 흉몽으로 그 사람의 죽음을 암시하는 것이다.
- 매끄러운 뱀장어나 미꾸라지 등을 잡은 꿈은 길몽으로 경쟁이 높은 시험에 합격한다.
- 도미를 본 꿈은 길몽으로 좋은 일이 생긴다.
- 농어를 잡은 꿈은 길몽으로 좋은 소식이 온다. 농어는 민물에서 태어나 바다로 나가 살다 알을 낳을 때는 다시 민물로 돌아오는 것이라, 고향의 소식을 듣는 것으로도 해석한다.
- 연어가 나타난 꿈은 길몽으로 금의환향이나 고향을 그리워하는 마음을 나타낸 것이다.
- 북어 두루미를 구입한 꿈은 길몽으로 재물이 들어온다. 그러나 정리되지 않은 건어물 꿈은 흉몽으로 질병을 암

시한다.
- 가물치를 잡은 꿈은 경쟁과 행운을 나타내는 최고의 길 몽으로 시험이나 입찰에 성공한다.
- 가물치가 그릇 속에서 놀고 있는 꿈은 영양실조에 대한 갈등을 표현한 것이다.
- 인어를 본 꿈은 애인을 만난다.
- 인어와 다툰 꿈은 이성간에 다툼이 벌어진다.

잉어에 관한 꿈

잉어에 대한 꿈은 입신출세와 관계있다.

- 잉어를 잡은 꿈은 길몽으로 횡재수와 입신출세가 따르며, 잉어의 크기와 비례한다. 그리고 아들태몽이다.
- 그물로 잉어를 잡은 꿈은 길몽으로 재물을 모은다.
- 잉어가 공중으로 날아올라간 꿈은 길몽으로 명예와 지위 가 계속 상승한다.
- 잡은 잉어를 놓친 꿈은 흉몽으로 명예와 지위가 하락할 암시이다.
- 잉어를 잡으려다 놓친 꿈은 흉몽으로 명예와 지위가 하 락할 암시이다.

■ 잉어가 물 위로 날아다닌 꿈은 길몽으로 좋은 일이 생길 암시이다.

금붕어에 관한 꿈

금붕어에 대한 꿈은 태몽인 경우가 많다.

■ 금붕어를 잡거나 얻은 꿈은 길몽으로 태몽이거나 이익이 생긴다.
■ 금붕어를 집으로 들여온 꿈은 태몽이거나 이익이 생긴다.
■ 금붕어가 든 어항을 깨트린 꿈은 사랑이 깨질 암시이다.
■ 금붕어를 기른 꿈은 자녀교육에 대한 계획과 관련있다.
■ 금붕어를 어항에 넣은 꿈은 아름다운 여성을 만나거나 학문연구에 큰 성과를 얻는다.

오징어 · 낙지 · 문어에 관한 꿈

■ 오징어를 본 꿈은 꿈은 여성의 경우에는 남성을 그리워 하는 마음을 나타낸 것이다. 오징어는 사람을 끌어당기는 힘을 뜻한다.

- 낙지를 본 꿈은 흉몽으로 주위에 방해자가 있다는 암시이다.
- 낙지가 몸을 감은 꿈은 흉몽으로 당분간 하는 일이 침체된다.
- 몸에 붙은 낙지를 떼어낸 꿈은 복잡한 문제가 해결된다.
- 문어를 본 꿈은 흉몽으로 유혹에 빠지거나 경쟁자의 계략으로 사업이 침체된다.
- 문어가 몸을 감은 꿈은 흉몽으로 신체의 구금이나 사업의 위기를 암시한다.

조개 · 소라 · 고동 · 새우 · 게에 관한 꿈

- 조개에 대한 꿈은 태몽으로 딸을 낳을 암시이다.
- 조개를 본 꿈은 길몽으로 좋은 일이 생긴다.
- 조개를 얻은 꿈은 길몽으로 재물이 들어온다.
- 조개에서 진주가 나온 꿈은 길몽으로 재물이 들어온다.
- 조개를 먹은 꿈은 길몽으로 좋은 일이 생긴다.
- 조개를 잡은 꿈은 길몽으로 재물이 늘어난다.
- 조개에게 물린 꿈은 길몽으로 하는 일이 잘 되고, 그날 어떤 이익이 생긴다.
- 많은 양의 조개를 얻거나 잡은 꿈은 길몽으로 큰 횡재가

따른다.

- 큰 조개에게 물린 꿈은 이로운 여성을 만난다.
- 소라·고동 등을 본 꿈은 누군가와 이별할 암시이다.
- 소라·고동이 휘감겨 굽어진 꿈은 어떤 일이 잘 풀리지 않는다.
- 새우나 게를 본 꿈은 자질구레한 손실이 따른다.
- 새우가 물고기로 보이거나 변한 꿈은 흉몽으로 불길한 일이 생긴다.
- 왕새우를 잡은 꿈은 길몽으로 잡은 숫자와 비례한다.
- 작은 게를 잡은 꿈은 흉몽으로 부도를 암시한다.
- 작은 게가 집단으로 모이거나 움직인 꿈은 흉몽으로 손재수나 말썽이 생긴다.
- 영덕대게와 같이 큰 게를 잡은 꿈은 길몽으로 재물이 늘어난다.

7장. 곤충에 관한 꿈

곤충은 재물, 집단의 힘 등을 암시하지만 때로는 현실도피를 암시하기도 한다.

- 벌레가 들끓은 꿈은 대개 태몽인 경우가 많다.
- 벌레에게 물려 피가 난 꿈은 길몽으로 횡재수가 따른다.
- 몸에서 벌레가 나온 꿈은 그 사람의 병이 완쾌된다.
- 기생충을 본 꿈은 주위에 손해를 끼칠 사람이 있다는 뜻이다.

나비 · 잠자리 · 벌에 관한 꿈

나비와 잠자리는 안정과 이성을 암시한다.

- 나비가 꽃에 앉은 꿈은 애인을 만날 암시이다.
- 나비가 교미하는 것을 본 꿈은 이성과 교합되었다는 표현이다.
- 나비 한 마리가 외로워 보인 꿈은 허무감을 나타낸다.
- 나비를 잡은 꿈은 애인을 만날 암시이다.
- 잠자리를 본 꿈은 길몽으로 즐거움을 표현한 것이다.
- 잠자리를 잡은 꿈은 애인을 만난다.
- 잠자리가 짝을 지어 날아간 꿈은 이성과 교합이 이루어진다.
- 벌이 들끓은 꿈은 태몽이다.
- 벌이 얼굴을 쏜 꿈은 흉몽으로 근심이 생길 암시이거나 태몽이다.
- 벌이 다리를 쏜 꿈은 길몽으로 좋은 일이 생긴다.
- 벌이 땅 속으로 숨은 꿈은 흉몽으로 불길한 일이 생긴다.
- 벌이 높은 곳이나 하늘로 올라가 눈에 띈 꿈은 길몽으로 좋은 일이 생긴다.
- 벌을 손으로 때려잡은 꿈은 길몽으로 좋은 일이 생긴다.
- 벌이 떼를 지어 집으로 들어온 꿈은 길몽으로 사업이 성공하거나 대중의 협조를 받는다.
- 벌집을 쑤셔 벌떼가 나온 꿈은 흉몽으로 불길한 일이 생긴다. 이때 벌떼가 자기에게로 날아오면 궁지에 몰린다.
- 벌집에 꿀이 가득 들어 있는 꿈은 길몽으로 횡재수가 따

른다.

- 벌집을 본 꿈은 태몽으로 아들을 낳을 암시이다.

모기 · 파리에 관한 꿈

모기와 파리는 악당을 암시한다.

- 모기를 잡은 꿈은 악당을 제거하거나 결혼할 암시이다.
- 약으로 모기를 잡은 꿈은 길몽으로 액운이 사라진다.
- 모기를 잡으려고 모기약이나 모기향을 피운 꿈은 길몽으로 액운을 제거하고 일이 잘 풀린다.
- 파리를 잡은 꿈은 길몽으로 악당을 제거하거나 결혼할 암시이다.
- 파리떼를 본 꿈은 좋지 않다.
- 한 마리나 적은 수의 파리가 몸에 붙은 꿈은 음식이 생길 암시이다.
- 파리가 몸 안이나 입 안으로 들어온 꿈은 질병에 걸릴 암시이다.

개미 · 거미 · 지네에 관한 꿈

개미는 부지런함을 암시한다.

■ 개미가 집이나 일터로 들어온 꿈은 돈을 벌 암시이다.
■ 거미가 집으로 들어오거나 나무나 높은 곳으로 올라간 꿈은 길몽으로 좋은 일이 생긴다.
■ 거미가 줄을 쳐놓은 꿈은 흉몽으로 하는 일이 막힌다.
■ 거미줄에 살아 있는 곤충이 걸린 꿈은 길몽으로 좋은 일이 생긴다. 그러나 걸린 곤충이 죽었으면 불길한 일이 생긴다.
■ 거미에게 물린 꿈은 길몽으로 이익이 생긴다.
■ 거미줄에 걸린 벌레를 떼어준 꿈은 어려운 사람을 구제하며, 좋은 평가를 받는다.
■ 지네를 본 꿈은 길몽으로 좋은 일이 생긴다. 지네의 많은 발은 잡고늘어진다는 뜻으로 사업자금 조달처나 투자처가 생긴다.
■ 지네에게 물렸는데도 고통스럽지 않거나 아무렇지 않았던 꿈은 좋지 않은 일이 생긴다.
■ 지네가 병들어 활기가 없는 꿈은 흉몽으로 질병에 걸리거나 사업이 부진할 암시이다.
■ 약으로 쓸려고 말린 지네를 얻거나 산 꿈은 길몽으로 좋

은 일이 생긴다.

■ 약으로 쓸려고 말린 지네를 팔거나 빼앗긴 꿈은 흉몽으로 손재수가 생긴다.

진드기 · 빈대 · 벼룩 · 바퀴벌레 · 이에 관한 꿈

■ 진드기를 본 꿈은 누군가가 자신의 이익을 가로챌 암시이다.

■ 여러 마리의 진드기를 본 꿈은 흉몽으로 사업이 복잡하게 얽힐 암시이다.

■ 빈대를 본 꿈은 누군가가 자신을 괴롭힐 암시이다.

■ 빈대를 잡거나 빈대를 잡으려고 약을 뿌린 꿈은 손해를 입힐 무리를 제거할 암시이다.

■ 벼룩을 본 꿈은 재물에 손해를 입힐 사람을 만난다.

■ 벼룩이 멀리 뛰어 숨은 꿈은 재물을 빼앗거나 빼돌린 사람을 찾아낼 수 없다는 암시이다.

■ 바퀴벌레를 본 꿈은 흉몽으로 질병과 불운을 암시한다.

■ 바퀴벌레를 잡거나 죽인 꿈은 길몽으로 병이 나을 암시이다.

■ 이를 본 꿈은 누군가가 자신의 이익을 가로챌 암시이다.

■ 이를 잡아죽인 꿈은 누군가의 배려로 일이 잘 풀린다.

누에 · 거머리 · 송충이 · 구더기에 관한 꿈

■ 누에를 본 꿈은 길몽으로 재물이 들어온다.

■ 누에가 알을 낳은 꿈은 길몽으로 재물이 들어올 암시이다.

■ 누에가 고치를 친 꿈은 집을 짓거나 건설사업을 하고, 이성을 만나 가정을 이룬다.

■ 거머리를 본 꿈은 흉몽으로 주위에 기생충 같은 무리가 있다는 뜻으로 재물을 잃는다.

■ 거머리에게 물린 꿈은 사람을 잘못 사귀어 손해를 본다.

■ 거머리가 피를 빨아먹은 꿈은 흉몽으로 가까운 사람 때문에 재물이 나간다.

■ 몸에 붙은 거머리를 제거했는데 다시 보인 꿈은 흉몽으로 손재수가 계속 따른다.

■ 몸에 거머리가 많이 붙은 꿈은 의식주를 책임져 주어야 하는 사람이 많다는 뜻이다.

■ 거머리에게 물려 피가 난 꿈은 사기꾼을 만나 재물을 잃는다.

■ 지렁이를 본 꿈은 길몽으로 재물이 들어온다.

■ 지렁이를 미끼로 고기를 잡은 꿈은 길몽으로 재물이 늘어난다.

■ 송충이를 본 꿈은 흉몽으로 재물손실이 따른다.

- 구더기를 본 꿈은 길몽으로 좋은 일이 생긴다.
- 구더기가 들끓은 꿈은 길몽으로 재물이 늘어난다.
- 구더기가 몸에 붙은 꿈은 길몽으로 재물이 들어온다.
- 책장에서 구더기가 나온 꿈은 책 때문에 이익이 생긴다.
- 흙 속에서 구더기가 나온 꿈은 길몽으로 뜻밖의 이익이 생긴다.
- 그릇에 구더기가 가득 담긴 꿈은 횡재수가 따른다.

매미 · 전갈 · 반딧불이 · 달팽이에 관한 꿈

- 매미를 본 꿈은 목병이 생길 암시이다.
- 매미가 나무에 붙어 시원하게 운 꿈은 자신의 처지를 호소할 길이 생긴다.
- 나무에 붙어 있는 매미를 잡은 꿈은 흉몽으로 질병을 얻을 암시이다.
- 전갈을 본 꿈은 흉몽으로 불행한 일이 생길 암시이다. 특히 자동차 · 배 · 항공기 등을 운행하는 사람은 조심해야 한다.
- 반딧불이를 본 꿈은 흉몽으로 사업의 전망이 어둡고 생각과는 다른 결과가 나온다.
- 달팽이는 갈등을 암시한다.

- 달팽이가 나타난 꿈은 흉몽으로 불길한 일이 생긴다.
- 달팽이를 본 꿈은 흉몽으로 손재수가 따른다.
- 달팽이가 몸에 기어오른 꿈은 하는 일이 늦어져 말썽이 생긴다.
- 달팽이가 나무에 기어오른 꿈은 납품이나 마감이 늦어 문제가 생긴다.

8장. 식물에 관한 꿈

초목에 관한 꿈

초목은 재물·인재 등을 암시한다.

- 초목이 무성하거나 울창한 꿈은 길몽으로 좋은 일이 생긴다.
- 초목이 말라 죽은 꿈은 흉몽으로 가정이나 사업이 몰락한다.
- 비가 오지 않아 수목이나 잡초가 시든 꿈은 사업자금의 부족으로 궁지에 몰릴 암시이다.
- 나무를 심거나 기른 꿈은 길몽으로 좋은 일이 생긴다.
- 높은 나무에 올라간 꿈은 길몽으로 지위가 높아진다.
- 나무에 열매가 맺은 꿈은 태몽이다.

- 나뭇가지가 부러진 꿈은 흉몽으로 형제를 잃는다.
- 나뭇가지가 왕성하게 잘 자란 꿈은 형제가 잘 된다.
- 나무가 높은 언덕이나 산 위에 당당하게 서 있는 꿈은 길몽으로 입신출세한다.
- 싱싱한 나무에서 잎이 떨어진 꿈은 흉몽으로 가족이 질병에 걸릴 암시이다.
- 썩은 나무 위에 화초가 피어 있는 꿈은 길몽으로 좋은 일이 생긴다.
- 큰 나무를 힘에 넘치도록 짊어진 꿈은 길몽으로 부자가 된다.
- 큰 나무가 말라죽거나 부러진 꿈은 흉몽으로 집안의 기둥이 되는 사람이 병들거나 죽어 집안이 망할 암시이다.
- 큰 나무에 올라간 꿈은 길몽으로 입신출세한다.
- 큰 나무에 올라가다 떨어진 꿈은 흉몽으로 지위가 떨어진다.
- 고목이 시든 꿈은 흉몽으로 자식들의 경제사정이 좋지 않음을 나타낸 것이다.
- 고목에 싹이 나거나 꽃이 핀 꿈은 길몽으로 부귀영화가 따르며 사업이 번창한다.
- 고목이 바람에 넘어지거나 꺾인 꿈은 흉몽으로 갑자기 사업이 몰락할 징조이다.
- 여러 가지 색의 나무를 본 꿈은 길몽으로 좋은 일이 생길

암시이다.

- 지붕 위에 아름다운 색깔의 나무가 있는 꿈은 길몽으로 좋은 일이 생긴다.
- 단풍이 들지 않은 단풍나무를 본 꿈은 길몽으로 좋은 일이 생길 암시이다.
- 단풍이 들지 않은 단풍나무가 지붕 위에 있는 꿈은 길몽으로 그 집에 사는 사람이 재산이 늘고 입신출세한다.
- 울창한 나무가 갑자기 단풍이 든 꿈은 흉몽으로 병이 들거나 좋지 않은 일이 생길 암시이다.
- 소나무를 본 꿈은 길몽으로 가운이 계속 번창하고, 집안의 어른이 장수한다.
- 사철나무가 무성한 꿈은 길몽으로 가운과 자손이 번창할 암시이다.
- 사철나무가 마른 꿈은 흉몽으로 자손에게 해가 미친다.
- 뽕나무를 본 꿈은 길몽으로 좋은 일이 생긴다.
- 뽕나무 열매 오디를 본 꿈은 길몽으로 좋은 일이 생긴다.
- 뽕을 따러가거나 딴 꿈은 길몽으로 좋은 일이 생긴다.
- 뽕나무 잎이 떨어진 꿈은 흉몽으로 하는 일이 막힌다.
- 뽕나무가 방이나 계단 등에 난 꿈은 흉몽으로 불길한 일이 생길 암시이다.
- 느티나무를 본 꿈은 좋지 않다. 느티나무는 정자나무의 가치가 있다고 생각되나 나무 자체의 생명력보다 사람들

이 노는 장면이 나타나기 때문이고, 회화나무로 풀이해 괴목(槐木)이라 하지만 괴목(怪木)으로 다루기 때문이다.

■ 정자나무 밑에서 편하게 잠을 자는 사람을 본 꿈은 그 사람이 환자이면 죽음을 암시한다.

■ 밤이 열린 밤나무를 본 꿈은 태몽이다.

■ 갈대가 무성하게 자란 꿈은 길몽으로 좋은 일이 생긴다.

■ 갈대가 태풍에 넘어진 꿈은 흉몽으로 가운이 기울 암시이다.

■ 갈대가 엉켜 있는 꿈은 가정이나 사업이 곤경에 빠질 암시이다.

■ 죽순을 본 꿈은 길몽으로 좋은 일이 생기고, 여자에게는 이성을 동경하는 마음을 나타낸 것이다.

■ 죽순을 꺾어 집으로 갖고온 꿈은 아들을 낳을 태몽이다.

■ 담쟁이덩굴을 본 꿈은 당신을 사랑하는 사람이 당신을 그리워 한다는 뜻이다.

■ 독버섯을 본 꿈은 손해를 끼칠 사람이 있다는 암시이다.

■ 잡초가 무성하게 자란 꿈은 길몽으로 풍년이 들고 가정이 번창한다.

■ 무성한 잡초가 길을 막아 가지 못한 꿈은 새로운 분야를 개척하거나 직업을 바꾸어볼 필요가 있다.

■ 제초제를 뿌려 잡초가 말라죽은 꿈은 가정이나 사업이 망할 암시이다.

- 잔디밭이 곱게 정리된 꿈은 길몽으로 좋은 일이 생긴다.
- 잔디밭이 흐트러져 있는 꿈은 좋지 않은 일이 생긴다.
- 낙엽은 재물을 암시한다.
- 낙엽이 많이 있는 것을 본 꿈은 길몽으로 재물이 늘어날 암시이다.
- 낙엽을 쓸어모은 꿈은 길몽으로 재물이 풍부해진다.
- 낙엽을 쓸어모아 깨끗하게 태운 꿈은 길몽으로 집안에 질병이 치료되고 사업의 부도가 정리된다.
- 낙엽 속에서 생활한 꿈은 길몽으로 재물이 풍부해진다.
- 낙엽이 바람에 뒹굴고 있는 꿈은 객지에 있는 자식에게서 편지가 오거나 소식을 듣는다.

꽃에 관한 꿈

화초는 재물을 암시한다. 생시에 꽃을 주는 것은 즐거움이지만 꿈에서는 재물의 유출로 본다. 살아 있는 꽃은 대개 길몽이고, 장소나 주위의 상황·시기 등을 살펴 해몽한다.

- 꽃을 심은 꿈은 최고의 길몽으로 좋은 일이 생긴다.
- 집 안에 각종 꽃이 만발한 꿈은 경사가 생긴다.
- 만발한 꽃 속을 걸은 꿈은 길몽으로 사업의 성과에 만족

할 암시이다.

■ 꽃을 꺾은 꿈은 애인을 만날 암시이고, 태몽과 관계있다.

■ 꽃이 핀 나무에 다가가 꽃잎을 따서 입에 넣은 꿈은 애인을 만날 암시이다.

■ 집 안에 갖가지 꽃이 만발한 꿈은 길몽으로 그 집이 번창하고, 그 집에 사는 사람이 명성을 떨친다.

■ 꽃을 꺾어 향기를 맡은 꿈은 그리운 사람을 만나거나 그 사람의 소식을 듣는다.

■ 여러 가지 꽃 중에서 자신의 꽃송이가 유난히 커보인 꿈은 일의 성과가 큼을 나타낸다.

■ 수목이 울창한 넓은 산이나 들에 갖가지 꽃이 만발해 기쁨을 느낀 꿈은 길몽으로 사회적인 안정을 암시한다.

■ 꽃 속에서 남녀가 하늘로 오른 꿈은 사랑이 성공한다.

■ 산처럼 쌓인 꽃 속에 파묻혀 딩군 꿈은 길몽으로 행복한 결혼생활을 한다.

■ 꽃이 떨어진 꿈은 흉몽으로 가정에 우환과 이별수가 생긴다.

■ 꽃이 시든 꿈은 사업이 실패하고 가정에 질병이 생긴다.

■ 꽃이 한꺼번에 떨어지거나 시든 꿈은 신분하락·해직·재물손실·애인과의 이별 등이 따른다.

■ 꽃이 졌는데 열매가 없는 꿈은 흉몽으로 결과가 없다.

■ 사랑하는 여성이 두 송이의 꽃을 갖고 나타났는데 생화

는 여성이 갖고 자신은 조화를 받은 꿈은 이별이 따를 암시이다.

■ 화분을 산 꿈은 결혼을 준비할 암시이다.

■ 화분에 나무나 꽃을 심은 꿈은 약혼하고, 심은 것이 꽃이 피면 결혼하고, 열매를 맺으면 훌륭한 자식을 낳는다.

■ 꽃병은 사랑의 표현으로 파손되면 이혼을 암시한다.

■ 꽃병을 선물받은 꿈은 길몽으로 희망적인 일이 생긴다.

■ 물망초를 본 꿈은 이별을 암시한다.

■ 도라지꽃을 본 꿈은 단조로움을 뜻하나 내실의 행복을 암시한다.

■ 장미꽃은 사랑을 암시한다.

■ 연꽃을 본 꿈은 태몽으로 귀한 아들을 낳을 암시이다.

■ 연꽃이 만발한 꿈은 길몽으로 가정이 번창한다.

■ 벚꽃을 본 꿈은 하는 일이 왕성하게 발전할 암시이다.

■ 벚꽃이 만발한 꿈은 길몽으로 좋은 일이 생긴다.

■ 벚꽃이 만발한 곳에서 남녀가 어울려 술을 마시며 유흥한 꿈은 마음이 안정되지 않아 하는 일이 잘 되지 않는다는 뜻이다.

■ 복숭아꽃이나 살구꽃이 만발한 꿈은 이성간의 사랑을 암시한다.

■ 양귀비꽃 태몽은 딸을 낳을 암시이다.

■ 양귀비꽃을 많이 얻은 꿈은 길몽으로 재물이 들어온다.

- 길을 가다 양귀비를 보거나 얻은 꿈은 애인을 만날 암시이다.
- 배꽃을 본 꿈은 길몽으로 명예를 얻는다.
- 선인장은 신분보호를 의미한다.
- 제비꽃은 희망적인 사랑을 암시한다.
- 백합꽃은 사랑하는 사람을 만난다.
- 밭에 메밀꽃이 만발한 꿈은 가정이 번창할 길몽으로 좋은 일이 생긴다.
- 개나리꽃이 만발한 꿈은 길몽으로 농사가 풍년들어 기쁘고 가정이 번창한다.
- 나팔꽃이 만발하거나 넝쿨이 왕성한 것을 본 꿈은 겉으로는 좋은 것 같으나 실속이 없다는 뜻이니 하는 일을 다시 한 번 검토해 볼 필요가 있다.

사군자에 관한 꿈

- 사군자를 본 꿈은 길몽으로 좋은 일이 생긴다.
- 사군자 숲이 울창한 꿈은 길몽으로 좋은 일이 생긴다.
- 난초는 자손의 번창을 암시한다.
- 난초가 핀 꿈은 태몽이다.
- 썩은 나무에 난초가 핀 꿈은 길몽으로 좋은 일이 생긴다.

- 매화가 만발한 꿈은 길몽으로 가정이 번창한다.
- 매화가 말라 죽은 꿈은 흉몽으로 가족의 질병이나 죽음을 암시한다.
- 대나무를 본 꿈은 길몽으로 좋은 일이 생긴다.
- 대나무가 무성하게 자란 꿈은 길몽으로 가정이 화목하며 사업이 번창하고, 관직에 있는 사람은 입신출세한다.
- 대나무숲 속에서 헤맨 꿈은 사업의 방향을 찾기 힘들다.
- 국화꽃은 실연·고독·이별 등으로 해몽하고, 절개를 표현하는 경우도 있다.
- 국화가 많이 피어 있거나 화려하게 피어 있는 꿈은 길몽으로 고생 끝에 성공을 이룬다.
- 국화가 외롭게 피어 있는 꿈은 고독과 이별을 암시한다.

9장. 하늘에 관한 꿈

해·달·별 등 천체에 대한 꿈은 원시신앙의 상징으로 태몽과 관계가 많다. 그리고 바람·폭풍·우박·홍수·지진·구름·안개·연기·티끌·먼지는 장애·천재지변·누명·모함·액운 등을 암시한다.

우주에 관한 꿈

- 우주에 관한 꿈은 영몽으로 다룬다.
- 천체에 제사를 지낸 꿈은 길몽으로 하는 일이 순조롭다.
- 우주를 본 꿈은 자유를 갈망하는 마음을 나타낸 것이다.

- 우주를 탈출한 꿈은 고독을 탈피하려는 마음을 표현한 것이다.
- 더 넓은 우주로 탈출한 꿈은 자유를 갈망하는 마음을 나타낸 것이다.
- 우주인이 되어 은하수의 어느 별 속으로 올라간 꿈은 길몽으로 입신출세한다.
- 우주인이 품 안으로 들어온 꿈은 태몽으로 입신출세할 아이를 낳을 암시이다.
- 우주인이 땅으로 내려온 꿈은 길몽으로 반가운 소식을 듣는다.
- 우주인이 줄을 타고 내려와 자기를 다른 별로 데리고 간 꿈은 길몽으로 귀인이 나타난다.
- 우주인이 통신수단을 이용해 자기에게 연락한 꿈은 멀리 있는 정든 사람에게 반가운 소식이 온다.
- 우주인은 보이지 않고 소리만 들린 꿈은 길몽으로 협조자가 나타난다.

하늘에 관한 꿈

- 하늘로 올라간 꿈은 길몽으로 사업이 번창한다.
- 하늘에 올라가 어떤 물건을 가져온 꿈은 길몽으로 입신

출세한다.

- 하늘에 올라가 즐겁게 놀다 내려온 꿈은 흉몽으로 사업이 실패하고, 입시생은 1차에는 붙으나 2차에서 낙방할 암시이다.
- 하늘에서 뛰어내린 꿈은 흉몽으로 사업이 급속하게 몰락한다.
- 하늘에서 떨어진 꿈은 흉몽으로 불길한 일이 생긴다.
- 하늘을 향해 날개를 편 꿈은 길몽으로 사업이 번창한다
- 하늘이 무너져 어두워진 꿈은 흉몽으로 회사의 부도나 가족의 죽음을 암시한다.
- 하늘에서 광채가 비치면서 밝아진 꿈은 길몽으로 사업이 번창하고 환자는 질병이 완쾌된다.
- 하늘에서 물체가 파손된 꿈은 회사가 분할되거나 파산하는 등 사업장이 몰락한다.
- 하늘에서 어떤 소리가 들린 꿈은 길몽으로 개인사업보다 국가나 사회적인 일이 잘 된다.
- 하늘과 땅이 합쳐진 꿈은 이성과의 교합을 나타내고, 만사가 형통한다.
- 하늘을 입으로 삼킨 꿈은 왕성한 원기를 나타낸다. 사업의 성공, 최고의 학위, 인기 있는 작품을 창작한다.

해에 관한 꿈

- 해에 관한 꿈은 길몽으로 자손이 번창한다.
- 해를 숭배한 꿈은 길몽으로 복을 받는다.
- 해를 보고 절을 하거나 제사를 지낸 꿈은 길몽으로 좋은 일이 생긴다.
- 해가 광채를 낸 꿈은 길몽으로 좋은 일이 생긴다.
- 해가 자신의 몸을 비친 꿈은 길몽으로 입신출세한다.
- 햇빛이 밝게 비친 꿈은 소원하는 일이 순조롭게 이루어진다.
- 해가 입이나 몸으로 들어온 꿈은 태몽으로 아들을 낳는다.
- 해가 서쪽 하늘로 기운 꿈은 흉몽으로 사업이 사양길에 접어든다.
- 해를 짊어진 꿈은 길몽으로 입신출세한다.
- 해를 안은 꿈은 길몽으로 결혼이 성사되고, 여자는 남편이 큰 벼슬이나 지위를 얻어 입신출세한다.
- 해가 가슴에 안긴 꿈은 태몽으로 옥동자를 낳는다.
- 해가 주머니 속으로 들어온 꿈은 태몽으로 옥동자를 낳을 암시이다.
- 해가 물 속에서 솟아올라온 꿈은 길몽으로 시험에 합격하거나 취업한다.

- 해와 달이 함께 떠오르거나 진 꿈은 흉몽으로 만사가 뜻대로 되지 않고, 부모를 잃을 수도 있다.

달에 관한 꿈

- 달에 관한 꿈은 길몽이며 태몽과 관계가 많다.
- 맑은 달을 본 꿈은 길몽으로 마음이 안정되었다는 뜻이다.
- 달을 안은 꿈은 길몽으로 결혼이 성사되고, 여자는 남편이 큰 벼슬이나 지위를 얻어 입신출세한다.
- 달이 입이나 몸으로 들어온 꿈은 태몽으로 아들을 낳을 암시이다.
- 달이 솟아오르자 덮힌 구름이 벗겨진 꿈은 길몽으로 좋은 일이 생긴다.
- 달을 보고 절을 한 꿈은 길몽으로 뜻을 이룬다.
- 달빛이 몸에 비친 꿈은 길몽으로 입신출세한다.
- 달빛이 점점 밝아진 꿈은 길몽으로 가운이나 사업이 점점 좋아진다.
- 달빛이 점점 어두워진 꿈은 흉몽으로 가운이 기운다.
- 달빛 아래에서 술을 마시며 논 꿈은 할 일이 많아지고 고민이 늘어난다.

- 달이 떨어진 꿈은 흉몽으로 사회적인 인물이 죽거나 집안에 훌륭한 사람이 벼슬을 잃을 암시이다.
- 물 속에 비친 달을 본 꿈은 흉몽으로 혼사가 깨진다.
- 달무리가 찬란하게 빛난 꿈은 길몽으로 좋은 일이 생길 암시이다.

별에 관한 꿈

- 빛나는 별을 본 꿈은 길몽으로 좋은 일이 생긴다.
- 별이 몸 속으로 들어온 꿈은 태몽이다.
- 별을 주운 꿈은 길몽으로 승진한다.
- 별을 따 주머니에 넣은 꿈은 태몽으로 아들을 낳을 암시이다.
- 별을 가슴에 안은 꿈은 태몽으로 아들을 낳을 암시이다.
- 여러 개의 별 중에서 유난히 빛나는 별을 따거나 가진 꿈은 길몽으로 여러 사람과의 경쟁에서 이긴다.
- 여러 개의 별을 따 주머니에 넣은 꿈은 길몽으로 큰 재물이 들어온다.
- 별을 따려고 하늘에 올라갔다가 떨어진 꿈은 흉몽으로 사업에서 낭패를 본다.
- 어깨에서 별이 반짝인 꿈은 길몽으로 승진한다.

- 어깨에 별이 붙은 꿈은 길몽으로 승진한다.
- 별이 떨어진 꿈은 흉몽으로 손해가 따른다.
- 큰 별이 떨어진 꿈은 흉몽으로 저명인사의 죽음을 암시한다.
- 별이 빛을 내지 않거나 어두운 꿈은 흉몽으로 불길한 일이 생길 암시이다.
- 뚜렷하게 자리잡고 있던 별이 다른 곳으로 옮긴 꿈은 배우자의 정조에 문제가 생길 암시이다.
- 밝은 혜성을 본 꿈은 길몽으로 소원을 이룬다.
- 북두칠성을 본 꿈은 길몽으로 반드시 입신출세한다.
- 북두칠성이 떨어진 꿈은 흉몽으로 불길한 일이 생긴다.
- 은하수를 본 꿈은 길몽으로 만사가 순조롭다.
- 은하수를 횡단한 꿈은 길몽으로 사업이 순조롭고 젊은 남자는 애인을 정복한다.

구름에 관한 꿈

- 구름에 관한 꿈은 색이 맑아야 길몽이고, 먹구름은 흉몽으로 불길한 일이 생긴다. 만일 꿈에 구름이 자주 나타나면 가정과 사업에 문제점이 있다는 뜻이니 다시 점검해 보도록.

- 오색구름이 자신을 둘러싼 꿈은 최고의 길몽으로 지위가 올라갈 암시이다.
- 구름을 손으로 잡은 꿈은 길몽으로 성공을 이룬다.
- 구름 때문에 주위가 갑자기 어두워진 꿈은 흉몽으로 가정이 불안해지고 시끄러운 일이 생긴다.
- 구름 위에 앉거나 누운 꿈은 명예가 따를 길몽이나 환자는 죽음을 암시한다.
- 구름이 해나 달을 가린 꿈은 흉몽으로 방해자가 생긴다.

바람에 관한 꿈

- 바람이 불어 나뭇가지가 흔들리거나 꺾인 꿈은 흉몽으로 만사가 뜻대로 되지 않는다.
- 바람을 타거나 바람 때문에 몸이 공중으로 날아올라간 꿈은 흉몽으로 누군가에게 이용당한다.
- 회오리 바람이 분 꿈은 흉몽으로 뜻하지 않은 손재수가 따른다.
- 바람에 먼지가 날린 꿈은 흉몽으로 가정과 사업이 위험에 빠질 암시이다.
- 바람이 자기에게만 불어닥친 꿈은 흉몽으로 누명을 쓰게 되거나, 빚보증에 대한 책임을 떠맡거나, 패소판결을 받거

나, 사업장에서 행정처분 등을 받는다.

■ 폭풍에 관한 꿈은 위험이 따르니 투자를 삼가해야 한다.

■ 폭풍우가 들이닥친 꿈은 가족의 죽음을 암시한다.

■ 폭풍우가 심해 길을 가지 못하고 허덕인 꿈은 흉몽으로 방해자로 인하여 뜻을 펴지 못한다.

■ 태풍으로 파도가 휩쓴 꿈은 흉몽으로 불길한 일이 생기고 갑자기 재산이 줄어든다.

■ 태풍으로 나무가 꺾인 꿈은 흉몽으로 불길한 일이 생기고 갑자기 재산이 줄어든다.

■ 태풍에 나무가 쓰러진 꿈은 집안의 기둥인 사람이 죽거나 재물이 갑자기 줄어든다.

눈에 관한 꿈

■ 흰눈이나 맑은눈을 본 꿈은 길몽이나 내리고 있는 것이 강조된 꿈은 하는 일이 중단될 암시이다.

■ 눈이 많이 쌓인 꿈은 길몽으로 재물이 늘어난다.

■ 눈이 너무 많이 내려 길이 막힌 꿈은 흉몽으로 사업이 중단되거나 집안에 불화가 생긴다.

■ 눈이 음산하게 내린 꿈은 흉몽으로 사업이 어려움에 처한다.

- 눈과 폭풍우가 동반하는데 폭풍이 눈을 날려버리거나 녹여버린 꿈은 새로운 일을 하고자 하는 마음을 나타낸 것이다.
- 진눈깨비가 내린 꿈은 의심을 받거나 조롱을 당한다.

비에 관한 꿈

비는 자본·양식·소원·눈물 등을 암시하고, 대개 길몽으로 본다.

- 비를 만난 꿈은 길몽으로 마음의 갈등이 해소된다.
- 비가 순조롭게 내린 꿈은 길몽으로 재물이 들어온다.
- 오랫동안 내리던 비가 멈추고 맑은 하늘이 보인 꿈은 길몽으로 모든 근심 걱정이 사라지고 하는 일이 잘 풀린다.
- 장마가 멈추고 햇빛이 난 꿈은 최고의 길몽으로 사업이 번창할 암시이다.
- 비가 음산하게 내린 꿈은 흉몽으로 사업이 어려움에 처한다.
- 농사를 짓다가 비를 만난 꿈은 길몽으로 귀인을 만나거나 일이 순조로워진다.
- 농사를 짓다가 궂은비나 장마를 만난 꿈은 사업이 부진

해지고 부도를 당할 암시이다.

- 빗물이 고여 냇물을 이룬 꿈은 최고의 길몽으로 재물이 늘어날 암시이다.
- 비가 너무 많이 내려 길이 막힌 꿈은 흉몽으로 사업이 중단되거나 집안에 불화가 생긴다.
- 홍수가 나 흙탕물이 된 꿈은 불길한 일이 생긴다.
- 홍수가 나 도로가 유실된 꿈은 흉몽으로 교통사고를 당하거나 사업이 실패한다.

안개 · 우박 · 서리 · 이슬 · 먼지에 관한 꿈

- 안개를 본 꿈은 흉몽으로 만사를 조심하라는 경고이다.
- 안개가 걷히고 해나 달·별·맑은 구름이 보인 꿈은 길몽으로 좋은 일이 생긴다.
- 안개 속에서 사자나 뱀·용·큰 물고기 등이 점점 똑똑하게 드러난 꿈은 명예로운 일이 생긴다. 그러나 반대이면 질병이나 재난이 닥친다.
- 우박은 질병을 암시하나 단순하게 생긴 우박은 아들을 낳을 태몽이다.
- 눈 위에 서리가 내린 꿈은 흉몽으로 액운이 겹친다.
- 서리가 하얗게 내린 꿈은 길몽으로 새로운 사업을 이룰

암시이다.

- 이슬은 재물·순수·자본 등을 암시한다.
- 들판에 이슬이 많이 내린 꿈은 흉몽으로 불길한 일이 생긴다.
- 이슬을 맞은 꿈은 길몽으로 경사가 생긴다.
- 이슬을 먹은 꿈은 길몽으로 재물이 들어온다.
- 먼지에 관한 꿈은 액운이나 액운을 만드는 것이니 시간을 두고 생각해야 한다.
- 먼지를 본 꿈은 흉몽으로 방해자가 있다는 암시이다.

신기루·무지개·아지랑이에 관한 꿈

신기루에 관한 꿈은 현실이 공상적이라는 뜻이고, 무지개는 행운·안락·번영·인기·지위·권력 등을 암시한다.

- 색이 맑은 무지개를 본 꿈은 길몽으로 대단한 횡재수가 따른다.
- 쌍무지개를 본 꿈은 흉몽으로 다툼이 벌어진다.
- 오색무지개를 본 꿈은 길몽으로 혼담이 성사되나 불안한 마음을 나타내기도 한다. 만일 태몽이면 입신출세하는 자식을 낳는다.

■ 아지랑이를 본 꿈은 입장이 명확하지 않다는 뜻이다.

천둥 · 번개 · 벼락에 관한 꿈

■ 천둥소리를 들은 꿈은 길몽으로 뜻밖에 행복한 일이 생긴다.
■ 번갯불을 본 꿈은 이사하는 사람에게 좋은 꿈이다.
■ 번갯불을 뒤집어 쓴 꿈은 사업이 성공하고 태몽인 경우도 있다.
■ 번개가 친 뒤 평온해진 상태에서 맑은 구름이 보인 꿈은 길몽으로 하는 일이 좋은 성과를 얻는다.
■ 벼락에 관한 꿈은 길몽으로 좋은 일이 생긴다.
■ 벼락에 맞아 죽은 꿈은 길몽으로 입신출세와 부귀영화가 따른다.
■ 벼락이 자신의 집에 떨어진 꿈은 흉몽으로 집안에 우환이 생길 암시이다.
■ 벼락이 떨어진 곳에 큰 불길이 일어난 꿈은 길몽으로 좋은 일이 생긴다.
■ 벼락이 떨어진 곳에 불길은 일어나지 않고 검은 연기만 난 꿈은 흉몽으로 노력의 결과가 없다.
■ 벼락이 떨어져 집이 검게 탄 꿈은 흉몽으로 하는 일이 막

히고 가족이 질병에 걸린다.

■ 벼락을 맞은 나무에 새싹이 튼 꿈은 길몽으로 사업이 번창하고 재수생은 합격한다.

■ 벼락이 떨어져 불이 났는데 완전히 타버리고 맑은 재만 남은 꿈은 길몽으로 사업이 성공한다.

10장. 땅에 관한 꿈

땅에 관한 꿈

- 땅이 울린 꿈은 흉몽으로 가족의 악성질환이나 죽음을 암시한다.
- 땅에 금이 간 꿈은 흉몽으로 사업이 분열되고 가정이 몰락한다.
- 땅이 갈라진 꿈은 흉몽으로 사업의 분할, 정당의 분열, 모임의 해산 등이 따른다.
- 땅이 높이 솟아오른 꿈은 길몽으로 사업이 번창한다.
- 땅이 꺼진 꿈은 흉몽으로 사업이 부진해질 암시이다.
- 맨땅에 드러누운 꿈은 누울자리가 마땅치 않다는 뜻으로 주택에 대한 갈등을 나타낸 것이다.
- 무인도가 나타난 꿈은 복잡한 현실을 피하려는 심정을

표현한 것이다. 자유와 화목이 필요하다.

■ 외로운 섬에 혼자 있는 꿈은 위험한 현실에서 빠져나옴을 나타낸 것이다.

■ 북극이나 남극이 나타난 꿈은 복잡한 현실을 피하고 싶어하는 마음을 나타낸 것이다.

논·밭·들에 관한 꿈

■ 논이나 밭·들을 본 꿈은 길몽으로 재물이 늘어난다.

■ 논이나 밭을 팔거나 산 꿈은 가정이나 사업이 번창할 길몽으로 좋은 일이 생긴다.

■ 논이나 밭에 잡초가 있는 꿈은 흉몽으로 집안에 우환이 생기거나, 일거리가 생기거나, 회사나 가산을 정리한다.

■ 논이나 밭에 잡초가 무성한 꿈은 농사에 집중하라는 경고이다.

■ 논이나 밭에 잡초가 많아 곡식이 보이지 않은 꿈은 주위를 정리정돈하라는 경고이다.

■ 논이나 밭에 풀이 무성한 꿈은 재물이 늘어난다.

■ 논이나 밭에 태풍이 지나간 흔적이 있는 꿈은 사업이나 가정이 파산할 암시이다.

■ 논에 물이 가득 찬 꿈은 길몽으로 재물이 늘어나고 가정

이 안정된다.

- 논바닥이 가뭄으로 갈라진 꿈은 흉몽으로 사업이 분열되고 사업자금이 유출된다.
- 논이나 밭을 매다가 한 이랑을 빠트린 꿈은 흉몽으로 가족의 죽음을 암시한다.
- 밭을 갈다 굽은 밭이랑을 바로잡은 꿈은 이탈한 가족이 마음을 잡고 돌아오고, 재수생은 열심히 공부해 합격한다.
- 넓은 곳에서 일을 한 꿈은 넓은 포부와 순조로운 행진을 암시하고, 금의환향의 입신출세를 암시하기도 한다.
- 들에서 나물을 캐는 여자를 본 꿈은 그 여자의 정조에 문제가 따른다.
- 들에 나무와 숲이 보기 좋게 배치된 꿈은 길몽으로 좋은 일이 생긴다.
- 넓은 들에 수목이 울창한 꿈은 길몽으로 평화로운 사회를 나타낸다.
- 숲이 우거진 들을 본 꿈은 길몽으로 가정과 사업이 번창하고 문제가 잘 풀린다.
- 숲이 우거진 들을 산책한 꿈은 길몽으로 가정과 사업이 번창하고 문제가 잘 풀린다.
- 들에 금이 가거나 지진이 일어난 꿈은 사업이나 일이 분열될 암시이다.
- 들판이 둘로 갈라진 꿈은 사업이 분할되거나 정당이 분

열되거나 모임이 해산된다.
- 들에 드러누운 꿈은 흉몽으로 집에 대한 갈등이 생긴다.

산·숲에 관한 꿈

산은 공공기관·단체·사회·국가 등을 암시하고, 때로는 개인의 권세·신상·희망 등을 암시하기도 한다.

- 고함을 질러 산울림을 일으킨 꿈은 길몽으로 노력한 만큼 대가가 나타난다.
- 산이 커지거나 높아진 꿈은 길몽으로 지위와 명예·사업 등이 발전한다.
- 산이 낮아지거나 작아진 꿈은 흉몽으로 몰락할 암시이다.
- 높은 산에 태양이 비친 꿈은 길몽으로 좋은 일이 생긴다.
- 높은 산이 불길에 휩싸인 꿈은 길몽으로 좋은 일이 생길 암시이다.
- 산에 올라간 꿈은 길몽으로 가정과 사업이 번창하고 지위가 올라간다.
- 높은 산을 바라보며 올라간 꿈은 길몽으로 지위나 사업의 진로가 밝아진다.
- 높은 산에 올라간 꿈은 길몽으로 밝은 미래가 온다는 암

시이다.

■ 산 정상에 올라간 꿈은 최고의 길몽으로 만사가 이루어 진다.

■ 산을 날아서 올라가거나 뛰어올라간 꿈은 길몽으로 가정과 사업·지위가 빠르게 상승한다.

■ 산 정상에 올랐는데 주위가 청명한 꿈은 길몽으로 좋은 일이 생긴다.

■ 산 정상에 올라 태양을 본 꿈은 길몽으로 좋은 일이 생긴다.

■ 산 정상에 올랐는데 태양이 보이지 않거나 서쪽 하늘로 사라진 꿈은 흉몽으로 가정과 사업·지위 등이 서서히 몰락한다.

■ 산 정상에 올랐는데 비가 촉촉히 내리거나 눈이 가볍게 내린 꿈은 최고의 길몽으로 만사가 이루어진다.

■ 산 정상에 올랐는데 구름이나 안개가 끼거나 폭풍우를 만난 꿈은 흉몽으로 불길한 일이 생긴다.

■ 산 정상에 올라 고함을 지르거나 즐거운 노래를 부르거나 양 팔을 높이 펴든 꿈은 길몽으로 소원을 이룬다.

■ 산에 올라가다 우왕좌왕한 꿈은 수험생의 지망과목이나 학교선택에 대한 갈등을 나타낸 것이다.

■ 산에서 내려온 꿈은 흉몽으로 사업이나 지위가 하락한다.

■ 초라한 산을 바라보며 내려온 꿈은 흉몽으로 전망이 밝

지 않다는 뜻이다.

- 산 정상이나 높은 곳에 살거나 머문 꿈은 길몽으로 남보다 지위가 앞선다는 암시이다.
- 넓은 산에 수목이 울창한 꿈은 길몽으로 평화로운 사회를 나타낸다.
- 산에 나무와 숲이 보기 좋게 배치된 꿈은 길몽으로 좋은 일이 생긴다.
- 숲이 우거진 산을 본 꿈은 길몽으로 가정과 사업이 번창하며, 문제가 잘 풀린다.
- 숲이 우거진 산을 산책한 꿈은 길몽으로 가정과 사업이 번창하며, 문제가 잘 풀린다.
- 숲이 울창한 산이나 숲 속에서 방황한 꿈은 안정되지 못한 마음을 나타낸 것이다.
- 산이나 숲 속을 용감하게 걸어다닌 꿈은 왕성한 체력을 표현한 것이다.
- 산 속에서 길을 잃어 허덕인 꿈은 흉몽으로 하는 일이 어려움에 처할 암시이다.
- 산 속에서 길을 잃어 허덕이다 누군가의 도움으로 길을 찾은 꿈은 길몽으로 새로운 활로를 찾는다.
- 산에서 아름답거나 웅장한 나무를 뽑아온 꿈은 흉몽으로 질병에 걸릴 암시이다.
- 산에서 단풍나무 등 왕성한 나뭇가지를 꺾어온 꿈은 흉

몽으로 집안에 액운이 닥치거나 형제나 친구의 죽음을
암시한다.

■ 산에서 꽃이 핀 나무를 꺾어 꽃을 가져온 꿈은 흉몽으로
질병에 걸릴 암시이다.

■ 큰 산을 들어올리거나 짊어지거나 지고걷거나 날라온 꿈
은 가정과 사업이 융성하고, 지위의 장래가 밝아 입신출
세한다. 수험생은 합격하고 그 방향에서 성공한다.

■ 산을 입으로 삼킨 꿈은 왕성한 원기를 나타낸다. 사업의
성공, 최고의 학위, 인기 있는 작품의 창작한다.

■ 큰 산을 입으로 삼킨 꿈은 길몽으로 희망이 따르고 재물
이 늘어난다. 여자는 훌륭한 아들을 낳을 암시이다.

■ 높은 산에서 하늘을 쳐다본 꿈은 길몽으로 앞길이 열릴
암시이다.

■ 산을 보고 절을 하거나 기도한 꿈은 길몽으로 가정과 사
업·지위 등 소원을 이룬다.

■ 산이 갑자기 무너진 꿈은 흉몽으로 가족의 죽음을 암시
한다. 윗사람인 경우가 많으며 그 산에 묘를 쓰게 된다.

■ 높은 산에서 떨어진 꿈은 위험한 단계를 지났다는 뜻으
로 앞으로 새로운 길을 간다.

■ 여러 겹의 산을 넘은 꿈은 정복이나 해결을 암시한다. 이
때 의지는 강하지만 고난과 문제를 암시하기도 한다.

■ 옆에 있는 산이 사라진 꿈은 시기하는 사람이나 경쟁자

가 사라질 암시이다.

- 산을 팔거나 산 꿈은 길몽으로 재물이 늘어난다.
- 산을 다른 것과 바꾼 꿈은 흉몽으로 재물손실이 따르거나 질병을 얻을 암시이다.
- 산에 금이 가거나 지진이 일어난 꿈은 사업이나 일이 분열될 암시이다.
- 산이 둘로 갈라진 꿈은 사업이 분할되거나 정당이 분열되거나 모임이 해산된다.
- 산에 드러누운 꿈은 집에 대한 갈등이 생긴다.
- 산을 보고 원망하거나 욕을 하거나 산을 바라보다 돌아서서 침을 뱉은 꿈은 흉몽으로 액운이 겹친다.
- 높은 산에서 뛰어내린 꿈은 흉몽으로 갑자기 사업이 몰락한다.
- 길을 가다 숲 속에 주저앉거나 누운 꿈은 흉몽으로 그 사람이 사업이 중단되거나 중병에 걸릴 암시이다.

길에 관한 꿈

- 시원하게 뚫린 길을 본 꿈은 길몽으로 밝은 앞날을 암시한다.
- 똑바로 된 길을 걸어간 꿈은 길몽으로 좋은 일이 생긴다.

■ 꼬불꼬불한 길을 걸어간 꿈은 흉몽으로 불길한 일이 생긴다.

■ 깨끗하게 잘 절리된 길을 걸은 꿈은 하는 일이 순조롭다.

■ 길을 만들거나 고친 꿈은 길몽으로 앞날이 밝다.

■ 길이 마당까지 시원하게 뚫린 꿈은 길몽으로 사업이 성공한다.

■ 마을이나 집 앞의 길을 고친 꿈은 사업을 개척한다.

■ 마을이나 집 앞에 길이 생긴 꿈은 사업운이 트인다.

■ 길을 똑바로 걸어간 꿈은 길몽으로 좋은 일이 생긴다.

■ 이상이 없는 길을 걸어가다 멈춘 꿈은 하는 일이 중단될 암시이다.

■ 어두운 밤길을 걸어간 꿈은 새로운 사람을 만난다.

■ 길을 가다 막다른 골목이 나타난 꿈은 일이 순조롭지 못하다.

■ 길이 갑자기 절벽으로 변하거나 끊어진 꿈은 흉몽으로 하는 일이 중단된다.

■ 두 갈래 길을 걷다가 하나로 합쳐진 길을 걸은 꿈은 길몽으로 좋은 일이 생긴다.

■ 길을 가는데 주위의 경치가 좋아 기분이 좋은 꿈은 일이 순조롭고 그렇지 못하면 나쁘다.

■ 횡단보도는 방향을 암시하는 꿈으로 위치와 행동으로 판단한다.

다리에 관한 꿈

- 다리를 고친 꿈은 길몽으로 사업이 순조롭다.
- 다리가 튼튼해 보이거나 튼튼한 다리를 건너간 꿈은 길몽으로 좋은 일이 생긴다.
- 다리 위에서 사람을 기다린 꿈은 일이 잘 풀리지 않는다.
- 다리가 파괴된 꿈은 흉몽으로 사업의 진로가 막힐 암시이다.
- 다리가 무너져 다니지 못한 꿈은 흉몽으로 자손에게 해롭다.
- 외나무다리를 건너간 꿈은 흉몽으로 겨우 명맥만을 유지하고 있다는 뜻이다.
- 길을 가는데 다리가 있어야 할 자리에 다리가 있었던 꿈은 길몽으로 하는 일이 순조롭다.
- 길을 가는데 다리가 있어야 할 자리에 다리가 없었던 꿈은 흉몽으로 하는 일이 중단된다.
- 길을 가다 강물 등을 만났는데 다리가 있는 꿈은 길몽으로 하는 일이 순조롭다.
- 남녀가 같이 다리를 건너간 꿈은 배우자를 만나고, 결혼한 사람은 부부의 미래가 밝다. 그러나 다리가 흔들리면 좋지 않다.

절벽 · 언덕 · 고개에 관한 꿈

■ 절벽에서 떨어진 꿈은 사업이나 지위가 몰락할 흉몽으로 불길한 일이 생긴다.

■ 높은 절벽에서 뛰어내린 꿈은 길몽으로 어려웠던 일이 한꺼번에 이루어진다.

■ 높은 절벽에서 떨어진 꿈은 위험한 단계를 지났다는 뜻으로 앞으로 새로운 길을 간다.

■ 높은 절벽에서 떨어지는데 하늘이나 신선 등이 줄을 내려줘 살아난 꿈은 기적적으로 입신출세의 길이 열린다는 암시이다.

■ 높은 절벽에서 떨어졌는데도 상처를 입지 않은 꿈은 흉몽으로 신상에 좋지 않은 일이 닥친다.

■ 언덕이 점점 높아지거나 커진 꿈은 흉몽으로 하는 일이 점점더 어려워질 암시이다.

■ 높은 언덕을 올라간 꿈은 길몽으로 지위가 올라간다.

■ 언덕에서 내려온 꿈은 흉몽으로 지위가 떨어진다.

■ 언덕 위에 또 언덕이 있는 꿈은 흉몽으로 하는 일이 어려움에 처할 암시이다.

■ 고개가 보인 꿈은 길몽으로 머지않아 사업을 이룬다.

굴 · 광산 · 웅덩이 · 수렁에 관한 꿈

■ 동굴 속에서 맑은 샘물이 나온 꿈은 길몽으로 재물이 들어온다.

■ 굴 속을 빠져나온 꿈은 길몽으로 고통에서 벗어나 새로운 길을 찾는다.

■ 캄캄하던 굴 속이 점점 밝아지면서 밝은 빛이 나오고 나중에는 굴이 불길에 잠긴 꿈은 최고의 길몽으로 입신출세하고 수험생은 합격한다.

■ 굴 속에 보물이 숨겨져 있는 꿈은 길몽으로 재물이 들어온다.

■ 금은보화를 갖고 굴 속으로 들어간 꿈은 숨긴 재산이 탄로난다.

■ 누군가가 금은보화를 갖고 굴 속으로 사라진 꿈은 흉몽으로 재물이 줄어든다.

■ 조상이 재물을 갖고 굴 속으로 들어간 꿈은 흉몽으로 재물이 줄어들거나 질병에 걸릴 암시이다.

■ 어두운 굴 속에서 맑은 물이 흐른 꿈은 길몽으로 재물이 생긴다.

■ 광산을 본 꿈은 허망한 심리상태를 표현한 것이다.

■ 광산에서 금은보화가 나온 꿈은 길몽으로 재물이 늘어나고 수험생은 합격한다.

- 웅덩이는 죽음·고난 등을 암시한다.
- 웅덩이에 고인 물이 맑으면 길몽이고, 흙탕물이면 흉몽으로 불길한 일이 생긴다.
- 웅덩이를 판 꿈은 흉몽으로 머지않아 그 사람이 죽을 암시이다.
- 웅덩이에 묻힌 꿈은 길몽으로 사업이 안정된다.
- 남을 묻어주려고 웅덩이를 판 꿈은 길몽으로 집을 마련한다.
- 길을 가다 수렁에 빠진 꿈은 흉몽으로 질병에 걸릴 암시이다.

흙·모래에 관한 꿈

- 흙을 본 꿈은 길몽으로 좋은 일이 생긴다.
- 많은 흙을 마당 가운데로 가져오거나 쌓아둔 꿈은 길몽으로 재물이 늘어난다.
- 밖에서 깨끗하지 않은 흙을 가져온 꿈은 당당하지 않은 일로 비굴해지거나 모욕을 당한다.
- 흙으로 그릇을 빚은 꿈은 길몽으로 가정이나 사업이 성공한다.
- 흙이나 먼지가 몸에 묻은 꿈은 흉몽으로 질병에 걸릴 암

시이다.

- 모래에 관한 꿈은 흉몽으로 고난을 암시한다.
- 모래밭을 걷거나 모래언덕을 올라간 꿈은 하는 일이 어려움에 빠질 암시이다.
- 사막을 걷다 오아시스를 발견하거나 도착한 꿈은 누군가의 도움으로 사업의 활로를 찾거나 안정된다.
- 사막이나 모래밭에서 허덕인 꿈은 흉몽으로 어려움에 처한다.
- 사막에 집을 짓거나 씨앗을 뿌린 꿈은 성과 없는 일을 할 암시이다.

돌 · 바위에 관한 꿈

- 돌에 관한 꿈은 길몽으로 좋은 일이 생긴다.
- 돌을 갖거나 보관하거나 운반한 꿈은 길몽으로 재물이 늘어난다.
- 돌 위에 앉은 꿈은 길몽으로 재물이 늘어난다.
- 물 속에 잠긴 돌을 꺼낸 꿈은 길몽으로 재물이 늘어난다.
- 하늘에서 떨어지는 돌에 맞은 꿈은 길몽으로 재물이 늘어난다.
- 돌을 짊어지고 집으로 온 꿈은 길몽으로 재물이 늘어날

암시이다.

- 돌을 주워모은 꿈은 가정이 번창하고 횡재수가 따른다.
- 집에 돌이 가득 쌓인 꿈은 가정이 번창하고 횡재수가 따른다.
- 바위가 돌로 변한 꿈은 흉몽으로 재물이 줄어든다.
- 돌이 커져 바위가 된 꿈은 길몽으로 재물이 늘어난다.
- 돌로 다른 사람을 때리거나 상대방이 던진 돌에 맞은 꿈은 흉몽으로 다툼이 벌어진다.
- 돌로 다른 사람을 때리거나 상대방이 던진 돌에 맞았는데 피가 많이 흐른 꿈은 길몽으로 하는 일이 순조롭게 풀린다.
- 방이나 창고에 돌을 가득 쌓아둔 꿈은 길몽으로 횡재수가 있다.
- 냇가에 맑은 돌이 즐비하게 놓여 있는 꿈은 길몽으로 재물이 늘어난다.
- 창고에 쌓아둔 돌이 무너진 꿈은 재물이 줄어들 흉몽으로 금리저하로 손해를 보거나 증권투자에 차질이 생긴다.
- 산 속에서 돌을 쌓은 꿈은 길몽으로 재물이 점점 늘어나고, 종교적으로 좋다.
- 돌담이 무너진 꿈은 도움을 주는 사람들에게 대책을 세워주지 못해 힘을 잃는다.
- 포장된 길을 걷다 진흙길이나 자갈길을 만난 꿈은 사업

이 궁지에 몰릴 암시이다.

■ 누군가에게 예쁜 조약돌을 받은 꿈은 재물이 들어오며 여자는 태몽이다.

■ 예쁜 조약돌을 치마폭에 안거나 차돌을 주워모은 꿈은 여자는 태몽이다.

■ 예쁜 조약돌을 줍거나 얻은 꿈은 길몽으로 예술가는 작품으로 학자는 논문으로 명성을 얻는다.

■ 길을 가는데 갑자기 바위가 나타나 앞을 막거나 바위에 깔린 꿈은 흉몽으로 방해자를 만난다.

■ 넓은 암반 위에 편안히 누운 꿈은 길몽으로 가정이 번창하고 편안해진다.

■ 높은 바위 위로 올라가거나 내려온 꿈은 산과 같은 맥락으로 해몽한다. 이를 들거나 움직임도 같다.

■ 자기집 마당에 있는 바위가 없어진 꿈은 가정이나 사업의 진로가 밝아지고, 변화의 물결을 따른다.

■ 바위에 자신의 이름을 쓴 꿈은 길몽으로 입신출세하고, 수험생은 합격한다.

■ 바위 앞에서 제사를 지내거나 절을 한 꿈은 소원을 이룰 암시이다.

■ 웅장한 바위를 들거나 집어삼킨 꿈은 길몽으로 사업이 번창하고, 회사원이나 관직에 있는 사람은 조직의 운영이 잘 되어 확고한 위치를 잡는다.

지진 · 화산에 관한 꿈

지진과 화산은 사고나 재난을 암시한다.

■ 지진이 일어난 꿈은 흉몽으로 사업에 분열이 생기고 가정이 파산될 암시이다.

■ 지진이 일어나 땅이 흔들린 꿈은 흉몽으로 재물이 줄어들며 재판에 실패할 암시이다.

■ 지진이 일어나 심하게 흔들린 꿈은 흉몽으로 갑자기 재물이 줄어들고 송사에 실패한다.

■ 지진이 일어나 땅이 꺼진 꿈은 흉몽으로 손재수나 천재지변을 당한다.

■ 화산의 불길 속으로 빨려든 꿈은 흉몽으로 곤경에 처할 암시이다.

11장. 물에 관한 꿈

물에 관한 꿈

물은 재물·소망·본질 등을 암시한다. 맑은물은 재물, 탁류는 손재수로 해몽한다.

■ 물을 본 꿈은 대개 길몽으로 좋은 일이 생긴다.

■ 물을 끓인 꿈은 길몽으로 환자는 완쾌된다.

■ 물을 마신 꿈은 길몽으로 재물이 늘어난다. 많을수록 좋고 길어온 물은 더 좋다.

■ 탁하거나 맑지 않은 물을 마신 꿈은 흉몽으로 불길한 일이 생길 암시이다.

■ 물을 마시다 혐오물을 건져내지 못하고 들이킨 꿈은 흉몽으로 질병을 얻을 암시이다.

- 물에 빠진 꿈은 흉몽으로 유혹에 빠져 손재수가 생길 암시이다.
- 물에 빠졌다 나온 꿈은 길몽으로 사건이나 재난에서 벗어난다.
- 물에 빠졌는데 나오지 못한 꿈은 흉몽으로 궁지에 몰리거나 재난을 당한다.
- 물 속에 몸을 담그고 기분이 좋았던 꿈은 길몽으로 좋은 일이 생긴다.
- 물을 길어 집으로 온 꿈은 길몽으로 좋은 일이 생긴다.
- 물을 길어 집으로 왔는데 물이 없어진 꿈은 일의 결과가 없거나 손해를 볼 암시이다.
- 큰 그릇에 물을 가득 받아두었는데 구멍으로 빠져나간 꿈은 흉몽으로 재물이 어디론가 빠져나간다.
- 물을 짊어진 꿈은 길몽으로 가운이 번창하고 재물이 계속 늘어난다.
- 땅 속에서 물이 솟아오른 꿈은 길몽으로 재물이 늘어나고 가정이 번창한다.
- 큰 물통에 깨끗한 물이 가득찬 꿈은 길몽으로 부자가 될 암시이다.
- 큰 물통에 탁류가 가득찬 꿈은 흉몽으로 액운이 끊이지 않을 암시이다.
- 물 위를 활보한 꿈은 길몽으로 가정이나 사업이 번창할

암시이다.

■ 깨끗하지 않은 물에서 헤엄친 꿈은 질병에 걸리거나 죄악에 빠질 암시이다.

■ 남녀가 같이 물 속으로 뛰어든 꿈은 혼담이 성사된다. 이때 물 속에서 죽거나 살거나 관계없이 혼담의 성사로 해석한다.

■ 수도꼭지에서 깨끗한 물이 나온 꿈은 길몽으로 일이 순조롭다는 암시이다.

■ 수도꼭지에서 황톳물이 나온 꿈은 흉몽으로 집안에 질병과 액운이 따른다.

■ 수도관이 터져 물이 나온 꿈은 흉몽으로 손재수가 생길 암시이다.

■ 큰 그릇에 맑은 수도물이 가득 담겨 있거나 넘친 꿈은 길몽으로 가정이 번창하고 행운이 따른다.

■ 물탱크에 맑은물이 가득차 있는 꿈은 길몽으로 재물이 들어오고 가정이 평안해진다.

■ 물탱크에 구멍이 생겨 물이 줄어든 꿈은 흉몽으로 집안에 재물을 빼내는 사람이 있을 암시이다.

■ 얼음에 대한 꿈은 흉몽으로 냉철함을 나타낸다.

■ 얼음이나 빙벽·빙산이 앞을 가로막은 꿈은 흉몽으로 사업에 장애가 따른다.

■ 돌아가는 물레방아는 원만함을 나타내고, 정상적인 혼인

이나 남녀관계를 암시한다.

- 물레방아만을 본 꿈은 구설수가 있고, 남녀간에 이별수가 따른다.
- 물레방아가 고장나 돌지 않거나 흐린 물이면 흉몽으로 불길한 일이 생긴다.

바다에 관한 꿈

- 바닷물이 고요하며 맑게 보인 꿈은 길몽으로 편안해진다.
- 바닷물이 파도가 치고 태풍이 불어 고요하지 않은 꿈은 흉몽으로 불길한 일이 생긴다.
- 바다를 순조롭게 항해한 꿈은 길몽으로 만사가 번창한다.
- 바닷물이 고요하고 점점 늘어난 꿈은 길몽으로 재물이 늘어난다.
- 바닷물이 가득차 넘친 꿈은 길몽으로 재물이 늘어난다.
- 바닷물이 마른 꿈은 흉몽으로 재물이 줄어들고 액운이 겹친다.
- 바닷물이 황금으로 변한 꿈은 길몽으로 재물이 늘어난다.
- 바닷물이 탁류로 변한 꿈은 흉몽으로 재물이 줄어들고 액운이 겹친다.
- 바닷물이 폭풍우에 휩싸인 꿈은 흉몽으로 재물이 줄어들

고 액운이 겹친다.

■ 바닷물이 검은색으로 변한 꿈은 흉몽으로 재물이 줄어들고 액운이 겹친다.

■ 바닷물이 집 안으로 들어온 꿈은 길몽으로 재물이 늘어난다.

■ 바닷물이 폭풍과 함께 집으로 들어온 꿈은 흉몽으로 재난을 당한다.

■ 바닷물을 끌어들여 호수에 뿌린 꿈은 흉몽으로 피해를 입는다.

■ 바다 위나 속을 유유히 걸은 꿈은 하는 일이 잘 풀린다.

■ 바다를 순조롭게 항해한 꿈은 길몽으로 사업이 잘 풀릴 암시이다.

■ 바다 위를 마음대로 걸어다니거나 뛰어다닌 꿈은 활동무대가 열리며 운이 트인다는 암시이다. 학생은 입학시험에 합격하고, 사업가는 빛을 보게 된다.

■ 바다에 빠져 허우적거린 꿈은 흉몽으로 사업이 곤경에 처한다.

■ 바다 한가운데로 떠내려간 꿈은 그 사람의 죽음을 암시한다.

■ 항해 중에 해일이나 풍랑을 만난 꿈은 흉몽으로 액운을 암시한다.

■ 바다를 입으로 삼킨 꿈은 왕성한 원기를 나타낸다. 사업

의 성공, 최고의 학위, 인기 있는 작품을 창작한다.

강에 관한 꿈

- 강물이 두 갈래로 흐르다 합류한 꿈은 사업이나 정당이나 단체가 합할 암시이다.
- 강물이 두 갈래나 그 이상으로 갈라진 꿈은 사업이나 정당이나 모임 등이 분열될 암시이다.
- 강물이 역류하거나 줄어든 꿈은 흉몽으로 불길한 일이 생긴다.
- 강물이나 냇물이 농토로 들어간 꿈은 길몽으로 좋은 일이 생긴다.
- 세수나 목욕을 하려는데 강물이 모자란 꿈은 흉몽으로 경제적인 어려움을 당한다.
- 강물이 얼어붙은 꿈은 흉몽으로 가정이나 사업이 침체될 암시이다.
- 강물에 배를 띄우면서 논 꿈은 하는 일이 순조롭고 즐거워진다.
- 넓고 맑은 강물에서 헤엄친 꿈은 하는 일이 순조롭다.
- 강물을 끌어들여 마당이나 회사나 도로에 시원하게 뿌린 꿈은 길몽으로 가정과 사업이 번창한다.

호수 · 연못에 관한 꿈

- 호수에 물이 없거나 마른 꿈은 흉몽으로 불길한 일이 생긴다.
- 호수에 빠진 꿈은 흉몽으로 사업이 곤경에 처한다.
- 호수의 물이 잔잔해 보인 꿈은 길몽으로 좋은 일이 생길 암시이다.
- 호수에 낙엽이나 종이배를 띄운 꿈은 이성에 대한 그리움을 나타낸 것이다.
- 호수에서 폭풍우가 일어난 꿈은 흉몽으로 가정이나 사업이 파탄할 암시이다.
- 연못에 빠진 꿈은 흉몽으로 하는 일이 어려움에 처할 암시이다.
- 연못이 얼어붙은 꿈은 흉몽으로 하는 일이 당분간 침체된다.
- 연못의 분수대에서 맑은물이 솟아오른 꿈은 길몽으로 사업이 활발하게 진행된다.
- 연못의 분수대가 물이 없어 외롭게 보인 꿈은 사업자금의 부족으로 회사나 사업이 곤경에 처한다.
- 연못의 분수대가 파손되거나 고장난 꿈은 사업장의 설비나 임원에게 문제가 있을 암시이다. 집 안에 있는 분수대라면 가정에 문제가 있다.

- 연못에 물고기가 놀고 있는 꿈은 길몽으로 사업이 번창한다.
- 연못에 넣어둔 물고기가 보이지 않거나 죽은 꿈은 흉몽으로 사업의 실패를 암시한다.

우물 · 약수 · 샘물 · 온천에 관한 꿈

우물은 이성의 여성 · 재물 · 사업자금 · 집안의 평화 등을 암시한다.

- 집 안에 있는 우물에서 샘물이 솟아오른 꿈은 가운이 트이고 재물이 계속 늘어난다.
- 우물물이 높이 솟아오른 꿈은 길몽으로 좋은 일이 생길 암시이다.
- 우물이 마른 꿈은 흉몽으로 재산이 줄어든다.
- 우물을 파거나 마당에 우물이 있는 꿈은 이성을 만난다.
- 우물을 팠는데 물이 많이 나온 꿈은 길몽으로 거액의 사업자금을 조달한다.
- 우물을 팠는데 물이 마르거나 나오지 않은 꿈은 자금고갈로 사업이 극도로 침체된다.
- 우물에 물고기를 기른 꿈은 길몽으로 평안함을 나타낸다.

- 우물물이 새 도랑이나 하수로 흐른 꿈은 흉몽으로 집안이 가난해진다.
- 우물로 들어간 꿈은 흉몽으로 가정과 사업이 어려워진다.
- 우물에 빠진 꿈은 흉몽으로 송사가 생길 암시이고, 특히 자식에게 좋지 않다.
- 우물에 물건을 빠트린 꿈은 흉몽으로 재물을 잃는다.
- 우물에 황톳물이 있는 꿈은 흉몽이고 마시면 질병에 걸린다.
- 우물에 두레박을 빠트린 꿈은 흉몽으로 자금난으로 사업이 어려워진다.
- 약수를 얻거나 떠온 꿈은 길몽으로 건강의 청신호를 나타낸다.
- 약수를 마신 꿈은 길몽으로 질병이 완쾌된다.
- 집 안에서 샘물이나 약수가 솟은 꿈은 길몽으로 가족이 모두 건강해지고 부귀와 장수를 누린다.
- 산에서 백발노인이 떠준 샘물을 받아 마신 꿈은 횡재수가 따르고 환자는 병이 낫는다.
- 온천에서 기름이 솟아오른 꿈은 길몽으로 재물이 늘어나고 수험생은 합격한다.

냇물 · 하천 · 도랑 · 폭포 · 하수구에 관한 꿈

■ 냇물이나 도랑물이나 하천 등의 물이 마르거나 흐리거나 느리게 흐른 꿈은 하는 일의 성과가 미진하고 동작이 느려 진도를 맞추지 못할 암시이다. 특히 송사의 진도가 늦어 피해를 본다.

■ 냇물이 맑고 순조롭게 흐른 꿈은 길몽으로 좋은 일이 생긴다.

■ 냇물을 건너간 꿈은 일이 실패로 끝나거나, 냇물을 건너간 사람의 죽음을 암시한다.

■ 냇물이나 강물 위를 장비 없이도 마음대로 활보한 꿈은 자신감을 나타내며 앞길이 열린다.

■ 하천이나 호수 · 냇물에 띄운 배가 순조롭게 떠다닌 꿈은 길몽으로 하는 일이 순조롭게 잘 풀린다.

■ 길을 가다 넓은 도랑을 만난 꿈은 하는 일이 난관에 부딪힐 암시이다. 만일 도랑을 건너면 난관을 극복한다.

■ 폭포수가 솟은 꿈은 재물이 생길 길몽으로 회사의 자금조달이나 제품의 원료구입이 활발해진다.

■ 폭포수를 타고 하늘로 올라간 꿈은 길몽으로 입신출세하고, 수험생은 합격한다.

■ 폭포수가 넓은 강이나 바다로 시원하게 흘러간 꿈은 사업이 번창하고 입신출세한다. 수험생은 합격해 전도가 밝

아진다.

- 맑은 폭포수에 목욕을 하거나 손발을 씻거나 들이킨 꿈은 길몽으로 사업이 성공한다.
- 하수구는 길·진로·전망 등을 암시한다.
- 하수구가 막힌 꿈은 흉몽으로 불길한 일이 생긴다.
- 하수구에 탁한 물이 흐른 꿈은 매우 흉하다.
- 막힌 하수구가 뚫린 꿈은 길몽으로 사업운이 트인다.

12장. 불·빛·열에 관한 꿈

불에 관한 꿈

불에 관한 꿈은 갑자기 뜻밖의 일이 발생하고 현실내도가 빠르다.

- 불을 본 꿈은 길몽으로 광명과 영광을 암시한다. 그러나 불빛이 밝아야 한다.
- 작은 불씨가 크게 일어난 꿈은 길몽으로 결국은 뜻을 이룬다.
- 부싯돌로 어렵게 불을 일으킨 꿈은 길몽으로 사업이 어려운 과정을 극복하고 성공한다.
- 불이 났는데 불빛이 웅장하고 완전히 타버린 꿈은 길몽으로 좋은 일이 생긴다.

- 불이 잘 타다가 중간에 꺼진 꿈은 기대했던 일이 수포로 돌아갈 암시이다.
- 불이 날 상황인데도 불이 붙지 않은 꿈은 흉몽으로 조건이 주어졌으나 결과가 없다.
- 불이 나 극도에 달했으나 진압할 수 없다고 판단한 상태에서 잠에서 깨면 이로운 일이 생긴다.
- 불이 나 완전히 태운 꿈은 모든 상황이 종결된다.
- 자신의 집에 불이 나 잘 타고 있는데 누군가가 빗자루로 쓸어버렸더니 신기할 정도로 깨끗하게 꺼지고 기분이 매우 좋은 상태에서 잠에서 깨면 이익이 생길 일이 누군가의 방해로 실패한다.
- 자신의 집에 불이 나 완전히 타버린 꿈은 길몽으로 좋은 일이 생긴다.
- 부엌에 불이 난 꿈은 좋지 않다.
- 난로나 아궁이에서 불이 잘 탄 꿈은 길몽으로 사업이 순조롭다.
- 방 안에 불이 난 꿈은 급한 일을 당한다.
- 산에 불이나 활활 탄 꿈은 길몽으로 좋은 일이 생긴다.
- 산에 불길이 높이 솟아오른 꿈은 횡재수가 따르고 입신출세한다.
- 바다나 강물 위로 불길이 솟아오른 꿈은 사업이 번창할 암시이다.

- 지진 때문에 불이 난 꿈은 흉몽으로 가족이 질병에 걸릴 암시이다.
- 상대방의 몸에 불이 붙어 잘 탄 꿈은 사업이 잘 되고 집 안에 경사가 생긴다.
- 자신의 몸에 불이 붙어 잘 탄 꿈은 길몽으로 입신출세하고 경사가 계속 생긴다.
- 불은 계속 타는데 불꽃은 없고 연기만 난 꿈은 노력을 해도 성과가 없다.
- 불길은 없는데 연기가 난 꿈은 실속없이 헛소문만 난다.
- 연기를 본 꿈은 흉몽으로 해결되지 않은 문제를 뜻한다.
- 갈라진 벽이나 처마밑이나 문틈으로 연기가 나온 꿈은 흉몽으로 불길한 일이 생긴다.
- 촛불을 본 꿈은 길몽으로 좋은 일이 생긴다.
- 여러 개의 촛불이 켜져 있는 꿈은 축복받을 일이 생긴다.
- 촛불을 켜고 부처님께 절을 한 꿈은 길몽으로 소원이 이루어지고 수험생은 합격한다.
- 방 안에 촛불이 환하게 켜져 있는 꿈은 소원을 이룬다.
- 촛불이 꺼진 꿈은 사업이 중단되고 수험생은 낙방한다.
- 모닥불을 본 꿈은 소망을 이루고 남의 도움을 받는다.
- 초롱불을 본 꿈은 길몽으로 누군가의 도움을 받는다.
- 호롱불을 본 꿈은 고향에 가거나 고향소식을 듣거나 고향사람을 만난다.

- 횃불을 밝히거나 들고다닌 꿈은 길몽으로 만사가 순조롭고 미혼자는 혼담이 생긴다.
- 누군가가 횃불을 밝혀준 꿈은 길몽으로 만사가 순조롭고 미혼자는 혼담이 생긴다.
- 봉화가 높이 솟아오른 꿈은 길몽으로 좋은 일이 생긴다.
- 봉화가 높이 솟지 않고 희미하게 보인 꿈은 좋지 않다.
- 연탄의 검은불을 본 꿈은 좋지 않다.
- 연탄불이 활활 잘 탄 꿈은 길몽으로 좋은 일이 생긴다.
- 다 타버린 연탄재를 본 꿈은 길몽으로 좋은 일이 생긴다.
- 연탄이 반쯤 탄 꿈은 흉몽으로 하는 일이 중단된다.
- 연탄재가 산더미처럼 쌓인 꿈은 재물이 늘어날 암시이다.
- 숯을 본 꿈은 하는 일이 막힌다.
- 숯불이 활활 타오른 꿈은 길몽으로 가정과 사업이 번창한다.
- 가스가 폭발한 꿈은 사업이 급속히 번창한다. 그러나 주위에 피해가 있으면 길몽으로 다루지 않는다.
- 장마에 도깨비불을 본 꿈은 길몽으로 좋은 일이 생긴다.

빛·열에 관한 꿈

빛에 대한 꿈은 안정·전망·평화 등을 암시하고, 때로는 사건을 해결할 실마리가 된다.

- 에너지에 관한 꿈은 원기·희망 등을 암시한다.
- 빛을 본 꿈은 길몽으로 앞날이 밝아진다.
- 태양광선을 본 꿈은 길몽으로 앞날이 밝아진다.
- 밝은 광선을 본 꿈은 길몽으로 운이 트인다.
- 광선이나 밝은 것을 본 꿈은 길몽으로 희망과 정의를 암시한다.
- 환한 불빛이나 광선이 집이나 사무실로 들어온 꿈은 집안이 화목해지고 사업이 순조롭다.
- 전깃불이 완전히 켜지지 않고 깜빡인 꿈은 같은 일을 반복하나 성과가 없다.
- 정전된 꿈은 흉몽으로 하는 일이 중단된다.
- 방이나 거실이 따뜻하다고 생각한 꿈은 가정이 화목해질 암시이다.
- 난로를 피웠는데도 따뜻해지지 않은 꿈은 가정을 점검해보라는 경고이다.
- 난로가 고장난 꿈은 가정을 점검해보라는 경고이다.
- 화롯가에 가족이 모여 앉은 꿈은 집안 일이 잘 풀린다.

13장. 건물에 관한 꿈

건물에 관한 꿈

- 건축에 관한 꿈은 길몽으로 좋은 일이 생긴다.
- 상량식을 한 꿈은 길몽으로 좋은 일이 생긴다.
- 서까래를 올리고 집을 짓겠다는 의사를 보인 꿈은 최고의 길몽으로 입신출세한다.
- 건물을 산 꿈은 길몽으로 재물이 늘어난다.
- 건물이 물에 잠긴 꿈은 흉몽으로 사업이 몰락한다.
- 건물이 불에 타는 꿈은 길몽으로 좋은 일이 생긴다.
- 빌딩이나 대형건물을 지은 꿈은 길몽으로 좋은 일이 생긴다.
- 새 건물에 간판을 단 꿈은 길몽으로 사업이 번창한다.
- 간판이 떨어진 꿈은 흉몽으로 사업이 실패한다.

- 네온사인 등 화려한 간판을 본 꿈은 허위를 암시한다.
- 관공서 안을 들여다본 꿈은 취직을 하거나 시험에 합격한다.
- 대형 백화점을 구경한 꿈은 불안한 심리상태를 나타낸 것이다.
- 대형 백화점에서 혼자 엘리베이터를 탄 꿈은 불안한 심리상태를 나타낸 것이다.
- 대형 관공서에 들어가거나 짓거나 구경한 꿈은 모두 길몽으로 좋은 일이 생긴다.
- 창고를 지은 꿈은 나쁘다. 창고는 재물욕을 나타내는 것으로 일반적인 집과는 달리 해석한다.
- 영화관을 본 꿈은 자신을 되돌아보며 고향 등을 그리워한다는 뜻이다.
- 여성과 숙박업소에 들어간 꿈은 이성문제로 시비가 생길 암시이다.

궁궐 · 성에 관한 꿈

- 궁궐을 본 꿈은 길몽으로 전망이 밝아진다.
- 궁궐에 들어간 꿈은 길몽으로 입신출세한다.
- 궁궐에 들어가려고 하는데 문지기나 파수병이 막은 꿈은

관공서에 제출한 서류가 통과되지 않거나 관공서의 취직이 성사되지 않는다.

- 궁궐이나 성을 지은 꿈은 길몽으로 입신출세한다.
- 궁궐이 무너진 꿈은 지위가 하락한다.
- 궁궐이 불에 타는 꿈은 길몽으로 사업이 번창한다.
- 높은 궁궐이나 성곽 위에 올라간 꿈은 길몽으로 입신출세한다.
- 용궁을 보거나 들어간 꿈은 길몽으로 입신출세하고 사업이 번창한다.
- 용궁의 문지기나 파수병을 만난 꿈을 흉몽으로 불길한 일이 생긴다.
- 성벽에 금이 간 꿈은 재물이 줄어든다.
- 성을 허물거나 무너뜨린 꿈은 흉몽으로 불길한 일이 생긴다.

집에 관한 꿈

- 집을 팔거나 산 꿈은 길몽으로 좋은 일이 생긴다.
- 집을 지은 꿈은 길몽으로 좋은 일이 생긴다.
- 집을 깨끗하게 청소한 꿈은 손님이 찾아온다.
- 집이 튼튼해 보인 꿈은 길몽으로 좋은 일이 생긴다.

- 자신이 살고 있는 집을 수리한 꿈은 길몽으로 좋은 일이 생긴다.
- 집이 무너진 꿈은 흉몽으로 가산을 탕진한다.
- 살고 있는 집이 무너져 사람이 죽은 꿈은 명예가 올라가고 재물이 들어온다.
- 집을 허물거나 무너뜨린 꿈은 흉몽으로 불길한 일이 생긴다.
- 오래된 집을 무너뜨린 꿈은 길몽으로 새로운 사업을 시작하며 환자는 완쾌된다.
- 집이 폭풍이나 지진에 흔들려 금이 간 꿈은 흉몽으로 집안에 우환이 생긴다.
- 집 안에 풀이 무성한 꿈은 흉몽으로 좋지 않은 일이 생길 암시이다.
- 집에 벽지를 바른 꿈은 감기에 걸릴 암시이다.
- 분수에 맞지 않게 호화로운 집을 짓고 산 꿈은 불안한 마음을 나타내거나 죽음을 암시한다.
- 살고 있는 집 기둥에 분수에 넘치게 화려하게 장식한 꿈은 흉몽으로 초상이 날 암시이다.
- 집이 갑자기 큰 누각으로 변한 꿈은 가정이 날로 번창하며, 신분의 권세가 올라간다.
- 집 가운데로 광명이 비친 꿈은 길몽으로 집안이 편안해지고 번영한다.

- 집 기둥을 장식하고 상을 차리고 모인 꿈은 초상이 난다.
- 초가를 본 꿈은 길몽으로 가정이 편안해지고 고향도 편안하다.
- 고향이나 고향의 초가를 본 꿈은 생활이 안정되었다는 뜻이다.
- 자신이나 조상이 살던 초가를 본 꿈은 만사에 침착하라는 경고이며 조상 등 영적존재의 등장과 같이 해석한다.
- 집에 문패를 단 꿈은 길몽으로 사업이 성공한다.
- 문패를 뗀 꿈은 그 문패의 주인이 사업에 실패한다.
- 가족의 이름이 모두 있는 문패에 한 사람을 더 넣은 꿈은 결혼이나 임신으로 가족이 늘어난다.
- 가족의 이름이 모두 있는 문패에서 한 사람을 지운 꿈은 그 사람의 죽음을 암시한다.
- 집 안의 대들보가 무너진 꿈은 흉몽으로 가운이 기울 암시이다.
- 지붕이 무너진 꿈은 가족이 질병에 걸리거나 죽음을 맞는다.
- 천정이 무너진 꿈은 가정이 파탄나거나 사업이 실패한다.
- 옥상이나 지붕 위에 올라가 사방을 꿈은 최고의 길몽으로 소원을 이루고 입신출세하여 평생 부귀영화를 누린다.
- 자신의 집 담벽에 금이 간 꿈은 흉몽으로 재물이 줄어들 암시이다.

- 집 앞마당에 금으로 된 잔디가 소복하게 솟아오른 꿈은 길몽으로 좋은 일이 생긴다.
- 용마루를 본 꿈은 좋지 않다. 용마루는 집을 누르고 있는 것으로 압력이나 구금 등으로 해석한다.
- 용마루를 벗기거나 벗겨진 꿈은 길몽으로 어려움에서 벗어난다.
- 용마루가 벗겨지지 않도록 단속한 꿈은 흉몽으로 고민을 벗지 못하고 누군가의 죽음을 암시한다.
- 용마루를 벗긴 꿈은 해방을 암시한다.
- 굴뚝에서 연기가 나온 꿈은 헛소문으로 망신을 당한다.
- 굴뚝이나 연기를 제거한 꿈은 원성을 면한다.
- 현관을 본 꿈은 불길한 일이 생긴다.
- 안으로 들어오지 않고 현관에서 망설인 꿈은 그 집에 사는 사람의 죽음을 암시한다.
- 환자가 현관문을 나간 꿈은 그 환자의 죽음을 암시한다.
- 현관이나 대문 주위가 어수선하게 어지러져 있고 기분이 좋지 않은 꿈은 가족이 질병에 걸릴 암시이다.

문에 관한 꿈

집의 문은 집안과 친척, 사무실 문은 회사나 사업장에 대한 꿈으로 해몽한다.

- 문설주를 만든 꿈은 길몽으로 재물이 늘어나며 사업이 순조롭다.
- 문얼굴, 문중방, 문지방, 문지방돌, 문지도리 등을 본 꿈은 최고의 길몽으로 가운이 일어난다.
- 대문이 저절로 열린 꿈은 길몽으로 하는 일이 순조롭다.
- 안방 문이나 침실 문이 저절로 열린 꿈은 아내의 정조에 문제가 생긴다.
- 새집에 새문을 만들어 단 꿈은 길몽으로 입신출세의 길이 열린다. 기업가는 운영방법을 바꾸고 임원을 새로 배치할 필요가 있다.
- 쇠로 만든 튼튼한 문을 본 꿈은 길몽으로 집안이 안정되었음을 나타낸다.
- 병석에 누운 환자가 대문 밖으로 나간 꿈은 죽음을 암시한다.
- 문이 불에 탄 꿈은 흉몽으로 만사가 어려움에 처한다.
- 문 앞에 담이 생기거나 장애물이 있어 길이 막힌 꿈은 운수가 막혀 고생한다.
- 문이 부서진 꿈은 흉몽으로 손재수가 있거나 집안에 우환이 생긴다.
- 문으로 많은 사람이 드나든 꿈은 가운이 일어나고 집안

의 명성이 높아진다.

■ 훤하게 열린 문 너머로 옥답이 보인 꿈은 길몽으로 가세
　가 계속 상승한다.

■ 창문에 관한 꿈은 태양과 같은 암시로 입신출세한다.

■ 창문이 훤하게 뚫려 있는 꿈은 앞날이 밝다.

■ 창문으로 빛이 들어온 꿈은 길몽으로 입신출세한다.

■ 창문으로 햇빛이 들어온 꿈은 뜻밖의 사람에게 도움을
　받아 입신출세한다.

■ 밤에 창문으로 불빛이 비친 꿈은 좋은 일이 생긴다.

■ 창문이 막힌 꿈은 흉몽으로 하는 일이 순조롭지 않다.

■ 창문이 제기능을 하지 못한 꿈은 조상이나 다른 사람의
　도움을 받지 못한다.

■ 창문으로 도둑이 들어오거나 나간 꿈은 길몽으로 좋은
　일이 생긴다.

이사에 관한 꿈

　이사는 현실을 벗어나거나 생활이나 인생을 다시 검토하라
는 경고이고, 죽음과 관계가 있다.

■ 새집으로 이사하려고 생각한 꿈은 새로운 배우자를 만날

암시이다.

- 이사하려고 짐을 꾸린 꿈은 새로운 사업을 시작하고 가정과 운세가 좋아진다.
- 새집으로 이사한 꿈은 직업에 변화가 생기거나 새로운 사업을 시작하고, 학생은 학교를 옮긴다.
- 새로 집을 짓고 이사한 꿈은 여행을 떠날 암시이다.
- 헌집으로 이사한 꿈은 길몽으로 배우자가 나타난다.
- 좋은 집으로 이사한 꿈은 길몽으로 좋은 일이 생긴다.
- 새로 이사한 집으로 짐을 들인 꿈은 새로운 사업을 시작하고 가정과 운세가 좋아진다.
- 분수에 넘치는 호화로운 집으로 이사한 꿈은 이사하는 사람의 죽음을 암시한다.
- 고향으로 이사한 꿈은 길몽으로 가정이나 사업이 순조로울 암시이다.
- 낯설고 멀리 있는 곳으로 이사한 꿈은 죽음을 암시한다.
- 고향이나 정든 곳에서 이사온 꿈은 새로운 방법을 찾아야 한다는 경고이다.
- 이사갈 집이 무너진 꿈은 흉몽으로 계획을 점검하라는 암시이다.
- 새로 이사한 집이 무너진 꿈은 가정이 몰락할 흉몽으로 계획을 다시 검토해 보라는 암시이다.

14장. 먹거리에 관한 꿈

음식에 관한 꿈

■ 음식을 대접받은 꿈은 그 사람에게 복종할 암시이다.

■ 음식을 만든 꿈은 길몽으로 새로운 사업을 하거나 배우 자를 만난다.

■ 음식이 부글부글 끓고 있는 꿈은 이성에 대한 연정을 나 타낸 것이다.

■ 음식을 불에 구운 꿈은 좋지 않은 일이 생긴다.

■ 음식에 양념을 넣은 꿈은 길몽으로 새로운 사업을 하거 나 배우자를 만난다.

■ 음식을 편안한 자세로 먹은 꿈은 사업이나 가정이 안정 된다.

■ 음식을 급하게 먹거나 서서 먹은 꿈은 일을 서두르고 있

다는 뜻이다.

- 음식을 누워서 먹은 꿈은 흉몽으로 유혹에 빠져 하기 싫은 일을 하게 된다.

- 음식을 조심해서 먹거나 잘 씹어먹은 꿈은 사업을 잘 검토해서 이익이 생긴다.

- 날것을 먹거나 씹지 않고 그대로 삼킨 꿈은 사업이 실패할 암시이니 다시 점검하도록.

- 음식을 먹다 이물질이 나온 꿈은 방해자가 있다는 암시이다.

- 단음식을 먹은 꿈은 만사가 불통으로 수험생은 낙방한다.

- 상한 음식을 먹고 배탈이 나거나 토한 꿈은 질병에 걸리거나 재물이 나간다.

- 집 안에 음식 냄새가 풍겨 얼굴을 찡그린 꿈은 헛소문이나 구설수가 따른다.

- 여러 사람이 한 상에 둘러앉아 요란하게 음식을 먹은 꿈은 방송이나 신문 등과 관계된 일이 생긴다.

- 김치를 보거나 먹은 꿈은 길몽으로 좋은 일이 생긴다.

- 김장을 한 꿈은 길몽으로 재물을 저장하고 새로운 일을 시작한다.

- 떡을 본 꿈은 길몽으로 좋은 일이 생긴다.

- 많은 떡을 본 꿈은 풍부함을 암시한다.

- 떡을 먹은 꿈은 길몽으로 진행하는 일이 순조로울 암시

이다.

- 떡장수에게 돈을 주고 떡을 사먹은 꿈은 길몽으로 좋은 일이 생긴다.
- 떡장수에게 떡을 공짜로 얻어먹은 꿈은 흉몽으로 불길한 일이 생긴다.
- 떡을 만든 꿈은 길몽으로 좋은 일이 생긴다.
- 떡을 불에 구운 꿈은 흉몽으로 불길한 일이 생긴다.
- 떡을 자른 꿈은 어떤 일을 분배한다.
- 떡을 벽에 걸어놓고 제사를 지낸 꿈은 좋지 않다.
- 떡이나 지짐 그림을 본 꿈은 흉몽으로 실속이 없다.
- 고기를 본 꿈은 길몽으로 좋은 일이 생긴다.
- 고기를 익혀서 먹은 꿈은 길몽으로 좋은 일이 생긴다.
- 고기를 날로 먹은 꿈은 흉몽으로 불길한 일이 생긴다.
- 생선이나 새고기를 먹은 꿈은 길몽이다
- 적이나 전을 부친 꿈은 길몽으로 좋은 일이 생긴다.
- 만두를 먹은 꿈은 길몽으로 근심 걱정이 사라진다.
- 만두를 보거나 만든 꿈은 길몽으로 좋은 일이 생긴다.
- 국수를 먹은 꿈은 자신이 결혼하거나 다른 사람의 결혼식에 참석해 음식을 대접받는다.
- 국수를 얻어먹은 꿈은 국수를 준 사람에게 도움을 받을 암시이다.
- 통조림을 본 꿈은 구속에 대한 갈등을 나타낸 것이다.

- 통조림을 따서 먹은 꿈은 현실에서 벗어날 암시이다.
- 엿장수에게 돈을 주고 엿을 사먹은 꿈은 길몽으로 좋은 일이 생긴다.
- 엿장수에게 엿을 공짜로 얻어먹은 꿈은 흉몽으로 시험에 떨어질 암시이다.
- 빵을 사거나 먹은 꿈은 친구를 사귄다.
- 빵을 자른 꿈은 어떤 일을 분배한다는 뜻이다.
- 과자를 선물한 꿈은 애인이 없어 애태우고 있음을 나타낸 것이다.
- 과자를 선물받은 꿈은 애인이 생기며, 칭찬을 듣는다.
- 아이스크림을 먹은 꿈은 이성에 대한 기대가 무너질 암시이다.

곡식에 관한 꿈

곡식은 재물을 암시한다.

- 흰쌀밥을 먹은 꿈은 부자가 될 암시이다.
- 쌀을 산 꿈은 길몽으로 좋은 일이 생긴다.
- 쌀을 판 꿈은 길몽으로 좋은 일이 생긴다.
- 쌀을 보거나 만진 꿈은 길몽으로 좋은 일이 생긴다.

- 쌀이 산더미 같이 쌓여 있는 꿈은 재물이 들어온다.
- 산더미처럼 쌓인 쌀 위에 앉거나 올라간 꿈은 길몽으로 재물이 들어온다.
- 쌀과 잡곡이 가득 쌓인 꿈은 길몽으로 부자가 된다.
- 보리쌀을 보거나 얻은 꿈은 흉몽으로 불길한 일이 생길 암시이다.
- 보리쌀을 시주한 꿈은 흉몽으로 불길한 일이 생긴다.
- 콩을 보거나 먹은 꿈은 흉몽으로 불길한 일이 생긴다.
- 팥이나 팥죽을 본 꿈은 흉몽으로 불길한 일이 생긴다.

음식 재료 · 양념류에 관한 꿈

- 소금이 많이 쌓인 꿈은 부자가 될 암시이다.
- 소금을 필요한 만큼 조달하지 못한 꿈은 흉몽으로 불길한 일이 생긴다.
- 창고에 흰소금이 가득 쌓인 꿈은 부자가 될 암시이다.
- 큰 배에 흰소금을 싣고 들어온 꿈은 부자가 될 암시이다.
- 흰소금 생산지를 본 꿈은 부자가 될 암시이다.
- 쌓아둔 소금이 녹아내린 꿈은 재물이 줄어들 암시이다.
- 대문 앞에 소금이 뿌려져 있는 꿈은 구설로 집안에 말썽이 생길 암시이다.

- 소금이 많이 쌓인 꿈은 길몽으로 부자가 될 암시이다.
- 소금이 비에 맞은 꿈은 흉몽으로 불길한 일이 생긴다.
- 소금가게에 들렀는데 비가 내린 꿈은 손해를 본다.
- 파나 마늘을 먹은 꿈은 비밀이 탄로난다.
- 밀가루가 바람에 날린 꿈은 흉몽으로 손해가 따른다.

과실에 관한 꿈

과일은 사업성과 · 업적 · 재물 · 애인 · 태몽을 상징한다. 붉은색과 황색 과일은 성숙, 초록색과 풋과일은 미성숙을 나타낸다.

- 과일나무를 심은 꿈은 길몽으로 재물을 모은다.
- 과일이 주렁주렁 달린 꿈은 길몽으로 좋은 일이 생긴다.
- 과일이 여자의 뱃속으로 들어간 꿈은 태몽이다.
- 수험생이 잘 익은 과일을 먹은 꿈은 합격이고, 풋과일을 먹은 꿈은 낙방이다.
- 잘 익은 과일을 얻은 꿈은 길몽으로 좋은 일이 생긴다.
- 과일을 훔친 꿈은 혼담이 성사된다.
- 과일을 따먹은 꿈은 혼담이 성사되거나 애인을 정복한다. 그러나 집안에 환자가 있으면 환자에게 좋지 않다.

- 높은 나무에 올라가 과일을 따먹은 꿈은 여자를 정복하고, 구직자는 좋은 일자리를 얻는다.
- 단 한 개 뿐인 과일을 따먹은 꿈은 그 여자를 정복한다.
- 남이 준 과일을 먹은 꿈은 길몽으로 배우자를 만난다.
- 과일이 많이 달려 있는 꿈은 태몽으로 자손이 번창한다.
- 과일나무가 아닌데 과일이 달린 것을 다른 사람이 따먹은 꿈은 자신의 사업을 다른 사람에게 양도하거나 가족의 정조관리에 문제가 생긴다.
- 과일을 소금에 절여 줄어든 꿈은 흉몽으로 사업이 위축될 암시이다.
- 감을 본 꿈은 길몽이나 색깔이 좋아야 한다.
- 떨어진 감을 주워모은 꿈은 길몽으로 좋은 일이 생긴다.
- 풋감을 주워모은 꿈은 길몽으로 성실한 일꾼을 만난다.
- 감을 차나 배에 많이 싣고 온 꿈은 길몽으로 좋은 일이 생긴다.
- 곶감을 보거나 먹은 꿈은 좋지 않다.
- 수박을 먹은 꿈은 이별을 암시한다. 꿈에서의 단맛은 대개 흉몽으로 다룬다.
- 수박을 얻거나 얻어먹은 꿈은 구설수가 따른다.
- 수박이 주렁주렁 달린 꿈은 길몽으로 좋은 일이 생긴다.
- 사과에 대한 꿈은 여성에게는 태몽과 관계있다.
- 잘 익은 사과를 먹은 꿈은 길몽으로 좋은 일이 생긴다.

- 잘 익지 않거나 신 사과를 먹은 꿈은 싸움이 일어날 흉몽으로 불길한 일이 생긴다.
- 복숭아를 먹은 꿈은 좋지 않다.
- 많은 복숭아를 본 꿈은 길몽으로 좋은 일이 생긴다.
- 살구를 먹은 꿈은 태몽이나 임신한 후에는 음식에 대한 불만을 나타낸다.
- 석류를 본 꿈은 흉몽으로 자손에게 손해가 따른다.
- 모과나 호두를 먹은 꿈은 길몽으로 좋은 일이 생긴다.
- 귤 종류를 먹은 꿈은 죽음을 암시한다.
- 레몬을 본 꿈은 자신이나 가족에게 나쁜 일이 생긴다.
- 딸기에 대한 꿈은 색깔이 중요하다. 맛이 없으면 질병에 걸릴 암시이다.
- 포도를 본 꿈은 길몽으로 자손이 번창하고, 여성은 태몽이다.
- 앵두에 대한 꿈은 재물이나 이성간의 교제와 관계있다.
- 무화과 열매를 본 꿈은 이성과 다툰다.
- 토마토에 대한 꿈은 애정표현을 나타낸다.
- 풋 토마토나 상한 토마토를 본 꿈은 이성간의 애정에 문제가 있을 암시이다.
- 여자에게 잘 익은 토마토를 받은 꿈은 그 여자의 사랑을 독차지할 암시이다.
- 바나나에 대한 꿈은 이성을 동경하는 마음을 나타낸다.

여자인 경우는 성욕에 관한 것이다.

- 남자에게 바나나를 선물받은 꿈은 총각을 만날 암시이다.
- 밤을 먹은 꿈은 이별을 암시한다. 이것은 밤이 세 쪽으로 되어 있기 때문이다.
- 많은 밤을 갖거나 얻은 꿈은 길몽으로 재물이 들어온다.
- 대추를 먹은 꿈은 태몽으로 아들을 낳을 암시이다.
- 대추를 딴 꿈은 길몽으로 사업이 번창한다.
- 뽕나무 열매 오디를 따먹은 꿈은 길몽으로 사업이 번창하거나 시험에 합격하고, 태몽과도 관계가 있다.
- 잣을 먹은 꿈은 태몽과 관계가 많고, 입신출세할 길몽으로 좋은 일이 생긴다.
- 잣을 본 꿈은 성교를 하거나 태몽이면 아들을 낳다.
- 은행나무에 은행이 많이 열린 꿈은 길몽으로 가정이 번창하며 재물이 늘어난다.
- 은행을 많이 딴 꿈은 가정이 번창하며 재물이 늘어난다.
- 과일장수에게 수박·밤·대추·감을 산 꿈은 태몽이다.

채소에 관한 꿈

- 채소를 소금에 절인 꿈은 흉몽으로 불길한 일이 생긴다.
- 채소를 소금에 절여 부피가 줄어든 꿈은 흉몽으로 사업

이 위축된다.

- 채소의 씨앗을 본 꿈은 길몽으로 좋은 일이 생긴다. 태몽이면 아들인 경우가 많다.
- 배추를 본 꿈은 길몽으로 좋은 일이 생긴다.
- 배추를 얻거나 사온 꿈은 태몽으로 딸을 낳을 암시이다.
- 배추밭에 배추가 무성하게 자라거나 배추꽃이 한창인 꿈은 길몽으로 가정이 번창한다.
- 배추밭에 배추가 서리를 맞아 죽은 꿈은 흉몽으로 가운이 기울 암시이다.
- 배추밭에 무가 있는 꿈은 길몽으로 혼담이 성사된다.
- 무밭에 무가 무성한 꿈은 길몽으로 사업이 번창하고 농사는 풍년이 든다.
- 무 뿌리를 받은 꿈은 태몽으로 아들을 낳을 암시이다.
- 무밭에서 무를 뽑은 꿈은 시험에 합격하거나 경매 등 입찰에 성공하고, 태몽인 경우도 있다.
- 가지에 대한 꿈은 길몽으로 여성에게는 남성을 상징한다.
- 가지를 본 꿈은 청춘남녀는 혼담이 성사될 암시이다.
- 가지를 먹은 꿈은 혼담이 오고갈 암시이고, 여자에게는 성적불만이나 왕성한 정력을 나타낸다.
- 가지를 얻어먹은 꿈은 길몽으로 좋은 일이 생긴다.
- 남에게 가지를 준 꿈은 흉몽으로 가운이 기울거나 남편의 정조에 문제가 생길 암시이다.

- 오이를 먹은 꿈은 흉몽으로 가족이 질병에 걸린다.
- 오이에 가시가 있는 것을 본 꿈은 매우 흉하다.
- 오이가 주렁주렁 열려 있는 꿈은 남자는 아내에게 좋지 않은 일이 생길 암시이고, 여자는 정조관리를 주의해야 한다.
- 뱀이 오이를 물고 있는 꿈은 아내가 간통할 암시이다.
- 호박을 본 꿈은 길몽으로 재물이 들어오고, 딸태몽이다.
- 큰 호박을 본 꿈은 길몽으로 뜻밖의 횡재수가 따른다.
- 고구마를 본 꿈은 태몽으로 아들을 낳을 암시이다.
- 많은 고구마를 본 꿈은 길몽으로 재물이 들어온다.
- 송이버섯을 본 꿈은 성교를 하거나 태몽이면 아들을 낳을 암시이다.
- 송이버섯을 먹은 꿈은 태몽으로 아들을 낳을 암시이다.
- 송이버섯을 많이 얻은 꿈은 길몽으로 승진 등이 따른다. 양송이도 같이 다룬다.
- 도라지에 관한 꿈은 태몽과 관계있다.
- 양파에 대한 꿈은 음식저장에 대한 갈등을 표현한다.
- 파를 본 꿈은 길몽으로 협조자를 만날 암시이다.
- 파를 빼앗기거나 도둑맞은 꿈은 흉몽으로 방해자가 나타날 암시이다.
- 마늘을 본 꿈은 길몽으로 다른 사람의 도움으로 하는 일이 순조로울 암시이다.

- 고추를 보거나 먹은 꿈은 태몽으로 아들을 낳는다.
- 고추를 말리려고 마당에 널어놓은 꿈은 사업이 번창한다.

해초에 관한 꿈

해초류는 재물을 암시한다.

- 해초를 본 꿈은 건강에 주의하라는 경고이다.
- 해초가 몸에 감긴 꿈은 흉몽으로 재정보증이나 신원보증 등을 조심하라.
- 물 속에 있는 해초류를 보거나 얻은 꿈은 피해가 따른다.
- 미역이나 다시마가 왕성하게 자란 꿈은 길몽으로 가정과 사업이 번창한다.
- 바닷속에서 해초에 휘감긴 꿈은 보증 등으로 가산을 날린다.
- 미역을 본 꿈은 가족이 출산할 암시이다.
- 김을 얻거나 집으로 가져온 꿈은 재물이 늘어난다.
- 파래를 본 꿈은 길몽으로 재물이 들어온다.
- 갈색 파래를 본 꿈은 흉몽으로 손재수가 따른다.
- 파래가 자라는 물 속으로 게가 숨어들어 간 꿈은 흉몽으로 사업이 부도를 당한다.

약초에 관한 꿈

- 약초를 본 꿈은 길몽으로 횡재수가 있거나 질병이 나을 암시이다.
- 약이나 약초를 먹은 꿈은 병이 낫고 모든 걱정이 사라질 암시이다.
- 백발노인이 주는 약초를 받은 꿈은 길몽으로 시험에 합격한다.
- 약초 씨앗이 태몽이면 아들을 낳을 암시이다.
- 인삼을 본 꿈은 길몽으로 건강과 장수를 나타내고, 태몽이면 아들을 낳을 암시이다.
- 산삼을 발견하거나 캐거나 얻은 꿈은 길몽으로 재물이 불어나며 산삼의 크기와 비례한다. 산삼은 재물·지위·명예 등을 상징한다.
- 산삼을 먹은 꿈은 길몽으로 건강이 회복된다.
- 산삼은 판 꿈은 길몽으로 많은 재물이 들어온다.
- 소태나무를 본 꿈은 생활의 고통, 피로, 식욕의 갈등을 나타낸 것이다. 소태나무 껍질을 고련피, 열매를 고련자 또는 고련실이라고 하며, 음식이 매우 쓴 경우 소태 같다고 한다.
- 독초를 본 꿈은 해롭게 할 사람이 나타나 싸움이 벌어질 암시이다.

- 알로에에 관한 꿈은 건강에 대한 갈등을 나타낸 것이다.
- 알로에를 본 꿈은 건강에 대한 갈등을 나타낸 것이다.
- 건강식품의 씨앗을 본 꿈은 길몽으로 좋은 일이 생긴다.

음료 · 술에 관한 꿈

- 우유를 마신 꿈은 길몽으로 하는 일이 순조롭다.
- 차를 마신 꿈은 심신이 피로하니 쉬라는 뜻이다.
- 술에 대한 꿈은 불길하다.
- 술을 마시며 유흥한 꿈은 불안한 마음을 표현한 것이다.
- 여자들과 술을 마시며 유흥한 꿈은 질병에 걸릴 위험이 있고, 양기가 부족해서 오는 심리적인 표현일 수도 있다.
- 술을 대접받은 꿈은 대접한 사람의 유혹에 빠져 손해를 본다.
- 누군가에게 술을 준 꿈은 길몽으로 질병이 낫고 장수할 암시이다.
- 누군가에게 술을 주거나 먹인 꿈은 장수할 암시이다.
- 술을 마시고 추태를 부리거나 넘어진 꿈은 구설수가 생긴다.
- 술에 취해 자리에 누운 꿈은 그 사람이 질병에 걸릴 암시이다.

- 술에 취해 정신을 잃은 꿈은 유혹이나 정신적인 고통에 빠진다.
- 술에 취해 신나게 놀거나 잠을 잔 꿈은 그 사람이 중병에 걸릴 암시이다.
- 술에 취해 넘어진 꿈은 피로함을 나타낸 것이다.
- 길에서 술에 취해 넘어져 있는 사람을 본 꿈은 피곤하며 용기를 잃을 암시이다.
- 술주정꾼을 본 꿈은 주정꾼의 방해로 일을 진행하기 어려울 암시이다.

15장. 교통·통신에 관한 꿈

화물을 실은 배나 차에 대한 꿈은 화물은 재물로 해몽하고, 속도나 진로방향 등은 사업 등의 진도와 전도로 해몽한다. 그리고 타는 기계나 물건은 아내나 애인을 암시하기도 한다.

자동차에 관한 꿈

■ 차를 타고 시원하게 달린 꿈은 사업이 성공한다.

■ 차를 타고 달리다 멈춘 꿈은 사업이 침체국면에 접어들 암시이다.

■ 차를 타고 달리다 고장이 났는데 원인을 규명한 꿈은 사

업의 문제점을 찾는다.

■ 차를 타고 하늘로 올라간 꿈은 길몽으로 사업이 성공할 암시이다.

■ 차를 타고 유람한 꿈은 길몽으로 관직에 오르거나 승진한다.

■ 차를 타고 명승고적을 탐방한 꿈은 고향소식을 듣는다.

■ 차를 타고 꽃놀이를 간 꿈은 길몽으로 생활이 풍요로워진다.

■ 차를 타고 꽃놀이를 가 술을 마신 꿈은 좋지 않다.

■ 물건을 가득 실은 차를 본 꿈은 길몽으로 좋은 일이 생길 암시이다.

■ 물건을 가득 실은 차가 자신의 집이나 사업장으로 들어온 꿈은 최고의 길몽으로 좋은 일이 생긴다.

■ 차가 방 안으로 들어온 꿈은 흉몽으로 뜻밖의 어려움에 처한다.

■ 타고가던 차가 사람을 쳐 죽인 꿈은 길몽으로 사업이 번창한다.

■ 차가 뒤집힌 꿈은 흉몽으로 하는 일이 중단된다.

■ 차에 치어 죽은 꿈은 길몽으로 사업이 성공한다.

■ 차를 타고가다 수렁에 빠진 꿈은 사업이 곤경에 처한다.

■ 차를 탔는데 차가 움직이지 않은 꿈은 하는 일이 침체되거나 애인이 변심한다.

- 자신이 탄 차가 궁지에 몰리거나 웅덩이에 빠진 꿈은 사업이 곤경에 빠질 암시이다.
- 차 안을 들여다만 보고 타지 않은 꿈은 맞선을 보고 만남이나 결혼을 미룬다. 신중하게 혼사를 결정하라는 뜻이다.
- 차 등 교통수단 장비를 구한 꿈은 길몽으로 뜻을 펴고, 미혼남성은 아내를 얻는다.
- 차 안에서 빈자리에 앉은 꿈은 길몽으로 일자리를 얻을 암시이다.
- 멋있게 꾸민 검정 승용차가 집으로 들어온 꿈은 흉몽으로 집안에 초상이 날 암시이다.
- 계급장이 붙은 고급차를 타고가다 내리거나 떨어진 꿈은 흉몽으로 지위를 잃거나 물러난다.
- 버스나 기차의 창문을 본 꿈은 외출하거나 여행을 떠날 암시이다.
- 화려하게 꾸민 버스가 집으로 들어온 꿈은 흉몽으로 집안에 초상이 날 암시이다.
- 화려하게 장식한 버스가 출입문을 열고 집 안으로 들어온 꿈은 흉몽으로 가족의 죽음을 암시한다.
- 환자가 버스 출입문으로 들어간 꿈은 흉몽으로 그 사람의 죽음을 암시한다.
- 환자가 버스에서 내린 꿈은 그 사람의 병이 낫는다.
- 버스를 탔는데 뒷문으로 타고내리는 것이 강조된 꿈은

버스를 탄 사람의 죽음을 암시한다.

■ 버스 운전석 앞에 시계가 있는 꿈은 흉몽으로 불길한 일이 생길 암시이다.

■ 전차를 본 꿈은 친구를 만난다.

■ 차바퀴가 부러진 꿈은 가정의 몰락과 아내의 죽음을 암시한다.

■ 차를 타고가다 바퀴가 펑크난 꿈은 사업과 가정을 점검하라는 암시이다.

■ 자동차 바퀴가 펑크나면서 바람이 빠진 꿈은 흉몽으로 애인의 정조에 문제가 생긴다.

기차에 관한 꿈

■ 기차가 시원하게 달린 꿈은 길몽으로 사업이 잘 된다.

■ 기차가 달리다 멈춘 꿈은 흉몽으로 사업이 부진해진다.

■ 기차가 움직이지 않은 꿈은 애인이 변심한다.

■ 기차가 어둠 속을 달린 꿈은 길몽으로 부진함에서 벗어난다.

■ 기차역을 본 꿈은 기다림을 표현한 것이다.

■ 기차역 개찰구를 통과한 꿈은 부탁한 일이 성사되고 사업이 순조로워진다.

- 기차역 개찰구를 통과하지 못한 꿈은 사업에 문제가 생길 암시이다.
- 기차 안을 들여다만 보고 타지 않은 꿈은 맞선을 보고 만남이나 결혼을 미룬다. 신중하게 혼사를 결정하라는 경고이다.
- 기차 등 교통수단 장비를 구한 꿈은 길몽으로 뜻을 펴고, 미혼남성은 아내를 얻는다.

비행기에 관한 꿈

- 비행기를 본 꿈은 길몽으로 좋은 일이 생긴다.
- 비행기를 타고간 꿈은 길몽으로 좋은 일이 생긴다.
- 비행기를 타고 하늘높이 올라간 꿈은 입신출세한다.
- 타고가던 비행기에서 떨어진 꿈은 흉몽으로 사업이 몰락하거나 직장을 잃는다.
- 타고가던 비행기가 추락한 꿈은 뜻밖에 입신출세한다.

배에 관한 꿈

- 배를 탄 꿈은 길몽으로 좋은 일이 생긴다.

- 배가 순조롭게 항해한 꿈은 최고의 길몽으로 좋은 일이 생긴다.
- 배가 빠르게 하늘로 날아오른 꿈은 최고의 길몽으로 좋은 일이 생긴다.
- 배가 지나치게 화려하거나 주위가 화려한 꿈은 가족의 죽음을 암시한다.
- 환자가 화려하게 꾸민 배를 탄 꿈은 그 환자의 죽음을 암시한다.
- 띄워 있는 색다른 배에 환자가 탄 꿈은 그 환자나 누군가의 죽음을 암시한다.
- 배가 닻을 내리고 멈춘 꿈은 결혼하여 안정된다.
- 배를 타고 큰 강을 건너간 꿈은 길몽으로 좋은 일이 생길 암시이다.
- 누군가가 배를 물 위에 띄워놓고 타라고 한 꿈은 길몽으로 머지않아 생업의 변화가 오고, 미혼남성은 결혼한다.
- 타고가던 배가 뒤집힌 꿈은 계획한 일이 무너지고, 아내가 죽거나 가출할 암시이다.
- 타고가던 배가 뒤집혔는데 일으켜서 다시 항해한 꿈은 새로운 계획으로 일을 추진한다.
- 물 가운데 빈배가 있는 꿈은 부부간의 갈등을 암시한다.
- 배에서 내린 꿈은 흉몽으로 실직당할 암시이다.
- 배 안에 물이 고이거나 다른 물건이 있는 꿈은 길몽으로

좋은 일이 생긴다.

■ 배가 불에 탄 꿈은 길몽으로 사업이 번창한다.

■ 바닷가에서 수평선을 바라보는 여자를 본 꿈은 걱정하던 사람의 소식을 듣는다.

■ 짐을 가득 실은 배가 항구로 들어온 꿈은 횡재수가 따를 암시이다.

■ 배를 타고 항해하다 항구로 들어온 꿈은 목표를 이루어 부러움을 받는다.

■ 배를 타고 유흥한 꿈은 친한 친구를 만난다. 그러나 여자가 있으면 좋지 않다.

■ 배 안을 들여다만 보고 타지 않은 꿈은 맞선을 보고 만남이나 결혼을 미룬다. 신중하게 혼사를 결정하라는 뜻이다.

■ 배 등 교통수단 장비를 구한 꿈은 길몽으로 뜻을 펴고, 미혼남성은 아내를 얻는다.

■ 사람들을 태우고 노를 저어간 꿈은 업체를 설립하거나 인수한다.

■ 배를 타고 고기잡이를 나간 어부의 아내가 남편의 무사를 기도한 꿈은 길몽으로 좋은 일이 생긴다.

■ 뱃고동 소리가 크게 울린 꿈은 누군가가 떠날 암시이다.

자전거 · 사이카 · 수레 · 가마 · 인력거 · 뗏목 · 불도저에 관한 꿈

- 자전거를 타고 시원하게 달린 꿈은 길몽으로 사업이 활발해진다.
- 다른 사람이 운전하는 자전거에 탄 꿈은 사업이 타의에 의해 운영된다.
- 남자가 운전하는 자전거에 여자가 탄 꿈은 아내나 애인이 변심한다.
- 혼자 사이카를 타고 시원하게 달린 꿈은 사업이 순조로울 암시이다.
- 사이카에 누군가를 태우고 달린 꿈은 동업을 한다.
- 다른 사람아 운전하는 사이카를 탄 꿈은 그 사람 덕으로 그 사람과 같이 사업을 한다.
- 수레를 타고 문 안으로 들어온 꿈은 흉몽으로 질병에 걸린다.
- 가마를 탄 꿈은 흉몽으로 이별수가 따른다. 특히 여자는 조심해야 한다.
- 인력거를 탄 꿈은 좋지 않은 일이 생긴다.
- 뗏목을 탄 꿈은 길몽으로 좋은 일이 생긴다.
- 불도저 등을 이용해 일을 한 꿈은 권력과 관계있는 꿈으로 진행이 잘 되면 권력을 이용해 자신의 뜻을 이룬다.

■ 인공위성을 보거나 탄 꿈은 길몽으로 입신출세한다.

편지 · 소포 · 전보에 관한 꿈

■ 편지에 관한 꿈은 대개 좋지 않다.
■ 편지를 받고 기뻐한 꿈은 불행이 온다.
■ 편지를 받고 슬퍼하거나 괴로워한 꿈은 출세와 관계있다.
■ 아이가 편지를 가져온 꿈은 흉몽으로 송사가 생길 암시이다.
■ 어른이 편지를 가져온 꿈은 흉몽으로 소송에서 패배한 판결문을 받는다.
■ 연애편지를 쓴 꿈은 교제 중인 사람과 이별할 암시이다.
■ 소포를 받은 꿈은 송사와 관계있는 불길한 꿈으로 피하기 어렵다. 자신이 접수를 피하더라도 대리인이 받는다.
■ 소포를 뜯어보지 않은 꿈은 모면한 소장의 반송을 의미한다.
■ 소포 내용을 공개한 꿈은 패소의 판결문이 들어 있을 암시이다.
■ 소포에 헝겊이나 실 등이 들어 있는 꿈은 계속 송사에 말려들 암시이다.
■ 공직자가 전보와 관계된 꿈을 꾸면 나쁜 곳으로 인사발

령을 받을 암시이다.

전화에 관한 꿈

■ 전화와 관계있는 시설물이나 사람을 본 꿈은 불길하다.
  만일 공직자가 전화와 관계있는 꿈을 꾸면 나쁜 곳으로
  인사발령을 받을 암시이다.
■ 전화기를 본 꿈은 소식이 온다.
■ 전화선을 본 꿈은 불길한 소식을 들을 암시이다.
■ 전화벨 소리가 요란하게 들린 꿈은 소식을 듣는다.
■ 자신의 집에 전화를 가설한 꿈은 길몽이나 남의 집에 가
  설한 것은 질투심을 암시하는 것으로 좋지 않다.
■ 전화 통화를 한 꿈은 자신의 처지를 하소연할 길이 없음
  을 표현한 것이다.
■ 전화 통화를 했는데 내용이 똑똑하지 않았던 꿈은 심리
  적인 불안으로 피해를 입을 암시이다.
■ 전화가 불통된 꿈은 오해로 인해 싸움이 벌어진다.
■ 공중전화를 사용한 꿈은 비밀이 있다는 뜻이다.
■ 공중전화로 시원하게 통화한 꿈은 중개인을 통해 일을
  추진하라는 암시이다.

전기 · 컴퓨터 · 라디오 · 텔레비전에 관한 꿈

- 집에 전기를 가설한 꿈은 길몽으로 재물이 들어온다.
- 전선이 끊어진 꿈은 흉몽으로 하는 일이 중단된다.
- 복잡하게 얽혀 있는 전선을 본 꿈은 흉몽으로 하는 일이 잘 풀리지 않을 암시이다.
- 전선주가 넘어진 꿈은 흉몽으로 하는 일이 중단될 암시이다.
- 정전된 꿈은 흉몽으로 하는 일이 중단된다.
- 컴퓨터를 본 꿈은 능력개발의 의지를 나타낸다.
- 컴퓨터를 훔친 꿈은 다른 사람의 사업정보를 알아낸다.
- 컴퓨터 화면이 계속 나온 꿈은 의욕상실을 나타낸다.
- 컴퓨터에서 찾고자 하는 화면을 찾지 못한 꿈은 하는 일이 잘 풀리지 않는다.
- 노트북 컴퓨터를 본 꿈은 노력으로 다른 사람보다 앞서고 있음을 나타낸 것이다.
- 라디오를 사거나 선물받은 꿈은 소식을 들을 암시이다.
- 텔레비전을 구입한 꿈은 가정에 평화가 올 암시이다.

16장. 의상과 화장에 관한 꿈

옷에 관한 꿈

옷에 대한 꿈은 대개 현실의 상황과 비슷하다.

- 옷을 입은 꿈은 흉몽으로 질병에 걸릴 암시이다.
- 금으로 장식한 옷을 본 꿈은 부귀영화와 승진이 따른다.
- 남자가 특별한 옷으로 치장한 꿈은 길몽으로 출세한다.
- 환자가 화려한 옷을 입은 꿈은 그 환자의 죽음을 뜻한다.
- 풀이나 종이로 만든 옷을 입은 꿈은 길몽으로 출세한다.
- 갑옷을 입은 꿈은 길몽으로 경쟁에서 이긴다.
- 무명옷이나 삼베옷을 입은 꿈은 상주가 될 암시이다.
- 외투를 입은 꿈은 속박을 암시한다.
- 옷에 글씨를 쓴 꿈은 길몽으로 좋은 일이 생긴다. 자신의

옷이면 자신이, 타인의 옷이면 그 사람이 꿈에 나타난 글씨나 그림에 맞는 직업을 구한다.

■ 옷이 바람에 날린 꿈은 마음이 불안하다는 뜻으로 질병이 생기며, 고생에 접어들 암시이다.

■ 찢어진 옷소매가 바람에 날린 꿈은 처첩의 정조에 문제가 생길 암시이다.

■ 험한 길을 가다 가시덤불 때문에 옷이 찢어지거나 옷이나 몸에 가시가 붙은 꿈은 질병에 걸릴 암시이다.

■ 옷에 오물이 묻은 꿈은 흉몽으로 협조자가 떠난다.

■ 길을 가다 옷에 먼지나 지푸라기 등이 묻은 꿈은 질병을 얻을 암시이다.

■ 때묻은 옷을 입어 초라하다고 느낀 꿈은 관직에서 물러나거나 회사에서 파직당한다.

■ 옷이 갑자기 낡은 꿈은 자신의 여자가 간통할 암시이다.

■ 육체관계를 맺고 있는 여자가 화려한 옷으로 분장한 꿈은 그 여자가 간통할 암시이다.

■ 옷에 누군가의 바늘이 찔려 있는 꿈은 자신의 여자가 간통한다.

■ 여자가 옷을 입혀준 꿈은 성에 대한 충동을 나타낸다.

■ 새옷을 만든 꿈은 혼담이 이루어진다.

■ 분수에 맞지 않게 화려한 옷을 입은 꿈은 흉몽으로 죽음을 암시한다.

- 붉은옷을 사입은 꿈은 입신출세할 길몽이나 환자에게는 죽음을 암시한다.
- 옷을 염색한 꿈은 지금까지 하던 일이 허사로 돌아가고, 이사를 하거나 주소를 옮기고, 미혼여성은 결혼한다.
- 옷을 갈아 입고 머리를 치장한 꿈은 외출이나 가출한다는 암시이다.
- 옷을 벗고 걸어간 꿈은 퇴직한다는 암시이다.
- 옷을 벗고 배회하는데 남들이 본 꿈은 부탁한 일이 성사되지 않을 암시이다.
- 옷을 입고 목욕한 꿈은 일의 순서가 없어 어려워진다.
- 옷을 벗지 않고 욕탕에 들어간 꿈은 흉몽으로 누명을 벗을 수 없거나 금전보증 등을 벗어나기 어렵다.
- 목욕을 하려고 옷을 벗은 꿈은 애인을 만난다.
- 예복이나 잠옷으로 갈아입은 꿈은 결혼이 성사된다.
- 신랑 신부가 결혼예복을 입지 않고 맞절을 한 꿈은 일이 성사되지 않는다.
- 가족이 옷을 달라고 한 꿈은 그 사람의 죽음을 암시한다.
- 옷을 세탁한 꿈은 새로운 방법을 찾는다.
- 남자의 속옷을 빨아준 꿈은 애인을 만난다.
- 내의는 정조나 정성을 암시한다.
- 내의를 본 꿈은 흉몽으로 이성에게 정성을 들여도 결과가 없다.

- 앞치마를 본 길몽으로 가정이 편안해진다.
- 앞치마가 찢어진 꿈은 아내의 행동에 문제가 생긴다.
- 앞치마를 두른 남자를 본 꿈은 좋지 않다.

신발에 관한 꿈

- 신발을 산 꿈은 새로운 여자를 사귄다.
- 신발을 샀는데 발에 맞지 않거나 마음에 들지 않은 꿈은 알고 지내는 여자나 살고 있는 집에 대한 갈등을 나타낸 것이다.
- 자신의 신발을 다른 사람이 신은 꿈은 자신의 여자가 간통하거나 모르는 사이에 자신의 집이 압류되거나 이전될 암시이다.
- 다른 사람의 신발을 신은 꿈은 남의 여자와 간통하거나 남의 집을 차지한다.
- 신발이 바뀌거나 잃어버린 꿈은 흉몽으로 불길한 일이 생긴다.
- 신발을 벗은 꿈은 길몽으로 근심 걱정을 털어버린다.
- 신발을 닦은 꿈은 길몽으로 근심 걱정을 털어버린다.
- 신발이 낡은 꿈은 흉몽으로 질병에 걸릴 암시이다.
- 도둑이 신발을 훔쳐간 꿈은 아내나 애인의 정조에 문제

가 생길 암시이다.

■ 슬리퍼를 신은 사람을 본 꿈은 그 사람은 어설픈 사람으로 도움이 되지 않는다는 암시이다.

■ 하이힐을 신은 여자를 본 꿈은 애인이 무엇인가를 숨기고 있다는 뜻이다.

■ 하이힐을 신은 여자가 넘어진 꿈은 애인과 헤어질 암시이다.

■ 하이힐의 굽이 빠진 꿈은 애인의 비밀이 탄로난다.

■ 삼베로 신발을 만든 꿈은 길몽으로 재물이 늘어난다.

■ 삼베로 만든 신발을 보거나 신은 꿈은 길몽으로 좋은 일이 생길 암시이다.

■ 삼베로 된 상주의 신발을 신은 꿈은 길몽으로 재물이 들어온다.

■ 짚신이나 미투리 종류의 신발을 만든 꿈은 길몽으로 일이 잘 풀리고 재물이 들어온다.

■ 양화점을 들여다본 꿈은 애인이 생기거나 결혼할 여자를 만난다.

■ 양화점에서 신발을 산 꿈은 애인을 만나거나 결혼하게 된다.

■ 나막신 만드는 것을 본 꿈은 고향 여성을 보거나 만난다.

■ 나막신을 사서 신은 꿈은 고향 여성과 결혼하거나 순진한 여성을 만난다.

- 장화를 신은 꿈은 길몽으로 협조자를 만난다.
- 등산화를 산 꿈은 등산을 가서 마음에 드는 여성을 만날 암시이다.

가방 · 모자 · 관 · 혁띠에 관한 꿈

가방은 지식이나 사고의 저장소를 암시하고, 관 · 모자 · 혁 띠 등은 벼슬과 출세를 암시한다.

- 가방에 무엇인가가 가득찬 꿈은 충실하며 지식수준이 높음을 나타낸다.
- 가방이 열린 꿈은 지식을 공개하거나 계획이나 비밀이 탄로난다.
- 가방을 메거나 들고다닌 꿈은 미성숙을 암시한다.
- 가방에 많은 물건을 넣은 꿈은 저축을 의미한다.
- 깨끗하고 좋은 가방을 얻은 꿈은 애인이 생긴다.
- 혁띠가 끊어진 꿈은 질병을 얻거나 직장을 잃는다.
- 비단으로 된 혁띠를 두른 꿈은 길몽으로 입신출세한다.
- 혁띠와 관을 착용하고 높은 자리에 앉은 꿈은 입신출세한다.
- 관을 벗은 꿈은 흉몽으로 직책을 박탈당할 암시이다.

- 관이나 모자를 찢거나 태운 꿈은 길몽으로 승진한다.
- 관을 쓰고 의기양양하게 가마를 탄 꿈은 길몽으로 승진과 출세가 따른다.
- 금관이나 왕관을 쓴 꿈은 길몽으로 출세한다.
- 모자가 바람에 벗겨진 꿈은 흉몽으로 집안의 인물이 빛을 잃거나 직장에서 물러나거나 직책을 박탈당한다.
- 모자를 빼앗긴 꿈은 흉몽으로 지위를 잃는다.
- 일반 모자를 쓰고 거수경례를 한 꿈은 상속문제가 따를 암시이다.
- 제복용 모자를 쓰고 거수경례를 한 꿈은 직장에서 전출된다.

안경 · 망원경 · 쌍안경에 관한 꿈

안경은 자신을 시험하는 기구로 해석하고, 망원경이나 쌍안경은 안경보다 차원이 높은 것으로 제3의 인물로 해석한다.

- 안경을 쓴 꿈은 다른 사람들에게 좋은 평가를 받는다.
- 안경을 쓰고 걸어다닌 꿈은 좋은 평가를 받는다.
- 선그라스를 쓴 사람을 본 꿈은 그 사람이 이중인격자라는 암시이다.

■ 망원경이나 쌍안경을 본 꿈은 다른 사람을 시험할 암시이다.

우산 · 지팡이 · 부채 · 손수건 · 양말에 관한 꿈

우산은 불길함을 암시하고, 양산에 관한 꿈도 장애물로 해석한다. 지팡이는 협조자나 은인을 암시한다.

■ 우산을 갖거나 얻은 꿈은 흉몽으로 불길한 일이 생긴다.
■ 우산을 싫어하거나 버린 꿈은 길몽으로 좋은 일이 생길 암시이다.
■ 우산을 빌린 꿈은 흉몽으로 불길한 일이 생긴다.
■ 우산을 쓴 사람을 본 꿈은 흉몽으로 그 사람을 조심해야 한다.
■ 누군가와 우산을 같이 쓴 꿈은 그 사람과 이익을 분배할 암시이다.
■ 비가 오는데 누군가에게 우산을 받은 꿈은 길몽으로 좋은 일이 생긴다.
■ 비가 많이 오는데 우산이 없어 쩔쩔맨 꿈은 거주지에 대한 갈등을 나타낸 것이다.
■ 지팡이를 얻은 꿈은 길몽으로 협조자를 만난다.

- 지팡이를 짚고 다닌 꿈은 협조자가 나타난다.
- 백발노인에게 지팡이를 받은 꿈은 이끌어줄 사람을 만날 암시이다.
- 지팡이를 잃어버린 꿈은 흉몽으로 협조자나 은인이 떠나갈 암시이다.
- 부채를 얻은 꿈은 대길하다.
- 부채를 빼앗기거나 잃어버린 꿈은 가족과 이별한다.
- 손수건을 본 꿈은 애인과 이별하거나 배우자와 이혼할 암시이다.
- 수건을 본 꿈은 길몽으로 액운이 사라진다.
- 버선이 찢어진 꿈은 흉몽으로 가족이 질병에 걸려 고생한다.
- 양말이 찢어지거나 도둑맞은 꿈은 이성을 확인할 필요가 있다.

화장품 · 거울 · 빗 · 비녀에 관한 꿈

- 여자가 화장한 꿈은 길몽으로 좋은 일이 생긴다.
- 여자가 화장을 해 아름다워 보인 꿈은 모든 일이 순조로울 암시이다.
- 여자가 저녁에 화장을 한 꿈은 모든 일이 순조로울 암시

이다.

- 화려하게 치장하고 유흥한 꿈은 흉몽으로 불길한 일이 생긴다.

- 남자가 여자로 변장한 꿈은 흉몽으로 불길한 일이 생길 암시이다.

- 여자가 남자로 변장한 꿈은 길몽으로 좋은 일이 생긴다.

- 화장품이나 향수를 선물받거나 산 꿈은 이성을 만난다.

- 스프레이로 향수를 뿌리는 여자를 본 꿈은 사귀는 여성 중에 이중인격자가 있을 암시이다.

- 분을 바르는 여자를 본 꿈은 자신의 여자 마음이 산란하다는 암시이다.

- 거울은 자기반성과 여자의 정조를 암시한다.

- 맑은 유리로 된 거울을 본 꿈은 길몽으로 좋은 일이 생길 암시이다.

- 거울을 줍거나 선물받은 꿈은 애인이 생기거나 결혼한다.

- 거울이 깨진 꿈은 사랑의 보금자리가 깨진다는 암시이다.

- 거울에 얼굴을 비춰본 꿈은 여성에게는 이성을 동경하는 마음을 나타낸 것이다.

- 거울을 들여다본 꿈은 이성을 동경하는 마음을 나타내고, 고향 친구를 만날 암시로 해석하기도 한다.

- 자신의 여자가 거울 앞에서 화장한 꿈은 자신의 여자 정조에 문제가 생긴다.

- 거울로 희롱당한 꿈은 아내의 정조에 문제가 생긴다.
- 비녀를 얻은 꿈은 애첩이 생긴다.
- 비녀를 잃어버린 꿈은 애첩을 잃는다.
- 빗을 본 꿈은 길몽으로 좋은 일이 생긴다.
- 빗을 줍거나 사거나 얻은 꿈은 애인이 생긴다.
- 빗을 잃어버리거나 부러진 꿈은 애인과 이별할 암시이다.
- 빗으로 대머리를 빗은 꿈은 흉몽으로 불길한 일이 생길 암시이다.

실 · 바늘 · 옷감에 관한 꿈

실은 수명을 암시하고, 그 길이와 비례한다.

- 실이 끊어진 꿈은 흉몽으로 죽음을 암시한다.
- 실이 얽힌 꿈은 흉몽으로 만사가 잘 풀리지 않는다.
- 실이 바늘에 잘 꿰어진 꿈은 길몽으로 사업이 잘 풀린다.
- 실이 바늘에 잘 꿰어지지 않은 꿈은 사업이 어려워진다.
- 실을 염색한 꿈은 지금까지 하던 일이 허사로 돌아가고, 이사를 하거나 주소를 옮기고, 미혼여성은 결혼한다.
- 실을 다른 사람에게 준 꿈은 아내가 간통할 암시이다.
- 바늘을 본 꿈은 바늘을 가진 사람이 자신에게 좋지 않은

감정을 갖고 있다는 뜻이다.

- 바늘로 사람을 찌른 꿈은 찔린 사람이 미움을 받고 있다는 뜻이다.
- 바늘에 찔린 꿈은 자신이나 배우자의 정조에 문제가 생긴다.
- 무명이나 베를 짠 꿈은 태몽으로 딸을 낳을 암시이다.
- 베를 얻은 꿈은 길몽으로 기쁜 소식을 듣는다.
- 물가에 무명이나 베 등의 길쌈감을 씻지 않고 둔 꿈은 누군가의 죽음을 암시한다.
- 비단 등의 고급옷감으로 침구를 만든 꿈은 길몽으로 좋은 일이 생긴다. 그러나 남에게 빼앗기면 가정의 행복이 사라진다.
- 비단이나 융단이 찢어진 꿈은 흉몽으로 가정의 행복이 무너진다.
- 헝겊이나 옷감을 염색한 꿈은 지금까지 해오던 일이 허사로 돌아가고, 이사를 하거나 주소를 옮기고, 미혼여성은 결혼한다.
- 고급융단이나 비단을 본 꿈은 길몽으로 좋은 일이 생길 암시이다.
- 물레를 돌린 꿈은 길몽으로 가정이 번창한다.

17장. 책과 문구류에 관한 꿈

옛날에는 책이나 문구류를 갖기 어려워 소망의 대상으로 삼았고, 소유할 수 있는 신분을 소망했다. 따라서 이것들에 대한 꿈은 길몽으로 해석한다.

책에 관한 꿈

- 책이나 문구류에 대한 꿈은 일반적으로 입신출세와 관계가 있다.
- 책을 열심히 읽은 꿈은 길몽으로 입신출세하고, 태몽으로 귀한 자식을 낳을 암시이다.

- 책을 읽은 꿈은 책 내용에 맞는 직장을 구하고, 그 분야에서 학식이나 기술을 자랑하게 된다.
- 책을 선물받거나 얻은 꿈은 학문으로 크게 입신출세한다.
- 공부를 하는데 돌아가신 조상이 나타나 책을 준 꿈은 입신출세의 길이 열리며 시험에 합격한다.
- 책이 많이 쌓여 있는 꿈은 학문이나 학업이 빛을 본다.
- 책이 즐비하게 진열된 꿈은 길몽으로 입신출세한다.
- 부처나 신령 등 영적인 존재에게 책을 받은 꿈은 길몽으로 입신출세한다.
- 시집을 읽은 꿈은 이성교합을 동경한다는 암시이다.
- 성인의 명언집을 선물받거나 갖거나 얻은 꿈은 길몽으로 학업에 서광이 비친다.
- 책을 훔친 꿈은 다른 사람의 사업정보를 알아낸다.
- 책이 불에 탄 꿈은 길몽으로 입신출세한다.
- 책이 돈으로 변하거나 책 속에서 돈이 나온 꿈은 전공을 살려 직장을 구한다.
- 교과서 등의 책을 산 꿈은 입학을 하게 된다.
- 교과서를 갖거나 얻은 꿈은 지식을 축적하라는 암시이고, 학생은 학업이 순탄하다.
- 기술서적을 구입한 꿈은 직장을 얻을 암시이다.
- 만화책을 본 꿈은 성적이 떨어질 암시이다.
- 달력의 어느 달이나 날을 가리킨 꿈은 해당하는 그날을

잊지말고 점검하라는 경고이다.

■ 달력·책력·만세력 등을 얻은 꿈은 하는 일이 순조롭다.

종이에 관한 꿈

■ 종이에 있는 글씨가 잘 보이지 않은 꿈은 사업이 계획성
  이 없다는 뜻이다.

■ 색종이를 본 꿈은 축하받을 일이 생긴다.

■ 색종이를 얻은 꿈은 재물이 들어온다.

■ 백지를 본 꿈은 활동범위가 넓으니 전진하라는 암시이다.

■ 공책을 본 꿈은 자신의 능력을 마음껏 발휘할 수 있을 암
  시이고, 자서전으로 해몽하기도 한다.

■ 깨끗한 원고지를 본 꿈은 길몽으로 여유로운 생활과 밝
  은 앞날을 암시한다.

■ 어두운 색으로 칠해져 있거나 낙서로 가득찬 원고지를
  본 꿈은 장래가 밝지 않다는 암시이다.

■ 종이에 이성을 그리워한 꿈은 이성을 동경하는 마음을
  나타낸 것이다.

■ 전단지를 돌린 꿈은 직장을 구한다.

■ 광고지가 붙어 있는 꿈은 길몽으로 좋은 소식이 오고, 수
  험생은 합격한다.

붓 · 먹 · 벼루 · 필기도구에 관한 꿈

벼루는 명예와 장수를 암시한다.

- 붓을 선물받거나 얻은 꿈은 학문으로 입신출세한다.
- 붓에 화려한 꽃이 핀 꿈은 최고의 길몽으로 작품으로 이름을 날린다.
- 벼루나 먹이 깨진 꿈은 흉몽으로 사업장이 분리될 암시이다.
- 필기도구를 본 꿈은 최고의 길몽으로 만사형통한다.
- 필기도구를 금은보석으로 장식한 꿈은 학문으로 성공할 암시이다.
- 필기도구가 나무로 변해 꽃이 핀 꿈은 학문으로 입신출세한다.
- 필기도구를 잃어버리거나 빼앗긴 꿈은 흉몽으로 학업을 중단하거나 직업을 바꿀 암시이다.

18장. 재물과 문서에 관한 꿈

돈에 관한 꿈

동전은 재료와 액수를 살펴 해몽하고, 지폐는 길몽에 해당하는 경우가 많다. 현재 우리나라에서 사용하는 10원짜리 구리돈은 매우 나쁘고, 50원짜리 합금동전은 다소 부정적이고, 100원짜리 합금동전은 별영향이 없다. 그리고 지폐는 천 원짜리 정도는 실제의 액수와 비슷하게 나타나고, 만 원짜리는 수량과 비례에 횡재수가 나타난다.

- 누군가가 돈을 주운 꿈은 흉몽으로 불길한 일이 생긴다.
- 집 안에 돈이 많이 재여 있는 꿈은 길몽으로 좋은 일이 생긴다.
- 백금이나 황금으로 만든 동전을 본 꿈은 길몽으로 좋은

일이 생긴다.

■ 은으로 만든 동전을 얻은 꿈은 길몽으로 좋은 일이 생길 암시이다.

■ 쇠로 만든 동전을 본 꿈은 흉몽으로 불길한 일이 생긴다.

■ 금빛이 나는 동전을 많이 주운 꿈은 길몽으로 좋은 일이 생긴다.

■ 동전이 황금색으로 유난히 빛난 꿈은 길몽으로 좋은 일이 생길 암시이다.

■ 구리로 만든 동전을 1~2개 본 꿈은 근심이 따른다.

■ 구리로 만든 동전이 산더미처럼 많이 쌓인 꿈은 길몽으로 횡재수가 따른다.

■ 구리로 만든 동전을 1~2개 주운 꿈은 흉몽으로 풀기 어려운 사건이 생긴다.

■ 동전이 든 자루를 얻은 꿈은 횡재수가 생긴다.

■ 어두운 밤길에서 고액수표를 주운 꿈은 길몽으로 좋은 일이 생길 암시이다.

■ 종이로 된 유가증권을 본 꿈은 길몽으로 좋은 일이 생길 암시이다.

■ 유가증권을 분실하거나 도둑맞은 꿈은 손재수가 따른다.

■ 어음이나 수표를 발행한 꿈은 권위를 세울 기회가 온다.

■ 어음을 받은 꿈은 허가증 등 증서를 입수한다.

■ 죽은 사람이 주는 현금을 받은 꿈은 누군가에게 그 액수

만큼의 돈을 받는다. 만일 큰 액수라면 횡재수가 따른다.

■ 죽은 사람이 주는 지폐를 받은 꿈은 돈이 생기거나 고인
의 유족에게서 소식이 온다.

귀금속 · 보석 · 액세서리에 관한 꿈

귀금속에 대한 꿈은 길몽이나 보석에 대한 꿈은 좋지 않다.
그러나 보석이 귀금속과 함께 있거나 빛깔이 좋고 광채가
나면 길몽으로 다룬다.

■ 황금덩어리나 금송아지를 얻은 꿈은 뜻밖의 재물이 들어
온다.

■ 자루에 황금을 가득 담아놓은 꿈은 재물이 들어온다.

■ 금은 등의 귀금속을 본 꿈은 길몽으로 좋은 일이 생긴다.

■ 금이나 은 등으로 만든 그릇을 본 꿈은 길몽으로 좋은 일
이 생긴다.

■ 금이나 은이 입으로 들어간 꿈은 길몽으로 횡재수가 따
른다.

■ 금반지를 선물받은 꿈은 재물이 들어오고 미혼여성은 결
혼한다.

■ 귀금속을 나눈 꿈은 집안의 살림이 흩어질 암시이다.

- 하수구에서 귀금속을 주운 꿈은 횡재수가 따른다.
- 금으로 만든 실을 본 꿈은 길몽으로 좋은 일이 생긴다.
- 금으로 만든 금고를 본 꿈은 재물이 들어온다.
- 은이나 쇠·구리 등으로 만든 반지가 금으로 변한 꿈은 신분이 올라가고 재물이 들어온다.
- 귀금속이나 보석을 도둑맞은 꿈은 길몽으로 좋은 일이 생긴다.
- 귀금속이나 보석을 잃어버린 꿈은 정보가 유출되거나 손재수가 따른다.
- 땅 속에서 귀금속이나 보석을 캔 꿈은 재물이 생긴다.
- 보석이 산처럼 많이 쌓인 꿈은 흉몽으로 불길한 일이 생긴다.
- 입에서 보석을 토해낸 꿈은 길몽으로 좋은 일이 생긴다.
- 입으로 보석을 삼킨 꿈은 흉몽으로 불길한 일이 생긴다.
- 구슬을 주운 꿈은 좋으나 일시적인 것으로 해석한다. 이것은 구슬을 보석으로 해석하기보다 모양이나 배경을 중시한 것이다.
- 목걸이나 귀걸이를 선물받은 꿈은 이성을 만날 암시이다.
- 목걸이나 팔찌가 끊어진 꿈은 부부간에 불화가 생긴다.
- 손목시계를 선물받은 꿈은 행운이 따른다.
- 금반지를 선물받은 꿈은 길몽으로 재물이 들어온다. 쌍가락지는 더욱더 좋다.

문서 · 서류 · 주민증 · 도장 · 명함에 관한 꿈

주민증은 자기의식이나 자존심을 암시한다.

■ 문서를 작성한 꿈은 당시의 표정이 즐거우면 길몽이고, 심각하면 흉몽으로 불길한 일이 생긴다.

■ 집문서 · 채권 · 증서 등을 받은 꿈은 길몽으로 재물이 들어온다.

■ 집문서 · 채권 · 증서 등을 잃어버리거나 빼앗긴 꿈은 손재수가 생길 암시이다.

■ 남녀가 같이 있는데 계약서가 있는 꿈은 결혼하게 된다.

■ 계약서를 작성하는데 신중하고 걱정스런 표정을 한 꿈은 누군가가 죽거나 재물이 나간다. 매매 등의 서류작성에 대한 꿈은 작성할 때의 표정이 중요하다.

■ 계약서를 작성하는데 밝은 표정을 한 꿈은 약혼을 하거나 물건을 사거나 재물이 들어온다.

■ 매매계약이 해약된 꿈은 결혼이나 약혼이 성사되지 않을 암시이다.

■ 주민증을 제시하고 통과한 꿈은 일이 순조롭게 이루어질 암시이다.

■ 주민증을 제시했으나 통과시켜 주지 않은 꿈은 관청에 신청한 일이 반려되거나 지연된다.

- 자신의 도장을 본 꿈은 자신의 것을 지키라는 경고로 보증 등을 삼가해야 한다.
- 도장을 얻은 꿈은 권리가 생기거나 위임장을 받는다.
- 지위가 높은 사람의 도장을 받은 꿈은 지위가 높아진다.
- 서류에 도장을 찍은 꿈은 결혼이 성사된다.
- 계약서에 도장을 찍고 자유롭지 못한 꿈은 결혼한다.
- 자신의 명함을 본 꿈은 자신의 존재를 나타낸 것이다.

지갑 · 금고에 관한 꿈

- 지갑은 재산과 소유를 암시한다.
- 지갑을 도둑맞은 꿈은 아내의 정조에 문제가 생긴다.
- 지갑에 돈이 가득 들어 있는 꿈은 자기만족에 빠져 있으니 좀더 분발하라는 경고이다.
- 금고를 본 꿈은 흉몽으로 손재수가 생긴다. 금고는 돈을 저축하는 것이나 해몽상으로는 좋지 않다.
- 금고가 열린 꿈은 비밀이 탄로나고, 상업에 종사하는 사람은 신용을 잃는다.

19장. 일반적인 사물에 관한 꿈

물건에 관한 꿈

- 물건은 재물이나 명예를 암시한 때로는 액운을 암시하기도 한다.
- 소중한 물건을 잃어버린 꿈은 흉몽으로 명예와 지위를 잃는다.
- 잃어버린 물건을 아까워하다 찾거나 누군가가 주워준 꿈은 명예를 회복한다.
- 아끼는 물건을 남에게 준 꿈은 액운에서 벗어난다.
- 다른 사람이 잃어버린 물건을 주운 꿈은 액운이 따른다.
- 많은 물건을 선물받은 꿈은 재물이 늘어난다.
- 빈상자를 선물받은 꿈은 노력에 비해 소득이 적다.

가구에 관한 꿈

■ 장농을 사거나 얻어온 꿈은 길몽으로 재물이 늘어난다.

■ 장농 속에 재물을 넣어둔 꿈은 흉몽으로 불길한 일이 생긴다.

■ 장농 속에 넣어둔 재물을 꺼낸 꿈은 길몽으로 관직에 오르거나 승진하고 사업이 순조롭다.

■ 장농문이 열리지 않아 애태운 꿈은 흉몽으로 사업이 어려움에 처한다.

■ 장농을 부서버리거나 밖으로 내놓은 꿈은 흉몽으로 부부간에 이별하거나 실직한다.

■ 찬장이나 냉장고를 산 꿈은 재물이 늘어난다.

■ 찬장이나 냉장고에 음식이 가득찬 꿈은 재물이 늘어난다.

■ 뒤주를 본 꿈은 길몽으로 뒤주의 크기와 비례한다.

■ 뒤주에 곡식이 가득 들어 있는 꿈은 길몽으로 좋은 일이 생긴다.

■ 침대를 산 꿈은 길몽으로 결혼하게 된다.

■ 침대를 바꾼 꿈은 길몽으로 결혼하게 된다.

■ 침대를 파괴한 꿈은 흉몽으로 관직을 잃거나 실직한다.

■ 침대가 파손된 꿈은 흉몽으로 배우자의 죽음을 암시한다.

■ 침대의 다리가 파손된 꿈은 흉몽으로 협조자가 떠날 암시이다.

- 침대에 피가 묻은 꿈은 흉몽으로 아내의 정조에 문제가 생긴다.
- 침대나 침실의 천정 등을 고친 꿈은 이사를 가게 된다.
- 침대에서 떨어진 꿈은 흉몽으로 사업이 중단된다.
- 침대 밑에서 잠을 잔 꿈은 흉몽으로 부부간에 싸움이 벌어진다.
- 침대가 밖으로 나간 꿈은 흉몽으로 배우자의 죽음을 암시한다.

책상 · 의자에 관한 꿈

책상은 직업과 지위를 암시하고, 의자는 일자리를 암시한다.

- 책상이 바뀐 꿈은 직업이 바뀔 암시이다.
- 좋은 책상으로 바뀐 꿈은 승진할 암시이다.
- 책상을 빼앗기거나 잃은 꿈은 흉몽으로 실직할 암시이다.
- 의자를 얻은 꿈은 직장을 구하고, 빼앗긴 꿈은 실직한다.
- 하늘에서 내려온 의자를 얻거나 앉은 꿈은 좋은 벼슬에 오른다.
- 공중에 있는 의자에 앉은 꿈은 공직을 얻는다.
- 의자에서 일어난 꿈은 직장을 떠난다는 암시이다.

이불 · 베게 · 방석 · 쿠션에 관한 꿈

베개는 머리와 목의 고통을 덜어주는 것으로 협조자로 해석한다.

- 이부자리를 편 꿈은 길몽으로 가정이 행복해진다.
- 이부자리를 잘 정돈한 꿈은 길몽으로 가정이 편안해지고 부부금실이 좋아진다.
- 이불이나 솜 등을 누군가에게 준 꿈은 아내가 간통할 암시이다.
- 이불이나 담요를 방바닥이나 침대에 깐 꿈은 부부금실이 좋다.
- 담요를 찢거나 걷어낸 꿈은 부부금실이 깨질 암시이다.
- 좋은 베게를 사거나 얻은 꿈은 협조자를 만난다.
- 높고 좋은 방석을 본 꿈은 지위가 높아진다.

병풍 · 발 · 모기장에 관한 꿈

병풍은 앞면은 길사에 사용하고, 뒷면은 흉사에 사용한다. 따라서 앞면을 본 꿈은 길몽이고, 뒷면을 본 꿈은 흉몽으로 불길한 일이 생긴다.

- 잠자리에 병풍을 두른 꿈은 길몽으로 재물이 들어온다.
- 어두운 곳에 병풍을 둥글게 친 꿈은 흉몽으로 가족이 질병에 걸릴 암시이다.
- 방문에 치는 발을 새로 장만한 꿈은 좋은 아내를 얻는다.
- 모기장이 쳐 있는 꿈은 가정의 안정과 사업의 계획이 철저해 타인의 침투가 불가하다는 암시이다.

식기 · 용기류에 관한 꿈

- 그릇을 얻은 꿈은 길몽으로 재물이 늘어난다.
- 큰 그릇을 본 꿈은 길몽으로 좋은 일이 생긴다.
- 작은 그릇을 본 꿈은 좋지 않다.
- 나무로 만든 그릇을 본 꿈은 길몽으로 좋은 일이 생긴다.
- 쇠로 만든 그릇을 본 꿈은 좋지 않다.
- 작은 그릇을 사오거나 얻은 꿈은 흉몽으로 불길한 일이 생긴다.
- 빈그릇을 본 꿈은 흉몽으로 불길한 일이 생긴다.
- 그릇에 음식이 가득 들어 있는 꿈은 재물이 늘어날 암시이다.
- 그릇에 음식이 적게 들어 있는 꿈은 흉몽으로 가난해질 암시이다.

- 솥이 깨지거나 부서진 꿈은 흉몽으로 가족의 죽음을 암시한다.
- 솥을 때우거나 고친 꿈은 길몽으로 좋은 일이 생긴다.
- 솥이 엎어진 꿈은 흉몽으로 사업이 부도나거나 직장을 잃는다.
- 솥을 도둑맞은 꿈은 흉몽으로 가족이 가출할 암시이다.
- 솥이 집에 깔린 꿈은 흉몽으로 불길한 일이 생긴다.
- 솥에 불을 땐 꿈은 길몽으로 좋은 일이 생긴다. 단 불빛이 밝아야 한다.
- 솥에 음식을 넣고 불을 땐 꿈은 새로운 일을 시작한다.
- 솥에서 음식이 끓어 넘친 꿈은 부자가 될 암시이다.
- 솥에서 맛있는 음식이 부글부글 끓은 꿈은 이성을 동경하는 마음을 나타낸 것이다.
- 솥 안에 음식이 있지 않고 솥 밑에 있는 꿈은 흉몽으로 불길한 일이 생긴다.
- 솥에 밥을 했는데 잘 된 꿈은 길몽으로 사업이 성공한다.
- 솥에 밥을 했는데 설익은 꿈은 흉몽으로 사업이 부진해진다.
- 솥에 밥이 가득 있는 꿈은 사업이 한창임을 암시한다.
- 솥에 있는 밥을 다른 사람에게 퍼준 꿈은 식구가 늘거나 사업장에 사람을 증원시킨다.
- 솥에서 맑은 물이 솟아오른 꿈은 길몽으로 재물이 늘어

날 암시이다.

- 솥에 소변을 본 꿈은 흉몽으로 불길한 일이 생긴다.
- 접시를 일부러 깬 꿈은 결혼이 성사되고 소원을 이룬다.
- 쟁반을 본 꿈은 재물이 늘어나고 혼담이 성사된다.
- 제기를 본 꿈은 길몽으로 행복이 따른다.
- 양재기류를 본 꿈은 길몽으로 좋은 일이 생긴다.
- 양재기에 음식이나 곡식이 가득 들어 있는 꿈은 길몽으로 좋은 일이 생긴다.
- 주전자를 본 꿈은 길몽으로 가정이 편안하며 화목해진다.
- 병이나 도자기류를 본 꿈은 길몽으로 좋은 일이 생긴다.
- 내용물이 든 병을 갖거나 얻은 꿈은 길몽으로 좋은 일이 생긴다.
- 빈병을 본 꿈은 흉몽으로 가난해진다.
- 빈병을 갖거나 얻은 꿈은 흉몽으로 불길한 일이 생긴다.
- 빈병을 버린 꿈은 길몽으로 좋은 일이 생긴다.
- 빈병이 사업장이나 집 안에 많이 쌓여 있는 꿈은 흉몽으로 가난해진다.
- 물통에 맑은 물이 가득찬 꿈은 길몽으로 부자가 된다.
- 물통에 흐린 물이 가득찬 꿈은 집안에 액운이 닥칠 암시이다.
- 물통을 선물받은 꿈은 길몽으로 부자가 된다.
- 항아리류를 본 꿈은 길몽으로 좋은 일이 생긴다.

- 장독대에 항아리가 많은 꿈은 부자가 되고 가정이 편안해진다.
- 항아리 뚜껑을 열어놓거나 닫아둔 꿈은 길몽으로 재물이 들어온다.
- 독에 장이나 곡식이 가득 들어 있는 꿈은 길몽으로 재물이 들어온다.
- 수저를 잃어버린 꿈은 손재수가 있거나 부부가 이별할 암시이다.
- 많은 수저를 본 꿈은 식당을 하는 사람은 손님이 많이 올 암시이다.
- 숟가락을 잃어버린 꿈은 흉몽으로 가족의 죽음을 뜻한다.
- 숟가락이 늘어난 꿈은 길몽으로 식구가 늘어날 암시이다.
- 숟가락을 잃어버린 꿈은 흉몽으로 형제의 죽음을 뜻한다.
- 젓가락이 한 짝만 있는 꿈은 흉몽으로 가난해진다.

탈 · 인형 · 훈장 · 열쇠 · 칫솔에 관한 꿈

- 탈을 쓴 사람은 이중인격자를 암시한다.
- 탈이나 가면을 쓴 사람을 본 꿈은 주위에 해를 끼칠 사람이 있다는 암시이다.
- 탈을 걸어두고 절을 하거나 제사를 지낸 꿈은 흉몽으로

불길한 일이 생긴다.

- 벽에 탈을 쓴 사람을 그려놓은 꿈은 불길한 일이 생긴다.
- 탈을 모셔놓고 제사를 지낸 꿈은 의심스런 사람이 사라진다.
- 인형을 얻은 꿈은 태몽이다.
- 인형을 부서버린 꿈은 앞길이 열리고 집안에 우환이 사라진다.
- 주술적인 인형을 본 꿈은 자신이 죽음에 이를 수도 있다.
- 훈장을 본 꿈은 무지함을 깨닫고 새로운 것을 인식한다.
- 가슴에 훈장을 단 꿈은 길몽으로 입신출세한다.
- 열쇠는 폐쇄적인 생활을 암시한다.
- 열쇠를 얻은 꿈은 가정이나 사업의 해결방법을 찾는다.
- 칫솔을 보거나 칫솔로 이를 손질한 꿈은 흉몽으로 이중인격자에게 피해를 당한다.

연장에 관한 꿈

- 금속으로 된 연장과 무기, 그리고 싸움에 대한 꿈은 대체적으로 길몽으로 좋은 일이 생긴다.
- 돌로 만든 연장이나 무기를 본 꿈은 흉몽으로 불길한 일이 생긴다.

- 목수가 사용하는 연장을 본 꿈은 좋지 않다.
- 농부가 사용하는 연장을 본 꿈은 좋은 일이 생긴다.
- 도끼를 본 꿈은 길몽으로 좋은 일이 생긴다.
- 도끼를 갖거나 얻은 꿈은 길몽으로 좋은 일이 생긴다.
- 도끼로 나무를 팬 꿈은 최고의 길몽으로 좋은 일이 생길 암시이다.
- 장도리를 본 꿈은 피해를 입을 암시이다.
- 송곳으로 구멍을 뚫은 꿈은 길몽으로 사업이 순조롭다.
- 나침반을 본 꿈은 불안한 상태를 나타낸 것이다.
- 쇠사슬을 본 꿈은 고독과 침체를 암시한다.
- 빗자루를 본 꿈은 장애자를 제거한다.
- 납 등 무거운 금속으로 연장을 만든 꿈은 길몽으로 재물이 들어온다.
- 구리에 대한 꿈은 길몽으로 다루나 구리동전의 한두 잎은 그렇지 않다.

20장. 스포츠 · 예술 · 오락에 관한 꿈

스포츠에 관한 꿈

■ 운동경기에서 우승한 꿈은 입신출세할 길몽으로 지위가 올라가고 사업이 성공한다.

■ 운동경기를 시원하게 한 꿈은 길몽으로 시험에 합격하거나 특허나 논문 등이 인정받는다. 이성을 동경하는 꿈으로 해석할 때는 상대를 정복했다는 뜻을 나타낸다.

■ 운동경기에 출전한 꿈은 좋지 않다. 이것은 전투와 같은 의미가 있어 다치거나 죽을 수도 있기 때문이다.

■ 운동경기에서 능력을 발휘하지 못한 꿈은 사업이 침체되어 있다는 뜻이다.

■ 자신이 출전한 경기에 관중이 많이 모인 꿈은 흉몽으로 비난받을 일이 생긴다.

- 자신이 출전한 경기에 관중이 한 명도 없는 꿈은 독단적인 사업을 한다는 뜻이다.
- 운동경기에서 시원하게 골을 넣은 꿈은 사업이 성공한다.
- 구기운동에서 공을 계속해서 주고받은 꿈은 상대방과 의사가 일치하지 않는다.
- 자신이 찬 공이 하늘높이 시원하게 올라간 꿈은 길몽으로 관직에 오르거나 상품이 인정받거나 시험에 합격한다.
- 운동장에서 혼자 체조를 한 꿈은 자신의 일을 뽐낼 일이 생긴다.
- 마라톤대회에 출전해 우승한 꿈은 인기와 지위가 올라갈 암시이다.
- 마라톤대회에 출전해 낙오된 꿈은 하는 일이 잘 풀리지 않는다.
- 씨름이나 유도대회에서 우승한 꿈은 경쟁에서 진다.
- 씨름이나 유도대회에서 진 꿈은 경쟁에서 이긴다.
- 투우경기에 참가한 꿈은 좋지 않다. 소의 싸움이 좋지 않은 것에 중점을 둔 해석이다.
- 상대방과 검도로 겨룬 꿈은 분쟁이나 논쟁이 생긴다.
- 축구공에 이름을 크게 쓴 꿈은 축구로 이름을 날린다.

그림 · 사진에 관한 꿈

- 그림을 그린 꿈은 한가로움을 나타낸 것으로 고독에 휩싸인다.
- 화가가 그림을 그린 꿈은 하는 일이 잘 풀린다.
- 여자를 모델로 그림을 그린 꿈은 이성을 동경하고 있다는 뜻으로 이성을 만난다.
- 여자의 나체를 그린 꿈은 이성을 동경하고 있다는 뜻이고, 때로는 상대방의 비밀을 알게 된다.
- 자신이 모델이 되어 신체의 부분을 감추려고 노력한 꿈은 행동이나 결점을 감추려고 하는 것을 나타낸 것이다.
- 추상화를 그리면서 생각에 잠긴 꿈은 계획하는 일이 순조롭지 못할 암시이다.
- 자신이 그린 그림을 불에 태웠는데 활활 잘 탄 꿈은 사업이 번창한다.
- 자신이 그린 그림을 불에 태웠는데 타다가 그친 꿈은 하는 일이 중단될 암시이다.
- 옷에 그림을 그리거나 글씨를 쓴 꿈은 길몽으로 좋은 일이 생긴다. 해당하는 사람이 글씨나 그림에 합당한 신분이나 직업을 얻는다.
- 사진기를 산 꿈은 이성에게 선물을 받는다.
- 사진기를 둘러멘 꿈은 이성과 여행이나 놀이를 떠난다.

- 사진첩을 선물하거나 받은 꿈은 이성의 선물과 관계있다.
- 필름없는 카메라로 사진을 찍은 꿈은 형식적이거나 실속없는 일을 한다는 뜻이다.
- 어두운 곳에서 플래시도 없이 사진을 찍은 꿈은 실속없다는 뜻으로 진행하는 사업을 검토해볼 필요가 있다.
- 결혼사진을 찍은 꿈은 사업의 합병을 나타낸다.
- 가족과 사진을 찍은 꿈은 가정이 번창한다.
- 가족사진을 찍는데 한 사람이 빠진 꿈은 그 사람이 객지로 떠나거나 외국으로 이민간다는 암시이고, 만일 빠진 사람이 환자라면 죽음을 암시한다.

음악 · 춤에 관한 꿈

- 노래를 작곡한 꿈은 길몽으로 새로운 사업을 시작한다.
- 악기를 연주한 꿈은 길몽으로 사업이 성공한다.
- 현악기를 들고 있는 꿈은 애인을 만난다.
- 악기를 쓰다듬거나 어루만진 꿈은 이성을 동경하는 마음을 나타내며 이성을 만난다.
- 하모니카 소리를 들은 꿈은 가정에 불화가 생긴다.
- 나팔을 크게 분 꿈은 입신출세할 길몽으로 지위와 명예가 올라가고, 수험생은 우수한 성적으로 합격한다.

■ 피리소리를 들은 꿈은 슬픈 소식을 듣는다.

■ 피아노를 멋있게 연주한 꿈은 하는 일이 순조롭게 성사
된다.

■ 결혼예복이나 멋있는 옷을 입고 멋있는 피아노를 연주한
꿈은 결혼을 한다.

■ 북이나 장구를 치며 야단이 난 꿈은 멀리서 반가운 소식
이 온다.

■ 북이나 장구를 치거나 악기의 소리에 맞춰 신나게 춤을
춘 꿈은 흉몽으로 불길한 일이 생긴다.

■ 합창단의 연주를 관람한 꿈은 사업이 미진하며 고립되어
있다는 뜻이다.

■ 노래를 부른 꿈은 우울한 심정과 마음의 갈등을 해소하
려는 강한 의지를 표현한 것이다.

■ 높은 곳에 올라 크게 소리내어 노래를 부른 꿈은 입신출
세할 길몽으로 자신의 위상을 알리고, 수험생은 합격한다.

■ 나지막한 산에서 노래를 슬프게 부른 꿈은 부모나 친척
의 상을 당할 암시이다.

■ 즐거운 노래를 들은 꿈은 마음이 안정되며 가정과 사업
이 성공한다.

■ 시끄럽고 불쾌한 음악을 들은 꿈은 사업이 궁지에 몰릴
암시이다.

■ 누군가가 애타게 부르는 노래를 들은 꿈은 그 사람의 부

탁이나 소원을 듣게 된다.

■ 신나게 노래하는 것을 들은 꿈은 힘이 미약해 다른 사람의 의사에 반대하지 못하고 복종한다는 뜻이다.

■ 멋지게 노래를 부르다 중도에 그만둔 꿈은 순조롭던 사업이 중단된다.

■ 노래를 부르다 입이나 목구멍이 막힌 꿈은 길몽으로 질병이 낫고 운수가 좋아진다.

■ 노래를 부르려고 크게 소리를 냈으나 소리가 나지 않은 꿈은 자신의 노력과 성과가 좋지 않아 궁지에 빠진다.

■ 탁트인 목소리로 시원하게 노래를 부른 꿈은 감기가 나을 암시이나 목구멍이 트인 꿈은 좋지 않다. 이런 경우에는 감기에 대한 갈등으로 꿈이 아닌 경우도 있다.

■ 대중 앞에서 신나게 노래를 부른 꿈은 국가나 단체에 자신의 주장이 반영되어 하는 일이 성공한다.

■ 대중 앞에서 노래를 부르는데 반주가 맞지 않아 실수한 꿈은 부탁한 일이 성사되지 않을 암시이고, 때로는 망신을 당한다.

■ 병든 사람이 노래를 부른 꿈은 대단한 흉몽으로 그 사람의 죽음을 암시한다.

■ 다른 사람이 노래를 부르는데 잘 한다고 박수를 보낸 꿈은 다른 사람의 사업을 돕게 된다.

■ 누군가와 춤을 추며 노래를 부른 꿈은 흉몽으로 시비가

생기고, 인정받지 못한다.

- 요란한 음악에 맞춰 신나게 춤을 춘 꿈은 흉몽으로 만사가 이루어지지 않는다.
- 왈츠에 맞춰 부르는 노래를 듣거나 춤추는 것을 본 꿈은 이성과 헤어질 암시이다.
- 무도장에서 춤을 춘 꿈은 이성문제로 싸움이 벌어진다.
- 무도장에서 춤을 추며 논 꿈은 흉몽으로 과소비와 무질서를 경고하는 것이다.

영화 · 연극 · 드라마 · 쇼 · 마술에 관한 꿈

- 재미있게 영화를 본 꿈은 사업이 순조로울 암시이다.
- 영화를 끝까지 관람한 꿈은 사업이 순조로울 암시이다.
- 영화를 보다 중단되거나 필름이 끊어진 꿈은 사업이 중단된다.
- 영화를 보다 영사기가 고장난 꿈은 질병에 걸리거나 사업이 중단되고, 수험생은 낙방한다.
- 광고를 많이 했는데 영화관에 손님이 없는 꿈은 노력한 일의 성과가 없다는 암시이다.
- 영화를 계속해서 여러 번 상영하거나 감상한 꿈은 사업이 침체될 암시이다.

- 영화나 연극을 보다 중간에 나온 꿈은 하는 일이 한창일 때 중단된다.
- 연극배우가 되어 연기를 한 꿈은 인기가 있다는 뜻이다.
- 연기를 하는데 관객이 없는 꿈은 사업이 부진하며 망신당할 일이 생긴다.
- 집에서 드라마를 본 꿈은 길몽으로 가정이 번창한다.
- 집에서 드라마를 보다 슬퍼서 운 꿈은 가정에 우환이 생긴다.
- 보고 있는 드라마의 주인공이 된 꿈은 길몽으로 입신출세한다.
- 혼자 나체쇼를 본 꿈은 다른 사람의 이성문제에 관여할 암시이다.
- 다른 사람과 함께 나체쇼를 본 꿈은 이성문제로 다툰다.
- 자신이 나체쇼를 한 꿈은 망신당할 일이 생긴다.
- 나체쇼를 구경하다 흥분해 무대로 나가 같이 춤을 춘 꿈은 이성문제로 비난받을 일이 생긴다.
- 나체쇼를 하던 사람이 성기가 노출되자 부끄럽게 생각하고 감춘 꿈은 망신당할 일이 생긴다.
- 마술을 본 꿈은 그 사람의 계략에 빠져 사기를 당한다.
- 마술사가 된 꿈은 상대를 제압할 수단이 생긴다.
- 자신이 마술을 한 꿈은 능력을 인정받는다.
- 서커스단을 본 꿈은 길몽으로 사업이 흥미있게 성장한다.

■ 서커스를 하다 단원이 실수로 줄에서 떨어진 꿈은 진행하는 사업이 기술상의 문제로 난관에 처할 암시이다.

바둑 · 장기에 관한 꿈

■ 바둑을 둔 꿈은 흉몽으로 송사가 따른다. 그러나 유단자나 저명인사와 바둑을 둔 꿈은 무난하다.
■ 바둑에서 이긴 꿈은 길몽으로 사업이 성공한다.
■ 바둑에서 진 꿈은 흉몽으로 사업이 어려움에 처한다.
■ 내기 장기나 바둑을 둔 꿈은 그 사람이나 그 사람과 관계 있는 사람과 송사가 벌어진다.
■ 바둑이나 장기판에서 훈수한 꿈은 그 사람과 싸움이 벌어진다.
■ 장기를 두는데 말 등이 죽은 꿈은 사람과 말을 잃는다. 옛날에는 장기에 대한 꿈을 실제의 전쟁과 관계있다고 보았다. 장기판은 전투지역을 상징한다고 한다. 전략가나 전투에 관련된 사람들은 장기에 대한 꿈을 많이 꾸었다는 것이다.

낚시 · 등산 · 사냥에 관한 꿈

- 낚시질한 꿈은 길몽으로 좋은 일이 생긴다.
- 낚시장비를 본 꿈은 길몽으로 좋은 일이 생긴다.
- 낚시로 고기를 잡은 꿈은 흉몽으로 불길한 일이 생긴다.
- 등산장비를 본 꿈은 길몽으로 좋은 일이 생긴다.
- 등산하려고 장비를 갖춘 꿈은 계획한 일이 순조로울 암시이다.
- 등산장비를 챙겨 높은 산에 올라 사방을 바라보며 고함을 지른 꿈은 자신의 위치를 알리는 것으로 사업이 번창하며 지위가 올라간다.
- 등산한 꿈은 길몽으로 어려움을 극복한다.
- 높은 산을 등단한 꿈은 소원을 이룰 암시이다.
- 여러 겹의 산을 넘은 꿈은 현실을 극복한다는 표현이다.
- 사냥한 꿈은 길몽으로 좋은 일이 생긴다.
- 궁도나 활로 사냥한 꿈은 길몽으로 좋은 일이 생긴다.
- 사냥하다 활이나 화살줄이 끊어지거나 부러진 꿈은 흉몽으로 불길한 일이 생긴다.

여행에 관한 꿈

- 명승고적을 유람한 꿈은 고향소식을 듣는다.
- 외국을 여행한 꿈은 만사가 순조롭다.
- 화려한 버스를 타고 여행을 떠난 꿈은 죽음을 암시한다.
- 호화로운 배를 타고 멀리 여행한 꿈은 죽음을 암시한다.
- 여행이 길고 지루하다고 느낀 꿈은 흉몽으로 하는 일이 순조롭지 못할 암시이다.
- 짐을 지고 여행한 꿈은 현실이 어렵다는 뜻으로 그 짐이 고난과 고통을 나타내는 것이다.
- 여행 중에 항구에 들어간 꿈은 목표를 이루고 칭찬과 부러움을 받는다. 항구는 여성을 의미하기도 하지만 안식처나 편안함을 나타내기도 한다.

놀이 · 도박에 관한 꿈

- 놀이를 한 꿈은 길몽으로 좋은 일이 생긴다.
- 보물찾기에서 보물을 찾은 꿈은 시험에 합격할 암시이다.
- 보물찾기에서 보물을 찾지 못한 꿈은 흉몽으로 시험에 떨어진다.
- 복권추첨에 참여한 꿈은 흉몽으로 불길한 일이 생긴다.

- 도박을 한 꿈은 흉몽으로 손재수나 사기를 당한다.
- 도박을 하며 즐겁게 보낸 꿈은 흉몽으로 불길한 일이 생긴다.
- 여러 사람과 도박을 한 꿈은 그 사람들에게 사기를 당하거나 손재수가 따른다.
- 도박장에서 돈을 잃은 꿈은 길몽으로 좋은 일이 생긴다. 돈은 액운을 암시하므로 액운을 버린 것으로 해몽한 것이다.
- 도박장에서 사용할 도구를 과학적으로 만들거나 이기는 방법을 연구한 꿈은 길몽으로 재물이 늘어난다.
- 화투를 본 꿈은 흉몽으로 불길한 일이 생긴다.
- 화투치기로 돈을 많이 딴 꿈은 흉몽으로 손재수가 따를 암시이다.

21장. 전쟁과 무기에 관한 꿈

전쟁에 관한 꿈

■ 적과 싸워 이긴 꿈은 길몽으로 사업이 성공한다.

■ 적과 싸워 진 꿈은 흉몽으로 사업이 실패한다.

■ 전쟁터에서 적군에게 진 꿈은 경쟁에서 밀린다.

■ 전쟁터에서 자신이 죽은 꿈은 기업의 파산을 암시한다.
  여기서는 죽음보다 전쟁을 중점으로 해석한 것이다.

■ 적군을 총으로 죽이거나 창으로 찌른 꿈은 앞길이 트일
  암시이다.

■ 전쟁에서 낙오되거나 포로로 잡힌 꿈은 흉몽으로 앞길이
  막힌다.

■ 전쟁터에서 포로를 잡은 꿈은 경쟁에서 이긴다.

■ 전쟁터를 본 꿈은 재난과 고통이 닥칠 암시이니 새로운

각오로 현실에 임해야 한다.

■ 폐허가 된 전쟁터를 본 꿈은 방황하는 심리를 표현하는 것으로, 자신의 힘으로만은 어려우니 도움을 요청해 볼 필요가 있다.

■ 적에게 둘러싸여 사면초가였던 꿈은 고립될 암시이다.

■ 적의 비행기를 격추시킨 꿈은 인기가 높아지고 주위의 도움을 받는다.

■ 적의 함선을 침몰시킨 꿈은 인기가 높아지고 주위의 도움을 받는다.

칼 · 총 · 활 등 무기에 관한 꿈

■ 여러 가지 무기를 본 꿈은 길몽으로 좋은 일이 생긴다.

■ 싸우기 전에 무기를 장만한 꿈은 길몽으로 좋은 일이 생긴다.

■ 대형무기를 보거나 얻은 꿈은 길몽으로 좋은 일이 생길 암시이다.

■ 대형무기로 상대방을 폭격한 꿈은 길몽으로 좋은 일이 생긴다.

■ 대형무기로 상대방을 폭격해 파괴하거나 살상한 꿈은 길몽으로 좋은 일이 생긴다.

- 칼을 얻은 꿈은 길몽으로 좋은 일이 생긴다.
- 군대에서 사용하는 대검을 얻은 꿈은 지위가 올라간다.
- 칼에 찔린 꿈은 길몽으로 좋은 일이 생긴다.
- 칼을 차고 먼 길을 떠난 꿈은 재물이 들어온다.
- 잃어버린 칼을 찾으려고 노력한 꿈은 흉몽으로 불길한 일이 생길 암시이다.
- 칼로 사람을 찔러 죽인 꿈은 길몽으로 가운이 열리고 사업이 잘 된다.
- 칼에 질렸는데 피가 시원하게 나오지 않은 꿈은 중병에 걸릴 암시이다.
- 집에서 사용하는 식도가 물에 빠진 꿈은 흉몽으로 아내의 죽음을 암시한다.
- 휴대용 칼을 빼앗긴 꿈은 아내와 이별한다.
- 휴대용 칼을 잃어버린 꿈은 아내와 사별한다.
- 칼로 싸운 꿈은 길몽으로 뜻이 이루어진다.
- 칼로 사람을 죽인 꿈은 길몽으로 좋은 일이 생긴다.
- 한 자루의 칼로 두 사람을 죽인 꿈은 최고의 길몽으로 좋은 일이 생긴다.
- 칼을 차고 있는 여자를 본 꿈은 길몽으로 귀인을 만난다.
- 여자에게 은장도를 준 꿈은 결혼할 여자를 만난다.
- 남자에게 은장도를 받은 꿈은 결혼하거나 태몽으로 딸을 낳을 암시이다.

- 총으로 과녁을 명중했거나 만점을 받은 꿈은 이성을 만난다.
- 총으로 적을 죽인 꿈은 사업이 성공한다.
- 권총이나 소총을 보거나 얻은 꿈은 길몽으로 좋은 일이 생긴다.
- 활을 얻은 꿈은 만사가 이루어진다.
- 누군가가 활로 자신을 쏜 꿈은 그 사람이 찾아온다.
- 누군가를 향해 활을 쏜 꿈은 그를 찾아가 만난다.
- 화살을 많이 얻은 꿈은 재물이 들어온다.
- 화살에 맞은 꿈은 입신출세한다.
- 활시위가 끊어진 꿈은 형제의 죽음을 암시한다.
- 활을 당겼는데 부러지거나 줄이 끊어진 꿈은 흉몽으로 사업이 몰락한다.
- 활을 본 꿈은 길몽으로 좋은 일이 생긴다. 활은 원형으로 원만함을 뜻한다.
- 활을 만진 꿈은 길몽으로 좋은 일이 생긴다.
- 활시위를 당긴 꿈은 길몽으로 좋은 일이 생긴다.
- 활로 별이나 달을 맞춘 꿈은 태몽이다.
- 활로 싸운 꿈은 길몽으로 좋은 일이 생긴다.
- 활을 얻거나 주운 꿈은 길몽으로 횡재수가 따른다.
- 활시위가 끊어진 꿈은 형제나 친구와 이별할 암시이다.
- 화살을 많이 얻은 꿈은 재물이 늘어나고 일이 순조롭다.

- 싸움에 사용하는 창을 본 꿈은 길몽으로 좋은 일이 생길 암시이다.
- 여자가 창을 다룬 꿈은 길몽이며 왕성한 성욕을 뜻한다.
- 창에 찔려 죽은 꿈은 지위가 올라간다.
- 여러 가지 깃발을 본 꿈은 길몽으로 좋은 일이 생긴다.
- 곰이나 호랑이가 그려져 있는 깃발을 보거나 얻은 꿈은 길몽으로 사업이 순조롭고 수험생은 합격한다.
- 산 위나 높은 곳에 깃발을 꽂은 꿈은 길몽으로 입신출세한다.

22장. 감정과 행동에 관한 꿈

느낌 · 생각

- 미래에 대해 생각한 꿈은 자신의 가치와 진로에 대한 갈등을 표현한 것이다.
- 과거를 생각한 꿈은 자신의 존재와 은혜에 대한 인식과 반성을 표현한 것이다. 이런 종류의 꿈은 어린아이나 사고의 폭이 좁은 사람에게는 나타나지 않는다.
- 아쉬워한 꿈은 부족한 부분이 있다는 표현이다.
- 시간이 아깝다고 재촉한 꿈은 일이 성사되지 않을 암시이다.
- 승진이나 입학시험에 떨어져 슬프게 생각한 꿈은 길몽으로 승진이나 입시에 성공한다.
- 불만으로 크게 소리라도 지르고 싶다고 생각한 꿈은 경

쟁자를 물리치고 높은 자리에 앉겠다는 욕망과 사업을 뛰어나게 하고 싶다는 욕망을 나타낸 것이다.

■ 현실이 너무 피곤하다고 느낀 꿈은 난관에 봉착한다.

■ 새처럼 몸이 가볍다고 느낀 꿈은 길몽으로 좋은 일이 생긴다.

■ 마음대로 날아다니고 싶은데 날 수 없는 것을 측은하게 생각한 꿈은 자유를 원하는 마음을 나타낸 것이다.

■ 고향에 무슨 일이 생겼거나 고향사람이 죽은 것 같은 예감이 든 꿈은 고향집을 고치거나 건물에 손대고 있다는 암시이다.

희노애락

■ 혼자 조용히 웃은 꿈은 남들이 모르는 기쁜 일이 생긴다.

■ 누군가와 같이 웃은 꿈은 그 사람과 다툴 암시이다.

■ 여러 사람이 모여 크게 웃은 꿈은 협조자가 많다는 암시이다.

■ 통쾌하게 웃는데 상대방은 웃지 않은 꿈은 청탁한 일이 성사되기 어렵다.

■ 상대방이 비웃은 꿈은 사업이나 집안 일로 다툼이 벌어진다.

- 누군가가 자신을 바라보면서 웃은 꿈은 좋지 않은 일이 생길 암시이다.
- 많은 사람이 자신을 향해 웃은 꿈은 여러 사람 앞에서 망신당할 일이 생긴다. 그러나 통쾌하고 웃었으면 길몽으로 본다.
- 웃음소리는 들리는데 웃는 사람이 보이지 않은 꿈은 손재수를 당하거나 질병에 걸릴 암시이다.
- 웃으며 다가가는데도 상대방이 반응이 없는 꿈은 그 사람에게 부탁한 일이 수포로 돌아간다.
- 운 꿈은 길몽으로 기쁜 일이 생긴다.
- 크게 소리내어 운 꿈은 남들이 모두 아는 기쁜 일이 생길 암시이다.
- 울다가 그쳤다가 다시 운 꿈은 기쁜 일이 계속해서 생길 암시이다.
- 여러 사람과 함께 크게 슬퍼하며 운 꿈은 경사가 생긴다.
- 많은 사람이 모여 슬퍼하는 모습없이 운 꿈은 다툼이 벌어질 암시이다.
- 서로 마주보면서 운 꿈은 화해할 암시이다.
- 집안에 누가 죽어서 슬프게 운 꿈은 좋은 일이 생긴다.
- 자기와 관계없는 여자가 우는 것을 본 꿈은 흉몽으로 불길한 일이 생긴다. 우는 것은 좋은 꿈이지만 여기서는 여자에게 중점을 둔 것이다.

- 먼 곳에서 사람이 나타나 슬퍼운 꿈은 초상을 당할 암시이다.
- 큰소리로 운 꿈은 다음날 음식이 많이 생긴다.
- 눈물을 흘린 꿈은 길몽으로 경사가 생긴다.
- 슬프게 운 꿈은 길몽으로 좋은 일이 생긴다.
- 집에 온 손님을 잡고 슬퍼운 꿈은 집안에 초상이 날 암시이다.
- 괴로움을 표현한 꿈은 괴로움을 암시한다.
- 시기와 질투를 느낀 꿈은 그 사람에게 억압되어 실패할 암시이다.
- 참거나 감추고 있던 일을 폭발시킨 꿈은 문제를 해결하며 사업이 성공한다.
- 악을 쓰며 빠져나오려고 해도 빠져나오지 못한 꿈은 하는 일이 어려울 암시이다.
- 놀란 꿈은 길몽으로 좋은 소식이 따른다.
- 상대방은 화를 내는데 기분이 좋았던 꿈은 그 사람이 나에게 유리한 행동을 한다.
- 고독하다고 느낀 꿈은 현실에서도 고독하다.
- 외롭다고 느낀 꿈은 계속 절망감을 느낀다.
- 누군가가 시비를 걸거나 투정을 부린 꿈은 다툼이 벌어진다.

연설 · 고함 · 부르는 행동

- 자기가 자신을 부른 꿈은 모든 일이 잘 풀리고 입신출세가 따르기도 한다.
- 누군가가 부른 꿈은 길몽으로 좋은 일이 생긴다. 그 사람이 다른 사람에게 불려가면 그 사람은 잘 된다.
- 누군가를 부른 꿈은 권세나 이권, 명예 등이 남에게 옮겨질 흉몽으로 사업과 지위가 몰락한다.
- 고함을 지르며 싸운 꿈은 가까운 사람과 말다툼을 한다.
- 하늘을 쳐다보며 크게 고함을 지른 꿈은 길몽으로 가정과 사업이 번창한다.
- 군중 앞에서 연설한 꿈은 책을 발간하거나 학업에 대한 실력을 인정받는다.
- 연설을 하는데 군중이 많이 모인 꿈은 사업과 지위가 상승한다.
- 열심히 연설하는데 사람이 모이지 않은 꿈은 열심히 일해도 알아주지 않는다.

놀람 · 공포 · 불안

- 놀란 꿈은 기쁜 소식을 듣거나 크게 감동할 일이 생긴다.

■ 놀라서 기절한 꿈은 곤경에 처할 암시이다. 이때 누군가가 물이나 약을 먹여 깨어나면 회복할 수 있다.

■ 공격을 받아 기절한 꿈은 공격한 사람이 낸 부도에 휘말릴 암시이다.

■ 불안한 상태에서 공격해 상대방이 기절한 꿈은 그 사람이 넘어져 기절했으면 그 사람과의 경쟁에서 이긴다.

■ 공포에 떤 꿈은 사업이 불안하다는 암시이다.

■ 불안한 자세를 한 꿈은 흉몽으로 신변의 위협을 받는다.

■ 불안과 공포를 느끼며 도망간 꿈은 흉몽으로 사업이 실패한다.

■ 폭력을 쓰려고 다가오는 사람 앞에 꿇어앉아 빈 꿈은 비굴함을 나타낸 것이다.

■ 질병에 대한 불안을 느낀 꿈은 심리상태를 나타낸 것이고, 질병은 사업을 나타내므로 치유해야 사업이 순조로워진다.

만남 · 이별 · 악수 · 인사

■ 길에서 반가운 사람을 만난 꿈은 길몽으로 협조자의 도움으로 사업이 번창한다.

■ 지위가 높은 사람을 만난 꿈은 지위와 명예가 올라간다.

- 지위가 높은 사람을 만나려고 노력하다 실패한 꿈은 사업이 어려움에 처하거나 자금조달이 어려워진다.
- 누군가와 이별하며 슬퍼한 꿈은 새로운 계획을 세워야 할 암시이다.
- 악수한 꿈은 흉몽으로 시끄러운 일이 생기거나 악수한 사람과 헤어지거나 약속이 깨진다.
- 관중의 박수를 받은 꿈은 말썽이 생긴다.
- 누군가에게 박수를 보낸 꿈은 구설수가 따른다.
- 누군가에게 공손하게 절을 한 꿈은 소원을 이룬다.
- 환자가 절을 받은 꿈은 그 환자의 죽음을 암시한다.
- 절을 하는데 상대방이 거절한 꿈은 하는 일이 성사되지 않는다.
- 머리를 숙여 절을 한 꿈은 누군가에게 복종할 암시이다.
- 국기를 보고 절을 한 꿈은 국가의 직위를 받는다.

기침 · 재채기 · 하품

- 기침을 한 꿈은 하소연이나 자신의 위치를 알릴 기회가 생긴다.
- 재채기를 하고 싶은데 나오지 않은 꿈은 어떤 일을 실행하지 못할 암시이다.

- 재채기를 시원하게 한 꿈은 갈등을 해소시킨다.
- 하품을 한 꿈은 사업에 공백이 생긴다.
- 하품을 하는 사람을 본 꿈은 그 사람에게 무시를 받는다.

걷고 · 뛰고 · 날고

- 길을 걸어가다 중간에 멈춘 꿈은 사업이 중단된다.
- 남녀가 같이 길을 걸어간 꿈은 배우자를 만나고, 결혼한 사람은 부부의 미래가 밝다.
- 남녀가 같이 걸어가다 중간에 한 사람이 사라진 꿈은 이혼하거나 사업의 동업자를 잃을 암시이다.
- 갈길이 멀다고 느낀 꿈은 하는 일이 성공하려면 시간이 오래 걸린다는 암시이다.
- 두 사람이 손을 잡고 걸어간 꿈은 잘 어울리는 사람을 만난다.
- 조용히 걸어가다 뛴 꿈은 길몽으로 사업이 크게 발전할 암시이다.
- 길을 걸어가다 누군가를 만난 꿈은 만난 사람에 따라 해석이 달라진다. 존경스러운 사람을 만나면 조언이나 충고를 듣고, 거추장스러운 사람을 만나면 좋지 못한 소리를 듣는다.

- 길을 걸어가다 뒤돌아보니 발자국이 난 꿈은 훌륭한 사업이나 업적을 이룬다. 발자국이 크면 클수록 좋다.
- 많이 걸었으나 제자리로 돌아온 꿈은 노력만큼 결과가 없다.
- 발이 움직이지 않아 걷지 못한 꿈은 하는 일이 진도가 없다는 암시이다.
- 건장한 두 남자를 앞세우고 먼 길을 계속 걸어간 꿈은 죽음을 암시한다.
- 당황한 표정으로 펄펄 뛴 꿈은 급한 일이 닥쳐 낭패를 본다.
- 즐거운 표정으로 펄펄 뛴 꿈은 기쁜 일이 생긴다.
- 달린 꿈은 혼자 감당하기 힘든 상태라는 암시이다.
- 달리다 넘어진 꿈은 매사를 신중하게 처리해야 한다는 경고이다.
- 상상하지 못할 정도의 높이를 뛰어오른 꿈은 입신출세할 암시이다.
- 뛰어가다 넘어진 꿈은 사업이 중단될 암시이다.
- 자유롭게 날아다닌 꿈은 길몽으로 좋은 일이 생긴다.
- 공중을 날아다닌 꿈은 자세가 불안하다는 암시이다.
- 날개를 달고 하늘을 날아간 꿈은 길몽으로 좋은 일이 생긴다.
- 나무나 높은 곳에 날아오른 꿈은 길몽으로 혼담이 성사

되거나 좋은 직업을 얻거나 승진한다.

■ 날아서 낮은 곳으로 내려간 꿈은 흉몽으로 사업이 급속하게 몰락할 암시이다.

■ 길을 걸어가다 위험함을 느껴 자신도 모르게 공중으로 날아올라 위기를 모면한 꿈은 가정이나 사업이 위기에서 벗어난다.

■ 목적없이 하늘높이 날아올라 어디론가 간 꿈은 정든 사람과 이별할 암시이다.

앉고 · 서고 · 눕고 · 쉬고 · 잠자고

■ 편안하게 앉아 있었던 꿈은 만사가 순조로울 암시이다.

■ 자신의 자리가 없는 꿈은 일이 잘 해결되지 않고 일자리를 구하기 어렵다.

■ 자리가 여러 개 있는데 자신의 자리는 없었던 꿈은 시험에 떨어질 암시이다.

■ 진퇴양난의 상황에서 앉지도 서지도 못한 꿈은 사업이 부진할 암시이다.

■ 힘없이 앉아 있다가 갑자기 힘을 내 일어선 꿈은 사업이 활기를 찾는다.

■ 두 사람이 나란히 앉아 있거나 누운 꿈은 동업자가 생기

거나 배우자를 만난다.

- 누운 자리에 문제가 생긴 꿈은 가정파탄이 일어나거나 사업이 실패한다.
- 바닥에 누워 편히 쉰 꿈은 하는 일이 중단된다.
- 다른 사람들은 열심히 일하는데 자신만 놀고 있었던 꿈은 신뢰를 잃고 가난해진다.
- 잠을 자는 사람을 본 꿈은 그 사람의 사업이 중단될 암시이다.
- 낯선 사람과 누워서 잠을 잔 꿈은 도둑을 맞을 암시이다.
- 꿈속에서 잠을 자는데 누군가가 깨운 꿈은 불안함을 나타낸 것이다.

집회 · 군중

군중은 인기 · 신뢰 등을 암시하고, 현실내도가 빠르며 정확한 것이 특징이다.

- 표정이 밝은 사람들이 모여든 꿈은 길몽으로 인기에 관한 문제로 성공한다.
- 표정이 흥분된 사람들이 모여든 꿈은 자신에게 불평 · 갈등 · 분노 등이 있을 암시이다.

- 사람들이 자신의 곁을 떠난 꿈은 근심이 사라진다.
- 모인 사람들이 흩어진 꿈은 길몽으로 근심이나 질병이 사라진다.
- 집회에 참가한 꿈은 반상회나 계모임에 참석한다.
- 반상회에 많은 사람이 모인 꿈은 살고 있는 집에 문제가 생기거나 이웃과 말썽이 생긴다.
- 반상회에 모인 많은 사람들이 흩어진 꿈은 주거환경이나 주위의 갈등이 깨끗하게 해결된다.
- 군중이 자신에게 손을 들거나 환호성을 지르며 반가움을 표현한 꿈은 명예와 지위가 올라가고 사업이 크게 성공한다.
- 군중이 자신에게 야유나 욕설을 보낸 꿈은 사업이 몰락하거나 명예가 급속히 떨어질 암시이다.
- 초라한 모습의 군중과 함께 있는 꿈은 현실에서 벗어나고 싶어하는 마음을 나타낸 것이다.
- 훌륭한 모습의 군중 속에 자신의 모습은 보이지 않은 꿈은 현실을 벗어나고 싶어하는 마음을 표현한 것이다.
- 지나가는 군중과 함께 행동하려고 하다 군중의 반발로 나온 꿈은 사업이 몰락하거나 직장에서 쫓겨난다.
- 군중의 시선 때문에 스스로 빠져나온 꿈은 입신출세한다.
- 군중의 시비와 야유를 받은 꿈은 싸움이 벌어진다.
- 군중 앞에서 연설을 한 꿈은 사업과 지위가 계속 상승할

암시이다.

■ 연설을 하려고 하는데 사람이 모이지 않은 꿈은 좀더 기다리라는 암시이다.

씻고 · 닦고 · 청소하고

때나 먼지는 질병이나 액운 등을 암시한다. 따라서 이를 제거하는 행동은 액운을 소멸시키는 것으로 본다.

■ 몸을 씻은 꿈은 길몽으로 근심이 사라지고 좋은 일이 생긴다.

■ 세수를 하거나 머리를 감거나 목욕을 한 꿈은 길몽으로 근심 걱정이 사라진다.

■ 손발을 씻은 꿈은 질병이 낫는다. 뜨거운 물이나 끓는 물이라면 더욱더 좋다.

■ 깨끗한 욕조에서 몸을 깨끗히 씻어 기분이 좋은 꿈은 그 사람의 병이 낫는다. 그러나 중병에 걸린 환자라면 죽음을 암시한다.

■ 칫솔없이 이를 닦은 꿈은 근심과 구설이 사라진다.

■ 양치질한 꿈은 흉몽으로 이중인격자로 따돌림을 당하거나 직장에서 파직될 암시이다.

- 청소를 한 꿈은 장래가 밝아진다는 암시이다.
- 무엇인가를 닦은 꿈은 고뇌가 사라진다.
- 청소를 하다 먼지가 많이 쌓인 것을 본 꿈은 흉몽으로 불
  길한 일이 생긴다.
- 먼지를 깨끗하게 청소한 꿈은 모든 일이 잘 된다.
- 청소를 하면서 기분이 좋았던 꿈은 일이 잘 풀린다.
- 비누로 때나 먼지를 깨끗하게 닦은 꿈은 길몽으로 가정
  과 사업이 순조롭다.
- 비누칠을 하는데도 거품이 나지 않은 꿈은 노력을 해도
  성과가 없다.
- 합성세제로 깨끗하게 청소한 꿈은 하는 일이 순조롭다.
- 합성세제의 효력이 발생하지 않은 꿈은 방해자가 있어
  일이 풀리지 않는다.

갇히고 · 묶이고 · 쫓기고

- 감옥에 감금당한 꿈은 흉몽으로 재난을 당하거나 난치병
  에 걸릴 암시이다.
- 감옥에 들어갔으나 감옥보다 고생한 것이 강조된 꿈은
  길몽으로 좋은 일이 생긴다.
- 감옥에 들어가 죽은 꿈은 길몽으로 출세할 암시이다. 만

일 시체가 썩으면 발복한다.

- 스스로 감옥에 들어간 꿈은 괴로운 현실을 벗어나고 싶어하는 마음을 표현한 것이다.

- 감옥에서 침대에 누운 꿈은 흉몽으로 질병에 걸릴 암시이다.

- 감옥에 갇혀 심하게 매를 맞은 꿈은 길몽으로 좋은 일이 생긴다.

- 감옥에서 빠져나오지 못한 꿈은 신체가 자유롭지 못하다는 뜻이다. 이런 경우에는 꿈으로 해석하기보다 현실에서의 몸의 움직임을 지시하는 뇌의 작용으로 보아야 한다.

- 감금되어 소리를 질렀으나 아무도 나타나지 않은 꿈은 곤경에 빠져 도움을 원하나 도와줄 사람이 없다는 뜻이다. 만약 고함소리를 듣고 누군가가 나타났으면 그 사람의 도움을 받는다.

- 감옥에서 탈출한 꿈은 탈출한 사람은 운이 열린다.

- 사형선고를 받고 집행된 꿈은 길몽으로 운수가 트인다.

- 사형선고를 받았으나 면제되거나 사면된 꿈은 흉몽으로 죽음을 암시한다.

- 죄수가 죽은 꿈은 길몽으로 좋은 일이 생긴다.

- 꼼짝할 수 없게 몸이 묶인 꿈은 흉몽으로 사업이나 가정이 침체될 암시이다.

- 사람을 묶어 끌고다닌 꿈은 그 사람을 설득하거나 고용

한다.

■ 온몸을 줄이나 칡으로 결박당한 꿈은 질병이 나을 암시
이다.

■ 쇠사슬에 결박당한 꿈은 하는 일이 다소 정체된다.

■ 몸이 그물에 싸인 꿈은 음식이 생긴다.

■ 범인에게 쫓겨 도망칠 수 없었던 꿈은 신체가 자유롭지
못하다는 표현이다.

싸우고 · 부수고 · 떨어지고

■ 싸우거나 폭력을 당한 꿈은 대개 길몽으로 좋은 일이 생
긴다.

■ 형제가 다투거나 싸운 꿈은 길몽으로 좋은 일이 생긴다.

■ 싸우다가 상대방을 물거나 물린 꿈은 이익이 발생하고,
가정이 잘 되고, 공무원은 좋은 자리에 앉는다.

■ 얻어맞은 꿈은 돈이나 술 · 음식 등을 대접받는다.

■ 말싸움을 벌인 꿈은 시비와 이별이 따른다.

■ 맹수와 싸우다 죽인 꿈은 흉몽으로 어려움에 처한다. 임
산부는 태교에 신경을 써야 한다.

■ 싸우다 얻어맞아 피가 많이 흐른 꿈은 길몽으로 명예를
얻고, 수험생은 합격한다.

- 싸움을 하다 깨면 그 사람에 대한 갈등에서 오는 심리 표현으로 싸움이 벌어지기도 한다.
- 손으로 상대방을 때린 꿈은 형제끼리 하는 일이 잘 된다. 손가락은 형제를 암시하는데 손가락이 힘을 합했다는 뜻이다.
- 싸우다 상대방을 호통친 꿈은 권세를 얻는다.
- 싸우다 상처를 입은 꿈은 길몽으로 상처를 입힌 그 사람도 무사하다.
- 누군가를 때린 꿈은 그 사람을 손에 넣겠다는 뜻이다.
- 싸움할 의사를 밝히거나 싸운 꿈은 자신감을 표현한 것으로 활발한 전진을 암시한다.
- 아랫사람이나 하인에게 얻어맞은 꿈은 신분이 하락하거나 망신을 당한다.
- 적이나 라이벌을 본 꿈은 열등감의 표현으로 좀더 과감하게 활동할 필요가 있다.
- 고물을 부수는 등 왕성한 행동을 한 꿈은 새것을 추구하는 심리적인 표현으로 소신대로 새로운 일을 해볼 필요가 있다.
- 높은 곳에서 떨어진 꿈은 신분이나 사업이 몰락한다.
- 높은 곳에서 떨어지는데 누군가가 구해준 꿈은 귀인을 만난다.
- 높은 곳에서 떨어지다 나무나 숲 등에 걸린 꿈은 위험한

상황에서 어렵게 벗어난다.

■ 높은 곳에서 떨어져 피를 많이 흘렸는데도 죽지 않은 꿈
은 길몽으로 화재나 천재지변 속에서도 살아난다.

공부·학교생활에 관한 꿈

공부에 대한 꿈은 현실에서도 똑같이 나타난다.

■ 열심히 공부한 꿈은 길몽으로 성공할 암시이다.
■ 공부하려고 학교 교실에 앉아 있는 학생을 본 꿈은 그 학
생은 시험에 합격한다.
■ 학교 안을 들여다본 꿈은 취직하거나 시험에 합격한다.
■ 지망한 학교 정문으로 들어간 꿈은 입학시험에 합격한다.
■ 교문 밖으로 나온 꿈은 학생은 시험에 떨어진다.
■ 학생이 수업이 끝난 후에 운동장에 혼자 남은 꿈은 시험
에 떨어진다는 암시이다.
■ 글을 짓거나 쓴 꿈은 자기의 뜻을 알릴 기회가 온다.
■ 공부방에서 열심히 책을 읽고 있는 자식을 본 꿈은 자식
이 시험에 붙을 암시이다.
■ 지도 위에 무엇인가를 쓴 꿈은 길몽으로 인생을 다시 설
계한다는 암시이다.

- 벼룩신문을 보거나 읽은 꿈은 직장을 구하거나 필요한 물건을 구한다.
- 뚜렷하게 보이는 자신의 이름을 잉크로 지워버린 꿈은 시험에서 떨어질 암시이다.
- 백지에 자신의 이름을 싸인펜으로 크게 써서 벽에 붙인 꿈은 명성을 떨친다. 특히 운동선수는 매우 좋다.
- 학교 흑판에 자신의 이름이 쓰여 있는 꿈은 수험생은 합격한다.

노동에 관한 꿈

- 즐겁게 열심히 일한 꿈은 길몽으로 가정이 번창한다.
- 고통스럽게 일한 꿈은 남의 부하가 된다.
- 무거운 짐을 나른 꿈은 길몽으로 재물이 들어온다.
- 등이나 어깨에 무거운 짐을 짊어진 꿈은 강한 책임감을 나타낸 것이다.

결혼에 관한 꿈

- 결혼하거나 결혼하는 것을 본 꿈은 길몽으로 좋은 일이

생긴다.

- 분수에 넘치게 호화결혼식을 한 꿈은 부부가 함께 죽거나 사업이 몰락할 암시이다.
- 길을 걸어가면서 여러 번 이혼하고 여러 번 결혼한 꿈은 업종을 바꿔가면서 사업을 하다 결국에는 안정된 사업을 찾는다. 그러나 만일 마지막 장면에서 이혼했으면 사업을 그만두게 된다.
- 장가가는 꿈은 길몽으로 좋은 일이 생긴다.
- 시집가는 꿈은 흉몽으로 불길한 일이 생긴다.
- 미인에게 장가든 꿈은 길몽으로 사업이 성공하고, 정력이 왕성하다는 뜻이기도 하다.
- 미남자와 결혼한 꿈은 길몽으로 경사가 생기고, 미혼여성에게는 만사형통할 꿈이다. 그리고 성적불만을 나타내기도 하나 결과는 좋다.
- 얼굴이 아름답지 못하거나 주근깨나 여드름이 있는 사람과 결혼한 꿈은 가정에 질병이 끊이지 않거나 살림이 어려워진다.

포옹 · 키스 · 섹스

- 이성에게 키스한 꿈은 그 사람을 만날 암시이다.

- 형식적으로 키스한 꿈은 상대방이 형식적이라는 뜻이다.
- 키스에 만족한 꿈은 좋은 일이 생긴다.
- 키스를 하다 그친 꿈은 하는 일이 중단된다.
- 애인과 키스하다 혀가 잘리거나 입술이 잘린 꿈은 이성과 헤어질 암시이다.
- 결혼 전에 애인과 키스나 성교를 한 꿈은 예전의 일을 다시 시작할 암시이다.
- 성교에 만족하거나 몽정을 느낀 꿈은 성적인 불만을 나타낸다.
- 성교를 하고 연회를 베푼 꿈은 길몽으로 혼담이 성사될 암시이다.
- 관중 앞에서 성교한 꿈은 소문날 일을 성사시킨다.
- 성교 중에 방해자가 생겨 중단된 꿈은 방해자가 나타나 사업이 중단된다.
- 서로 머리를 반대 방향으로 두고 성교한 꿈은 이혼이나 이별이 따른다.
- 두 사람 이상과 차례로 성교한 꿈은 일이 순조로울 암시이다.
- 다른 사람의 배우자와 성교한 꿈은 일이 순조로울 암시이다.
- 어린아이와 성교를 한 꿈은 행동이나 사업 등이 미숙하다는 뜻이다.

- 할머니와 성교한 꿈은 하는 일이 순조로울 암시이다.
- 생리 중인 여자와 성교한 꿈은 흉몽으로 질병에 걸리거나 우환이 생긴다.
- 여러 여자와 차례로 성교한 꿈은 일이 엉켜 풀리지 않을 암시이다.
- 통쾌하게 성교한 꿈은 만사형통하고, 성적불만이나 왕성한 정력을 나타내기도 한다.
- 옷을 입고 성교한 꿈은 흉몽으로 일이 두서가 없어 어려워진다.
- 여자를 강간한 꿈은 억지로 시작한 일로 후회를 한다.
- 강간당한 꿈은 하는 일이나 상황이 자의가 아니라는 뜻이다.
- 남의 부인을 안은 꿈은 길몽으로 재물이 생긴다.
- 여성이 남성을 동경한 꿈은 임신을 원하는 마음을 나타낸다.
- 임신한 여자를 본 꿈은 길몽으로 좋은 일이 생긴다.

23장. 죽음에 관한 꿈

죽음에 관한 꿈

- 죽음에 대한 꿈은 길몽으로 좋은 일이 생긴다.
- 누군가가 죽어 통곡한 꿈은 길몽으로 좋은 일이 생긴다.
- 자신이 죽은 꿈은 직장을 구하거나 배우자를 만난다.
- 누군가가 죽은 꿈은 해당하는 사람의 수명이 길다는 암시이다.
- 자식이 죽은 꿈은 구설수가 사라진다.
- 여러 사람이 죽은 꿈은 좋은 일이 생길 암시이다.
- 사람이 죽어 떠들썩했던 꿈은 죽은 사람의 수명이 길다는 암시이다.
- 남녀가 같이 물 속에 뛰어들어 죽은 꿈은 혼담이 성사될 길몽으로 좋은 배우자를 만난다.

- 죽은 사람이 말을 한 꿈은 길몽으로 운이 열린다.
- 죽은 사람이 관 속에서 다시 살아나온 꿈은 길몽으로 희소식을 듣는다.
- 죽은 사람과 대화를 나눈 꿈은 좋은 소식을 듣는다.
- 죽은 사람을 만났는데 표정이 밝았던 꿈은 길몽으로 좋은 일이 생긴다.
- 죽은 사람이 울고 있는 꿈은 불길한 일이 생길 암시이다.
- 죽은 사람과 음식을 먹은 꿈은 길몽으로 좋은 일이 생길 암시이다.
- 자살한 꿈은 사업이 번창한다.
- 분신자살한 꿈은 길몽으로 사업이 번창한다.
- 살인하는 장면을 목격한 꿈은 길몽으로 좋은 일이 생길 암시이다.
- 사람을 죽인 뒤 뉘우치며 피해자에게 미안한 마음을 가진 꿈은 술이 생긴다.
- 죽은 사람이 우는 것을 본 꿈은 사업이 번창하고 병이 나을 암시이다.

시체에 관한 꿈

- 자신의 시체를 본 꿈은 업종을 바꾸거나 직장을 옮긴다.

- 시체가 많이 쌓여 있는 꿈은 길몽으로 재물이 늘어난다.
- 시체를 두고 울거나 절을 한 꿈은 재산상속과 관계있다.
- 시체를 두고 가족이나 친지와 같이 운 꿈은 재산다툼이 벌어진다는 암시이다.
- 시체와 다툰 꿈은 길몽으로 좋은 일이 생긴다. 시체를 안고 뒹군 꿈은 더욱더 좋다. 꿈 속에서의 송장은 그 자체만으로도 길몽이고, 썩은 송장은 만사형통한다.
- 시체를 목욕시키거나 염하는 모습을 본 꿈은 길몽으로 좋은 일이 생긴다.
- 시체에서 악취가 풍긴 꿈은 최고의 길몽으로 만사가 순조롭고 액운이 소멸된다.
- 시체에서 구더기 등의 벌레가 나온 꿈은 재물이 들어올 암시이다.
- 시체를 밖으로 내다버린 꿈은 재물을 잃는다.
- 시체에서 나온 썩은 물을 마신 꿈은 최고의 길몽으로 가정과 사업이 빠르게 번창한다.
- 시체를 묘지에 안장한 꿈은 길몽으로 사업이 번창하고 후손에게 영광이 따른다.
- 시체를 화장한 꿈은 길몽으로 사업이 성공한다.
- 시체를 실은 차가 집으로 들어온 꿈은 최고의 길몽으로 입신출세한다.
- 해골을 본 꿈은 길몽으로 좋은 일이 생긴다.

장례에 관한 꿈

■ 초상집에서 음식을 먹은 꿈은 길몽으로 좋은 일이 생길 암시이다.

■ 상가에 드나든 꿈은 길몽으로 좋은 일이 생긴다.

■ 상여를 본 꿈은 길몽으로 좋은 일이 생긴다.

■ 집 앞에 장의차나 상여가 있는 꿈은 해당하는 집에 초상이 날 암시이다.

■ 상주를 본 꿈은 길몽으로 횡재수 따른다.

■ 베옷을 입은 상주를 본 꿈은 길몽으로 좋은 일이 생긴다. 무명옷을 입은 상주를 본 꿈보다 몇 배 더 큰 횡재수가 따른다.

■ 상주에게 절을 받은 꿈은 길몽으로 하는 일이 성공한다.

■ 상주와 다툰 꿈은 재판에 실패할 암시이다.

■ 상주가 태연하게 절을 받은 꿈은 청탁한 일이 이루어지거나 송사에서 승소한다.

■ 상복을 입은 사람을 본 꿈은 그 사람의 집에 초상이 날 암시이다.

■ 문상객이 드나든 꿈은 그 집에 초상이 날 암시이다.

제사에 관한 꿈

■ 위패를 본 꿈은 길몽으로 하는 일이 잘 풀린다.

■ 위패가 선명하게 보이지 않은 꿈은 흉몽으로 가족이 질
병에 걸릴 암시이다.

■ 제사를 지낸 꿈은 길몽으로 좋은 일이 생긴다. 제사는 당
연히 할 일이나 명분이 있는 일을 암시한다.

■ 몸을 씻고 제사를 지낸 꿈은 길몽으로 경사가 생긴다.

■ 맑은 샘물로 목욕하고 제사를 지낸 꿈은 최고의 길몽으
로 가정이 번창한다.

■ 가족이 모여 제사를 지낸 꿈은 길몽으로 가정이 번창하
고 의논하는 일들이 순조롭게 풀린다.

■ 사당에서 제사를 지낸 꿈은 재물이 늘어나고, 가정에 화
목과 건강이 따르며, 입신출세의 길이 열린다.

■ 제사상 앞에서 절을 한 꿈은 길몽으로 하는 일이 성사될
암시이다.

■ 제사상에 돼지머리를 올린 꿈은 길몽으로 좋은 일이 생
긴다.

■ 제사에서 축문읽는 소리를 들은 꿈은 강의를 하거나 다
른 사람의 강의를 듣는다.

■ 제사상을 차리거나 차리는 것을 본 꿈은 길몽으로 좋은
일이 생긴다.

- 제사상 앞에서 슬피운 꿈은 하는 일이 순조롭다.
- 제사상에 술을 따르거나 차려진 술을 음복한 꿈은 길몽으로 좋은 일이 생긴다.
- 기둥 등을 장식하고 제사를 지낸 꿈은 초상을 당할 암시이다.
- 강우제나 기우제를 지낸 꿈은 최고의 길몽으로 소원하는 일을 이룬다.

무덤에 관한 꿈

- 무덤에 관한 꿈은 죽음이나 시체에 대한 꿈과 같이 길몽으로 다룬다.
- 무덤에 절을 한 꿈은 태몽으로 아들을 낳을 암시이다.
- 무덤에 털이 난 꿈은 길몽으로 큰 재물을 얻는다.
- 무덤에 문이 난 꿈은 길몽으로 뜻을 이룬다.
- 무덤이 갈라진 꿈은 길몽으로 어려워진 가정이 다시 살아나고 소원이 이루어진다.
- 무덤 속에서 관이 나온 꿈은 길몽으로 재물이 들어온다.
- 무덤이 잔디로 잘 단장된 꿈은 길몽으로 좋은 일이 생길 암시이다.
- 무덤 위에 꽃이 핀 꿈은 길몽으로 가정이 번창하고 부귀

영화가 따른다.

- 무덤 위에 잡초가 무성하거나 구름이 지나간 꿈은 길몽으로 자손의 운이 트인다.
- 무덤 위에 나무나 숲이 우거진 꿈은 길몽으로 좋은 일이 생긴다. 이것은 불교의 윤회생사의 법칙을 적용한 것이다.
- 무덤 위에 광채가 나거나 뭉게구름이 보기 좋게 지나간 꿈은 관직에 있는 사람은 승진하고, 사업가는 사업이 번창하고, 가정이 화목해진다.
- 무덤 속이 훤하게 보인 꿈은 길몽으로 자손에게 이롭다.
- 무덤 속에 물이나 불결한 것이 들어간 꿈은 흉몽으로 집안이 기울 암시이다.
- 무덤 속에서 시체가 썩은 꿈은 최고의 길몽으로 후손이 번창할 암시이다.
- 무덤 앞에서 절을 한 꿈은 태몽으로 아들을 낳는다.
- 친척들이 모여 조상의 무덤 앞에서 제사를 지낸 꿈은 관공서에 부탁할 일이 생긴다.
- 산소가 양쪽에 있는데 그 사이를 빠져나오거나 그 산소에 절을 한 꿈은 태몽으로 아들을 낳을 암시이다.
- 무덤에서 죽은 사람이 살아나온 꿈은 길몽으로 좋은 일이 생긴다.
- 비석을 본 꿈은 길몽으로 좋은 일이 생긴다.
- 비석에 자신의 이름이 새겨진 꿈은 길몽으로 시험에 합

격한다.

■ 석공이 비석에 이름을 새기다 자신의 차례가 되었는데
여백이 없거나 어떤 이유로 자신의 이름을 올리지 못한
꿈은 올라가지 못한 그 사람이 시험에 떨어진다.

24장. 종교・영적인 존재에 관한 꿈

신・종교건축・경전에 관한 꿈

- 사찰・교회・성당 등 종교에 관한 건축은 길몽으로 좋은 일이 생긴다.
- 사찰・교회・성당 등이 나타난 꿈은 영몽으로 다룬다.
- 사찰・교회・성당 등에 광채가 비춘 꿈은 길몽으로 만사 형통한다.
- 사찰・교회・성당 등에서 찬불가나 찬송가를 부른 꿈은 종교행사에 참석한다.
- 사찰・교회・성당 등에서 내쫓긴 꿈은 신자들과 싸움이 벌어진다.
- 사찰・교회・성당 등에 불이 난 꿈은 길몽으로 교회의 신자가 늘어나고 신도들에게 행운이 따른다.

- 사찰·교회·성당 등이 무너진 꿈은 교회의 내분문제에 시달릴 암시이다.
- 경전을 선물받거나 갖거나 얻은 꿈은 학업에 서광이 비친다.
- 경전에 오물이 붙은 꿈은 불명예스러운 일을 당한다.
- 경전을 공부한 꿈은 길몽으로 출세한다.
- 경전을 배운 꿈은 길몽으로 입신출세의 길이 열린다.
- 설법에 참석한 꿈은 길몽으로 귀한 아들을 낳는다.
- 설법을 들은 꿈은 길몽으로 가정이 번창한다.
- 부처·예수·성모마리아 등 신을 본 꿈은 길몽으로 입신출세할 암시이다.
- 부처·예수·성모마리아 등 신을 만난 꿈은 길몽으로 입신출세한다.
- 자신이 부처·예수·성모마리아 등 신이 된 꿈은 길몽으로 평생 부귀영화를 누린다.
- 부처·예수·성모마리아 등 신에게 상이나 선물을 받은 꿈은 길몽으로 좋은 일이 생긴다.
- 부처·예수·성모마리아 등 신을 만나거나 대화한 꿈은 길몽으로 입신출세한다. 다른 사람이 부처와 대화한 것도 마찬가지이다.
- 부처·예수·성모마리아 등 신의 가르침대로 따른 꿈은 만사형통한다.

- 부처·예수·성모마리아 등 신의 뒤를 따라간 꿈은 길몽으로 사업이 번창한다.
- 부처·예수·성모마리아 등 신이 운 꿈은 흉몽으로 삼재난이 닥칠 암시이다.
- 부처·예수·성모마리아 등 신이 집 안으로 들어온 꿈은 가족의 죽음을 암시한다.
- 부처·예수·성모마리아 등 신이 꽃을 준 꿈은 대개 태몽이다.
- 부처·예수·성모마리아 등 신이 주는 음식을 받아먹은 꿈은 흉몽으로 질병에 걸릴 암시이다.
- 부처·예수·성모마리아 등 신이 주는 물건을 받은 꿈은 소원하는 일이 이루어진다.
- 부처·예수·성모마리아 등 신이 준 의자에 앉은 꿈은 좋은 벼슬에 오른다.
- 부처·예수·성모마리아 등 신이 절을 한 꿈은 길몽으로 좋은 일이 생긴다.
- 불전에 시주하거나 성전에 헌금한 꿈은 길몽으로 만사형통하고 입신출세한다.
- 기도를 했더니 부처·예수·성모마리아 등 신이 움직인 꿈은 만사형통할 길몽으로 자식을 원하는 사람은 뜻을 이룬다.
- 기도 중에 부처·예수·성모마리아 등 신이 나타난 꿈은

길몽으로 소원이 이루어진다.

- 시주나 헌금하면서 춤추고 기뻐한 꿈은 입신출세의 길몽으로 시험에 합격한다.
- 환자가 절이나 교회·성당 등에서 경문을 읽은 꿈은 태몽으로 귀한 아들을 낳을 암시이다.
- 하느님을 보거나 말씀을 듣거나 제사를 지내거나 소원을 빈 꿈은 최고의 길몽으로 소원을 이룬다.
- 신이나 영적인 존재에게 문서류를 받은 꿈은 관직을 얻거나 재물이 생기고, 시험에 합격하거나 학위를 취득하거나 큰 상을 받는다.
- 하늘로 올라가 하느님에게 물건이나 서류를 받기 전에 떨어진 꿈은 흉몽으로 가족이 질병에 걸리거나 죽음을 암시한다.
- 하늘에서 하느님의 말소리가 들려온 꿈은 최고의 길몽으로 좋은 일이 생긴다.
- 신을 만난 꿈은 길몽으로 입신출세의 길이 열리고 수험생은 합격한다.
- 신을 숭배하는 의식을 본 꿈은 길몽으로 좋은 일이 생길 암시이다.
- 신을 부른 꿈은 길몽으로 운수가 트인다.
- 신이 자신을 부른 꿈은 길몽으로 입신출세한다.
- 신이 불러 하늘로 올라간 꿈은 죽음을 암시한다.

- 신 앞에 불려가 꾸지람을 들은 꿈은 손재수가 생길 암시이다.
- 신에게 부탁하거나 애걸한 꿈은 길몽으로 하는 일이 순조롭다.
- 신에게 소원을 빈 꿈은 길몽으로 입신출세의 길이 열리고 수험생은 합격한다.
- 신에게 절을 한 꿈은 길몽으로 입신출세의 길이 열리고 수험생은 합격한다.
- 신에게 재물을 바친 꿈은 길몽으로 입신출세의 길이 열리고 수험생은 합격한다.
- 신이 주는 음식을 받아먹은 꿈은 재물이 들어오고, 적령기의 사람은 태몽이다.
- 신이 주는 약을 받아먹은 꿈은 최고의 길몽으로 뜻밖의 횡재가 따른다.
- 신을 화나게 하거나 모독한 꿈은 재난을 당한다.
- 몸을 씻고 영적인 존재에게 제사를 지낸 꿈은 길몽으로 경사가 생긴다.
- 하늘로 올라가 옥황상제를 만나 대화를 나눈 꿈은 길몽으로 입신출세한다.
- 하늘로 올라가 옥황상제에게 물건이나 서류를 받은 꿈은 길몽으로 입신출세한다.
- 신선과 함께 논 꿈은 길몽으로 가정이 화목해진다.

- 신선이 주는 지팡이를 받은 꿈은 이끌어줄 사람을 만날 암시이다.
- 신선에게 약을 받은 꿈은 길몽으로 횡재수가 따르고 환자는 완쾌된다.
- 신선과 바둑을 둔 꿈은 권세와 신분이 높아진다.
- 지신이 나타난 꿈은 집이나 묘지가 불안하다는 암시로 복잡한 문제가 생긴다.
- 산신의 모습은 보이지 않으나 목소리가 산울림을 타고 크게 들린 꿈은 길몽으로 명성을 떨친다.
- 단군을 본 꿈은 입신출세의 길몽으로 시험에 합격하거나 벼슬길에 오른다.
- 마호메트를 본 꿈은 외국으로 여행을 떠난다.

불교에 관한 꿈

- 환자가 지장보살이나 관세음보살 등을 본 꿈은 곧 병이 나을 암시이다.
- 관세음보살이 나타난 꿈은 가정이 순조로울 암시이다.
- 보살을 만난 꿈은 길몽으로 만사를 이룬다.
- 스님을 본 꿈은 길몽으로 좋은 일이 생긴다. 스님을 본 꿈이라도 삭발한 머리가 강조되면 흉몽으로 불길한 일이

생긴다. 삭발은 머리를 표현하는 것이 아니라 삭발하는 행위를 표현한 것이기 때문이다. 머리가 백발로 변한 꿈은 입신출세할 길몽으로 좋은 일이 생긴다.

- 스님이 많이 모여 있는 꿈은 명예로운 소식을 듣는다.
- 스님에게 설법을 들은 꿈은 길몽으로 협조자를 만난다.
- 스님이 경문을 외우면서 자신의 집으로 들어온 꿈은 가정에 좋지 않은 일이 생길 암시이다. 이것은 집으로 들어온 것에 유의해야 한다.
- 승려가 된 꿈은 길몽으로 입신출세한다.
- 스님이 머리를 깎은 꿈은 길몽으로 좋은 일이 생긴다.
- 스님이 운 꿈은 누군가 죽을 암시이다.
- 스님이 승무를 추거나 미소를 지은 꿈은 기쁜 일이 생길 암시이다.
- 스님을 바라보면서 절로 걸어들어간 꿈은 태몽으로 아들을 낳을 암시이다.
- 길에서 스님을 만나 인사를 나눈 꿈은 협조자를 만난다.
- 여승을 본 꿈은 사고를 당할 흉몽으로 특히 자동차 사고를 조심해야 한다.
- 여러 명의 여승을 본 꿈은 구설수와 말썽이 생긴다.
- 동자승을 본 꿈은 길몽이나 동자승과 대화를 하거나 만진 꿈은 이성간에 다툼이 벌어질 암시이다.
- 절을 짓거나 불상을 만들거나 불탑을 쌓은 꿈은 길몽으

로 좋은 일이 생긴다.

- 절을 세운 꿈은 길몽으로 입신출세한다.
- 누군가가 절로 걸어들어간 꿈은 길몽으로 좋은 일이 생긴다.
- 절로 가는 길이 훤하게 트인 꿈은 사업이 성공한다.
- 명승대찰을 순례한 꿈은 길몽으로 입신출세한다.
- 불상을 얻은 꿈은 입신출세한다. 금불상은 더욱더 길하다.
- 불탑을 세운 꿈은 길몽으로 입신출세한다.
- 불탑에서 금은보석이나 사리를 얻은 꿈은 입신출세한다.
- 불탑을 모으고 절을 한 꿈은 길몽으로 소원이 이루어질 암시이다.
- 석가탄신일인 4월초파일을 보거나 전한 꿈은 길몽으로 입신출세한다.
- 자신이 성단자리에 올라가 단상에 위치한 꿈은 대중 앞에서 망신을 당할 암시이다.
- 불도들이 모여 불공을 드리거나 법회를 연 꿈은 길몽으로 좋은 일이 생긴다.
- 찬불가를 자신이 부르거나 누군가가 부르는 것을 본 꿈은 길몽으로 좋은 일이 생긴다.

기독교에 관한 꿈

■ 크리스마스나 부활절을 축하한 꿈은 길몽으로 좋은 일이 생긴다.

■ 십자가를 보고 기도한 꿈은 소원을 이룬다.

■ 선악과를 따먹은 꿈은 불법과 정의의 갈등을 나타낸다.

■ 세례를 받은 꿈은 목적을 이룬다.

■ 예수 앞에서 영세를 받은 꿈은 만사형통한다.

■ 예수가 교회로 찾아온 꿈은 높은 지위의 종교지도자를 만난다.

■ 지옥에 끌려가 고통을 받는데 예수가 나타난 꿈은 최고의 영예와 지위가 따른다.

■ 목사가 사람을 세워놓고 성경을 읽은 꿈은 재산상의 불이익이나 신상에 불리한 처분을 받을 암시이다.

■ 목사가 죽은 꿈은 종교를 바꿀 암시이다.

■ 선교사를 본 꿈은 새로운 계획에 문제가 있다는 뜻이다.

천주교에 관한 꿈

■ 크리스마스나 부활절을 축하한 꿈은 길몽으로 좋은 일이 생긴다.

- 십자가를 보고 기도한 꿈은 소원을 이룬다.
- 세례를 받은 꿈은 길몽으로 목적을 이룬다.
- 교황을 보거나 대화한 꿈은 길몽으로 최고의 지위에 오를 암시이다.
- 추기경이 기도를 올린 꿈은 하는 일이 순조롭다.
- 추기경과 대화한 꿈은 하는 일이 순조롭다.

무속 · 민간신앙에 관한 꿈

- 고개 위에 성황당이 있는 꿈은 길몽으로 열심히 일을 하면 성공할 수 있을 암시이다.
- 고개 위에 있는 성황당에 절을 한 꿈은 길몽으로 소원을 이룬다.
- 성황당에 돌을 하나 놓은 꿈은 재물을 얻거나 태몽이다.
- 무속인이나 주술행위자를 보거나 만난 꿈은 길몽으로 좋은 일이 생긴다.
- 무속인이나 주술행위자가 주술행위를 한 꿈은 길몽으로 좋은 일이 생긴다.
- 무속인이나 주술행위자를 죽인 꿈은 전망이 밝아질 암시이다.
- 무당이 신나게 춤추는 것을 본 꿈은 병이 나을 암시이다.

- 자신이 무당집에서 굿을 벌인 꿈은 흉몽으로 비밀이나 정보가 누설된다.
- 점술가·무당·관상가 등을 본 꿈은 길몽으로 희망을 암시한다.
- 정상적인 환경에서 점을 친 꿈은 병이 나을 암시이다.

선녀 · 천사에 관한 꿈

- 선녀를 본 꿈은 길몽으로 하는 일이 잘 풀리고 가정에 재물이 늘어난다.
- 선녀를 만난 꿈은 길몽으로 사업이 순조롭고 재물이 늘어난다.
- 선녀와 대화를 나눈 꿈은 길몽으로 하는 일이 잘 풀리고 가정에 재물이 늘어난다.
- 선녀에게 선물을 받은 꿈은 길몽으로 하는 일이 잘 풀리고 가정에 재물이 늘어난다.
- 선녀가 아기를 건네준 꿈은 태몽이다.
- 선녀가 하늘로 올라간 꿈은 길몽으로 좋은 일이 생긴다. 그러나 배경이 좋지 않거나 선녀의 기분이 좋지 않으면 사귀던 여자와 헤어질 암시이다.
- 폭포수 아래나 계곡에서 선녀가 목욕하는 것을 본 꿈은

처녀를 만나 결혼한다. 만일 선녀가 하늘로 올라가거나 사라지면 상대 여성의 불평으로 결혼이 실패한다.

■ 천사를 만난 꿈은 길몽으로 좋은 일이 생긴다.

귀신 · 유령 · 도깨비 · 지옥에 관한 꿈

■ 귀신을 만난 꿈은 길몽으로 좋은 일이 생긴다.
■ 자신이 귀신이나 혼령으로 변한 꿈은 길몽으로 목적을 이룬다.
■ 귀신과 싸운 꿈은 길몽으로 좋은 일이 생긴다.
■ 귀신과 싸워 이긴 꿈은 길몽으로 입신출세의 길이 열릴 암시이다.
■ 귀신이 점을 친 꿈은 환자를 치료할 방법을 찾아 완쾌될 암시이다.
■ 총각귀신이나 처녀귀신을 만난 꿈은 흉몽으로 구설수에 오르거나 질병에 걸린다.
■ 물귀신을 만난 꿈을 액운을 당할 흉몽으로 죄를 짓고 구속되거나 물에 빠진다.
■ 유령이 무기를 들고 영적존재를 괴롭힌 꿈은 흉몽으로 가족의 죽음을 암시한다.
■ 유령이 춤을 춘 꿈은 흉몽으로 누군가가 질병에 걸리거

나 싸움이 벌어진다.

- 유령이 덤벼 고통을 당한 꿈은 흉몽으로 불길한 일이 생긴다.
- 도깨비에게 방망이 등 물건을 받은 꿈은 길몽으로 횡재수가 따른다.
- 도깨비가 보물이나 곡식을 가득 짊어지고 와서 내려놓은 꿈은 길몽으로 뜻밖의 재물이 들어온다.
- 도깨비가 주는 금은보화를 받은 꿈은 대단한 횡재수가 따른다.
- 도깨비가 몸에 혹을 붙여주고 간 꿈은 길몽으로 재물이 들어올 암시이다.
- 도깨비 등의 유령과 싸워 이긴 꿈은 액운을 면한다.
- 괴물이나 요괴를 만난 꿈은 마음이 복잡하다는 뜻이다.
- 지옥에 들어가 죽은 꿈은 길몽으로 좋은 일이 생긴다. 이것은 불교적인 해석으로 출세를 상징한 것이다. 이때 죽어서 시체가 썩으면 발복한다.

26장. 그 외의 꿈

맛 · 색에 관한 꿈

- 짠맛을 느낀 꿈은 움직이고 있다는 뜻이다.
- 신맛을 느낀 꿈은 불만을 나타내는 것으로 결혼생활에 문제가 생긴다.
- 매운맛을 느낀 꿈은 현실이 괴롭다는 뜻이다.
- 단맛을 느낀 꿈은 길몽으로 좋은 일이 생긴다.
- 흰색은 밝음을 나타낸다.
- 흑색은 해결되지 않은 문제, 어두운 전망, 현실의 고통 등을 나타낸다.
- 적색은 밝은 전망, 현실의 강조, 능력, 활력, 자신감을 나타낸다.
- 청색은 희망을 나타낸다.

- 녹색은 붉은색과 같이 능력이나 활력을 나타낸다.
- 황색은 허무·공허 등을 나타낸다. 황색은 평화의 상징이라고 하나 우리민족에게는 적용되지 않는다. 다정다감이나 연애 등은 오히려 오렌지색이 내포하고 있다.

시간 · 계절 · 소리에 관한 꿈

- 외침에 관한 꿈은 긴박한 상황이 닥칠 암시이다.
- 아우성이나 아비규환의 소리를 들은 꿈은 천재지변이나 액운이 겹칠 암시이다.
- 새벽이 보인 꿈은 길몽으로 행운이 온다.
- 밤에 대한 꿈은 전망이 밝지 못함을 암시하는 것으로 주위를 점검해볼 필요가 있다.
- 봄과 여름 가을 겨울에 대한 꿈은 주위의 배경에 의해 판단한다.

도형 · 숫자에 관한 꿈

- 동그라미에 대한 꿈은 원만함을 암시한다.
- 사각형에 대한 꿈은 균형과 원만함을 암시한다.

- 삼각형에 대한 꿈은 갈등을 암시한다.
- 숫자 1은 시작과 성공을 암시한다.
- 숫자 2는 합과 분리를 암시한다.
- 숫자 3은 해·달·별을 암시하나 오리온 자리의 삼형제 별을 암시하기도 하므로 태몽이면 삼형제를 낳는다.
- 숫자 4는 원만함을 암시한다. 또한 죽을사(死)로 불길하 게 생각하기도 하나 죽음에 대한 꿈은 흉몽이 아니다. 그 러나 4가 중복된 44는 불길하다.
- 숫자 5는 중앙과 중립을 암시한다.
- 숫자 6은 취학 어린이나 환갑을 암시한다.
- 숫자 7은 행운을 암시한다.
- 숫자 8은 인생살이와 생활의 반성을 암시한다.
- 숫자 9는 사행성 운수로 이익을 암시한다.
- 숫자 0은 4와 같이 원만함을 암시한다. 만일 애인이 0이 적힌 팻말을 들고 누군가를 찾은 꿈을 꾸었다면 마음의 안정과 전망을 암시하는 것이다.
- 숫자 100은 넉넉함과 장수를 상징한다.

농사에 관한 꿈

농사는 집이나 고향을 암시하며 대개 길몽으로 좋은 일이 생긴다. 농자천하지대본(農者天下之大本)이라는 말은 꿈에도 적용된다.

■ 농사를 짓는 꿈은 현실을 살펴보고 반성하는 것으로 해석하고, 고향을 그리워하는 심리를 표현하기도 한다.
■ 농사짓는 집을 본 꿈은 길몽으로 좋은 일이 생긴다.
■ 농사를 지은 꿈은 길몽으로 좋은 일이 생긴다. 남을 시켜 농사를 짓는 것이 더 좋고, 직접 농사를 지은 꿈은 이사를 암시하기도 한다.
■ 산중에서 농사짓는 집을 보거나 이런 곳으로 이사한 꿈은 길몽으로 좋은 일이 생긴다.
■ 남의 농사를 지은 꿈은 길몽으로 좋은 일이 생긴다.
■ 씨앗을 본 꿈은 길몽으로 사업의 전망이 좋아진다. 그러나 씨앗은 재물을 상징하기 때문에 자신이 뿌리는 것은 돈을 뿌린다는 의미가 되어 재물이 줄고 비방을 듣는다.
■ 씨앗을 뿌린 꿈은 재물이 나간다. 씨앗은 돈을 암시하므로 돈을 낭비하는 것으로 해석한다.
■ 다른 사람이 씨앗을 뿌린 꿈은 횡재수가 생긴다.
■ 씨앗을 뿌리거나 벼를 베거나 수확한 꿈은 고향을 떠나거나 외출할 암시이다.
■ 씨앗을 많이 가진 꿈은 돈을 많이 가진 것으로 해몽한다.
■ 모내기한 꿈은 외출을 한다.

- 모내기하는 것을 본 꿈은 길몽으로 좋은 일이 생긴다.
- 벼가 누렇게 잘 익은 꿈은 길몽으로 부자가 될 암시이다.
- 잘 익은 벼가 지붕 위나 높은 곳에 있는 꿈은 길몽으로 좋은 일이 생긴다.
- 오곡이 풍성한 꿈은 길몽으로 풍년이 들며 생활이 풍부해진다.
- 오곡을 심은 꿈은 길몽으로 좋은 일이 생긴다.
- 곡식을 수확한 꿈은 모두 길몽으로 재물이 늘어난다.
- 타작하는데 곡식을 수확하지 못한 꿈은 노력에 비해 성과가 없다는 뜻이다.
- 곡식알이 왕성해 보인 꿈은 길몽으로 사업의 성숙도를 암시하고, 태몽과도 관계있다.
- 곡식이 풍성해 보인 꿈은 길몽으로 재물복이 따른다.
- 곡식을 많이 가진 꿈은 길몽으로 부자가 된다.
- 곡식이 많이 달린 꿈은 길몽으로 학문과 사업의 전망이 밝다.
- 곡식을 지킨 꿈은 길몽으로 좋은 일이 생긴다.
- 곡식을 뽑거나 자른 꿈은 흉몽으로 가난해진다.
- 곡식을 얻거나 곡식이 하늘에서 떨어진 꿈은 길몽으로 좋은 일이 생긴다.
- 창고에 많은 곡식을 저장한 꿈은 길몽으로 좋은 일이 생긴다.

- 쌀섬이나 가마니를 본 꿈은 길몽으로 좋은 일이 생긴다.
- 쌀섬이 많이 쌓인 꿈은 부자가 된다.
- 거름과 퇴비·짚단 등이 쌓여 있는 꿈은 재물이 들어올 암시이다.
- 허수아비를 이용한 꿈은 길몽으로 좋은 일이 생긴다.
- 허수아비가 인형으로 변한 꿈은 흉몽으로 죽음을 뜻한다.
- 물레방아를 본 꿈은 이성을 만난다.
- 가마니·자루·부대 등을 본 꿈은 길몽으로 좋은 일이 생긴다.
- 가마니·자루·부대 등에 곡식이 가득 들어 있는 꿈은 길몽으로 좋은 일이 생긴다.
- 가마니·자루·부대 등이 찢어진 꿈은 흉몽으로 불길한 일이 생긴다.

상업에 관한 꿈

- 상인을 만나거나 이야기를 하거나 물건을 얻거나 돈을 빌린 꿈은 사업이 번창한다.
- 상인과 다툰 꿈은 물건값을 깍는다.
- 상인에게 돈을 지불한 꿈은 물건을 산다.
- 상인이 시장 안으로 들어간 꿈은 길몽으로 좋은 일이 생

긴다.

- 상인이 시장에서 나온 꿈은 흉몽으로 손해가 따른다.
- 엿장수를 만난 꿈은 시험에 합격할 암시이다.
- 떡장수를 만난 꿈은 길몽이다.
- 소금장수를 만난 꿈은 동업자나 협조자를 만나 사업이 성공한다.
- 쌀장수를 만난 꿈은 길몽으로 가정과 사업이 번창한다.
- 바자회에 참석한 꿈은 남을 도와준다.
- 아끼는 물건을 판 꿈은 흉몽으로 손재수가 따른다.
- 중요한 물건을 빼앗긴 꿈은 길몽으로 갈등이나 액운이 사라진다.
- 물건을 교환한 꿈은 흉몽으로 질병이 따른다.

환자에 관한 꿈

- 환자를 보거나 만난 꿈은 흉몽으로 불길한 일이 생긴다.
- 자신의 병을 자신이 고친 꿈은 흉몽으로 다른 사람의 도움을 받지 못한다.
- 병석에 누운 환자가 화려한 옷으로 치장한 꿈은 그에게 죽음이 따른다는 암시이다.
- 병석에 누운 환자가 우는 꿈은 그 환자가 치료되기 어렵

다는 암시이다.

- 환자가 병원을 떠나거나 도망친 꿈은 그 환자에게 죽음
  이 따른다는 암시이다.
- 환자가 빙긋이 웃은 꿈은 병이 나을 암시이다.

법원에 관한 꿈

- 죄인이 무죄판결을 받아 기뻐하는 것을 본 꿈은 불길한
  일이 생긴다.
- 사형선고를 받은 꿈은 길몽으로 시험에 합격하거나 직장
  을 구하고, 출마자는 당선될 암시이다.
- 사형수를 직접 죽인 꿈은 액운이 사라지고 운세가 열릴
  암시이다.

제Ⅲ부. 실화 해몽

1장. 유전적이며 신성의 일부를 지닌 인간

인간은 본성의 일부이긴 하지만 신성(神聖)적인 면과 영감이 있다. 고로 예감은 적중률이 높다. 죽을 병을 얻어 병석에 누워 있을 때 대개는 자신이 죽는 것을 알고 있는 경우가 많다. 환자의 꿈에 누군가가 나타나 죽을 것이라고 예지하기 때문이다. 그것은 수 차례 계속된다고 한다. 의식을 찾지 못하고 혼수상태에 있는 환자도 유언의 기회를 주기 위해서는 잠깐 의식을 찾는다고 한다.

필자가 아는 한 사람은 도시 주변의 농촌에 살 때 그의 며느리와 다투고 분한 순간의 감정을 억제하지 못해 농약을 마셨다. 의식불명으로 일 주일 동안 입원치료를 받았으나 살아날 가망이 전혀 없었는데, 어느날 의식을 회복해 가족들을 모아놓고 유언을 한 뒤 죽었다.

죽은 이 분의 형은 필자와 같은 지역에 사는데 잘 아는 사이는 아니지만 지나칠 때면 서로 인사 정도는 하고 지냈다. 그 분은 아들과 재산관계로 다투던 중에 심한 갈등에 못이겨 정원수의 벌레를 잡기 위해 시골에서 가져다둔 농약을 먹고 의식불명 상태가 계속되다가 잠시 의식을 찾아 가족을 모아놓고 유언을 하고 죽었다. 뒤에 안 사실이지만 이 두 분 형제의 아버지도 30년 전 시골에서 살 때 산판관계의 소송에 패하자 양잿물을 마시고 자살했다고 하는데 증상과 상황은 앞의 두 형제와 비슷하다는 것이다.

사람이 죽을 때는 대개 유언의 기회를 만들고, 그렇지 않다면 사고와 행동이 죽을 것을 미리 알고 행동하는 경우가 종종 나타난다고 한다. 그리고 음독자살도 유전적인 면이 강하다는 이야기를 들은 적이 있다. 이 3부자의 경우를 생각해 보면 음독자살이 유전적인 면이 있는게 아닌가 생각한다. 그렇다고 보면 인간의 유전성 신성(神性)은 인정되는 것이다.

나이 많고 중병에 걸린 사람의 경우에는 그 사람이 죽는 것이나 병석에서의 의식행동 등은 주위 사람들의 생각으로는 크게 의외의 것은 아니기 때문에 관심의 대상은 아닐 것이다. 그러나 젊고 건강하던 사람이 갑자기 죽는 것은 다르다.

간단하게 예를 들어본다. 젊고 건강한 갑녀라는 사람이 갑자기 한 달 전에 죽어 모두 놀랐다. 초상을 치르고 난 한 달

후인 지금에 와서 곰곰히 생각해보면 죽은 갑녀는 이미 죽을 것을 알고 행동했었다는 이야기가 있다.

가족들의 이야기는 이러했다. 아직 살아 있는 갑녀의 시아버지의 이야기는 며느리인 갑녀가 죽기 약 45일 전에 갑녀의 시조모님의 제사를 지내려고 음식을 장만하기 위해, 별거 중인 갑녀가 대문으로 들어서자 방에 앉아 밖을 내다보고 있던 시아버지는 며느리 갑녀와 눈길이 마주쳤는데 당시 그 순간 시아버지는 가슴이 섬뜩하며 소름이 끼쳤다고 한다.

갑녀의 손위 시누이가 이날 조모님의 제사에 참석하기 위해 친정 마당에 들어서자, 먼저 와 부엌에서 제사음식을 준비하고 있는 갑녀와 눈이 마주쳤다. 시누이는 섬뜩한 기분이 들며 소름이 끼쳐 올케에게 죄지은 게 없는데 이상하다고 생각했다.

그리고 시어머니는 며느리 갑녀가 죽기 두 달 전 추석에 제사를 지내기 위해 며느리인 갑녀가 8월 14일날 저녁에 같은 집에서 같이 자고 있는데, 그날 시어머니의 꿈에 며느리 갑녀가 나타나 장농에 맡겨 놓은 옷을 한 벌 꺼내 달라고 해서 방으로 들어가 옷을 꺼내 며느리에게 주려고 하니 옆에 없었다. 며느리는 엉뚱하게도 집 옆에 있는 밭에 구덩이를 파 놓았다.

"이 구덩이는 누가 팠냐?"

"예. 제가 팠어요."

"언제 그렇게 깊이 팠어?"

놀라면서 잠에서 깼다고 한다.

갑녀의 남편은 3~4개월 전부터 아내의 행동이 달라진 것이 생각난다고 했다. 부부동반 계에서 관광을 갔는데 평소 갑녀는 종교나 미신을 믿는 사람은 아니었는데 그때 절 앞에 있는 큰 바위를 보고 큰 절을 했다. 그리고 큰 고목나무가 한 그루 보였는데 그 나무 밑에서는 무속신앙의 촛불을 켠 흔적이 있었고, 신에게 차렸던 음식이 보였다. 갑녀는 가다가 나무 앞에 꿇어앉아 갑자기 울더니 큰 절을 두 번이나 하는 것이었다. 어느날 갑녀는 잠자리에서 일어나 밖으로 나가더니 초생달을 보고 절을 했다. 아내의 이런 행동은 15년 동안의 결혼생활에서는 단 한 번도 없었던 일이다.

시조모의 제삿날 갑녀의 손아래 동서도 부엌에서 음식을 장만하다가 눈길이 마주친 적이 있는데, 앞의 두 분보다는 느낌이 약했으나 비슷한 경우였다는 것이다.

갑녀의 친정어머니의 이야기를 들어보면 평소 1년에 4~5회 정도 전화를 하던 딸이 근래에는 하루에 꼭 한 번 정도는 전화를 하면서 이젠 돈도 모아졌고 집도 마련해 걱정없으니 조금만 기다려 달라고 했다.

여기서 죽을 사람은 죽기 전에 신호를 보낸다는 것을 알 수 있다. 갑녀의 경우에는 길을 가다 갑자기 넘어져 의식을 잃고 병원에 후송되어 바로 죽었기 때문에 유언을 할 기회는 없었다. 결론은 갑녀는 자신의 죽음을 미리 알고 있었는지 모르지만 영감의 작용은 확실하다 한다. 이것으로 인간의 유전성과 신성의 일부를 인정할 수 있다고 본다.

2장. 배와 차

우리는 꿈속에서 차를 자주 탄다. 옛날의 차는 바로 수레이다. 수레라는 말은 수레차(車) 또는 수레거(車) 자이다. 원래 수레란 바퀴를 달아 사람이나 짐승이 끌어 굴러가게 만든 기구를 말한다. 사람이 타기도 하고 짐을 싣기도 하는데, 수레가 지나간 뒤 땅에 패인 바퀴자국을 두고 '수레홈'이라 한다.

어쩌면 인생살이란 수레바퀴와 같은 것으로 지나간 발자국은 수레홈으로 통한다. 수레는 전쟁의 물자를 실어 나르는 수송수단으로 온갖 희비애락의 고통을 안고 있다. 고로 꿈에도 여러 가지 방법으로 묘사되어 나타난다. 전해 오는 것이나 죽음을 맞고 있는 환자들의 이야기를 여러 건 들어본다면, 아픈 사람이 꿈을 꾸면 이사를 간다거나 좋은 곳으로 살러 간다며 같이 가서 함께 살자면서 차나 배를 타게 된다고 한다. 이 차나 배를 타면 곤란한 문제가 생길 것이다. 여기 해몽을 이해하는데 다소 도움이 될 것으로 믿고 다음의 3가지 형태의 꿈을 소개한다.

■ 돌이 씨의 경우

꿈에 화려하게 장식된 검은색 고급승용차가 비행기처럼 돌이의 집 마당으로 들어왔다. 차 앞에는 깃발이 날리고 오색 테이프가 장식되어 화려하게 바람에 펄럭이고 있었다. 운전사는 돌이에게 차를 태워준다면서 타라고 했다. 그런데 또 트럭이 한 대 마당에 들어와 대고 있었다. 이 고급차를 타고 새로 마련한 집으로 이사를 가자고 했다. 살기좋은 곳이라고 했다. 당신은 현재 병을 앓고 있는데 신선한 공기를 마시고 살아야 한다고 했다. 이삿짐은 모두 트럭에 싣고 가자고 했다. 트럭에 짐을 실을 인부들을 데리고 왔다. 반 강제로 돌이의 재산 모두를 트럭에 싣고 있었다. 그리고 트럭은 떠났다. 트럭이 먼저 가서 새집에 당신이 사용하던 가구를 내려놓고 집을 정리정돈해 줄테니 구경하면서 천천히 오라고 했다.

그의 말대로 트럭을 보내고 승용차를 타고 구경을 다녔다. 팔도강산에는 구경감도 참으로 많았다. 마음에 드는 명산대천도 한두 곳이 아니었다. 그런데 갑자기 명산대천도 싫고 좋은 곳으로 가는 것도 싫어졌다. 갑자기 마음이 변하는 이유를 알 수 없었다. 승용차 운전기사가 이유없이 미워졌다.

"난 가지 않겠소!"

"이미 당신의 전 재산을 트럭에 싣고 갔는데 가지 않으면 어쩔 셈인가?"

"그게 뭐 그렇게 중요한가요. 다시 장만하면 되지."

"그럼 그러시오. 손해볼 짓을 한다는 데야 말릴 수 있나."

승용차는 멀리 떠나고 외로운 곳에 혼자 남겨졌다.

■ 갑녀의 경우

갑녀는 꿈을 꾸고 있었다. 마침 두 대의 버스가 도착했다. 앞의 버스는 화려하게 장식한 새차였고, 뒤의 버스는 헌차였다. 버스회사의 직원이라면서 급히 나타나 그녀의 짐을 챙긴다면서 갑녀의 방 안으로 들어가 보자기를 방바닥에 펴고서는 그녀의 옷과 핸드백과 소지품, 화장품을 챙겨 보따리에 싼다. 두 개의 보따리를 앞 버스에 실으려고 했으나 앞 버스의 운전기사가 어찌나 급하게 서두르는지 탈 수가 없었다. 기사는 예약시간이 늦었다고 했고, 또 다른 곳에서 사람을 더 싣고 떠나야 하기 때문에 시간이 없다고 욕설까지 퍼부었다.

이러는 사이 보따리는 이미 앞 버스에 실리고 말았다. 갑녀는 자신의 짐에 신경이 쓰였다. 이때 이상한 소리가 들려 뒤

돌아보니 갑녀의 딸이 회사에서 퇴근해 집으로 돌아오고 있었다. 딸은 엄마를 말렸다. 그러나 딸의 말은 듣지 않고 앞 버스를 타려고 했으나, 갑녀가 신고 있는 고무신 한 짝이 벗겨지는 바람에 앞 버스는 이미 시동을 걸어 움직이기 시작했다. 앞 버스는 타지 못했지만 뒤 버스라도 타고간다면 앞 버스에 실린 보따리를 챙길 수 있다고 생각했다. 그러나 또 고무신 한 짝이 벗겨지는 바람에 뒤 버스를 타기도 급했다. 딸이 도착해 뒷차라도 타라고 거들었지만 뒷차도 놓쳤다.

갑녀는 보따리가 아깝다고 생각했다. 버스 뒤를 바라보며 보따리를 달라고 고함을 질렀다. 버스에 탄 종업원이 버스 뒷창문을 열고 보따리를 창 밖으로 던지며 재수없다고 욕설을 퍼부었다. 버스의 속도로 인해 보따리가 찢어져 옷과 소지품들이 흩어져 딩굴었다. 바람에 날리는 것도 있었다. 갑녀는 물건들을 대충 주워들었지만 깨진 화장품과 날아가버린 옷이 아까웠다. 땅바닥에 주저앉아 땅을 치며 고함을 질렀다. 꿈속에서의 고함이지만 실제로 고함을 질렀던 것이다. 이때 옆에 자고 있던 남편이 깨워 눈을 떴지만 꿈속에서의 영상은 계속되는 것처럼 선명하게 나타나고 있었다.

■ 을녀의 경우

봄이 와 산천의 꽃들이 자태를 뽐내기 위해 온갖 치장을 한 상태라 집에서 머물기는 고통스러운 시간이었다. 새들의 울

음도 을녀의 가슴을 설레게 한다. 강폭이 넓고 물이 깊어 강물은 푸르렀다. 저쪽에서 통통배가 오는 것 같았다. 자세히 보니 두 척이었다. 선원 한 사람이 시원한 강바람을 쐬면서 이마에 손을 얹었다.

"아주머니! 날씨가 참 좋습니다."

"그래요." "아주머니, 저쪽으로 가면 아주 경치가 좋고 맛있는 음식도 있어요."

"그래요?"

"그렇고 말고요. 자, 타세요."

"얼마나 걸리는데요?"

"그건 아주머니 마음입니다."

"그럼, 내 짐을 실어줄 수 있나요?"

"물론이지요. 얼마든지 실을 수 있죠."

을녀는 집으로 들어가 보자기에 짐을 챙겨 급히 부두로 왔다. 배에서 일하던 사람이 을녀의 짐을 받아 뒷배에 실었다. 뒷배는 매우 낡았다. 을녀는 앞배에 탔다. 앞배에서 무상으로 필요한 물건을 준다고 했다. 앞배는 만든지 얼마 안되는 것인지 깨끗하고 화려했다. 그리고 누구 것인지는 몰라도 짐이 많이 있었다. 탐나는 물건들이 있었는데 주로 식량이었다. 자루에다 식량을 담아주는데 자루 절반만 담아주었다.

"더 주세요! 난 오래도록 이 배의 식구로 있을테니."

"이것만 해도 많은데"하면서 사공은 을녀를 바라보았다.

"자루에 가득 주세요!"

자루에 가득 담아주었다. 그런데 을녀는 공짜인 쌀에 욕심이 생겼다.

"그만 갖고 뒷배로 가시오."

"한 자루 더 주세요."

"네? 그렇게 많이요?"

한 자루를 더 얻었다. 을녀가 얻은 쌀은 열 자루가 넘어 뒷배로 옮기기가 힘들었다. 차라리 뒷배에 실린 보따리 두 개를 앞배로 가져오는 것이 나을 것 같아 뒷배로 갔다. 언제 왔는지 동네 한 친구가 뒷배에서 잠을 자고 있었다. 친구를 깨워 인사라도 하고 싶었지만 앞배에 있는 쌀이 걱정되어 빨리 가지 않으면 안 되었다. 을녀는 빠르게 보따리를 옮겼다. 을녀의 짐을 내려준 배는 큰 고동소리를 울리며 떠났다. 그 배에 타고 있던 친구가 생각했다. 어쩐지 떠나가는 헌배가 초라하게 보였다.

다시 쌀을 몇 자루 더 얻었다. 이 사이에 을녀가 탄 새배도 떠나는 것이었다. 그러나 먼저 떠난 헌배는 섬 저쪽을 돌아 바람을 등지고 동쪽으로 떠났다. 을녀가 탄 배는 그 배를 따라갈 줄 알았는데 서쪽으로 가는 것이었다.

"앞배하고 같은 방향으로 같이 갈 줄 알았는데."

"우리가 새배이니 아무래도 빨리갑니다. 저 배는 몇십 년 후에 우리 배 곁으로 올 것입니다."

이상 세 사람의 꿈을 해몽해 본다. 이 이야기들은 동시에 일어난 일은 아니다. 필자가 꿈을 꾼 사람에게 들은 것을 메모한 것이다. 1과 2의 예의 사람은 아직 살고 있다.

1예의 돌이 씨의 경우는 혈압이 높아 항상 고생하던 사람이었다. 하루는 계모임에서 계원들에게 위의 꿈이야기를 했다. 며칠 전부터 비슷한 꿈을 몇 번이나 꾸었다고 했다. 집으로 돌아와 마루에 걸터앉았다가 넘어지고 말았다. 의식을 잃고 생명이 위험하게 되었다. 구급차로 실려가 입원했다가 뇌수술을 받고 퇴원했다. 3년이 지난 지금은 혈압은 다소 높지만 혈관을 수술한 후에 정상에 가깝다고 한다.

위의 경우에는 이런 예지의 꿈이 여러 차례 있었다는데, 이것은 자신의 재물 즉 이삿짐으로 싣고간 그 짐은 병(病)의 예지의사이고, 승용차는 장의차의 예지의사이고, 재물을 버린 것은 병이 나을 예지의사이고, 승용차에서의 도중하차는 장의차를 타지 않았던 것이고, 재물과 승용차에 대한 욕구를 억제한 결과로 해몽한다.

2의 예인 갑녀는 혈압이 높아 고생하던 중이었다. 어느날 직장 상사에게 며칠 전 꿈이야기를 했다. 이때 상사는 꿈에 관심이 있는 사람이라 이상하게 생각했는데도 진작 그 당일은 무사했으나 며칠 후에 공장에서 일하다 넘어지고 말았다. 의식을 잃고 병원에 실려갔지만 살아날 가망이 없다고 해서 가족들은 장례치를 준비까지 한 것이다. 수술단계는 아니지만 한 달간 입원했다 퇴원했으나 아직 통원치료를 받고 있다. 병은 차도없이 아직 심한 고통을 받고 있다고 한다.

갑녀의 경우에는 보따리는 병의 예지의사이고, 버스는 역시 장의차의 예지의사였는데, 장의차는 타지 못했지만 보따리는 다시 찾았으니 병을 버리지 못하고 그대로인 것이다. 이때 신발은 액운의 예지의사인데, 벗겨졌을 때 버려야 하는데 평소 재물욕이 강해 버리지 못한 것이 잘못일까?

3의 예인 을녀의 경우에는 가정형편이 좋아 등산을 다니고 있는데, 며칠 전부터 을녀가 꿈이야기를 했는데 그 내용이 대략 고급승용차에다 화려한 물건의 획득과 전 재산인 보따리를 다른 곳으로 옮겨 간다는 이야기를 했는데, 그날 등산을 마치고 집으로 돌아와 저녁을 먹고 곱게 자다 병원에 실려가 뇌수술을 받았으나 죽었다고 한다.

이것은 병의 예지의사인 재물을 버리지 못하고 끝까지 소유할 것을 갈망했고, 쌀을 더 모았고, 장의차의 예지의사인 호화로운 배를 탔으니 죽을 꿈으로 해몽한다.

이상의 1·2·3은 같은 맥락이지만 한 사람은 살아 병이 나았고, 한 사람은 병은 치료되지 않았지만 살아 있고, 한 사람은 죽었다. 그런데 이 이야기들에서 필자가 느낀 공통점은 발병하거나 죽기 직전에는 유난히 재물에 대한 집착이 강하다는 것이다.

돌이 씨는 한 달 빠진 곗돈 납부에 대해 계에 나오지 못해 먹지도 못했으니 곗돈을 면제해 달라면서 15,000원을 내지 않고 우겼다고 했고, 갑녀는 회사에서 월급을 더 올려달라고 했는가 하면 교통비를 별도로 줘야 한다고 우기면서 돈에 대한 애착이 심했다고 했고, 을녀는 가정형편도 좋은 편인데 어느날부터 갑자기 돈을 아끼면서 등산할 때 점심도 준비하지 않고 남의 것을 얻어먹더라는 것이다.

여기서 결론을 내린다면, 평소에 재물욕심을 가진 꿈은 꿈에서 생시의 잠재의식으로 재물욕이 발동해 스스로 죽음을 택한다고 생각할 수 있다.

꿈에서 표현하는 재물은 현실의 재물이 아니고 때나 먼지나 병을 암시한다는 것을 반드시 알아야 하는데, 문제는 꿈 속의 인간의 의지로는 불가능한 것이다. 이것은 인간으로는 꿈을 마지막으로 꾸는 종결식으로 숙명인 것을 명심해야 할 것으로 본다. 그리고 참고로 필자가 관심을 갖고 병문안을 갔을 때 조사 문의해 본 바에 의하면 죽음 직전에 있는 사람이 죽을 때는 이와 유사한 꿈을 꾼다는 것은 확실하다고 생각한다.

나도 언젠가는 문제의 차나 배를 타게 될 것이다. 건장한 두 사람이 나타나 자신을 데리고 무한정 먼 길을 걸어가는 꿈은 죽음을 암시한다. 이때 건장한 두 사람은 저승사자를 암시한다. 어떤 경우에는 운전기사・뱃사공・항해사・조종사・경찰관 등으로 등장할 때도 있다고 한다. 이것은 옛날 사람들의 꿈이다. 당시는 배나 차가 적고 주로 보행했을 때이기 때문이다. 저승사자는 2인 1조라고 전한다. 그리고 중간에 인력거나 수레 등을 탔다고 한다. 저승으로 가는 길 교통수단이 시대에 따라 변해가고 있는 모양이다.

3장. 타이어 펑크

　단수 씨는 오늘도 애인인 장 양에게 관심이 갔다. 단수는 나이 35세에 아직 장가를 들지 못했지만 또래 친구들은 벌써 중학생 학부형이다. 이 사회에서는 친구라 해도 자식에 대한 문제는 다른 점이 많다. 그것은 가족과 자녀들에 대한 조건은 천태만상이니 다를 수밖에.

　단수는 위로 누나와 형이 있다. 누나는 43세인데 소아마비로 걷지 못하고, 형은 40세로 15년 전에 한쪽 다리가 절단되었다. 형은 당시 어느 회사의 외판부장으로 있으면서 회사 차를 몰고 다녔다. 어느 일요일 야외에 놀러가면서 회사 차고에 있는 차를 몰래 꺼내 타고갔다가 몇 잔의 술을 마시고 교통사고를 냈다. 참으로 기가 꺾기는 한 때였다. 근무시간도 아니고 음주운전을 했으니 보험혜택을 받지 못했다. 이 사고로 인해 외부활동을 할 수 없어 부득이 회사에서 나와야만 했다.

1970년 대 초기만 해도 보험제도가 덜 발달해 자동차보험에 가입하지 않았다. 그래서 회사의 차를 완전히 망가뜨렸으니 회사도 피해가 심했다. 수리할 수 없는 상황이라 폐차시키고 다시 한 대를 뽑아야만 했기에, 회사에 대한 체면은 말이 아니라 어쩔 수 없이 양심의 가책을 받고 회사에서 물러난 후, 지금까지 가족들에게 경제적 피해를 입히고 있다. 그래서 단수의 형은 나이가 40이 넘도록 장가를 들지 못했는데, 단수는 체면상 누나와 형을 결혼시킨 후 자신이 결혼을 하려고 마음먹었다.

단수는 건설회사에 취직했다. 장 양과 결혼을 전제로 사귄 지도 벌써 10년이 넘었다. 이제 더 기다리는 것도 한계가 넘었다. 그래도 빨리 결혼하자고 조르던 것도 5년 전 일이다. 지금은 장 양이 32세의 노처녀로 여러 가지 조건이 맞지 않아 애정만으로 문제를 끌고나갈 형편이 아니다. 고혈압으로 고생하는 시어머니에 시누이, 또 시숙이 되는 분의 시중들 것을 생각하니 차라리 결혼을 포기하는 게 낫겠다는 생각까지 들었다. 단수를 알게 된 것이 후회스럽기만 했다.

한편 장 양의 이모는 단수와 헤어지고 헤어지고 다른 사람과 결혼해야 한다면서 37세 노총각인 박 군을 소개했다. 박

군을 만난 지가 오늘로 꼭 한 달째 되는 날이다. 바로 6. 25 사변 기념행사를 겸한 북한동포돕기 캠페인장에서 처음 만나게 되었다. 박 군이 여름휴가를 얻어 동해안 해수욕장으로 같이 가자고 했다. 당일에 돌아온다고 해서 따라갔는데 그날 따라 도로가 막혀 서울로 돌아올 수 없었다. 둘은 어디서 잠깐 자다가 새벽에 올라가기로 했다. 단수에게는 박 군과 선보고 만나는 것을 비밀로 했으며, 고향에 계시는 고모가 아프다는 연락이 와 병문안 겸 고향을 다녀오겠다고 하고는 박 군을 따라 나섰던 것이다.

단수의 동료직원 김 대리는 같이 근무하고 있다가 강원도 어느 지점장으로 발령이 나서 가족을 데리고 그곳에 집을 한 칸 장만해 부임해 간 지가 6개월이나 되었는데, 그의 모친이 교통사고로 갑자기 돌아가셨다는 연락을 받았다. 단수는 친구 김 대리의 문상을 위해 동해안으로 가게 되었다. 동해에 도착한 단수는 친구들과 초상집에서 화투를 하면서 밤을 새우게 되었는데, 한 두잔 마신 술에 취해 화투를 하다 그대로 자리에 누워 깜빡 잠이 들었다. 자신의 자동차가 새 것으로 산 지 한 달도 안되는데 차가 움직이지 않았다. 겨우 모은 돈으로 차를 샀는데 움직이지 않으니 답답하고 불안했다. 누가 뒤를 쫓는 것 같았다. 그는 원인을 찾으려고 차 주위를 살폈다.

이상하게 타이어 펑크가 나 있었던 것이다. 자세히 보니 누군가가 못으로 타이어를 찔러 바람이 빠진 것이었다. 순간 분하기 짝이 없었다. 단수는 놀라서 몸부림쳤다.

"타이어가 완전 펑크다. 아아! 내 차!"

꿈이었다. 잠에서 깨어나 주위를 살펴보니 다른 사람들은 모두 그대로 화투를 계속하고 있었다. 며칠 전 자기집 주위에 한 이웃 친구가 대놓은 차에다 누가 불을 질러 친구의 차가 타버린 것을 보았기에 속은 더 초조하고 불안했다.

단수는 약 500미터 정도 떨어진 곳에 세워둔 차쪽으로 갔다. 고요한 새벽이었다. 차는 아무 이상이 없었다. 주위를 한 바퀴 둘러보고 차를 다른 곳으로 옮길까 생각했다. 혹시 해변에 빈터가 있을까 해서 여기저기 다녀보았다. 많은 사람들이 북적대는 새벽의 해변은 쥐죽은 듯 고요하기만 했다. 저 멀리 바다 지평선으로 해가 솟아오르는지 황색의 장관을 이루고 있었다. 이것 또한 꿈 같이 생각되었다. 이제 시간은 새벽 5시가 되어 날이 밝았다.

잠이 모자라 그런지 계속 하품이 나오며 피곤했다. 그는 해변을 거닐고 싶었지만 눈이 감겨져 포기했다. 지금 다시 상가로 들어오니, 일찍 잔 사람들이 일어나 떠드는 바람에 잠을 이루지 못할 것 같았다. 그는 차 안에서 두어 시간 정도 자야겠다고 생각했다. 오늘이 발인이니 오후에는 서울로 갈 수 있을 것이라고 계산했다. 그런데 꿈인지 생시인지 알 수 없는 일이 생기고 말았다. 자기와 10년 이상을 사귄 장 양이 보인 것이다. 절대로 꿈은 아니었다. 단수의 차를 주차해 놓은 바로 앞집의 여관에서 장 양이 어떤 남자와 손을 잡고 눈을 비비며 같이 나오는 것이 아닌가.

"어, 당신이 여기 웬일이요?"

그러나 장 양은 얼굴을 감싸고 돌아서는 것이었다. 순간 단수는 앞이 캄캄했다(타이어 펑크는 애인의 변심이나 간통을 암시한다).

4장. 금은보화

금은보화를 대단히 좋아하는 여성이 있었다. 한창 고리채로 번창일로에 있어 매일 한두 마지기의 논밭이 굴러들어 왔다. 수입의 전성기에는 또 매일 한두 개의 금은보석들이 굴러들어 왔다. 미처 돈을 내놓지 못하면 채무자의 집에 있는 금은보석들은 물론 가보나 문화재 등 돈이 될만한 것은 마구잡이로 빼앗아 끌어모았다. 나중에는 그 많은 보물들을 관리하는 데도 힘이 들었다. 벽장이나 찬장, 심지어는 벽을 뚫고 감추기도 했다.

그녀의 하루일과는 대부분 이 금은보화들을 살피거나 숨긴 것들이 이상이 없는지 확인하는 것이 낙이었다. 남편이나 자식들보다 오히려 이것들을 더 사랑했고, 소중한 것이었다. 그러나 친정에는 하루에 밥 한 끼도 먹지 못하고 굶주리는 남동생이 있었다. 남동생은 일찍 아내를 잃고 딸 하나를 데리고 살았다. 남동생의 딸은 항상 고모를 그리워하며 고모가 큰 부자라는 것을 친구들에게 자랑했다.

그러나 이런 조카의 마음을 모르고 그녀는 돈이 생기면 보석을 사들이는 데만 신경을 쓸 뿐 친정 식구들에게는 관심이 없었다. 어쩌다 친정 조카가 고모집을 방문하면 보석들을 훔쳐갈까봐 빨리 가기를 바랬다. 인친척은 물론 이웃사람들이 집 주변을 기웃거리기만 해도 자신의 보물을 노리는 것으로 생각해 전혀 왕래가 없는 독불장군에 옹고집 여성이다.

집안 구석구석에 돈과 보물을 숨겨두었기 때문에 감시하기조차 힘들었다. 이러던 중 친정 조카가 시집을 가게 되었다. 조카는 고모가 보물을 한 개쯤은 주리라고 기대했다. 그러나 기대는 완전히 수포로 돌아가고 말았다.

세월은 흘러흘러 그녀는 병들어 자리에 눕게 되었으나 죽는 순간까지도 보물에 대한 애착은 버리지 못했다. 그녀는 자신의 병보다도 누워 있는 동안에 누가 훔쳐가지 않을까 불안했다. 그녀는 자신의 병이 위중해지면 몇 개의 보물을 내주면 유능한 의사가 나타나 발벗고 치료해줄 것이라고 생각했다.

그러나 며칠 동안 혹독한 고통에 시달리다보니 이제는 아무것도 필요가 없었다. 병원에서는 그녀의 육체에 바늘을 찌르고, 인공호흡기를 들이대고 있었다. 병세는 더욱 악화되어 말도 할 수 없을 정도로 원기를 잃어 회생이 불가능했다. 의식이 몽롱한 상태에서 꿈을 꾸었다. 하루 후 그녀는 임종이 임박했는지 자기가 죽은 것으로 생각하고 침상을 저승의 세계로 착각하고 었었다. 그녀의 꿈이야기는 이렇다.

동네사람 모두가 자신을 부러워하는 순간에 길을 떠나게 되었다. 날씨도 계절도 날짜도 필요없는 경지에 달하고 말았다. 모든 것이 정적으로 통하는 무대가 짜여진 것이다. 어떤 무대가 전개되고 그녀는 무대에 올라 말소리가 들리는 쪽을 바라보며, 그 목소리가 명령하는 대로 따르는 사람이 되었다. 생노병사의 원리는 엄청난 재력을 과시하는 사람도 저승사자가 붙잡아 가는 것을 주저하지 않았다. 그녀의 재력도 저승사자인 건장한 두 남자에게는 꼼짝 못하게 된 것이다. 이것은 바로 물고기 옆의 동전신세 같았다.

그렇게 죽지 않으려고 몸부림을 쳤지만 눈을 감고 말았다.

"그래! 저승에 간다면 악착같이 번 돈을 모두 없애는 한이 있어도 좋은 곳으로 가도록 해야지!"

하고 단단히 마음먹었다. 그러나 저승은 이곳과는 완전히 달랐다. 염라대왕은 그녀가 죽을 당시에 갖고 있던 금은보화의 목록을 자세하게 알고 있었고, 금은보화에 대한 개념은 이승과는 정 반대였다. 이승에서의 보물은 저승에서는 쓰레기로 취급해 함부로 버릴 수도 없었다. 주려고 해도 받는 사람도 없을 뿐더러 다른 사람에게 넘기다가 들키면 그 자리에서 심한 매를 맞고 다리가 부러지는 등의 고통을 당해야만 했다. 저승에서의 형벌은 보지 못해 알 수 없지만 비명을 지르는 소리를 들으면 단번에 뱃속에 창자가 열 토막 이상으로 끊어지는 듯 애처로운 소리를 지르는 것이다. 이 소름 끼치는 애절한 비명을 들으니 귀가 있다는 게 참으로 불행한 일이었다.

손톱은 모두 열 개인데 수백 개를 뽑는지, 쥐죽은 듯 조용하다가 간간히 비명소리가 들리니 전신에 소름이 돋고 등골이 말려들고 오줌줄이 오그라들어 아랫배가 당겨질 대로 당겨져 모질게도 아프고 허리가 굽어졌다.

염라대왕 앞으로 가는 길에는 군데군데 저승차사들이 흉물스런 얼굴에 긴 창을 들고 노려보면서 보물들을 길에 버릴까봐 철저하게 감시하고 있었다. 우리 옛말에 '한양 천리 걸어갈 때 머리카락 하나가 천 근이요, 손톱 하나가 만 근이라 큰 짐이 되니 이를 뽑고 가야 한다는 말이 생각났다. 오래 먼 길을 끌려서 걷다보니 앞에 가던 여자는 손에 끼고 있던 큰 보석반지가 무거워 일직사자 월직사자가 잠깐 먼 눈을 팔 때 빼내 숲 속으로 던진 것이 발각되었다. 쇠몽둥이를 든 사자가 나타났다.

"길에 쓰레기 버리지 말라고 했잖아! 너같은 사람 때문에 환경이 오염되어 중생이 모두 죽는 거야!"

하면서 몰래 버린 보석반지를 찾아 다시 그녀의 손가락에 끼우는데 끼지 않겠다고 발버둥쳤다. 그러나 허사다. 굵은 쇠사슬로 묶어 왔던 길로 다시 돌아가는 것이었다. 잘못했다고 빌어도 보았지만 들은 척도 하지 않았다. 이야기를 들으면 석달이나 고생해 걸어온 길을 다시 돌아갔다가 환경오염죄로 처벌받고 난 후에 다시 와야 한다고 했다.

후회했지만 소용이 없었다. 그 많은 보물을 짊어지려니 자리에서 일어날 수가 없었다. 그녀가 가장 애지중지하던 100캐럿트가 넘는 다이어를 준다고 해도 받아가는 사람이 없었다. 파수꾼 저승차사들이 창을 들고 감시를 해도 이승에서는 천금 같은 보물들이 길가에 즐비했다. 이를 밟으면 발바닥에 상처를 입을까봐 요리조리 피하기란 참으로 어려운 일이었다. 이것들을 피하려고 하다 시간이 지체되면 염라대왕 앞에 도착할 시간을 놓치게 되어 극락으로 가는 기회는 완전히 박탈당하고 만다.

'뱃고동은 울었다'는 속담은 이미 때가 늦었다는 뜻이다. 출발신호인 뱃고동소리는 울린다는 것이다. "우리는 극락으로 간다!"라는 것으로 남은 사람들의 가슴을 울리는 것이다.

여기가 바로 아귀다툼의 원조! 한 걸음이라도 더 빨리 가야겠다고 버티는 아귀다툼의 세상이 온 것이다.

여기서 주의할 것이 있다! 반드시 명심하라! 제군들은 인간세상에서의 보물들은 여기 이곳에서는 아무 데도 필요없는 오물로 취급하기 때문에 이를 아무 데나 함부로 투기함은 법에 의해 처벌된다. 고로 제군들이 인간세상에서 부처님께 시주해 부처님을 빛나게 하거나 남에게 주지 못한 보물들을 여기서부터 4만 구은(九垠 =지구의 끝)리 거리를 더 가 염라대왕 천리 길 전에 흐르는 삼도천(三途川)에 버려야 한다. 만약 이 법을 어기면 팔열지옥(八熱地獄)에다 필연지형벌(必然之刑罰)이라고 되어 있다.

이것을 읽어본 사람들은 또 한번 떨며 움추린다. 그녀의 몸은 이미 땀으로 흠뻑 젖었다가 마르는가 했더니 소금이 스리어 끈적끈적하다. 피부를 계속 천 근의 중량으로 조이고 있었지만 이 고통을 누구에게도 하소연할 수가 없다.

"고생을 사서 한다더니 내가 그 꼴이 되었구나! 먹을 것 입을 것 아끼고 조카들에게까지 원성을 받으면서 이렇게 사들인 게 바로 고생주머니였구나! 그것도 모르고 보석주머니로 알았단 말이냐! 나야 죽어도 싸지 싸! 돈을 주고 고생을 산 것이니."

자신을 원망하며 가슴을 쳐보지만 이미 때는 늦었으니 운명을 당할 수밖에. 그녀의 눈 앞에는 먹구름만 오고갈 뿐 친구라곤 하나도 없다. 온갖 고통을 당하고 허리가 구부러지고 발바닥이 다 닳아 헤져서야 염라대왕 앞에 도착했지만 이미 도착 예정시간이 3년이나 지난 후라 바로 팔열지옥행이었다. 다른 사람들은 몸이 가벼워 사흘만에 도착한 것을 그녀는 그많은 보석의 무게 때문에 3년이 걸린 것이다. 말이 그렇지 발바닥이 다 닳아 헤진 고통은 이루 말로 표현하기 힘들다. 바늘만 통과할 정도로 좁은 콧구멍이 원망스러웠다. 죄지은 인간이 죽으면 제일 먼저 콧구멍의 면적이 준다. 길게 한숨을 쉬면서 주위를 돌아보았지만 그 넓은 땅에 혼자만 지옥에 떨어진 것이다. 저승으로 올 때 같이 온 사람들은 이미 편안한 곳을 찾아들었지만 그녀 혼자 해저문 물가에서 짝잃은 외기러기처럼 우뚝 서 있는 것이다.

저 건너편 산쪽에 먹구름이 드니 곧 소나기가 올 것 같다. 그러나 그녀에게는 궂은 비에 몸을 피할 길 없는 쓸쓸한 그림자 속의 고영(孤影)의 방랑자가 된 것이다. 염라대왕이 그녀에게 정해준 직업은 환경정리원이었다. 인간들이 저승사자와 파수꾼의 눈을 피해 길가에 버린 보물들을 모아 저 멀리 삼도천에 갖다버리는 청소부였다.

참으로 오물이 많았다. 저승으로 가는 길목에서 배설물들을 깨끗하게 치워야 하는데 그중에서도 금은보석이 제일 많았다. 언젠가 보석을 사들이기 위해 서울 종로에 갔을 때 자신이 버린 휴지 때문에 환경미화원 청소부에게 심하게 욕을 들었는데, 이제는 자신이 청소부가 된 상태였다.

그래도 인간세상에서의 환경미화원들은 시민들에게 존경을 받고 살아간다. 월급이나 생활수준도 좋지만 이곳 저승에서의 먹을 것을 구한다는 것은 엄두도 낼 수 없었다. 보물들을 모아 등에 짊어지고 천 리가 넘는 삼도천까지 갖다버리는 일은 그녀에게 참으로 고통스런 일이었다. 그 많은 다이아몬드를 치우게 되는데 다이아몬드가 깨지면 바로 면도칼날 같이 되는지라 온몸에는 칼에 베인 듯 곰보딱지 같이 손 등에 눌러붙은 것이었다. 군데군데 살점에는 다이아몬드의 조각이 가시와 같이 꽂혀 고통은 대단했다. 이를 빼내기 위해 왕가시로 살갗을 헤집어 상처가 나 피고름이 뭉쳐져 있었고, 어떤 부위에는 암으로 변해 큰 혹이 났다. 아무 힘도 없는 인간세상에서 처음 오는 미결수에게 보이며 도움을 청했지만 눈을 감고 쳐다보지도 않았다.

후에 저승으로 올 때 같이 온 한 친구를 만났다. 그는 인간세상에서 조카가 장가를 갈 때 보태줄 것이 없어 손에 끼고 있던 금반지를 빼주었다고 했다. 그런데 조카가 끼고 다니다가 어느 절 불사에서 부처를 봉안할 때 시주했다고 했다. 그 금반지는 자신도 모르게 부처를 만드는 과정에서 불상장식인 부처의 외각을 입히는 금도금에 사용된 적이 있는데, 조카는 시주의 공덕을 친정 고모에게 미루었기에 저승인 이곳으로 올 때 같이 온 친구는 부처님의 은덕으로 지금은 좋은 곳에 머문다고 했다. 그녀는 자신의 선행덕보다는 조카덕을 본 셈이라며 다행이라고 생각하고 있었다.

이곳에 와보니 금은은 용도가 너무나 뚜렷했다. 생시에는 장식용으로만 사용되는 줄 알았다. 그것을 모르고 산 일생이 너무 원망스러워 가슴을 쳤지만 모두 지난일이다. 그러나 다이아몬드 등의 보석은 저승 사람들의 살갗을 찌르는 흉한 물건으로 불행의 원인이 된다. 이상의 이치를 알았지만 이미 때는 늦고 말았다.

그녀는 유언을 남기려는지 말소리가 똑똑했다. 그리고 그많은 보석들을 두고 눈을 감고 말았다. 평소 종교에 애착이 없었는데도 늦게나마 깨우친 것일까?

지금도 금은 등의 귀금속은 길몽이다. 이것은 불상장식에 필요한 것이기 때문에 그렇다고 한다. 고로 금은 출세(죽음)와 관련지어 해석해야 한다. 그렇다면 다이아몬드 등은 불상장식에 사용할 수 없는 것인가? 어쨌든 유전적, 습관적으로 그렇게 된 것으로 생각한다.

■ 태양의 떠돌이 별

명왕성(冥王星)의 지반을 이루는 지질의 대부분은 다이아몬드라는 것은 과학자들에 의해 밝혀진 사실이다. 천왕성·해왕성·명왕성에는 지옥인들이 버리고 간 그많은 금강석(다이아몬드)가 가득 있다고 한다. 재미있는 이야기다.

어떤 천체에는 백금인 일리디움이 꽉 차있다고 한다. 지구 몇 군데에 분포해 있는 일리디움은 천지개벽 때부터 지구의 것이 아니라 외계에서 온 금속이라는 것을 총론에서 펼친 바 있다. 외계에 있는 생물들이 그곳에 생명보존이 불가능하기 때문에 지금과 같이 이상 비행물체를 타고 지구에 왔다고 한다. 그때 그 생물들이 지구로 온 증거물로 남았다는 것이다. 그렇다면 어느 천체는 과거의 생명이 있을 것이고, 거기에는 일리디움으로 지각을 이루고 있다고 생각할 수 있다.

태양계에서 가장 바깥에 있는 흑성인 명왕성은 지구에서 평균거리가 65억Km라고 하는데, 이 먼 거리까지 가지러 갈 것인가? 그렇다면 그곳이 바로 지옥이 아닐까? 금은보석의 용도를 이제 아는가? 인간이 다이아몬드를 좋아하는 것은 보석의 가치보다는 인류원초 생명 땅의 흙이기 때문이다.

5장. 피할 수 없는 꿈

우리는 종종 보증문제로 심각한 입장에 처하는 경우가 있다. 보증을 서달라고 부탁해야 하는가 하면, 거절할 수 없어 울며 겨자먹기 식으로 서줄 때가 있다. 가까운 사람이나 인 친척간에는 더욱 곤란하고, 잘못되면 고통을 불러오기도 한다. 부탁을 받을 때는 얼굴에 철판을 두르지 않고는 도저히 거절하기가 어렵다. 이것으로 인해 순간은 즐겁지만 잘못되면 친한 것을 후회하는 경우도 많다. 요즘은 빚보증은 서주지 말아야 한다는 공감대가 나름대로 형성되어 있다.

건축회사 사장인 김 씨는 회사의 자금난으로 골치를 앓고 있었다. 자금을 대출받으려고 은행 직원을 만나 술과 밥을 사줘가면서 부탁했는데 보증을 세우라는 것이었다. 김사장은 보증을 서줄 사람을 찾았으나 쉽지 않았다. 친구들은 김사장이 어렵다는 소문이 들고 모두 꺼리는 것이었다. 그런데 S그룹 이회장은 김사장과 아주 절실한 사이로 거절하기가 어려웠다.

그러나 결국에는 문제가 생겨 이회장은 후회했다. 그뿐만이 아니라 어음장을 백지로 빌려준 것이다. 이회장은 처음 몇 장은 메꿔주었지만 아직 남은 것이 있어 피사체로 처리하고 지불을 거절했다. 그런데 이 어음의 최종 소지자가 이회장을 피고로 정해 청구소송을 제기했다. 피사체로 처리한 것이 여러 건이고 보니 소송의 제기건수도 늘어나 변호사 사무실을 드나들게 되었다. 한 달에 5일 이상을 법원에 가야할 판이었다. 그러다보니 이제는 법원에 제출할 서류는 스스로 작성해 접수시킬 정도였다.

그런데 이런 경우에는 이회장의 꿈에 반드시 편지가 전달되는 것이었다. 꿈 중에서 기억이 나는 것은 우편배달부였다. 어린아이가 편지를 전해준 꿈을 꾼 후에는 반드시 소송 피고인으로 변론기일장이 오고, 어른이 편지를 전해준 꿈을 꾼 다음날에는 틀림없이 패소판결문을 받았다. 참으로 신기한 일이라고 생각했다.

이제 소송건수가 20여 건에 달하고 보니 몸서리가 쳐져 궁리 끝에 변론기일장을 받지 않으려고 자리를 피했다. 그러던 어느날 꿈에 어린아이가 또 편지를 가져온 것이다. 다음날 받지 않으려고 강원도 방면으로 여행을 떠났다. 물론 집과 사무실에 휴무라고 써붙이고 자리를 비우라고 단단히 다짐해 놓았다.

김사장은 저녁 늦게 강원도에서 집으로 전화를 해보았더니 아무도 전화를 받지 않았다. 전화를 받지 못하게 일러두었으니 당연한 일이었다. 다시 밤 12시가 가까워 알아보았더니 사무실에서도 집에서도 우편물을 받은 사람은 없었다. 김사장은 안도의 숨을 내쉬면서 기뻐했다. 이제 재판은 한 달은 더 연장될 것이라고 생각하면서 이틀 후에 집에 도착해 사무실로 출근했다.

그런데 동생이 찾아왔다. 동생은 3년 전에 결혼해 시 변두리에 있는 건설회사에 다니고 있었다. 반가워하면서 동생을 맞았는데 동생이 내미는 것은 법원에서 송달된 변론기일장이었다. 동생은 어제 형을 찾아왔더니 집이고 사무실이고 아무도 없어 집 주위를 빙빙 돌고 있는데 우편배달부가 주길래 받았다는 것이다. 참으로 기가 막히는 순간이었다. 눈 앞이 캄캄했다.

동생은 형에게 무슨 일이 있는 것 같은 꿈을 꾼 후 전화를 했더니, 통화가 되지 않아 열 일을 재쳐놓고 점심도 굶어가면서 점심시간에 급히 왔다는 것이다. 김사장은 웃고 말았다. 꿈의 현실내도! 이것은 절대로 피할 수가 없는 것이다.

6장. 쇠(鐵)꿈

사람은 여유가 있을 때는 양심과 도덕성이 강하지만 궁색하면 비위뿐 아니라 거짓말 수법도 는다. 그리고 나중에는 부끄러움도 없어진다. 돈이 나올 구멍이 없는데 내일 보자고 한다. 내일이 되면 또 내일이다. 내일이란 단어가 끝나지 않는다. 내일! 참으로 조물주는 세상의 묘리를 잘 알아 끝도 모양도 없는 내일을 만들어 주셨다.

이것은 볼트와 넛트 사이에 넣는 쇠붙이 엽전을 만드는 공장의 이야기이다. 인건비가 나오지 않자 여종업원들은 사장에게 조르기 시작했다. 사장은 퇴근시간에 주겠다고 자신 있게 말했다. 그러나 퇴근시간이 되자 사장은 자취를 감추고 말았다. 그리고 다음날 오후였다. 사장은 월급봉투에 돈을 넣는데 빚쟁이들이 와서 그대로 두고 왔는데 이제 몇 사람 분만 더 넣으면 된다고 했다. 그러나 그날도 사장은 퇴근시간이 되자 10개가 넘는 종업원들의 눈을 피해 사라져 버렸다. 다음날 아침, 사장은 또다시 퇴근시간을 약속했으나 그날도 봉투에다 돈을 세어 넣지 못했는지 계산해 주지 않았다. 은행에서 전화가 왔다면서 나간 후 퇴근시간이 지나도록 회사에 들어오지 않았다. 이처럼 거짓말은 자꾸만 늘어간다. 두 달이 지나도 아직 돈을 세어 넣고 있는 모양이다.

월급봉투에 돈을 세어 넣은다고? 어디에 숨어 있을까?

"지난밤에 또 그놈의 쇠붙이가 보였으니…."

"글쎄, 나도 그 쇳덩어리 볼트와 너트 사이에 넣는 것을 보았으니…. 보지 않으려고 고개를 돌렸지만 그래도 생생해."

"나도 지난밤에 이 자가네(엽전형식 쇠붙이의 일본말)가 보였지."

"우리가 밤낮 쇠를 만지며 일하니 쇠꿈난 꾸지."

"야! 내가 수수께끼를 하나 낼께!"

"그래!" 모두들 눈이 둥그레졌다."

"우리 사장이 월급을 봉투에 세어 넣는데 며칠이 걸리는지 아는 사람 손들어봐!"

"그야 우리가 월급을 받아봐야 알지."

"그래! 맞다! 지금 말하면 틀리지!"

"다 틀렸어!"

"왜?"

"문제가 있어! 월급을 받으려면 우리가 꿈을 잘 꾸어야 해. 그러니까 사장 잘못이 아니고 우리가 꿈을 잘못 꾸어 사장이 월급을 줄 형편이 안 되는 거야. 우리가 죄다. 내가 생각해보니까 우리가 꿈이야기를 자주하는데 같은 내용의 꿈을 꾸는 것 같아. 그것도 며칠 사이에 계속 쇠(鐵)꿈을 꾼단말야. 이것은 우리 사장 얼굴이 철판 같다는 뜻이야! 그러니까 우리들 꿈에 쇠가 보이지 않을 때 월급을 받게 될 것 같아. 다시 말해 철면피를 피해 쇠가 금이나 은으로 바뀌지는 때 말야!"

"하하하하! 맞다!"

"우리 월급을 넣는 봉투는 아주 깊으니까 돈이 들어가는데 시간이 걸리지!"

"하하하!"

위의 이야기에서 금은이 아닌 쇠붙이는 좋지 않은 꿈이란 것을 알았을 것이다. 이처럼 꿈의 현실내도의 예측해석은 경험으로 실력을 쌓는 것이다.

쇠의 강한 성격이나 다량 또는 대형의 철 구조물은 길몽으로 다루나, 쇠로 만든 작은 것은 좋지 않게 해몽한다. 이유는 녹이 슬기 때문이다. 그리고 쇠가 녹이 슨 것을 보면 병에 걸리거나 재물을 잃는다. 쇠의 녹은 사물의 소멸과는 별개의 문제이다. 고로 꿈에 예지의사로 등장하는 사물은 꿈을 꾸는 사람의 사고나 환경에 맞게 등장한다는 것을 알 수 있다. 불교인은 불교교리에, 기독교인은 기독교리에, 천주교인은 천주교리에 맞는 꿈을 꾼다.

7장. 남가일몽

한바탕의 봄꿈처럼 헛된 영화, 덧없는 일. 말하자면 일장춘몽(一場春夢). 지난밤에 꾼 한 장면의 봄꿈이요, 남가일몽(南柯一夢)으로 지난밤 남쪽으로 뻗은 나뭇가지에 대한 꿈의 한 장면에 불과하다. 이야기가 나온 김에 짚고 가겠다.

남가일몽(南柯一夢)이란 말은 중국 당나라 소설 남가기(南柯記)에서 유래했다. 덧없이 지나가는 한 때의 행복과 부귀가 방랑자의 꿈과 같다는 뜻이다. 중국 당나라 때 순우분의 집 뜰에는 남쪽을 향해 수백 년 된 큰 회화나무가 한 그루 있었다. 연륜에 맞게 큰 가지를 드리우며 싱싱한 그늘을 자랑하고 있었다. 이 집 주인은 동네 사람들과 이 회화나무 그늘에서 부채를 흔들며 낮잠을 자는가 하면, 때로는 친구들과 술을 마시며 즐겁게 노는 것이 일과의 대부분으로 참으로 행복한 사람이었다.

하루는 술을 마시며 즐겁게 놀다가 피로해 잠깐 잠이 들었는데, 꿈속에서 관복을 입은 괴물 같은 사람들이 나타났다. 앞에 엎드려 큰 절을 하면서 "대왕께서 귀하를 모시고 오라는 분부가 있어 왔습니다!"라고 했다. 의아하게 생각했지만 거부하지 않자 그들은 곧바로 괴안국(槐安國)이라는 나라로 그를 데리고 갔다. 괴안국 왕은 그를 반갑게 맞아 공주와 시간을 보내게 했다. 그리고 공주와 결혼해 처가덕으로 남가군(南柯郡) 태수가 되었다. 그로부터 20년간 그는 남가군을 번성시키며 행복한 세월을 즐겁게 보냈다. 그러던 어느날, 외적의 침입을 받아 남가군 성이 무너져 백성들이 끌려가 죽기도 하고, 그의 가족도 흩어져 갑자기 이산가족이 되는 불행을 겪었다. 잠을 깨보니 모두가 꿈이었다.

자리에서 일어나 주위를 살펴보니 자신이 누웠던 바로 옆에는 개미굴이 있었다. 그는 꿈내용을 더듬어 보니 이 개미굴에 들어간 것을 알았다. 그리고 회화나무를 타고 오르내리는 개미들을 따라 그 나무 위로 올라가 보니, 남쪽으로 뻗은 구멍이 뚫린 나뭇가지에 개미왕국을 만들어 놓고 행복하게 살아가고 있는 것이었다.

여기서 조금 전 꿈은 바로 이것에 대한 것이었다는 것을 알게 되었다. 그는 이 개미굴에 관심과 애착을 갖고 개미들의 행복한 삶을 보장하기 위해 무언가를 하고 싶다고 생각했다. 그는 이 개미들에게도 행복이 있을까 하는 생각을 하니 자신의 운명도 의문스러웠다. 그리고 개미집을 약간 손질해 주었다.

그는 개미들의 운명에 대해 관심을 갖기 시작했다. 그러나 그날 밤 모진 태풍이 불었다. 이 나무가 심한 피해를 입었는가 하면 개미집은 비바람에 파손되어 몽땅 죽고 말았다. 남쪽으로 뻗은 이 나뭇가지의 사연은 깨끗하게 없어졌다.

후에 사람들이 이것을 두고 남가일몽(南柯一夢)이라고 한 데서 이 말이 나왔다. '덧없이 지나가는 한 때의 행복과 부귀와 영화는 모두가 꿈과 같다!'는 뜻이다.

인류의 영겁한 유구의 세월 속에 죽고 태어남이 수없이 반복되는 윤회생사의 역의 법칙! 이것은 참으로 무궁한 묘미이기도 하다. 그래서 이 무한한 공간 속에서 영겁의 세월로 따진 꿈은 인류의 역사 5,000년은 일순간에도 미치지 않을 것이다. 그런데 산다고 해봐야 고작 100년도 살지 못하는 우리 인생의 허무함은 언젠가 한바탕의 꿈, 즉 일장춘몽으로 끝나고 말 것이다. 최후의 순간을 화려하게 장식해서 이 최후를 놓치지 않고, 최초가 또 오지 못하게 영원히 붙잡고 있을 방법! 그것은 육체는 없어지더라도 정신만이라도 이 땅에 남기는 것으로 만족하고 살아가야 하지 않을까? 세상에서 제일 편하고 복되게 살아가는 곳이 인간 생활저변에 깔린 곳에 존재할 것이다.

여기서 인간은 지금 막 태어나는 사람이 있는가 하면 그와는 전혀 반대로 지금 죽는 사람도 있다. 이것은 바꾸어 말하면 태어나면 죽는다! 또다시 말하면 태어난다면 죽음을 피할 수 없다는 필연의 결론을 내릴 수 있다.

명이 길다, 장수한다 해도 고작 100세라는 나이! 번개불에 콩 구워먹는 식의 이 짧고도 짧은 생애에 온갖 슬픔과 아픔과 굶주림의 고통 속에 촌음을 다투다가 한 줌의 흙으로 마감할 인생이라 생각하면 우리 인생의 마지막 고지에 선 유랑자의 방랑심은 허전하기 짝이 없다.

어떻게 인생을 멋지게 살 것인가? 이제 당나라도 망해 이 지구상에서 사라졌는가 하면 남가군수 순우분이란 사람도 저승사람이 되었으니, 언젠가 남가일몽(南柯一夢)의 대칭인 북지일몽(北枝一夢) 현상이 필연코 내도해 왔다 갔다가 함으로서 당겼다 또 늦추었다할 것이 아닌가? 이렇게 마음먹으니 편하기도 하다. 무릉도원 제가란 말이다.

남가일몽은 회화나무 가지에서 생긴 일이다. 정자나무인 느티나무는 사연도 많고 많다. 그렇다면 인류의 꿈이자 인간의 소망인 극락과 천당, 무릉도원이 우리 곁에 있단 말인가?

개미들이 마음대로 오르내리던 나무는 개미에게도 한이 많다. 본문에 회화나무를 우리 선조들은 괴목나무라고 부르기도 했다고 설명했다. 이때 괴목나무는 괴목(槐木)인데, 가끔

괴상하게 생긴 것으로 착각해 괴목(怪木)으로도 통한다. 큰 정자나무는 거의 이 괴목인데 우리는 이것을 느티나무라 한다. 정자나무는 한이 많다. 온갖 사람들에게 쉼터의 위안을 준다. 그러나 좋은 것은 없고, 악귀가 붙었다고 칼로 찌르거나 새끼줄로 묶거나 침을 뱉거나 무당들이 온갖 저주를 한다. 뭇 무당들의 고함소리, 뭇 여자들의 저주의 대상이다.

무당이란 신과 인간과의 중개구실을 한다 해 굿을 하고 길흉을 점치는 일에 종사하는 여자. 일명 무녀(巫女)라고 되어 있다. 고로 무당은 그 신분이 여자라고 되어 있다. 우린 남자 무당의 말이 나오고 있으니 어떻게 된 것인가? 옛날엔 남자 무당이 없었던 것이 확실한 것 같다. 꿈에 무당의 등장은 길몽이나 느티나무가 나타나면 문제가 있다. 남가일몽에서의 유래는 아닐 것인데 남자무당의 등장도 좋지 않다. 남자무당은 사리에 맞지 않기 때문이라고 한다.

느티나무는 어릴 때는 곧고 잘 생긴 것이 없어 대략 200세 전에는 재목감이 안 된다. 그래서 못생긴 덕에 수명이 길다. 느티나무는 못생긴 죄를 씻으려고 개미에게 안식처를 마련해주지만 노쇠의 허약으로 남가일몽을 남긴다. 애환많은 느티나무의 꿈은 위와 같은 이유로 좋지 않다.

8장. 무릉도원경

붉고 곱게 익은 복숭아를 따먹은 꿈은 이성의 교합이 이루
질 꿈으로 해몽한다. 따라서 복숭아꽃이 만발하면 연애의 분
위기를 설명하기도 한다. 대략 1950년 이전에 출생한 사람은
대개 복숭아는 꿈에 나타나면 불길한 것으로 생각하는 사람
이 많을 것이다. 그렇기 때문에 과일 중에서도 복숭아는 제
사상에 올리지 않는다. 또 살구나무나 복숭아나무는 집 안에
심지 않았다고 한다.

어릴 때 들은 이야기로는 복숭아나무는 귀신이 사용하는
나무로 불길하다고 했고, 굿이나 기타 잡귀를 물리치는 행동
에는 복숭아나무 가지가 등장한다. 귀신을 쫓는 행사 때 매
로 사용하는 나뭇가지가 주로 복숭아나무 가지라고 한다. 점

쟁이가 집 안에 귀신이 붙었다고 하거나 집 주위에서 머물고 있으면서 해롭게 하고 있으니 곧 액운이 내도할 것이라면서 굿을 하라고 한다. 굿을 할 때 귀신이 붙어 있는 곳을 찾아내기 위해 무당은 계속 주문을 외운다. 무당의 심문이 계속된다. 찾아 나가자면서 대잡이를 뒤따르게 하면 집 밖으로 나가 헤매다가 낙착되는 곳은 대개가 이 복숭아나무였다.

도원(桃園＝桃源)이란 원래 복숭아가 많은 정원을 말하나, 여기서 원(源)자는 원(園)자가 아니다. 여러 종류의 과일이 많은 정원이 있다면 여기서 복숭아 등 과일을 따먹는 재미가 제일의 것이다.

정원의 정원수적인 차원에서 복숭아나무들은 햇빛을 막아주고 그늘을 제공하는 가치보다는 공백을 채우는 것의 바람이 더 크다. 그런 의미의 뜻으로 따진 꿈은 복숭아나무 밭을 두고 하는 말로도 통하게 된다. 이에 파생어로는 도원결의(桃園結義)라는 말이 있다. 이것은 의형제를 맺는다는 뜻이다. 이 말의 유래는 중국 후한시대에 유명한 관우 · 장비 · 유비의 세 사람이 의형제가 되자고, 도원(桃園)에서 신께 제물을 바치고 술을 나누며 의형제의 결의에 들어간 것이다.

우리는 도원경(桃源境)이란 말을 많이 사용한다. 이때 도원경(桃源境)의 원(源)자는 앞에서 말한 도원결의(桃園決義)의 원(園)자와는 다른 글자이다. 앞의 것은 복숭아나무가 있는 정원이라는 뜻이지만, 뒤의 것은 복숭아가 계속 떠내려 오는 근거지가 되는 경치의 근원지(根源地)를 말한다는 내용을 담고 있는 것이다. 말하자면 인생살이의 근원을 밝히려는 의도가 있다는 뜻이다. 도원경(桃源境)이란 무릉도원경(武陵桃源境)의 줄임말이다. 이것은 이 세상을 떠난 별천지, 즉 이상향으로 아득한 옛날 시인들이 살았다는 전설의 중국 명승지를 일컫는 말이다. 이것은 바꾸어 말하면 화목하고 행복하게 살 수 있는 곳이란 뜻이다.

이것을 두고 동양인들은 항상 꿈속의 고향으로 기대를 모으고, 행복의 총체적인 본산으로 생각하고 있는 곳이기도 하다. 꿈 같은 소망이지 현실의 세계는 아닌 것이고 보면, 인간으로는 도달하기 불가능한 세계를 표현한 것이리라. 한 때 이 지구상에 ○○주의자들이 지상낙원(地上樂園)이라고 부르짓던 것이 이에 해당된다는 결론을 내려도 좋을 것이다. 이를 두고 동양의 많은 사람들이 그리워했던 것으로 화가는 이 장소를 그림으로 나타내려고 했는데, 그 대표적인 것이 중국 현제(玄齊)의 무릉도원도(武陵桃源圖)라고 할 수 있다.

중국 초기 진(晉)나라에는 비교적 정치가 어지러워 모든 사람들은 공포의 두려움으로 불안한 생활을 하고 있었다. 진시황의 불로초 이야기도 어떤 의미에서는 목숨을 명대로 살기 힘드니까 생명보존의 차원으로 불로초를 갈망했다. 이것은 어지러운 세상을 피해 산 속으로 들어가 버린 경우를 뜻하기도 하지만 속세와 인연을 끊고 어지러운 세상을 탈피하려는 열망의 빛이 역력한 것이다. 평화롭고 행복하게 살 수 있는 세상은 없는가? 이런 곳이 이 지구상의 어느 곳에 있을 것인데 하는 갈망의 뜻으로 나타나는 것이다. 이때 많은 사람들이 산과 들에 숨어서 살았다.

이야기의 내용은 이렇다. 어느 한 어부가 강물에서 고기를 잡는데 위에서 계속 복숭아 꽃잎이 떠내려오고 있었다. 이상하다고 생각하면서 어디서 떠내려 오는지 궁금해졌다. 그는 노를 저어 며칠 동안 상류로 올라가 보았다. 이때 강을 이루고 있는 양쪽 언덕 위에는 복숭아나무들이 즐비하게 들어서 있어 주위의 경관을 화려하게 장식하고 있었다. 누구라도 황홀경에 빠지도록 유도한 것이리라.

이것은 마치 꿈속 같은 정경으로 황홀감을 벗어나 달콤한 행복감에 푹빠져 있었던 것이다. 어떤 나무들은 이미 복숭아가 주렁주렁 열려 있는가 하면, 어떤 나무는 이제 꽃을 피우려고 봉우리를 맺고 있는 것도 있었다. 복숭아꽃 중에서도 지금 막 피어 세상을 보는 놈이 있는가 하면, 꽃잎이 지는 것도 있었다. 꽃이 피려고 막 봉우리를 맺는 것은 이 세상에 온다고 보면 지는 놈은 간다는 것으로 생각할 수 있다. 지고 피고의 연속이다. 윤회생사 법칙의 증거장이다.

"아아! 참으로 좋은 세상이다! 이렇게 계절을 모르고 자라는 복숭아나무들이 많으니 여기서는 사시장철 복숭아를 먹을 수 있는 세상이군!"

그는 매우 기뻐 행복감에 취했다. 여기가 혹시 신선들이 사는 삼신산인가? 삼신산이라면 내가 있는 곳은 어느 산인가? 봉래산인가? 방장산인가? 아니면 영주산인가? 아니면 여기가 극락이나 천당의 입구인가 하는 생각이 들기도 했다. 어떤 일이 벌어질 것 같은 예감에 젖어 있었다. 그런데 계속 따라가보니 복숭아나무들은 보이지 않고 마지막 발원지에는 동굴이 하나 있었다.

그는 이상한 생각을 했다. 호기심을 갖고 동굴 속으로 들어갔다. 굴은 처음에는 겨우 한 사람이 비집고 들어갈 좁은 곳이었으나 안으로 들어가니 넓고 넓은 새로운 세상이 보였다. 여기에 행복과 평화를 간직한 정적인 이상형의 마을이 자리 잡고 있었다. 행복 그 자체의 이상향이었다. 자세하게 알고 보니 이곳은 진시황의 폭정을 피해 피난온 사람들이 살고 있는 곳이었다. 여기서는 바깥세상이 어떻게 돌아가고 있는지 아무도 모르고 있었다. 진시황이 죽고 몇 번이나 정권이 바뀌었는데도 그들은 외부와 인연을 끊고 행복하게 살고 있는 것이었다. 진시황에 대해 궁금한 생각을 갖고 물어보는 사람도 상당수 있었다.

그 어부는 진시황에 대해서 아무것도 아는 것은 없었지만 희미하게나마 어른들에게 들은 것은 기억이 떠오르는 것이었다. 그들은 외부에서 온 이 어부를 극진히 대접하는 예의와 인간성도 보였다. 모두가 정성과 동경으로 그를 맞아 주는 것이었다. 그렇기에 이곳의 사람들은 자기와 무슨 혈연관계에 있는 사람들처럼 느껴지는 것이었다. 어쩐지 마음이 끌리는 것이었다. 어부는 이곳에서 며칠간 착실한 대접을 받다가 인정에 찬 그들을 작별하고 도원경을 떠났다.

작별하고 집으로 돌아올 때 가족을 데리고 이곳에 다시 찾아오기 위해 오는 도중에 군데군데 표시를 해두었다. 후일에 그는 이곳을 계속 동경하던 나머지 벼르고 벼르다가 다시 찾아가 보았지만 찾지 못했다고 한다.

이 이야기로 이런 곳이 바로 우리 동양인들의 이상향이 된 것이다. 앞에서 설명한 남가일몽(南柯一夢)과 통하는 일맥이 있는 것이다. 그것의 일맥이란 각 장면의 주인공들이 그 상황을 겪고난 후에 동일한 상황을 다시 계속할 수 없기 때문에 덧없이 되고 말았다는 공통점을 갖고 있기 때문이다. 이런 경우에는 남가일몽＝무릉도원일 것이다. 그러나 남가일몽은 덧없이 지나가는 한 때의 행복과 부귀와 영화는 꿈과 같다는 해석으로 허무감을 담은 말이다.

그러나 무릉도원이란 세상을 떠난 별천지를 말하는 것으로 그곳에 대한 동경을 갖게 한다. 이런 것으로 따진 꿈은 남가일몽과 무릉도원경은 같은 뜻을 가진 단어가 아니다. 두 단어는 완전히 다르다. 다 물문(勿問)하자. 이 순간에도 무릉도원의 꽃들은 피고지고 왔다갔다하니. 거세(擧勢)가 다 이런데, 무릉도원경이 웬말이뇨?

꿈에서 무릉도원에 들어오면 바로 죽음의 예지라고 전한다. 무릉도원은 죽음 그 자체를 예시하는 것이다. 꿈에 복숭아나무의 등장은 흉몽으로 다룬다. 복숭아나무에는 악귀나 액운기가 잘 붙는다고 해서 이것은 무당의 주술에서의 유래이다. 복숭아나무에 복숭아가 많이 달리면 남들이 몰래 따먹기에 금기로 해야만 주인이 복숭아를 수확할 수 있다는 생각에서 복숭아나무에는 귀신이 잘 붙으니 조심하라고 거짓말을 한 데서 생긴 것이라고 전한다.

당시에는 거짓말이었지만 나중에는 입에서 입으로 전해져 내려오는 것이라고 한다. 여기서 집 안에 복숭아나무를 심으면 좋지 않다는 말까지 나오게 되었다. 꿈에 복숭아나무의 출현 해몽의 근거가 여기에 있다고 전하는데 이 이야기가 전해진 후 만약에 복숭아나무가 좋다하면 모두 나라의 정치를 피해 도망가 백성은 한 사람도 없을 것을 염려해, 나라에서 복숭아나무는 액운의 전초란 말을 만든 것이라고도 한다. 무릉도원경이 죽음의 세계가 확실하면 이건 바로 출세와 관련시켜 길몽으로 만들 것인데 무릉도원은 실제의 것이 아닌 상징물의 예시이기에 흉몽으로 만든 것 같다. (꿈은 인간의 현실과는 거리가 먼 곳까지도 파고들어 우리 인간의 원초를 그리는 것이다).

9장. 호화결혼식

 꿈을 중시하는 사람들도 많다. 직접 내가 꿈을 꾸거나 다른 사람의 꿈에 대한 이야기를 듣고나서 그 현실내도의 결과를 분석해보는 습관이 있다. 꿈에 자신이 결혼하거나 다른 사람이 결혼하는 것을 본 꿈은 길몽이다. 꿈에 결혼을 한다는 것은 실제의 결혼은 아니고 그것이 현실의 사업으로 의도 의식된다고 생각해야 한다. 말하자면 결혼식을 하면 장소인 결혼식장은 사업장을 상징의도하고, 결혼의 주체인물은 사업에 대한 구성원 등 기타 환경조건을 예시 의도의식 표현되는 경우로 해몽한다.
 그러나 꿈에 분수에 넘치는 호화결혼식을 올리고 명천대산이나 비행기를 타고 신혼여행을 했다면 이것은 부부가 죽을 예지의 좋지 못한 결과가 온다고 생각해야 한다. 이때 호화 결혼식장은 불교의 출세의식에서 이 세상이 아닌 이상형의 세계로 생각해야 하고, 명천대산이나 비행기로의 공중은 이 세상이 아닌 상징의 세계로 의도의식된다고 해몽할 수 있는 것이다. 이것은 바로 부부가 죽거나 사업이 문을 닫는다는 것으로도 해몽할 수 있다(본 책 결혼에 대한 것 참고하시기 바람). 그래서 필자는 가급적이면 생시에도 결혼식을 호화스럽게 하는 것에 대해 갈등을 갖고 있다. 결혼식은 살아가는 것이니 바로 인생이다. 그러나 결혼식 그 자체는 행복스러운 것이라고 하겠지만 호화는 아니고, 호화가 바로 행복은 아니다. 호화가 행복이라면 그건 너무 간단하게 획득할 수 있는 것이라고 생각한다. 왜냐하면 호화는 방탕이기 때문이다.

가정의례준칙법을 보면 예식장에서의 축하객의 성의나 축의금 등에 대한 답례로 바로 돈을 주는 것은 금지된 것으로 알고 있다. 지금은 다를지도 모른다. 이것은 우리의 결혼식의 문화가 퇴폐일로를 향하고 있어 개선되어야 할 점이 많다는 증거가 되는 것이다. 결혼식장에 비행기를 동원해서 축하하는 행위. 이것은 결혼식을 마치 극장의 연극이나 쇼나 가설극장 앞에서의 꼬마들 장난으로 다룬 몰상식한 행위이다.

말하자면 신성한 결혼식을 모독한 인류의 적으로 간주해야 한다. 또 신부가 결혼지참금을 적게 갖고 왔다고 임신 2개월 된 아내의 하복부를 발로 찬 남편이 구속된 사건이 있었다.

이 사람은 결혼을 한낱 상행위로 취급하는 인류의 최대의 적인 것이다. 이 행위자가 지식층이고 보면 참으로 기막히는 일이 아닐 수 없다.

이와 유사한 사례로는 고등고시를 합격한 고급공무원이 자신의 아내의 결혼지참금에 대한 문제로 떠들석했던 것이다. 그는 사회로부터 지탄을 면할 수가 없는 것이다. 그러나 이런 전례는 간 곳이 없고 서민의 가슴에 꽂힌 못을 뺀지는 얼마되지 않았는데도 이런 일이 생겼으니 또 한 번 가슴이 미어진다. 딸을 가진 부모의 마음은 그렇게 편하지 않다.

인간의 행복은 물질적인 만족에 있는 것이 아니라 심적인 풍요에서 온다는 철학적 단어의 말은 거짓말에 지나지 않는다고 생각하는 사람들의 처사일까? 화려한 결혼식이 바로 행복으로 이어지는 것인가? 화려한 결혼식은 해몽과 같이 그 결혼 당사자의 앞날에 불행을 초래한다는 것을 아는가? 화려한 결혼식이 그들을 망치게 된다는 사실을 모두 알고 있지 않은가? 없는 자들의 불안과 갈등을 초래하고 모든 선량하고 가난한 노동자들을 포함한 사람들의 공동의지에 정면으로 배반하는 행위이고, 나아가서는 결혼 후에 생기는 행복을 돈으로 대처할 수 없다는 사고의 교육적 가치를 부정하며 이를 배반하는 결과일 것이다.

결혼의 신성함과 행복에 대한 사고의 기준이 어떻게 된 것이란 말인가? 행복이란 무엇인가에 대한 기본적인 교육방법은 어떤 것인가? 이런 것들을 가르치는 학교교육과 가정에서의 자녀교육 즉 가정교육 그것이 제 길로 가고 있는 것인가? 내 가정을 생각해봐도 문제점이 많다. 나와 나의 가족과 관계되는 학교나 사회인들보다도 내가 더 책임이 크고 잘못도 많은 것은 사실이다. 이미 도덕적인 면에서의 교육은 우리를 떠났다고 말하는 사람이 많다고 해도 이것은 절망적인 자세에 처한 사람들의 사고이지 올바른 것은 아니다.

 행복추구 방법의 정도를 가르치기는 했는데 적극적으로 가르친 것이 아니고 무사안일주의 또는 억지로 하루를 지내려는 방법으로 또는 먹고살기 위한 생계유지비를 받기 위한 수단으로 교육자적 입장이라는 사람도 그 나름대로의 주장을 펴는 이유의 입장이 있을 것이다. 물론 무사안일주의적인 선생님보다는 선량하고 적극적인 교육자가 훨씬 많은 비중을 차지하고 있는 것은 두말할 나위가 없다. 물론 극소수인 한두 명이 말썽이겠지. 그러나 세상은 참으로 말세주의적인 그런 사고의 소유자들이 많은 요지경세상이다.

 바른길로 다니는 것, 정해진 길로 다니는 것이 인간의 도리일텐데. 지름길이 있는 듯 남의 밭만을 살피는가 하면, 밭 임자가 심은 곡식을 해치면서 빼앗는 행위, 말하자면 남의 밭의 곡식을 짓밟아가는 것도 도덕적으로 어긋나는 행위인데 그것도 모르고 파렴치하게 남의 밭을 밟고 지나가는 것에 대한 죄책감이란 조금도 없이 그 밭에 심은 곡식의 열매들을 훔쳐가기까지 한다. 참으로 몰염치한 짓이다.

　말하자면 자기는 농사를 짓지도 않고 남이 지어놓은 밭을 길로 알고 질러가는 것은 고사하고, 가다 그 밭의 곡식을 도둑질하는 행위인 것이다. 말하자면 처음에는 단지 빨리가기 위해, 아니면 걸음을 적게 걷기 위한 방법으로 남의 밭을 지나다가 그곳에 있는 곡식이 탐이나 훔치는 게 목적이었다. 그러다가 주인에게 들키면 길을 질러가다 보니 남들이 이렇게 다닌 흔적을 보니 본의 아니게 그렇게 되었다고 할 작정이므로 도둑에 대한 상대방의 의심을 풀겠다는 계획적이고도 아주 악질적인 저의가 숨어 있는 사람으로 변한 것이다.

　말하자면 겉으로는 길을 질러가기 위해 남의 밭을 짓밟는 것 같지만, 그 사람의 속셈은 곡식을 훔칠 작정인 것이다. 선량한 농군은 남의 양심만을 믿고 있다가 아무것도 못한다. 자신의 밭에 심은 곡식을 도둑맞는 것을 아는 경우도 있지만 일일히 모두다 세놓을 수도 없고 해 도둑을 맞아도 모르고 있는 것이다.

　다시 말하자면 알게 모르게 모두 도둑을 맞고 만다. 결혼지참금을 바라는 남성은 남의 밭을 길로 알고 걸어가면서 그곳에 심은 남의 곡식까지 훔쳐가겠다는 흑심을 가진 나쁜 사람과 하나도 다를 것이 없다.

　꿈에 시집을 가는 것은 흉몽으로 다루지만 장가를 드는 것은 길몽이다. 그리고 분수에 넘치지 않는 결혼을 하는 꿈은 길몽이다. 그 이유를 한 번쯤 생각해보면 왜 그런 해몽이 나오나를 알게 될 것이다.

이것은 시집은 사랑의 면보다는 공포와 의무감이 더 따랐기 때문이다. 이렇게 되면 여성의 권리신장은 말뿐이지 앞날이 요원하다. 아내를 맞이한 꿈은 길몽이나 여자의 결혼지참금을 본 꿈은 나쁘다. 그것은 벌과금 또는 형벌의 예지의사를 갖고 있다는 이야기를 들은 적이 있다.

주점을 하는 사람이 여종업원을 데리고 장사를 했다고 해서 업태위반으로 벌금을 문 사람의 이야기가 있다. 꿈에 장사가 잘 되지 않아 생계가 곤란한데, 아내가 처가에서 처녀 때 모아둔 돈을 가져왔다고 내밀면 아무리 조심을 해도 3~4일 이내에 단속을 당하게 되더라는 것이다. 명의변경을 해도 효험이 없었다고 한다. 같은 유형의 꿈으로 세 번이나 벌금을 냈다고 한다.

꿈에서의 도장은 결정적인 신체구속력의 예지의사를 갖고 있다. 꿈에서 계약서에 도장을 찍으면 현실에서는 결혼을 하게 된다. 호화스런 결혼은 바로 감옥으로 가게 된다. 조물주의 사물의 마련 앞에 겸허한 자세가 필요하다. 아울러 유감스럽게 생각하는 것은 해몽에서의 남녀평등, 여남동등이다. 그것은 아직도 멀기만 하다.

10장. 통행에 불편을 끼쳐 대단히 죄송합니다

　사투리 때문에 웃는 일은 많다. 표준말의 중요성을 강조할 필요는 없지만 우리는 각자 고향에 대한 그리움을 지니고 있기에, 고향의 맛이 은근히 배어 있는 사투리에 대해 동경을 갖고 있다. 여기 두 토막의 사투리를 소개해 볼까 한다.

　"내가 당남걸에서 뎃바람에 팬네끼 산말렝이에 다마라 가니까 간지깽이 같이 생긴 긴 소남게 가쟁이가 벌어진 치다리가 있기에 뎃번에 쪄다가 고무총을 맨들어 땡기니 새 새끼들이 나자빠지기에 좋을라고 다마라 가다 구빠라졌다."

　이 말은 신혼초인 어느 부부가 집에서 친구를 초청해서 술을 마시는 자리에서 남편의 입에서 나온 말이다. 남편이 이렇게 말했으나 아내는 서울 태생이라 무슨 말인지 알아듣지를 못했다. 아마 산에서 누구와 싸우다 다쳤다는 내용이 아닌가 하는 정도였다.

남편은 경상도 사람이라 했는데 제주도인가 하는 이런 의문을 갖고 며칠을 보냈다는 것이다. 그러나 경상도 사투리이다. 경상도 사람이라면 대개가 알아들을 수 있는 보통사람들이 두루 쓰는 말이다. 이를 표준말에 가깝도록 풀이하면 이렇다.

"나는 마을 당나무가 있는 시내거랑에서 단숨에 빨리 산 위로 달려갔더니 간지껭이 같이 생긴 긴 소나무에 가지가 벌어진 Y자형의 치다리가 있기에 단번에 베다가 자루로 고무새총을 만들어 당기니 새 새끼들이 맞아 떨어지기에 이를 주으려고 달려가다 넘어졌다."

각 낱말의 뜻을 풀이해보면, 당남걸은 당나무가 있는 거랑, 걸은 거랑의 준말, 뎃바람에는 단번에 팬네끼는 빨리, 산말렝이는 산 위에, 다마라는 달려, 간지껭이는 대나무로 만든 긴 막대기, 소남게는 소나무의 준말, 가쟁이는 가지, 치다리는 나무가 한 가지로 나가다 둘로 나누어 뻗어 마치 Y자 모양으로 된 가지를 자른 것(옹기그릇을 밑에 받쳐두고 위에 이것을 얹어 놓는 것인데 옛날 집에서 콩나물을 기를 때 버지기란 옹기그릇을 밑에 받쳐두고 위에다 이것을 얹어 놓고 그 위에 시루를 얹어놓는데 이 걸치는 Y자형의 기구를 가리킴), 뎃반에는 단번에, 쪄다가는 베어다, 맨들어는 만들어, 땡기니는 당기니, 구빠라지다는 넘어지다이다.

위의 사실이 꿈이라면 이것은 소년기에 활달한 모습이 나타나고 주위의 배경이 좋은 무대로 등장하는 것이다. 이 꿈은 환경욕과 취득력이 잘 묘사된 것으로 순수하면서도 애틋한 소년의 소원을 이루게 될 꿈이다.

"댕기샀는데 걸거치게 해서 데기 안됐구메"

댕기샀는데는 다니고 있는데, 걸거치게는 움직이는 곳에 방해스럽게(속까지 미치지 않지만 겉으로 약간 닿아 신경이 쓰이는 것), 안됐구메는 도리에 미칠 정도가 안 됨. 이를 다르게 현대어로 풀이하면 "통행에 불편을 끼쳐 대단히 죄송합니다"이다. 어느 방송프로에서 한 번 다룬 적이 있었기에 이를 두고 항간에 술좌석에서의 이야기 재미가 있었다. 이것이 화제라면 술좌석에서는 심심찮게 내놓을 수 있는 이야기가 될 것이다.

술을 마시지 않거나, 술이 취하지 않는 사람이나, 동석한 사람이 아니면 미친 사람들의 화제 같지만 남을 비방하지 않는 것으로 순간의 스트레스를 풀어줄 수 있는 참다운 화제로는 만점이라고 한다. 술좌석에서의 이야기는 건전한 화제의 선택이 대단히 중요하다. 다함께 웃을 수 있는 명제의 선택이 그렇게 쉽지 않기 때문이다. 이런 이야기를 해가면서 서로들 고향을 생각해보는 것이 남을 비방하지 않고, 또 신분의 갈등을 없애고 물욕을 벗어난 화제이다.

만일 이런 표지판이 꿈에 나타났다면 어떻게 해석할 것인가? 이것은 첫 번째의 경우에는 줄거리는 약간 길지만 자신이 피해가야 할 어떤 문제가 있다는 해몽이지만 인생살이는 간단하고 행복한 사람이다. 그러나 두 번째 꿈은 간단하지만 자기를 방해하는 사람이 있는 것으로 해몽해야 한다.

11장. 꿈과 술·1

　술버릇이 나쁜 사람은 술만 들어가면 술이 위에 도달하기
도 전에 취한다. 술을 마시지 않는 사람은 입 안에서부터 술
이 취하는가? 도저히 이해가 불가능할 정도로 당황해진다.
술이 들어가면 남을 욕하는 버릇이 있는가 하면, 공연히 시
비를 거는 사람이 있고, 집에 들어가면 자식들이 사랑스럽다
고 곤히 잠든 애들을 억지로 깨워 대화를 한다거나, 혼자서
떠들어 술을 깨는 버릇으로 가족들이 잠을 이룰 수 없도록
하는 사람이 있는가 하면, 밤이 늦었는데도 남에게 전화를
걸어 친절하게 안부를 묻는 척 하기도 한다.
　또 어떤 사람은 술좌석에서 자신의 자랑을 계속한다. 자신
의 것을 지상최고의 것으로 자랑하고, 자신의 부인을 올려세

우고, 더 나가면 자식을 지상의 최고로 미화시켜 자랑하고, 재산에 대한 자랑을 계속한다. 또 어떤 사람은 아무런 주제도 없이 함부로 지껄이면서 남이 이야기할 기회를 주지 않는다. 남의 이야기는 무엇이며 어떤 내용을 담고 있는지 혼자 히히덕거리면서 마치 미친 사람과 같이 행동한다. 술이 취하면 안하무인격이라 눈에 보이는 것이 없고, 아이와 어른의 순서도 없고, 물과 불을 분간하지 못하는 사람도 있다.

술을 좋아하는 점잖은 한 친구가 들려준 이야기인데, 그는 행동을 형태별로 분류했다.

첫째, 다른 사람의 이야기는 듣지 않고 자신의 이야기만 계속하며, 남이 말할 기회를 주지 않는 사람이 있다. 둘째, 자신의 자랑을 내놓는 사람이 있다. 셋째, 떠들어서 술을 깨는 사람이 있다. 넷째, 밤에 남의집에 전화하는 사람이 있다. 다섯째로는 집에 들어와 잠자는 아이들을 깨우는 사람, 가족과 싸우거나 물건을 던지는 사람, 술이 깰 때까지 동네를 쏘다니는 사람, 남과 시비를 거는 사람이 있다. 여기서 말하려고 하는 것은 술이 취해 시비하는 사람인데 크게 나쁘지 않을 것이다.

결론을 내린다면 술을 마시고 기분이나 수가 틀리면 남과 싸우는 사람은 처세가 옳은 방법의 사람이다. 사나이라면 밖에서 누구와 싸우더라도 집에 가서는 말하지 않는다. 밖에서 남에게 좋지 않은 일을 당했다고 집에 와서 아내나 자식들에게 시비를 거는 것은 아주 나쁘다고 생각한다. 술마시고 수가 틀려 남과 싸우는 것은 당연하다. 있을 수 있는 일이다.

그러나 술에 취해도 요리조리 피하는 미꾸라지 같은 사람은 술버릇이 좋다고 할런지 모르지만 이것은 아주 나쁜 사람으로 주의해야 한다는 것이 술상식이다. 이런 사람은 최대한으로 자신의 위신을 세우려는 사람으로 자기 자랑을 하는 사람과 같이 분류한다. 꿈에서도 이런 사람은 예지의사가 나쁘다. 이런 사람은 상대가 잘못이 있는 것을 알면서도 몸조심한다고 입을 닫는 사람이다. 말하자면 자신의 자랑을 계속하는 사람은 술을 먹고 남에게 시비를 거는 사람보다 질이 더 나쁘다.

그리고 남의 잘못을 보거나 자신이 불리함이 있어도 그대로 참고 무사안일주의로 나간다면 세상의 불의는 그대로 존속될 것이다. 술의 힘을 빌려서라도 남을 꾸짖고 공격하는 것은 장한 짓이다. 남의 잘못을 보고도 그대로 둔다면 나쁜 짓을 저지르는 사람보다 오히려 더 나쁜 사람이다. 이것이 도덕의 기본이고 인물이나 인격 평가의 기준으로 반드시 포함되어야 한다. 음주 후에 남과 시비하는 사람보다 밖에서 기분 좋게 술을 잘 마시고는 집에 돌아와 가족들에게 시비하는 사람은 더 나쁘다. 물론 습관적으로 잘 다투면서 시비하는 것은 아무데도 쓸데없는 사람이다. 이런 것을 피해서 서로 고향 이야기를 꺼내 짧은 시간이라도 웃는 것이 얼마나 좋을까.

친구의 이야기는 이렇다. 필자도 흥분할 정도로 옳은 이야기이다. 위의 이야기에도 해몽의 법칙은 적용된다. 술을 마시며 놀거나 추태를 부린 꿈은 불길하게 된다는 것이다. 인류에게 술이 생기기 이전에 원숭이들이 술제조에 성공한 것인데, 이것은 원숭이들이 먹이 비축을 위해 포도 등의 과일을 물이 고이는 자연의 바위나 고목나무 등의 속이 빈 곳에 저장해둔 것이 자연발효되어 술이 된 것이다. 술의 원조인 원숭이들이 이를 먹고 술에 취해 미친 짓을 하게 되는 것을 인간이 계속 보아왔다. 원숭이들이 나무 위에서 술에 취한 것이 원인이 되어 실수해 떨어지면 이때를 기회로 사람들은 술에 취한 원숭이를 잡을 수가 있었고, 원숭이들은 보다 강한 짐승들에게 붙들려 목숨을 잃게 되는 불행한 경우가 되고 말았으니, 술이란 우리에게 이루 말할 수 없는 비통의 결과를 안겼으리라.

인간이 술을 사용한 역사는 전쟁의 승리를 위해 육박전 돌격대나 공격부대 대원에게 먹여서 용기를 내게 했던 것이다. 당시에는 육박전에서 술이 취하지 않으면 싸움이 될 수 없고 승리를 바랄 수 없다. 몸이 아프다는 거짓으로 술을 마시지 않으면 한두 번은 육박전에 참가하지 않을 수도 있다. 나라를 위해 싸우러 가는데 가지 않겠다니 얼마나 비굴한가? 설사 술을 마시지 않고 육박전에 든다 해도 용기를 내어 대항하지 않고 요리조리 피해 의무를 저버린다면 역시 비굴한 사람이다.

　그러나 아내나 부모는 남편이나 자식을 죽이지 않으려고 술을 먹지 못하게 했을 것이다. 말하자면 옛날에는 술은 군대에서 병참의 중요한 부분을 차지하고 있었던 것이다. 그렇기에 전쟁터에서 술을 마시게 되면 목숨을 잃기 쉬운 것이다. 고로 술을 마시는 꿈은 불길한 징조로 인류의 가슴에 남게 되는 원초가 된 것이다.

　고로 술을 마시는 사람은 술을 마시지 않는 사람보다 국가적인 차원에서 가치가 있다는 판단을 한 것은 국가의 일을 책임진 사람들의 사고였다. 이것이 일반 백성들에게도 먹혀들어 일반인의 사고도 술을 마시지 못하는 사람들을 무시하게 된 동기였으리라. 현재 국가적인 면에서의 이를 필요로 한다고 주장할 사람은 속과 겉이 다른 면의 얼굴로만 발언이 가능하다. 그러나 어떤 면으로 따진 꿈은 이를 전적으로 부정의 자세로 나온다면 그 자신도 바보가 되고 말 것이다. 그 이유는 술은 음식에 해당되고, 국가가 술 제조판매를 허가하고 있기 때문이다.

　술을 마시면 고액의 주세가 붙는데 이것은 소비자의 부담이다. 하루에 소주를 한 병씩을 마신다면 1년 주세 부담이 얼마인가? 이건 국가에 바쳐지는 것이다. 고로 술을 마시는 사람과 술을 마시지 않는 사람의 차이를 설명해야 한다. 술을 마시는 일은 애국하는 것이다. 술을 마시면 금전소비로 가정에는 손해가 될지 모르겠으나 국가에게는 이익으로 애국하는 길이다.

회사의 생명인 외교업무를 전적으로 담당하는 사람은 술을 마실 줄 아는 사람을 선택하는 것은 상례이다. 술을 잘못 대접하면 만사는 허사로 끝난다. 전쟁터에서 자신의 목숨을 보존하기 위해서 술을 마시지 않는다면 비굴해지고 사나이가 아닌 것은 물론 사람 축에 들어가지 못했음은 이로 보아 짐작할 수 있을 것이다. 그러나 술을 마시고 전쟁터에서 성공하기란 참으로 어려운 문제이다. 6. 25사변 때도 이 전법은 사용되었다는 이야기를 들은 일이 있는데 사실인지는 모른다. 이 결과의 덕이 지금까지 비춰진다는 것을 부인하지는 못한다. 사실인지는 모르지만 유격부대의 특수임무 대원들에게 이런 것이 상례였다고 한다.

그러므로 술을 마시고 술에 대한 묘미를 발견해 소기의 목적을 달성하고 자신의 처지를 살릴 수 있는 사람은 술에 성공한 사람이다. 고로 술을 마시는 비법의 성공은 인류의 다른 어떤 종류의 성공보다 가치 있는 성공이라 한다. 이것은 효과적인 삶을 유지하는 사람으로 사회로부터 존경받아야 한다. 술 마시는 법, 즉 주법을 바르게 행사하기는 어느 자격보다도 더 힘들다.

남보다 뛰어난 사람도 주법의 미숙으로 주위 사람을 실망시키거나 괴롭게 하는 경우가 있다. 인간의 인격을 판단하는 최선의 기준은 주법의 올바른 터득과 올바른 실행이다. 인류의 행복은 바로 올바른 주법의 수양에 있다. 술의 기술은 1~2년만에 되는 것도 아니다. 10~20년도 불가하다. 주법은 이 세상 모든 법 중에서도 최고의 학문이다. 술의 비법이 아니었더라면 원숭이는 오늘날과 같은 나무 위에서의 재주를 부리지 못하고, 영장이 되지 못했을 것이다. 우리가 인간이라면 인간의 조상인 영장의 원숭이의 술의 유전적 요소가 함유된 것으로 생각해야 한다. 인간의 은혜는 원숭이의 술 발견임을 명심해야 한다.

12장. 꿈과 술 · 2

음주에 성공한 사람! 이것은 꿈에서의 술에 대한 부정적인 차원을 넘어서 장렬하게 인생의 성공을 꾀한 것이리라. 또한 꿈의 현실내도의 불길함을 타파한 위대한 정신력을 소유한 사람으로 불굴의 사나이, 위대한 정신의 도야자로 예우해야 한다. 전쟁터에 술을 마시는 것이 죽음과 관련된다는 사실이 술을 나쁜 것으로 생각해 온 것이 꿈에서도 술을 부정한다. 이와 같이 술의 유흥은 예로부터 불길한 징조로 남아 왔기에 술에 대한 꿈은 불길함으로 해몽하는 것이다.

우리 생명은 우리 조상들이 술로 지켜온 것이다. 위의 것에서도 본 책의 각론에서 음식에 대한 꿈 중에 술과 관련된 것을 해몽하는 것의 원리를 어렴풋이나마 알게 되리라 믿는다.

따라서 꿈에서 최초로 술을 발견한 원숭이의 등장도 인간에게는 불길한 징조로 남게 된 이유가 된다. 그리고 상대에게 술을 권할 때 신병·의식행위·수술 등의 특별한 개인사정 없이 마실 줄 모른다거나 또는 마시기 싫다거나 해서 거절한 꿈은 대단한 비굴함에 빠지는 것으로 해몽해야 한다.

모든 사람들은 술에 대해, 또 술의 기능과 가치에 대해 높이 평가하며 부럽게 생각해야 하고, 술을 마시는 사람들에 대한 대우와 예의를 갖추어야 하고, 음주자를 바라보는 자세와 관념을 바꿔 그들을 거룩하고 위대하게 봐야 한다. 조국의 복지사회 건설과 오늘의 이 영광이 있기까지는 많은 노동자들이 술의 힘을 빌어 희생된 결과이리라.

술을 부정하거나 술을 마시는 사람을 좋지 않게 바라보는 시각은 인류의 적이요 배신행위이다. 자신의 어떤 결단이나 유전적인 혈통관계, 또는 신병으로 인해 술을 마실 수 없는 사람이 가장 불행한 사람임을 알아야 한다. 말을 바꾸면 술을 마실 수 없는 사람은 이 세상에서 제일 불행한 사람이다. 술을 마시지 못하는 사람은 중병환자보다 더 불행한 사람이다. 술을 마시지 못하면 그는 귀중한 인생을 헛사는 것이다. 한편 음주자는 자신의 음주자세와 처신에 대해 한 번쯤 깊이 생각해봐야 한다. 고로 꿈에 남이 권하는 술을 거절하면 비굴함에 빠져 기를 펴고 살 수 없게 되는 것으로 해몽한다.

13장. 이중인격자

우리는 지금 묘한 시대에 살고 있다. 어느 회사의 벼슬자리인 모○관이 안경테와 관련된 사건으로 기사화되었다.

안경을 쓴 사람을 본 꿈은 끼고 있는 그 사람이 자기를 시험하고 있다고 해석하고, 자신이 안경을 쓴 꿈은 다른 사람이 자신을 좋게 보는 것으로 해몽한다. 따라서 안경을 쓰면 좋게 보인다. 선그라스를 끼면 이중인격자로 취급한다. 술자리에서 일어난 우화 한 가지를 소개한다.

"이번에 안경테에 관한 사건에서 그 안경테는 그것이 선그라스를 만들 때 사용되는 것이었을까?"

"그건 모르지. 그걸 왜 물어?"

"하하하하. 우습지. 꿈해몽에서 선그라스는 이중인격자로 해몽한다던데."

"그건 꿈을 꾸었을 때의 이야기고 이건 실화야 실화!"

"참! 그런가? 만화가 아니고?"

이번에 그리고 이를 조사해 본 결과로는 그의 부인이 개인적으로 저지른 일이지 ○관은 아무 죄가 없다는 결론이 나와 전직은 물러나고 부인은 구속된 사건이 있었다. 이에 대해 국민들은 냉담한 생각을 가졌다. 이것은 전직 ○관의 입장에서는 다소 비판적이고 인신공격 요소로 남게 될런지는 모르지만 어떤 인물을 두고 논하는 것이 아니라 부도덕적인 일이 이 땅에서 다시 일어나지 않도록 하기 위해 그냥 넘어갈 수 없는 것임과 동시에, 단지 꿈의 안경의 예지의사를 설명하는 것이니 이해하기 바란다. 이와 비슷한 사례들이 한두번이 아니니 별 문제가 아니라고 생각하겠지만 한 번 짚고 넘어갈 필요는 있다. 안경테 독점판매에 대해서 거금의 뇌물이 있었다는 것에 대해 의문점들을 몇 가지 두서없이 생각해 본다.

첫째, 혹시 전직 ○관이 직접 돈을 받은 건 아닐까?

둘째, 부인이 이 돈을 받도록 조종한 것은 아닐까?

셋째, 부인이 이 돈을 받았다는 것을 알고 있었던 것은 아닐까?

넷째, 부인이 돈을 받은 것을 전혀 모른 것은 아닐까?

이렇게 생각해 본다면 어떤 경우에는 남편을 위해 자기를 희생하는 열녀일 수도 있지만 이야기는 꼬리에 꼬리를 물고 있었다. 현실이 아무리 무질서하다고 해도 선량한 공직자가 더 많을 것이다. 그렇지만 국민들의 생각은 부정공무원들의 부조리는 무소부지로 구석구석 가는 곳마다 미치지 않는 곳이 없다는 것이다. 이것이 공무원을 바라보는 국민들의 시선이다. 말하자면 부조리로 꽉찬 세상에서나마 열녀정신만은 살아 있다는 것으로 그날 화제는 끝냈다.

여자는 남자의 부속물이라는 생각을 갖게 하는 순간이기도 하지만 남편의 입신을 위해 자신의 감옥살이도 마다하지 않는 것을 훌륭하고 기특하다고 해야 하는가? 자신의 입신을 위해 부인을 옥살이시키는 것이라면 가슴 아픈 일이 아닐까? 이것은 사실과 다를지도 모른다. 남편의 의도는 그것이 아니었는데 아내가 엉뚱한 짓을 해서 집안을 망친 것은 아닌가?

공직자의 품위를 유지하기 위해서는 가족도 모범이 되어야 한다. 항간에 입시교육 부조리에 신문이 잘 팔렸다. 아들을 대학교에 부정입학시킨 행위의 책임은 비록 남편 몰래 아내가 저질렀다고 해도 아내만 지탄을 받을 것이 아니라 일체의 공직에서 물러나야 한다. 그리고 피선거권을 가지면 안된다는 것이 국민 대다수의 주장이고 보면 아직 질서를 바로 잡기는 어려운 것이다.

정치 일선에서 국민들에게 모범을 보여야 할 사람이 무슨 생각으로 의원직을 고수하면서 버티고 있나? 도대체 얼마나 파렴치한 사람이길래 하는 의문이 국민들 가슴 속에 남을 것이다. 지금이라도 다시 한 번 사과하면서 공직에서 물러나기를 국민들은 바라고 있다.

이런 아버지를 둔 자식들이 학교에서 무엇을 배울 것인가? 왜 공직에서 물러나지 않고 국민을 실망시키는가 하는 것이다. 도대체 무엇을 하겠다는 것인가? 유권자들은 왜 이런 사람을 택했을까? 그것은 물론 깨끗한 것처럼 속이니 속아서 그런 것이었지. 광활한 평야에서 수목이 울창한 꿈을 꾸려고 노력하는 정치애국자, 말하자면 나라의 위태로움 앞에서 목숨을 아끼지 않는 견위치명(見危致命)의 인물이 이 땅에는 없단 말인가? 국민은 숲이 울창한 고국의 강산을 바라본 꿈을 꾸려고 노력하는 사람을 기대한다.

전술의 열거자들은 국민의 살을 뜯어먹고 사는 기생충이 아닌가? 남들은 열심히 공부해서 들어가는 대학교를 공부하지 않고 돈으로 들어간다? 이 학생이 무엇을 배울 것인가? 이 학생 때문에 한 학생이 낙방한 것을 생각하면 스스로 사죄하며 고개를 숙이고 자숙해야 한다.

이런 꼴을 보니 해몽하기도 싫다! 안경은 보이지 않은 세상을 밝게 보려고 끼는 것이다. 안경은 인간 시야의 절대적인 소원물이다. 모두를 밝게 해주는 안경! 이 안경을 갖기 위해서는 안경테를 갖추어야 한다. 안경이 흐리면 선그라스와 같이 이중인격자로 해몽한다. 안경테는 안경알을 보호하며 지탱하고 있는 것으로 이중인격자를 보호하는 성질의 것이다. 그렇기에 이 해몽은 신통할 정도로 명중이다. 이 해몽법에 억지로 꿰맞추려고 해도 이렇게 딱들어맞는 사물은 없을 것이다.

사실이 아니길 진심으로 빌지만 안경테의 독점판매를 위해 한 짓이라고 가정하면 안경 본래의 기능을 완전히 짓밟아 버린 것이 아닌가? 꿈을 점지해 준 조물주도 참으로 현명한 분이다. 안경을 이중인격자로 의도했으니.

1996년 12월 23일. 꼭 4년이 지난 2000년 12월 23일판 발행에 당해 본면을 또 보게 되니 가슴 아픈데다가 지금 신문들에는 대학 부정입학에 대한 목소리가 높다. 외국 경력사항 위조의 문제이다. 여기에도 안경을 낀 사람이 있었던 모양이다. 다음 판 발간 때는 이런 일이 없었으면. 그러나 지금은 병역 문제의 부정이 또 드러났다. 점점더 발달해간다. 해몽기술도 점차로 발달해간다. 어디서 멈출 것인가?

14장. 나는 무엇인가

　나는 꿈이다. 인간의 진화는 바로 소망의 결과이다. 인간이 바라는 욕구가 있어 그것이 실현되도록 노력하게 되고, 서서히 바라는 쪽으로 이루어져 간다. 몸의 구조와 기능이 생활에 맞도록 적응되길 바라고 있다. 그래서 인간의 육체는 점차로 사람이 원하는 방향으로 변해가고 있는 것이다. 이것이 인간의 진화과정이다.

　인간의 미래를 알아내는 것이 소망이요 꿈이다. 인간이 미래를 알고 싶어했는데 언젠가부터 미약하나마 알게 된 것이다. 그것은 바로 꿈이다. 바램 즉 소망은 인간의 꿈이다. 따라서 인간은 꿈을 이룬 셈이다.

　우리의 문명은 석기시대를 지나 철기시대로 접어든 것이다.

이 문명의 발달순으로 꿈도 변해 왔을 것이다. 이 변해가는 속도에 맞춰 인간의 소망이 달라졌을 것이고, 이에 따라 소망의 예지의사의 표현방법도 달라졌을 것이다. 꿈에 석기시대의 석기를 보면 좋지 않은 현실내도라고 했다. 구리로 만든 것도 역시 좋지 않다. 그리고 쇠붙이가 아닌 금이나 은 종류를 봐야만 횡재수가 된다. 그러나 강철과 같은 질긴 것은 길몽으로 등장한다. 그런데 쇠에 녹이 슬거나 오물이 묻은 것은 좋지 않다. 예를 들어 철로 만든 대형의 다리는 웅장함을 보이므로 길몽이다.

그러나 금은 등 보석의 배경 속에서의 쇠의 일부는 녹슨 것의 예지의사임으로, 쇠는 좋지 못한 것으로 해몽해야 한다. 그런데 석기시대에는 석기를 잘 만들지도 못했기에 자연 그대로를 사용했으나 일부는 석기를 만들었기에 인간이 만들어 낸 인공석기를 모두 탐냈을 것이다. 만일 이때 석기에 대한 꿈을 꾸었다면 길몽으로 다루었을 것이다. 그런데 석기 이후 청동시대에는 석기보다는 청동을 동경했기 때문에 석기보다 청동기에 대한 꿈을 갈망했을 것이다.

그런데 철기의 도입으로 한때 철기를 선호했다고 볼 때 석기, 청동기 등은 좋아하지 않고 철기를 좋아했을 것이다. 그런데 철기는 녹이 슬어 잘 변하니 철기를 싫어하게 된 청동기의 꿈이 나타난 것으로 해석해야 한다. 그래서 철의 예지의사가 달라지게 된 것으로 본다. 지금은 스텐레스 등 고급

쇠붙이가 있으므로 스텐레스 등은 길몽으로 다룰 것이라고 생각하는데, 아직 스텐레스 꿈의 이야기는 들어보지 못했다.

어쨌든 지금은 철기시대이다. 철기는 강하다. 가장 강한 것을 강철이라고 한다. 이때 강철이란 철(Fe=iron)을 말하겠지만 일반적으로는 원소기호의 Fe가 아니라 이 원소 외의 쇠붙이도 포함된다.

이 강한 강철도 불에 달구면 형태가 변하면서 녹아버린다. 이렇게 본다면 강한 강철을 제압한 불의 위력을 짐작할 수 있을 것이다. 공포의 화마가 설치고 간 자리에는 무엇이 남겠는가? 그러나 이렇게 강한 불도 물 앞에서는 위력을 잃고 꺼져버리고 만다.

물! 물은 무엇일까? 어린아이도 물을 알고 있다. 지구의 표면에서 가장 많은 면적을 차지하고 있는 것이 바로 물이다. 물은 액체나 고체의 형태로 존재한다. 물은 하천수나 바닷물이라고 해도 다소 물질들이 소량으로 포함되어 있지만 자연에서 생산되는 것으로는 순수한 것으로 볼 수 있다. 물은 섭씨 2,000도에서 2% 정도만이 수소와 산소로 분해되는 안정된 물질이다.

한 줌의 불을 속으로 들이키고서는 생명을 유지하기 곤란한 인간은 또한 물을 먹지 않고서는 생명을 유지할 수 없다. 한 종기의 물이나 한 동이의 물이 대단한 것으로 생각하고 있지 않지만 수십 명의 생명을 앗아갈 수 있는 불의 위력도

한 그릇의 물로 소멸되고 만다. 소량의 물은 그렇게 위험스런 존재는 아니다.

그러나 그 뜨겁던 불의 열기도 한 방울의 물로 없어진다. 말하자면 인간은 소량의 물을 흡수하고 살아간다는 것은 인간은 물을 흡수한다고 볼 수 있다. 그러면 여기서 물을 이겨 내는 것은 무엇이 있을까? 우리가 살고 있는 지구는 물을 흡수해서 포옹하고 수마를 종결짓는 것이다. 아무리 물이 많이 모여 홍수가 나도 지구는 이 물을 모두 흡수한다. 이렇게 따진 꿈은 이 땅은 물을 이겨 내고 이 우주와 지구를 다스리고 있다고 한다.

그러니 이 땅은 온갖 생물을 자라나게 한다. 생물에게 먹이의 터전을 마련해준다. 이 땅을 딛고 나무가 자란다면 이 나무는 결국 이 땅을 지배하고 있는 것일까? 그렇다면 나무가 강한 것인가.

나무는 아무리 강하다고 해도 강철로 만든 도끼나 낫 등으로 자르면 죽고 만다. 이렇게 나무는 결국 강철에게 지고 만다. 그러나 어떤 의미로는 불의 위력을 더하려면 땔감인 나무가 있어야 함은 물론이고, 나무는 땅을 기본으로 살고 있으니 서로 보완관계라고 한다.

또 어떤 의미로는 불은 물을 증발시켜 한 줌의 구름으로 변하게 하는 위력을 가졌으니 묘한 것이다. 이것은 불이 물을 직접 공격하지는 못하지만 솥이나 그릇을 매개물로 하여 간접적으로는 이길 수 있는 방법이라고 하겠다.

홍수도 일부는 인간의 의지로 막을 수 있다. 지진은 불에 의해 일어난다. 현재로는 인간이 막지 못한다. 그렇다면 불이 가장 강한 것일까? 그러나 인간의 의지는 모든 것을 이겨낼 수 있으니 인간의 의지가 가장 강한 것일까? 그렇다. 인간의 의지가 가장 강하다.

지구의 냉각으로 인해 지진은 점점 없어질 것이고, 한 번 일어난 불은 결국 소멸되고 말 것이다. 달나라에도 지진이 있는 것인가? 물론 없다고 하겠지만 달의 내부까지 완전히 생명을 잃은 것인가? 이 문제는 간단한 것이 아니다. 달은 이제 생명을 잃었다고 보지만 지구는 아직 생명이 남아 있는 것이 아닌가?

태양의 생명도 오래간다고 볼 수 있지만 무한대는 아닐 것이다. 지구는 땅덩어리와 이곳에 머물고 있는 각종 생물들의 정신이 존재한다. 이 속에 내가 살고 있는 것이다. 나는 육체와 정신으로 구성되어있다. 나는 무엇인가? 나는 태어날 때부터 지금까지 반복 또는 약간 다른 형태로 자꾸만 변해 현재의 내가 되고, 현재의 나는 과거와 같은 반복적인 행위로 계속 변하다 결국 사라지고 말 동물이다.

인간은 허망하기 짝이 없는 동물이다. 그런데 '나'는 대단한 것이라고 생각하고 있으니 딱하지 않을 수 없다. 한 생각이 일어나서는 머리 속에 잠깐 머문다고 해도 곧 시간과 함께 과거로 사라진다. 영원히 이 자리에 머물 것이라고 생각한다면 큰 오산이다.

생명을 잃은 달도 생명이 남아 있는 태양도 아직 시간 속에 머물고 있는 것이다. 언젠가는 지구와 달도 없어진다는 과학자들의 말을 들어보면 무엇인가 난 알 길이 생길 것만 같구려! 이런 속에서의 모든 갈등은 물질의 소멸과 관계된다. 그러나 꿈은 물질이 아닌 정신이다.

이상의 것들을 따진 꿈은 물·불·쇠·나무·흙 다섯가지이다. 이것들은 모두 우리 주위에 있다. 인간의 구조는 정신과 육체로 되어 있지만 육체는 이상의 5가지로 구성되었다. 꿈은 인간의 육체를 무시하지 못한다. 그래서 육체의 소멸도 인정한다. 그래서 꿈속의 물·불·쇠·나무·흙은 길몽이다. 지구의 기본이 모두 길몽이 되는 것이다.

달·해·천체는 모두 길몽이다. 이것은 아마도 원시신앙의 유전으로 보아야 겠지만, 사실은 인간 생성의 사연이 서로 얽혀 있기 때문이다. 얽혀 있다고 하는 것은 한 군데는 닮은 점이 있다는 뜻인데, 우리는 이것을 유전이라 한다. 이 유전성 속에 내가 존재하고 있다. 이 유전성들은 모두 우주의 파동이 진동의 파장을 타고 나에게 전달 되는 것이다. 이 전달 됨을 난 꿈으로만 읽을 수 있다. 인간이 파동의 태몽에 의해 생산된 것이기에 인간 속에 머무는 나는 반드시 꿈과 같다. 내 인생은 나의 태몽을 실현시키는 것이니 난 바로 꿈이다.

15장. 해몽의 묘미

 나는 꿈을 꾸고나면 반드시 아침에 꿈내용을 기록해두고 현실내도가 어떻게 닥칠 것인가를 예상해보며 검토해본다. 필자가 현재까지 아무 관계없는 개꿈이었다고 생각해본 꿈은 거의 없었다. 예측하면 대개가 옳게 맞아 떨어졌다. 간혹 어떤 때는 해몽을 잘못한 후회를 하는 경우가 종종 있다. 그렇다고 해도 꿈이란 참으로 거짓이 없는 묘한 것이다.

 며칠 전 필자가 꾼 꿈은 누군가가 신체구금될 것이었다. 아침에 일어나 불안한 심정으로 무언의 태도를 취했다. 오늘 차를 몰고 울산 언양에 가기로 했는데 불안한 예감이 앞서는지라 같이 갈 사람에게 전화를 걸어 미루자고 했다.

 자식들에게도 운전하지 못하게 한다든지 운전을 하더라도

조심하라고 부탁하고 싶었다. 그러나 쓸데없이 불안을 조성한다고 핀잔을 받을 것 같아 참기로 했다. 그날도 그 다음날도 그 꿈의 현실내도는 없었다. 봄날이라 개꿈을 꾸었나 하면서 이상하다고 생각하고 있는데, 딸의 시댁식구가 경찰에 구속되었다는 연락을 들었다. 놀라지 않을 수 없었다.

사건의 내용은 이러했다. 새벽에 어떤 음주운전차가 다른 차를 추돌했는데 사고는 경미한 편이었다. 당시 술이 취한 가해자는 음주운전을 한데다 차를 세울 장소가 불리한 지점이라서 좀더 전진해서 차를 빼돌려 놓고 피해차를 잡고 사정을 해볼 생각이었는데 그 자리에 정차하지 않고 몇 발자국 더 몰고간 것이 도주차로 몰리게 되었다.

음주운전 도주로 되어 경찰에 조사를 받은 일이 있는데 신병을 인수해 집에서 머물고 있다가 발생 후 일주일 후에 구속된 것이라고 한다. 말하자면 사건은 일주일 전에 일어났지만 필자가 누군가가 구속되는 꿈을 꾼 그 다음날 구속영장이 발급되었고, 3일 후에 구속영장이 집행된 것이다. 불행히도 필자의 꿈은 적중한 것이다.

필자는 2002년 4월 18~19일 사이의 꿈이었다. 꿈에서 나는 8톤트럭 운전기사였다. 짐을 싣지 않고 빈차를 운전하면서 가는데 처음에는 순탄하던 길이 갈수록 험해지는 것이었다. 언젠가 한 번 와본 것 같은 곳이었다. 좀더 나가면 밀집된 집들이 없는 것으로 알고 있다. 그래서 더 가면 좋은 길이 나올 것이라고 생각하면서 좁은 길로 접어 들었다. 좋은 길이 있겠지 하는 생각에 점점더 들어간 것이 결국에는 전진도 후퇴도 할 수 없는 지점에 다다랐다. 차를 치우지 않으면 사람은 어떻게 겨우 빠져나갈 수 있지만 소형차나 휴대품 등 짐을 갖고는 불가능했다.

동네 사람들이 모여 차를 옮기려는데 옆 건물 속으로 끼어 빠지지 않았다. 사람들은 들었던 차를 그대로 두고 나에게 항의했다. 도로 가운데 있는 굴뚝만 없으면 차를 높이 들어 나지막한 건물 지붕 위로 들어올려 옮길 수 있었다. 이 건물은 높이가 매우 낮았다. 개나 토끼집처럼 높이가 1미터 정도라서 건물 위로 차를 들어옮길 수 있지만 굴뚝이 높아 치우지 않으면 불가능했다. 그 굴뚝은 함석으로 된 것이었다.

꿈속에서도 무거운 차를 사람이 들어 옮기는 것이 신기하다고 생각했다. 굴뚝을 제거하면 정상적인 길이 되겠지만 남의 집을 마음대로 처리할 수는 없었다. 이때 차를 들던 한 청년이 이 굴뚝을 빼내 차를 들고 나갈 수 있어 차를 산비탈로 옮긴 상태에서 잠을 깼다.

이 꿈은 무엇을 말하는가? 현실내도를 예측해 보았다. 차를 막다른 골목으로 끌고가 온 동네 사람에게 망신을 당했다. 아마도 굴뚝은 헛소문이니 지금 하고 있는 일이 중도에 막히게 되고, 헛소문으로 창피를 당할 것인가? 굴뚝을 제거했으니 불길한 헛소문은 사라질 것인가? 그렇다면 과연 내가 무슨 헛소문을 낸 것인가? 쓸데없이 소문을 내거나 자랑한 일은 없었다. 어쩌면 출간한다고 하던 책이 미루어지는 것에 대한 것인가? 이렇게 혼자 속으로만 생각하고 있었다. 그런데 해가 저물고 늦게까지도 비슷한 일은 일어나지 않았다. 개꿈인 모양이다라고 생각하고 있는데 아들이 찾아왔다.

얼마 전 친한 사람이 집을 지을 대지나 소형 상가건물을 한 채 구입하겠다고 하면서 물건에 대해 좀 알아봐달라고 부탁해 왔다. 처음에 거절하자 그는 실망했다면서 심하게 항의하더니 나중에는 사정하는 것이었다. 그래서 할 수 없이 찾아보다가 아들에게 부탁한 상태였다. 몇 군데를 찾아다녔고, 각 구청과 시청에 가서 보고온 부동산 뒷조사를 위해 발급받은 서류만도 수십 통에 이른다.

그런데 밤 10시가 넘어 아들이 찾아와 좋은 대지가 헐값에 나왔으니 연구해 보자는 것이다. 아들은 영도구청에서 떼어온 서류와 토지이용 계획확인서, 지적도 도면을 내밀었다. 영도 청학동에 있는 대지였다. 주위 땅값은 평당 200만 원 정도인데 이것은 70만 원 정도면 구입할 수 있으니 집 한 동을 짓고 나머지는 다른 사람에게 팔자고 했다.

그런데 지적도와 서류를 훑어보니 산비탈에 위치해 있어 주위에 도로가 없고 재개발이 필요한 동네였다. 폭 3미터 이내의 도로에 접해 있는데 차량 교차통행이 불가능한 곳이었다. 그곳의 지리를 대충 알고 있는 나로서는 지난밤 꿈속에 등장한 곳을 짐작할 수 있었다. 주위는 도로계획이 있다고 하는데 현실은 꽉막힌 것이었다. 그곳을 상상해보니 지난밤의 장소와 일치했다.

그래서 아들에게 그곳은 도로문제가 해결되지 않아서 집을 짓는다고 해도 건축자재를 운반할 수 없으니 안 된다고 잘라 말했다. 아들은 도로사정을 알아보고 구청에서 도로개통에 대한 것까지도 알아보고 왔으니 다시 검토해 보자고 했다. 난 아무래도 자신이 없었다. 아들이 돌아간 후 부동산 사무실에서 전화가 왔다. 온천장에 적당한 상가건물이 있다는 것이다. 나는 그 건물을 며칠 전에 누가 권해서 현황을 알아보려고 한 번 둘러보았는데 적당하지 않았다. 마음에 들지 않는다고 했더니 그는 건물을 산다고 소문이 났는데 그게 아닌 모양이라면서 그 분의 상습적인 방법으로 약을 올렸다. 불쾌한 생각이 들었지만 덮어두기로 했는데 그는 다시 나에게 전화를 걸어 이제는 내 말을 믿지 않겠다는 것이다.

상대방의 반발심리를 이용하려는 수법이라고 생각했다. 그러나 가만히 생각해보니 막다른 골목까지 차를 몰고간 장소는 차의 출입이 불가능한 지적도로 현실내도이었고, 굴뚝에 관한 예지의사의 현실내도는 부동산이 나에 관한 헛소문으로 판단한 것과 나에게 망신감을 갖도록 했으니 바로 나타난 것이었다. 난 다음날부터 본건 알선을 포기했다. 이처럼 해몽은 어렵고 광범위하다.

음파메세지(氣) 성명학

신비한 동양철학 51

새로운 시대에 맞는 새로운 성명학

지금까지의 모든 성명학은 모순의 극치를 이루고 있다.
이제 새로운 시대에 맞는 음파메세지(氣) 성명학이 탄
생했으니 차근차근 읽어보고 복을 계속 부르는 이름을
지어 사랑하는 자녀가 행복하고 아름다운 삶을 살아갈
수 있도록 하는데 도움이 되었으면 한다.

· 청암 박재현 저

정법사주

신비한 동양철학 49

독학과 강의용 겸용의 책

이 책은 사주추명학을 연구하고자 하는 분들에게 심오
한 주역의 이해를 돕고자 하는 의도에서 시작되었다.
음양오행의 상생상극에서부터 육친법과 신살법을 기초
로 하여 격국과 용신 그리고 유년판단법을 활용하여
운명판단에 첩경이 될 수 있도록 했고, 추리응용과 운
명감정의 실례를 하나 하나 들어가면서 독학과 강의용
겸용으로 엮었다.

· 원각 김구현 저

동양철학전문출판 삼한

찾기 쉬운 명당

신비한 동양철학 44

풍수지리의 모든 것!

이 책은 가능하면 쉽게 풀려고 노력했고, 실전에 도움이 되도록 했다. 특히 풍수지리에서 방향측정에 필수인 패철(佩鐵)사용과 나경(羅經) 9층을 각 층별로 간추려 설명했다. 그리고 이 책에 수록된 도설, 즉 오성도, 명산도, 명당 형세도 내거수 명당도, 지각(枝脚)형세도, 용의 과협출맥도, 사대혈형(穴形) 와겸유돌(窩鉗乳突) 형세도 등은 국립중앙도서관에 소장된 문헌자료인 만산도단, 만산영도, 이석당 은민산도의 원본을 참조했다.

· 호산 윤재우 저

명리입문

신비한 동양철학 41

명리학의 필독서!

이 책은 자연의 기후변화에 의한 운명법 외에 명리학도들이 궁금해 했던 인생의 제반사들에 대해서도 상세하게 기술했다. 따라서 초보자부터 심도있게 공부한 사람들까지 세심히 읽고 숙독해야 하는 책이다. 특히 격국이나 용신뿐 아니라 십신에 대한 자세한 설명, 조후용신에 대한 보충설명, 인간의 제반사에 대해서는 독보적인 해설이 들어 있다. 초보자들에게는 더할 수 없이 훌륭한 길잡이가 될 것이다.

· 동하 정지호 편역

사주대성

신비한 동양철학 33

초보에서 완성까지

이 책은 과거 현재 미래를 모두 알 수 있는 비결을 실었다. 그러나 모두 터득한다는 것은 어려울 것이다. 역학은 수천 년간 동방의 석학들에 의해 갈고 닦은 철학이요 학문이며, 정신문화로서 영과학적인 상수문화로서 자랑할만한 위대한 학문이다.

· 도관 박흥식 저

해몽정본

신비한 동양철학 36

꿈의 모든 것 !

막상 꿈해몽을 하려고 하면 내가 꾼 꿈을 어디다 대입시켜야 할지 모를 경우가 많았을 것이다. 그러나 이 책은 찾기 쉽고, 명료하며, 최대한으로 많은 갖가지 예를 들었으니 꿈해몽을 하는데 어려움이 없을 것이다.

· 청암 박재현 저

동양철학전문출판 삼한

기문둔갑옥경

신비한 동양철학 32

가장 권위있고 우수한 학문!

우리나라의 기문역사는 장구하지만 상세한 문헌은 전무한 상태라 이 책을 발간하기로 했다. 기문둔갑은 천문지리는 물론 인사명리 등 제반사에 관한 길흉을 판단함에 있어서 가장 우수한 학문이며 병법과 법술방면으로도 특징과 장점이 있다. 초학자는 포국편을 열심히 익혀 설국을 자유자재로 할 수 있도록 하고 개인의 이익보다는 보국안민에 일조하기 바란다.

· 도관 박흥식 저

정본·관상과 손금

신비한 동양철학 42

바로 알고 사람을 사귑시다

이 책은 관상과 손금은 인생을 행복으로 이끌기 위해 있다는 관점에서 다루었다. 그야말로 관상과 손금의 혁명이라고 할 수 있을 것이다. 여러분도 관상과 손금을 통한 예지력으로 인생의 참주인이 되기 바란다. 용기를 불어넣어 주고 행복을 찾게 하는 것이 참다운 관상과 손금술이다. 이 책으로 미래의 좋은 예지력을 한번쯤 발휘해 보기 바란다. 이 책이 일상사에 고민하는 분들에게 해결방법을 제시해 줄 것이다.

· 지창룡 감수

조화원약 평주

●●●●●●●●●●●●●●●●●●●●●●●●●●●
신비한 동양철학 35

명리학의 정통교본!

이 책은 자평진전, 난강망, 명리정종, 적천수 등과 함께
명리학의 교본에 해당하는 것으로 중국 청나라 때 나
온 난강망이라는 책을 서낙오 선생께서 설명을 붙인
것이다. 기존의 많은 책들이 격국과 용신으로 감정하는
것과는 달리 십간십이지와 음양오행을 각각 자연의 이
치와 춘하추동의 사계절의 흐름에 대입하여 인간의 길
흉화복을 알 수 있게 했다.

·동하 정지호 편역

龍의 穴·풍수지리 실기 100선

●●●●●●●●●●●●●●●●●●●●●●●●●●●
신비한 동양철학 30

실전에서 실감나게 적용하는 풍수지리의 길잡이!

이 책은 풍수지리 문헌인 조선조 고무엽(古務葉) 태구
승(泰九升) 부집필(父輯筆)로 된 만두산법(巒頭山法),
채성우의 명산론(明山論), 금랑경(錦囊經) 등을 알기
쉬운 주제로 간추려 풍수지리의 길잡이가 되고자 했다.
그리고 인간의 뿌리와 한 사람의 고유한 이름의 중요
성을 풍수지리와 연관하여 살펴보아야 하기 때문에 씨
족의 시조와 본관, 작명론(作名論)을 같이 편집했다.

·호산 윤재우 저

천직·사주팔자로 찾은 나의 직업

신비한 동양철학 34

역경없이 탄탄하게 성공할 수 있는 방법!

잘 되겠지 하는 막연한 생각으로 의욕만 갖고 도전하는 것과 나에게 맞는 직종은 무엇이고 때는 언제인가를 알고 도전하는 것은 근본적으로 다르고, 결과 또한 다르다. 더구나 요즈음은 I.M.F.시대라 하여 모든 사람들이 정신까지 위축되어 생기를 잃어가고 있다. 이런 때 의욕만으로 팔자에도 없는 사업을 시작했다고 하자, 결과는 불을 보듯 뻔하다. 그러므로 이런 때일수록 침착과 냉정을 찾아 내 그릇부터 알고, 생활에 대처하는 지혜로움을 발휘해야 한다.

· 백우 김봉준 저

통변술해법

신비한 동양철학 ㉑

가닥가닥 풀어내는 역학의 비법!

이 책은 역학에 대해 다 알면서도 밖으로 표출되지 않아 어려움을 겪는 사람들을 위한 실습서다. 특히 틀에 박힌 교과서적인 역술의 고정관념에서 벗어나, 한차원 높게 공부할 수 있도록 원리통달을 설명하는데 중점을 두었다. 실명감정과 이론강의라는 두 단락으로 나누어 역학의 진리를 설명했기 때문에 누구나 쉽게 이해할 수 있다. 역학계의 대가 김봉준 선생의 역서 「알기쉬운 해설·말하는 역학」의 후편이다.

· 백우 김봉준 저

주역육효 해설방법 上·下

신비한 동양철학 38

한 번만 읽으면 주역을 활용할 수 있는 책!

이 책은 주역을 해설한 것으로, 될 수 있는 한 여러 가지 사설을 덧붙이지 않고 주역을 공부하고 활용하는데 필요한 요건만을 기록했다. 따라서 주역의 근원이나 하도낙서, 음양오행에 대해서도 많은 설명을 자제했다. 다만 누구나 이 책을 한 번 읽어서 주역을 이해하고 활용할 수 있도록 하는데 중점을 두었다.

· 원공선사 저

사주명리학의 핵심

신비한 동양철학 ⑲

맥을 잡아야 모든 것이 보인다!

이 책은 잡다한 설명을 배제하고 명리학자들에게 도움이 될 비법만을 모아 엮었기 때문에 초심자가 이해하기에는 다소 어려운 부분도 있겠지만 기초를 튼튼히 한 다음 정독한다면 충분히 이해할 것이다. 신살만 늘어놓으며 감정하는 사이비가 되지말기를 바란다.

· 도관 박흥식 저

동양철학전문출판 **삼한**

이렇게 하면 좋은 운이 온다

신비한 동양철학 ㉗

한 가정에 한 권씩 놓아두고 볼만한 책!

좋은 운을 부르는 방법은 방위·색상·수리·년운·월운·날짜·시간·궁합·이름·직업·물건·보석·맛·과일·기운·마을·가축·성격 등을 정확하게 파악하여 자신에게 길한 것은 취하고 흉한 것은 피하면 된다. 간혹 예외인 경우가 있지만 극소수에 불과하고 대부분은 적중하기 때문에 좋은 효과를 본다. 이 책의 저자는 신학대학을 졸업하고 역학계에 입문했다는 특별한 이력을 갖고 있기 때문에 더 많은 화제가 되고 있다.

· 역산 김찬동 저

말하는 역학

신비한 동양철학 ⑪

신수를 묻는 사람 앞에서 말문이 술술 열린다!

이 책은 그토록 어렵다는 사주통변술을 이해하기 쉽고 흥미롭게 고담과 덕담을 곁들여 사실적인 인물을 궁금해 하는 사람에게 생동감있게 통변하고 있다. 길흉작용을 어떻게 표현하느냐에 따라 상담자의 정곡을 찔러 핵심을 끄집어내고 여기에 대한 정답을 내려주는 것이 통변술이다. 역학계의 대가 김봉준 선생의 역작이다.

· 백우 김봉준 저

술술 읽다보면 통달하는 사주학

신비한 동양철학 ㉗

술술 읽다보면 나도 어느새 도사 !

당신은 당신 마음대로 모든 일이 이루어지던가. 지금까지 누구의 명령을 받지 않고 내 맘대로 살아왔다고, 운명 따위는 믿지도 않고 매달리지 않는다고, 이렇게 말하는 사람들이 많다. 그러나 그것은 우주법칙을 모르기 때문에 하는 소리다.

· 조철현 저

참역학은 이렇게 쉬운 것이다

신비한 동양철학 ㉔

음양오행의 이론으로 이루어진 참역학서 !

수학공식이 아무리 어렵다고 해도 1, 2, 3, 4, 5, 6, 7, 8, 9, 0의 10개의 숫자로 이루어졌듯이, 사주도 음양과 목, 화, 토, 금, 수의 오행으로 이루어졌을 뿐이다. 그러니 용신과 격국이라는 무거운 짐을 벗어버리고 음양오행의 법칙과 진리만 정확하게 파악하면 된다. 사주는 단지 음양오행의 변화일 뿐이고, 용신과 격국은 사주를 감정하는 한가지 방법에 지나지 않는다.

· 청암 박재현 저

동양철학전문출판 **삼한**

나의 천운 운세찾기

신비한 동양철학 ⑫

놀랍다는 몽골정통 토정비결 !

이 책은 역학계의 대가 김봉준 선생이 놀랍다는 몽공토 정비결을 연구 ·분석하여 우리의 인습 및 체질에 맞게 엮은 것이다. 운의 흐름을 알리고자 호운과 쇠운을 강조했으며, 현재의 나를 조명해보고 판단할 수 있도록 했다. 모쪼록 생활서나 안내서로 활용하기 바란다.

· 백우 김봉준 저

쉽게푼 역학

신비한 동양철학 ❷

쉽게 배워서 적용할 수 있는 생활역학서 !

이 책에서는 좀더 많은 사람들이 역학의 근본인 우주의 오묘한 진리와 법칙을 깨달아 보다 나은 삶을 영위하는데 도움이 될 수 있도록 가장 쉬운 언어와 가장 쉬운 방법으로 풀이했다. 역학계의 대가 김봉준 선생의 역작이다.

· 백우 김봉준 저

역산성명학

신비한 동양철학 ㉕

이름은 제2의 자신이다 !

이름에는 각각 고유의 뜻과 기운이 있어서 그 기운이 성격을 만들고 그 성격이 운명을 만든다. 나쁜 이름은 부르면 부를수록 불행을 부르고 좋은 이름은 부르면 부를수록 행복을 부른다. 만일 이름이 거지 같다면 아무리 운세를 잘 만나도 밥을 좀더 많이 얻어 먹을 수 있을 뿐이다. 이 책의 저자는 신학대학을 졸업하고 역학계에 입문했다는 특별한 이력을 갖고 있기 때문에 더 많은 화제가 되고 있다.

・역산 김찬동 저

작명해명

신비한 동양철학 ㉖

누구나 쉽게 배워서 활용할 수 있는 체계적인 작명법 !

일반적인 성명학으로는 알 수 없는 한자이름, 한글이름, 영문이름, 예명, 회사명, 상호, 상품명 등의 작명방법을 여러 사례를 들어 체계적으로 분석하여 누구나 쉽게 배워서 활용할 수 있도록 서술했다.

・도관 박흥식 저

관상오행

신비한 동양철학 ⑳

한국인의 특성에 맞는 관상법！

좋은 관상인 것 같으나 실제로는 나쁘거나 좋은 관상이 아닌데도 잘 사는 사람이 왕왕있어 관상법 연구에 흥미를 잃는 경우가 있다. 이것은 중국의 관상법만을 익히고, 우리의 독특한 환경적인 특징을 소홀히 다루었기 때문이다. 이에 우리 한국인에게 알맞는 관상법을 연구하여 누구나 관상을 쉽게 알아보고 해석할 수 있도록 자세하게 풀어놓았다.

· 송파 정상기 저

물상활용비법

신비한 동양철학 31

물상을 활용하여 오행의 흐름을 파악한다！

이 책은 물상을 통하여 오행의 흐름을 파악하고, 운명을 감정하는 방법을 연구한 책이다. 추명학의 해법을 연구하고 운명을 추리하여 오행에서 분류되는 물질의 운명 줄거리를 물상의 기물로 나들이 하는 활용법을 주제로 했다. 팔자풀이 및 운명해설에 관한 명리감정법의 체계를 세우는데 목적을 두고 초점을 맞추었다.

· 해주 이학성 저

운세십진법 · 本大路

신비한 동양철학 ❶

운명을 알고 대처하는 것은 현대인의 지혜다!

타고난 운명은 분명히 있다. 그러니 자신의 운명을 알고 대처한다면 비록 운명을 바꿀 수는 없지만 충분히 향상시킬 수 있다. 이것이 사주학을 알아야 하는 이유다. 이 책에서는 자신이 타고난 숙명과 앞으로 펼쳐질 운명행로를 찾을 수 있도록 운명의 기초를 초연하게 설명하고 있다.

· 백우 김봉준 저

국운 · 나라의 운세

신비한 동양철학 ㉒

역으로 풀어본 우리나라의 운명과 방향!

아무리 서구사상의 파고가 높다하기로 오천년을 한결같이 가꾸며 살아온 백두의 혼이 와르르 무너지는 지경에 왔어도 누구하나 입을 열어 말하는 사람이 없으니 답답하다. IMF라는 특수한 상황에서 불확실한 내일에 대한 해답을 이 책은 명쾌하게 제시하고 있다.

· 백우 김봉준

명인재

신비한 동양철학 43

신기한 사주판단 비법 !

살(殺)의 활용방법을 완벽하게 제시하는 책!

이 책은 오행보다는 주로 살을 이용하는 비법이다. 시중에 나온 책들을 보면 살에 대해 설명은 많이 하면서도 실제 응용에서는 무시하고 있다. 이것은 살을 알면서도 응용할 줄 모르기 때문이다. 그러나 이 책에서는 살의 활용방법을 완전히 터득해, 어떤 살과 어떤 살이 합하면 어떻게 작용하는지를 자세하게 설명하고 있다.

· 원공선사 지음

사주학의 방정식

신비한 동양철학 18

가장 간편하고 실질적인 역서 !

이 책은 종전의 어려웠던 사주풀이의 응용과 한문을 쉬운 방법으로 터득할 수 있게 하는데 목적을 두었고, 역학의 내용이 어떤 것이며 무엇이 어디에 속하는지를 알고자 하는데 있다.

· 김용오 저

원토정비결

신비한 동양철학 53

반쪽으로만 전해오는 토정비결의 완전한 해설판

지금 시중에 나와 있는 토정비결에 대한 책들을 보면 옛날부터 내려오는 완전한 비결이 아니라 반쪽의 책이다. 그러나 반쪽이라고 말하는 사람이 없다. 그것은 주역의 원리를 모르기 때문이다. 따라서 늦은 감이 없지 않으나 앞으로의 수많은 세월을 생각하면서 완전한 해설본을 내놓기로 한 것이다.

· 원공선사 저

내가 보고 내가 바꾸는 DIY사주

신비한 동양철학 40

내가 보고 내가 바꾸는 사주비결 !

이 책은 기존의 책들과는 달리 한 사람의 사주를 체계적으로 도표화시켜 한 눈에 파악할 수 있고, DIY라는 책 제목에서 말하듯이 개운하는 방법을 제시하고 있다. 초심자는 물론 전문가도 자신의 이론을 새롭게 재조명해 볼 수 있는 케이스 스터디 북이다.

· 석오 전 광 지음

남사고의 마지막 예언

신비한 동양철학 29

이 책으로 격암유록에 대한 논란이 끝나기 바란다

감히 이 책을 21세기의 성경이라고 말한다. 〈격암유록〉
은 섭리가 우리민족에게 준 위대한 복음서이며, 선물이
며, 꿈이며, 인류의 희망이다. 이 책에서는 〈격암유록〉
이 전하고자 하는 바를 주제별로 정리하여 문답식으로
풀어갔다. 이 책으로 〈격암유록〉에 대한 논란은 끝나기
바란다.

· 석정 박순용 저

진짜부적 가짜부적

신비한 동양철학 7

부적의 실체와 정확한 제작방법

인쇄부적에서 가짜부적에 이르기까지 많게는 몇백만원
에 팔리고 있다는 보도를 종종 듣는다. 그러나 부적은
정확한 제작방법에 따라 자신의 용도에 맞게 스스로
만들어 사용하면 훨씬 더 좋은 효과를 얻을 수 있다.
이 책은 중국에서 정통부적을 연구한 국내유일의 동양
오술학자가 밝힌 부적의 실체와 정확한 제작방법을 소
개하고 있다.

· 오상익 저

한눈에 보는 손금

신비한 동양철학 52

논리정연하며 바로미터적인 지침서

이 책은 수상학의 연원을 초월해서 동서합일의 이론으로 집필했다. 그야말로 완벽하리만치 논리정연한 수상학을 정리한 것이다. 그래서 운명적, 철학적, 동양적, 심리학적인 면을 예증과 방편에 이르기까지 아주 상세하게 기술했다. 이 책은 수상학이라기 보다 한 인간의 바로미터적인 지침서 역할을 해줄 것이다. 독자 여러분의 꾸준한 연구와 더불어 인생성공의 지침서가 될 수 있을 것이다.

· 정도명 저

사주학의 활용법

신비한 동양철학 17

가장 실질적인 역학서

우리가 생소한 지방을 여행할 때 제대로 된 지도가 있다면 편리하고 큰 도움이 되듯이 역학이란 이와같은 인생의 길잡이다. 예측불허의 인생을 살아가는데 올바른 안내자나 그 무엇이 있다면 그 이상 마음 든든하고 큰 재산은 없을 것이다.

· 학선 류래웅 저

수명비결

신비한 동양철학 14

주민등록번호 13자로 숙명의 정체를 밝힌다

우리는 지금 무수히 많은 숫자의 거미줄에 매달려 허우적거리며 살아가고 있다. 1분·1초가 생사를 가름하고, 1등·2등이 인생을 좌우하며, 1급·2급이 신분을 구분하는 세상이다. 이 책은 수명리학으로 13자의 주민등록번호로 명예, 재산, 건강, 수명, 애정, 자녀운 등을 미리 읽어본다.

· 장충한 저

운명으로 본 나의 질병과 건강상태

신비한 동양철학 9

타고난 건강상태와 질병에 대한 대비책

이 책은 국내 유일의 동양오술학자가 사주학과 더불어 정통명리학의 양대산맥을 이루는 자미두수 이론으로 임상실험을 거쳐 작성한 표준자료다. 따라서 명리학을 응용한 최초의 완벽한 의학서로 질병을 예방하고 치료하는데 활용한다면 최고의 의사가 될 것이다. 또한 예방의학적인 차원에서 건강을 유지하는데 훌륭한 지침서로 현대의학의 새로운 장을 여는 계기가 될 것이다.

· 오상익 저

오행상극설과 진화론

신비한 동양철학 5

인간과 인생을 떠난 천리란 있을 수 없다

과학이 현대를 설정하여 설명하고 있으나 원리는 동양철학에도 있기에 그 양면을 밝히고자 노력했다. 우주에서 일어나는 모든 일을 과학으로 설명될 수는 없다. 비과학적이라고 하기보다는 과학이 따라오지 못한다고 설명하는 것이 더 솔직하고 옳은 표현일 것이다. 특히 과학분야에 종사하는 신의사가 저술했다는데 더 큰 화제가 되고 있다.

· 김태진 저

만세력(신국판·사륙판·포켓판)

신비한 동양철학 45

찾기 쉬운 만세력

이 책은 완벽한 만세력으로 만세력 보는 방법을 자세하게 설명했다. 그리고 역학에 대한 기본적인 내용과 결혼하기 좋은 나이·좋은 날·좋은 시간, 아들·딸 태아감별법, 이사하기 좋은 날·좋은 방향 등을 부록으로 실었다.

· 백우 김봉준 저

동양철학전문출판 삼한

쉽게 푼 주역

신비한 동양철학 10

귀신도 탄복한다는 주역을 쉽고 재미있게 풀어놓은 책

주역이라는 말 한마디면 귀신도 기겁을 하고 놀라 자빠진다는데, 운수와 일진이 문제가 될까. 8×8=64괘라는 주역을 한 괘에 23개씩의 회답으로 해설하여 1472괘의 신비한 해답을 수록했다. 당신이 당면한 문제라면 무엇이든 해결할 수 있는 열쇠가 이 한 권의 책 속에 있다.

· 정도명 저

핵심 관상과 손금

신비한 동양철학 54

사람을 볼 줄 아는 안목과 지혜를 알려주는 책

오늘과 내일을 예측할 수 없을만큼 복잡하게 펼쳐지는 현실에서 살아남기 위해서는 사람을 볼줄 아는 안목과 지혜가 필요하다. 시중에 관상학에 대한 책들이 많이 나와있지만 너무 형이상학적이라 전문가도 이해하기 어렵다. 이 책에서는 누구라도 쉽게 보고 이해할 수 있도록 핵심만을 파악해서 설명했다.

· 백우 김봉준 저

진짜궁합 가짜궁합

신비한 동양철학 8

남녀궁합의 새로운 충격

중국에서 연구한 국내유일의 동양오술학자가 우리나라 역술가들의 궁합법이 잘못되었다는 것을 학술적으로 분석·비평하고, 전적과 사례연구를 통하여 궁합의 실체와 타당성을 분석했다. 합리적인 「자미두수궁합법」과 「남녀궁합」 및 출생시간을 몰라 궁합을 못보는 사람들을 위하여 「지문으로 보는 궁합법」 등을 공개한다.

· 오상익 저

좋은꿈 나쁜꿈

신비한 동양철학 15

그날과 앞날의 모든 답이 여기 있다

개꿈이란 없다. 꿈은 반드시 미래를 예언한다. 이 책은 프로이드의 정신분석학적인 입장이 아닌 미래판단의 근거에 입각한 예언적인 해몽학이다. 여러 형태의 꿈을 체계적으로 정리했으니 올바른 해몽법으로 앞날을 지혜롭게 대처해 보자. 모쪼록 각 가정에서 한 권씩 두고 이용하면 생활하는데 많은 도움이 될 것이다.

· 학선 류래웅 저

만세력 · 우주경전

신비한 동양철학 16

착각하기 쉬운 썸머타임 2도 인쇄

시중에 많은 종류의 만세력이 나와있지만 이 책은 단순한 만세력이 아니라 완벽한 만세경전으로 만세력 보는 법 등을 실었기 때문에 처음 대하는 사람이라도 쉽게 볼 수 있도록 편집되었다. 또한 부록편에는 사주명리학, 신살종합해설, 결혼과 이사택일 및 이사방향, 길흉보는 법, 우주천기와 한국의 역사 등을 수록했다.

· 백우 김봉준 저

周易 · 토정비결

신비한 동양철학 40

토정비결의 놀라운 비결

지금 시중에 나와 있는 토정비결에 대한 책들을 보면 옛날부터 내려오는 완전한 비결이 아니라 반쪽의 책이다. 그러나 반쪽이라고 말하는 사람이 없다. 그것은 주역의 원리를 모르기 때문이다. 따라서 늦은 감이 없지 않으나 앞으로의 수많은 세월을 생각하면서 완전한 해설본을 내놓기로 했다.

· 원공선사 저

현장 지리풍수

신비한 동양철학 48

현장감을 살린 지리풍수법

풍수를 업으로 삼는 사람들이 진(眞)과 가(假)를 분별할 줄 모르면서 24산의 포태사묘의 법을 익히고는 많은 법을 알았다고 자부하며 뽐내고 있다. 그리고는 재물에 눈이 어두워 불길한 산을 길하다 하고, 선하지 못한 물(水)을 선하다 하면서 죄를 범하고 있다. 이는 분수 밖의 것을 망녕되게 바라기 때문이다. 마음 가짐을 바로하고 고대 원전에 공력을 바치면서 산간을 실사하며 적공을 쏟으면 정교롭고 세밀한 경지를 얻을 수 있을 것이다.

· 전항수 · 주관장 편저

완벽 사주와 관상

신비한 동양철학 55

사주와 관상의 핵심을 한 권에

자연과 인간, 음양(陰陽)오행과 인간, 사계와 절후, 인상(人相)과 자연, 신(神)들의 이야기 등등 우리들의 삶과 관계되는 사실적 관계로만 역(易)을 설명해 누구나 쉽게 이해할 수 있도록 썼으며 특히 역(易)에 대한 관심과 흥미를 갖게 하고자 인상학(人相學)을 추록했다. 여기에 추록된 인상학(人相學)은 시중에서 흔하게 볼 수 있는 상법(相法)이 아니라 생활상법(生活相法) 즉 삶의 지식과 상식을 드리고자 했으니 생활에 유익함이 있기를 바란다.

· 김봉준 · 유오준 공저

동양철학전문출판 **삼한**

해몽 · 해몽법

신비한 동양철학 50

해몽법을 알기 쉽게 설명한 책

인생은 꿈이 예지한 시간적 한계에서 점점 소멸되어
가는 현존물이기 때문에 반드시 꿈의 뜻을 따라야 한
다. 이것은 꿈을 먹고 살아가는 인간 즉 태몽의 끝장면
인 죽음을 향해 달려가고 있는 인간이기 때문이다. 꿈
은 우리의 삶을 이끌어가는 이정표와도 같기에 똑바로
가도록 노력해야 한다.

· 김종일 저